根据普通高等学校运动训练、武术与民族传统
体育专业招生文化考试大纲　数学考试大纲编写

体育单招考试用书

数学

李明生 ◎ 著

华中科技大学出版社
http://www.hustp.com
中国·武汉

图书在版编目(CIP)数据

体育单招考试用书.数学/李明生著.—武汉:华中科技大学出版社,2022.5
ISBN 978-7-5680-8212-9

Ⅰ.①体… Ⅱ.①李… Ⅲ.①中学数学课-高中-升学参考资料 Ⅳ.①G634

中国版本图书馆 CIP 数据核字(2022)第 067160 号

体育单招考试用书·数学　　　　　　　　　　　　　　　　　李明生　著
Tiyu Dan-Zhao Kaoshi Yongshu · Shuxue

策划编辑：江　畅
责任编辑：刘　静
责任监印：朱　玢
出版发行：华中科技大学出版社(中国·武汉)　　电话：(027)81321913
　　　　　武汉市东湖新技术开发区华工科技园　　邮编：430223
录　　排：武汉正风天下文化传播有限公司
印　　刷：武汉市洪林印务有限公司
开　　本：787mm×1092mm　1/16
印　　张：17.25
字　　数：417 千字
版　　次：2022 年 5 月第 1 版第 1 次印刷
定　　价：58.00 元

本书若有印装质量问题，请向出版社营销中心调换
全国免费服务热线：400-6679-118　　竭诚为您服务
版权所有　侵权必究

前　言

本书依据普通高等学校运动训练、武术与民族传统体育专业单独统一招生考试(简称体育单招)数学考试大纲,从运动员文化教育的特点出发,共设计了十二章:第一章"排列、组合与二项式定理",第二章"概率",第三章"不等式",第四章"集合与常用逻辑用语",第五章"函数",第六章"数列",第七章"平面向量",第八章"直线、圆与方程",第九章"圆锥曲线",第十章"三角函数",第十一章"立体几何",第十二章"导数及其应用".每一章又由二至六节内容组成,每一节内容由考纲点击、命题走向、知识梳理、典例解析、归纳总结、能力测试六个部分组成.考纲点击给出了体育单招考试对本节所掌握的知识和能力的要求.命题走向给出了本节知识在体育单招考试中的考点方向与题型.知识梳理强化了对重点基础知识的理解、掌握、应用的要求.典例解析注重从体育单招考试数学试题中精选,突出单招考试中频繁涉及的知识点和知识网络的交汇点,紧扣体育单招考试的命题方向,每道典例都有详细的理解与分析、完整的解答过程,并点评解题要点.归纳总结归纳梳理本节考点知识,总结规律性的知识和方法.能力测试按体育单招考试的标高设计试题,并附有参考答案.

本书是参加体育单招考试考生的备考用书,也可以作为体育专业运动队、各级各类体育运动学校的教材.

在本书编写过程中,参阅了大量的书籍,改编了其中的优秀试题,谨在此对原作者表示衷心的感谢.虽然精益求精,但由于水平有限,书中难免有一些不完善的地方,敬请读者提出宝贵意见.

2021 年 3 月

目 录

第一章 排列、组合与二项式定理 ……………………………………………… (1)

    第一节 两个计数原理 ………………………………………………………… (1)

    第二节 排列、组合及其应用 ………………………………………………… (4)

    第三节 二项式定理 …………………………………………………………… (9)

第二章 概率 …………………………………………………………………… (14)

    第一节 等可能性事件 ………………………………………………………… (14)

    第二节 相互独立事件 ………………………………………………………… (19)

    第三节 独立重复事件 ………………………………………………………… (24)

第三章 不等式 ………………………………………………………………… (29)

    第一节 含绝对值的不等式 …………………………………………………… (29)

    第二节 一元二次不等式 ……………………………………………………… (35)

    第三节 分式不等式 …………………………………………………………… (40)

    第四节 不等式的性质 ………………………………………………………… (45)

第四章 集合与常用逻辑用语 ………………………………………………… (50)

    第一节 集合 …………………………………………………………………… (50)

    第二节 常用逻辑用语 ………………………………………………………… (54)

第五章 函数 …………………………………………………………………… (59)

    第一节 函数的概念 …………………………………………………………… (59)

    第二节 函数的基本性质 ……………………………………………………… (64)

    第三节 指数函数 ……………………………………………………………… (70)

    第四节 对数函数 ……………………………………………………………… (74)

第六章 数列 …………………………………………………………………… (81)

    第一节 等差数列 ……………………………………………………………… (81)

    第二节 等比数列 ……………………………………………………………… (86)

第七章　平面向量 …… (94)

　　第一节　平面向量及线性运算 …… (94)

　　第二节　平面向量的数量积 …… (98)

第八章　直线、圆与方程 …… (105)

　　第一节　直线与方程 …… (105)

　　第二节　两条直线的位置关系 …… (109)

　　第三节　圆与方程 …… (114)

第九章　圆锥曲线 …… (120)

　　第一节　椭圆 …… (120)

　　第二节　双曲线 …… (129)

　　第三节　抛物线 …… (138)

第十章　三角函数 …… (144)

　　第一节　三角函数的概念 …… (144)

　　第二节　诱导公式 …… (150)

　　第三节　三角恒等变换（一） …… (155)

　　第四节　三角恒等变换（二） …… (160)

　　第五节　三角函数的图象和性质 …… (166)

　　第六节　解斜三角形 …… (176)

第十一章　立体几何 …… (183)

　　第一节　平面和空间直线 …… (183)

　　第二节　直线与平面平行、平面与平面平行 …… (191)

　　第三节　直线与平面垂直 …… (198)

　　第四节　二面角、平面与平面垂直 …… (204)

　　第五节　棱柱、棱锥和球 …… (210)

第十二章　导数及其应用 …… (220)

　　第一节　导数与运算 …… (220)

　　第二节　导数的应用 …… (224)

参考答案 …… (231)

第一章 排列、组合与二项式定理

第一节 两个计数原理

【考纲点击】

1. 熟练掌握分类加法计数原理和分步乘法计数原理,合理进行分类、分步;
2. 能够用分类加法计数原理或分步乘法计数原理解决一些简单的实际问题.

【命题走向】

在体育单招考试中,分类加法计数原理和分步乘法计数原理不会单独组题,通常在排列、组合和概率中考查这两个计数原理的单项或者综合应用,题型是选择题或填空题.

【知识梳理】

一、分类加法计数原理

如果完成一件事情有 n 类办法,在第 1 类中有 m_1 种不同的方法,在第 2 类中有 m_2 种不同的方法,……,在第 n 类中有 m_n 种不同的方法,这 n 类办法彼此之间是相互独立的,无论哪一类办法中的哪一种方法都能完成这件事,那么完成这件事情共有

$$N = m_1 + m_2 + \cdots + m_n$$

种不同的方法.

理解: 在分类加法计数原理中,n 类办法彼此之间是相互独立的,每一类中的每一种方法都能单独完成一件事情.

二、分步乘法计数原理

如果一件事情分 n 步完成,在第 1 步中有 m_1 种不同的方法,在第 2 步中有 m_2 种不同的方法,……,在第 n 步中有 m_n 种不同的方法,需要依次完成所有的步骤,才能完成这件事,那么完成这件事情共有

$$N = m_1 \times m_2 \times \cdots \times m_n$$

种不同的方法.

理解: 在分步乘法计数原理中,每一步中的每一种方法都只能完成任务的一部分,只有按照一定的顺序完成了所有步骤,这件事情才能完成.

【典例解析】

考点一　分类加法计数原理

例1　一个学习小组有男生6名、女生8名，若任选1人当小组长，共有多少种不同的选法？

理解与分析：完成一件事情的含义是选1人当小组长。分2类：第1类，从男生中选1人当小组长，有6种选法；第2类，从女生中选1人当小组长，有8种选法。用分类加法计数原理求解。

解：由分类加法计数原理，不同的选法有6种+8种=14种。

点评：求解问题的关键是分2类完成"选1人当小组长"的任务。

考点二　分步乘法计数原理

例2　一个学习小组有男生6名、女生8名，若从男、女生中各选1人当小组长，共有多少种不同的选法？

理解与分析：完成一件事情的含义是从男、女生中各选1人当小组长。分2步完成：第1步，从男生中选1人当小组长，有6种选法（完成任务的一部分）；第2步，从女生中选1人当小组长，有8种选法（完成任务的另一部分）。用分步乘法计数原理求解。

解：由分步乘法计数原理，不同的选法有(6×8)种=48种。

点评：求解问题的关键是分2步才能完成"选1人当小组长"的任务。

例3　已知集合$M=\{-3,-2,-1,0,1,2\}$，点$P(a,b)$，且$a\in M, b\in M$，问：

(1) 点P的坐标有多少个？

理解与分析：完成一件事情的含义是在平面直角坐标系中确定点P的坐标。分2步完成：第1步，确定点P横坐标a的值，由已知条件"$a\in M$"知，a的值从集合M中挑选元素，有6个不同的取值（完成任务的一部分）；第2步，确定点P纵坐标b的值，由已知条件"$b\in M$"知，b的值也从集合M中挑选元素，也有6个不同的取值（完成任务的另一部分）。用分步乘法计数原理求解。

解：由分步乘法计数原理，点P的坐标有(6×6)个=36个。

点评：求解问题的关键是确定点P的坐标要分2步。

(2) 在第二象限内点P的坐标有多少个？

理解与分析：第二象限坐标正负性为$(-,+)$，横坐标取负数，有3个不同的取值，纵坐标值取正数，有2个不同的取值，用分步乘法计数原理求解。

解：由分步乘法计数原理，点P的坐标有(3×2)个=6个。

点评：第二象限横坐标取负数且纵坐标取正数是求解问题的关键。

【归纳总结】

计数原理有两个考点：一是分类加法计数原理；二是分步乘法计数原理。

分类加法计数原理在解决问题的过程中需要进行分类讨论，分类时要适当确定分类标准，按照分类的标准进行，做到不重不漏.

在应用分步乘法计数原理时，各个步骤都完成，才算完成这件事，步骤之间互不影响，即前一步采用什么方法，不影响后一步采用什么方法，同时要确定好次序，并注意元素是否可以重复选取.

【能力测试】

水平能力测试一

一、选择题

1. 用 $0,1,2,3,4,5$ 组成大于 2000，且没有重复数字的四位数有（　　）个.
   (A) 120　　　(B) 200　　　(C) 240　　　(D) 300

2. 从 5 位学生中产生 1 名组长、1 名副组长，有（　　）种不同的选法.
   (A) 10　　　(B) 12　　　(C) 16　　　(D) 20

3. 有 4 名学生报名参加学校的足球队、篮球队、乒乓球队，每个学生限报其中的一个运动队，有（　　）种不同的报名方法.
   (A) 24　　　(B) 64　　　(C) 81　　　(D) 256

4. 学校开设英、法、德、日 4 门外语课程，4 名学生从中任选一门外语课程，有（　　）种不同的选法.
   (A) 24　　　(B) 64　　　(C) 196　　　(D) 256

5. 乘积 $(a_1+a_2+a_3)(b_1+b_2+b_3+b_4)(c_1+c_2+c_3+c_4+c_5)$ 展开后有（　　）项.
   (A) 12　　　(B) 24　　　(C) 60　　　(D) 96

6. 高中一年级的学生 3 名，高中二年级的学生 4 名，高中三年级的学生 5 名，从中任选 1 人参加接待外宾的活动，有（　　）种不同的选法.
   (A) 12　　　(B) 24　　　(C) 48　　　(D) 60

7. 高中一年级的学生 3 名，高中二年级的学生 4 名，高中三年级的学生 5 名，从 3 个年级的学生中各选 1 人参加接待外宾的活动，有（　　）种不同的选法.
   (A) 12　　　(B) 24　　　(C) 48　　　(D) 60

8. 在直角坐标系内，点 P 的横坐标与纵坐标均在集合 $A=\{0,1,2,3,4,5\}$ 内取值，点 P 的坐标有（　　）个.
   (A) 12　　　(B) 24　　　(C) 36　　　(D) 72

9. 分子在 $1,5,9,13$ 中选一个，分母在 $4,8,12,16$ 中选一个，可以组成许多分数，其中真分数有（　　）个.
   (A) 10　　　(B) 12　　　(C) 16　　　(D) 24

10. 分子在 $1,5,9,13$ 中选一个，分母在 $4,8,12,16$ 中选一个，可以组成（　　）个不同的分数.
    (A) 10　　　(B) 12　　　(C) 16　　　(D) 24

二、填空题

1. 某人从甲地到乙地，乘汽车有 5 种不同的走法，乘火车有 3 种不同的走法，乘飞机有

2 种不同的走法. 此人从甲地到乙地共有_____种不同的走法.

2. 某人从甲地出发,经过乙地到达丙地,从甲地到乙地有 3 种不同的走法,从乙地到丙地有 4 种不同的走法,则从甲地到丙地共有____种不同的方法.

3. 3 个班分别从 5 个风景点中选择 1 个游览,共有_____种不同的选法.

4. 由 0~9 组成没有重复数字的四位数,能组成_____个不同的四位数.

5. 甲、乙、丙三人从 6 门课程中各选修 1 门,共有_____种不同的选法.

6. 如图 1-1,设甲地到乙地有 4 条路可走,乙地到丙地有 5 条路可走,那么,从甲地经乙地到丙地,再由丙地经乙地返回甲地,共有_____种不同的走法.

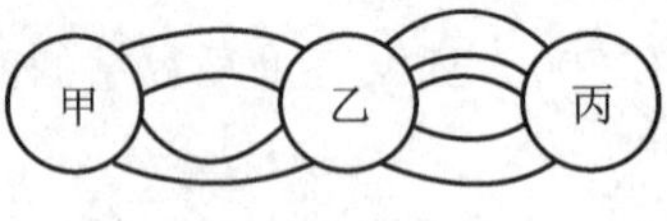

图 1-1

7. 3 名运动员和 2 名教练员站成一排照相,共有_____种不同的站法.

8. 将 3 个文件通过 4 个不同的电子邮件发送,有_____种不同的选择.

9. 如图 1-2,从 A 处走到 B 处,则路程最短的不同的走法共有_____种.

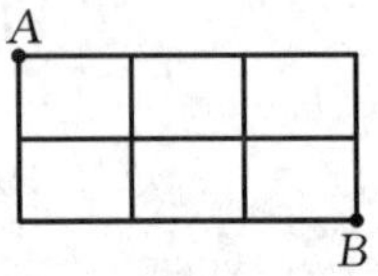

图 1-2

10. 房间里有 4 盏电灯,分别由 4 个开关控制,至少开 1 盏灯照明,有_____种不同的照明方式.

第二节 排列、组合及其应用

【考纲点击】

1. 理解排列与组合的概念及其区别和联系;
2. 掌握排列、组合的计算公式及其之间的运算关系;
3. 能够用排列与组合的分析方法解决一些简单的问题.

【命题走向】

在体育单招考试中,排列、组合问题是每年必考知识点.考查内容包括相离问题插空法、相邻问题捆绑法、平均分组问题消序法、二元否定或至少问题排除法、至多问题列举法,题型是选择题或填空题.试题设计通常联系运动员的生活实际,生动有趣,试题难度不大.

【知识梳理】

一、排列

(1) 定义:从 n 个不同元素中取出 $m(m\leqslant n)$ 个元素,再将取出的元素按照一定的顺序分 m 步排成一行,称为从 n 个不同元素中取出 m 个元素的一个排列,记为 A_n^m.

理解:n 是元素总个数,m 是取出的元素个数.一个排列过程分两部分,即先取出 m 个元素,再将取出的元素分 m 步排成一行.

(2) 计算公式:$A_n^m = n \times (n-1) \times (n-2) \times \cdots \times (n-m+1)$. 例如
$$A_6^3 = 6 \times 5 \times 4 = 120.$$

理解:计算方法是从 n 开始连续 m 个自然数依次递减相乘.

特别地,当 $m=n$ 时,$A_n^n = n! = n \times (n-1) \times (n-2) \times \cdots \times 2 \times 1$.

理解:计算方法是从 n 开始依次递减相乘直到 1 为止. $n!$ 表示全排列,读作 n 的阶乘.

(3) 规定:$0! = 1$.

二、组合

(1) 定义:从 n 个不同元素中取出 $m(m\leqslant n)$ 个元素并成一组,称为从 n 个不同元素中取出 m 个元素的一个组合,记为 C_n^m.

理解:n 是元素总个数,m 是取出的元素个数.并成一组分两步理解:先将取出的 m 个元素排列,即 A_n^m;再把 m 个元素排列的顺序取消(消序),只保留一组的顺序.

(2) 计算公式:$C_n^m = \dfrac{A_n^m}{m!} \Leftrightarrow A_n^m = C_n^m \times m!$.

(3) 排列与组合的区别:排列是在组合的基础上,再将取出的 m 个元素按全排列.

(4) 当 $m=n$ 时,$C_n^n = 1$.

(5) 规定:$C_n^0 = 1$.

(6) 重要性质:$C_n^m = C_n^{n-m}$. 它的意义在于当 $m > \dfrac{n}{2}$ 时,先应用该性质化简后再计算比较简便.

例如,$C_{100}^{98} = C_{100}^{2} = \dfrac{A_{100}^2}{2!} = 4950$.

【典例解析】

考点一 插 空 法

例 1 6 人按下列要求站一排,分别有多少种不同的站法?

(1) 甲不站两端;

理解与分析:6 人站一排属于排列问题,根据分步乘法计数原理,排列分 2 步完成:第 1 步,将除甲外其他 5 人全排列,有 A_5^5 种不同的站法;第 2 步,将甲插入排好后的 4 个间隙位置,有 C_4^1 种不同的插空站法.

解:由分步乘法计数原理,不同的站法有 $A_5^5 \cdot C_4^1 = 480$ 种.

点评:插空法是先将其他的元素排列,再将所指定的元素插入已排好元素的间隙位置的方法.

(2) 甲、乙不相邻;

理解与分析:根据分步乘法计数原理,排列分 2 步完成:第 1 步,将其他 4 人全排列,有 A_4^4 种不同的站法;第 2 步,将甲、乙 2 人插入排好后的 5 个空位,有 A_5^2 种不同的插空站法.

解:由分步乘法计数原理,不同的站法有 $A_4^4 \cdot A_5^2 = 480$ 种.

点评:插空法解决排列、组合问题时,要注意"间隙位置"和"两端空位"的插空.

(3) 甲、乙之间恰好间隔 2 人;

理解与分析:根据分步乘法计数原理,排列分 2 步完成:先将其他 4 人全排列,有 A_4^4 种不同的站法;再把 5 个空位按要求分为 3 组(1 和 3 号位,2 和 4 号位,3 和 5 号位),甲、乙从这 3 组挑选一组,有 $C_3^1 \cdot A_2^2$ 种不同的插空站法.

解:由分步乘法计数原理,不同的站法有 $A_4^4 \cdot (C_3^1 \cdot A_2^2) = 144$ 种.

点评:插空时思考的顺序是先分 3 组,从中挑选 1 组,再排列.

(4) 甲、乙站在两端.

理解与分析:根据分步乘法计数原理,排列分 2 步完成:先将其他 4 人全排列,有 A_4^4 种不同的站法;再将甲、乙插入两端空位,有 A_2^2 种不同的站法.

解:由分步乘法计数原理,不同的站法有 $A_4^4 \cdot A_2^2 = 48$ 种.

考点二 捆 绑 法

例 2 6 人站一排,要求甲、乙必须相邻,有多少种不同的站法?

理解与分析:甲、乙必须相邻可以理解为把甲、乙两人捆绑在一起作为一个整体看作 1 人.根据分步乘法计数原理,排列分 2 步完成:第 1 步,5 人站一排,有 A_5^5 种不同的站法;第 2 步,甲、乙之间的排列有 A_2^2 种不同的站法.

解:由分步乘法计数原理,不同的站法有 $A_5^5 \cdot A_2^2 = 240$ 种.

点评:捆绑法是将必须相邻的几个元素捆绑在一起作为一个整体与其他元素一起排列,然后再把整体内部的元素进行排列的方法.

考点三 消 序 法

例 3 将 12 支参加足球比赛的球队平均分成 3 组,每组 4 支球队,有多少种不同的分法?

理解与分析:12 支参加足球比赛的球队平均分成 3 组,每组 4 支球队属于组合问题.根据分步乘法计数原理,分 3 步完成:第 1 步,从 12 支参赛球队中挑选 4 支球队,有 C_{12}^4 种不同的选法;第 2 步,从剩下的 8 支参赛球队中挑选 4 支球队,有 C_8^4 种不同的选法;第 3 步,从剩下的 4 支参赛球队中挑选 4 支球队,有 C_4^4 种不同的选法.共有 $C_{12}^4 \cdot C_8^4 \cdot C_4^4$ 种选法.因为分成的 3 组排列有 $A_3^3 = 6$ 种(不妨记 3 组分别为 A,B,C,则有 ABC,ACB,BAC,BCA,CAB,CBA 共 6 种排列),这 6 种不同的排列中只选其中 1 种排列就满足平均分成 3 组的要求,所以分成的 3 组要取消排列顺序,即除以 A_3^3 才能符合要求.

解:将 12 支参加足球比赛的球队平均分成 3 组,根据分步乘法计数原理,共有 $C_{12}^4 \cdot C_8^4 \cdot C_4^4$ 种选法,因为分成的 3 组有 A_3^3 种排序,只需要取其中一种排列顺序,所以除以 A_3^3,即 $\dfrac{C_{12}^4 \cdot C_8^4 \cdot C_4^4}{A_3^3} = 5775$ 种.

点评:消序法是先按照分组要求分步完成组合,再除以平均分组数的排列的方法.

考点四 排 除 法

例 4 要从 5 名女生、7 名男生中选出 5 名代表,要求至少有 1 名女生入选,有多少种不同的选法?

理解与分析:从 5 名女生、7 名男生中选出 5 名代表属于组合问题,至少有 1 名女生入选的含义是在选出的 5 名代表中女生人数在 1 至 5 人之间,它的对立事件的含义是至多有 0 名女生未入选,即选出的 5 人都是男生.用排除法分析:先从 12 名学生中选出 5 名学生,有 C_{12}^5 种不同的选法;再减去选出的 5 人都是男生的组合,有 C_7^5 种不同的选法.

解:由排除法,得 $C_{12}^5 - C_7^5 = 771$ 种.

点评:排除法是先求出全部排列组合,再减去不符合条件的排列组合的方法.

考点五 列 举 法

例 5 要从 5 名女生、7 名男生中选出 5 名代表,要求至多有 2 名女生入选,有多少种不同的选法?

理解与分析:至多有 2 名女生入选的含义是在挑选出的 5 人中如果有女生入选,那么入选的女生最多不超过 2 人.根据分类加法计数原理,女生入选分 3 类列举:第 1 类是 0 名女生、5 名男生入选,有 $C_5^0 \cdot C_7^5$ 种不同的选法;第 2 类是 1 名女生、4 名男生入选,有 $C_5^1 \cdot C_7^4$ 种不同的选法;第 3 类是有 2 名女生、3 名男生入选,有 $C_5^2 \cdot C_7^3$ 种不同的选法.

解:由分类加法计数原理,不同的选法有 $C_5^0 \cdot C_7^5 + C_5^1 \cdot C_7^4 + C_5^2 \cdot C_7^3 = 546$ 种.

点评:列举法是把多种可能的情况,分成互不相容的几类分别计数,最后计总数的方法.

【归纳总结】

排列、组合及其应用有五个考点:一是相离问题插空法;二是相邻问题捆绑法;三是平均分组问题消序法;四是二元否定或至少问题排除法;五是至多问题列举法.

具体解答时要注意:

(1) 认真审题,弄清楚要做什么事;

(2) 确定怎样做才能完成所要做的事情,是采取分步完成还是采取分类完成,是分步完成的要确定分多少步,是分类完成的要确定分多少类;

(3) 确定每一步或每一类是有序的排列问题还是无序的组合问题,以及从元素总数中取出多少个元素;

(4) 完成所要做的事情是分步与分类交叉进行的,要按照先分类再分步的顺序分析.

【能力测试】

水平能力测试二

一、选择题

1. 一部电影在 5 所学校轮映,每所学校放映一场,不同的轮映次序种数为(　　).
   (A) 5　　　　(B) 20　　　　(C) 60　　　　(D) 120

2. 某运动队由教练员 2 人、运动员 4 人组成,这 6 个人站成一横排照相,2 名教练员不站在两端,而且又不站在一起,不同的站法种数为(　　).
   (A) 48　　　(B) 144　　　(C) 160　　　(D) 240

3. 从 4 名女生和 5 名男生中,任意选出 2 名女生和 3 名男生,组成代表队参加某项比赛,则不同的组队方法种数为(　　).
   (A) 48　　　(B) 60　　　(C) 72　　　(D) 96

4. 在 10 名教练员中选出主教练 1 人、分管教练 2 人,组成教练组,不同的选法共有(　　).
   (A) 120 种　　(B) 240 种　　(C) 360 种　　(D) 720 种

5. 某班分成 8 个小组,每小组 5 人,现要从中选出 4 人参加 4 项不同的比赛,且要求每组只选 1 人参加,则不同的选拔方法种数为(　　).
   (A) $4^5 C_8^4 A_4^4$　　(B) $C_8^4 A_4^4 C_5^1$　　(C) $5^4 C_8^4 A_4^4$　　(D) $5 C_{40}^4 A_4^4$

6. 把 4 个人平均分成 2 组,不同的分组方法共有(　　).
   (A) 5 种　　(B) 4 种　　(C) 3 种　　(D) 2 种

7. 从 5 名新队员中选出 2 人,从 6 名老队员中选出 1 人,组成训练小组,则不同的组成方案共有(　　).
   (A) 165 种　　(B) 120 种　　(C) 75 种　　(D) 60 种

8. 从 1,2,3,4,5,6 中取出 2 个不同的数字组成两位数,其中大于 50 的两位数的个数为(　　)个.
   (A) 6　　　(B) 8　　　(C) 9　　　(D) 10

9. 从 7 名男运动员和 3 名女运动员中选出 2 人组对参加乒乓球混合双打比赛,则不同的选法共有(　　).
   (A) 12 种　　(B) 18 种　　(C) 20 种　　(D) 21 种

10. 要从 3 名女运动员、4 名男运动员中选出 3 名代表,要求至多有 2 名女运动员入选,则不同的选法共有(　　).
    (A) 32 种　　(B) 33 种　　(C) 34 种　　(D) 35 种

二、填空题

1. 在 8 名运动员中选 2 名参赛选手与 2 名替补,不同的选择共有_____种.(用数字作答)

2. 一支运动队由教练员 1 人、队长 1 人以及运动员 4 人组成,这 6 个人站成一排照相,教练员和队长分别站在两端,有_____种不同的站法.(用数字作答)

3. 用 0,1,2,3,4,5 这六个数字,可以组成_____个无重复数字的四位数.(用数字作答)

4. 将一个圆周 16 等分,过其中任意 3 个分点作一个圆内接三角形,在这些三角形当中,锐角三角形和钝角三角形共有_____个.(用数字作答)

5. 将 3 名教练员与 6 名运动员平均分为 3 组,每组 1 名教练员与 2 名运动员,不同的分法有_____种.(用数字作答)

6. 6 名运动员和 2 名教练员排成前后两排照相,每排 4 人,要求 2 名教练员在前排,甲运动员在后排,共有_____种不同的站法.(用数字作答)

7. 一个小型运动会有 5 个不同的项目要依次比赛,其中项目 A 不排在第三,则不同的排法共有_____种.(用数字作答)

8. 在 6 名男运动员与 5 名女运动员中选男、女各 3 名组成一个代表队,则不同的组队方案共有_____种.(用数字作答)

9. 从 1,2,3,4,5 这 5 个数中,任取 2 个不同的数,这 2 个数字之和为偶数共有_____种取法.(用数字作答)

10. 从 1,2,3,4,5 中任取 3 个不同的数字,这 3 个数字之和为偶数共有_____种取法.(用数字作答)

第三节 二项式定理

【考纲点击】

1. 熟练掌握二项展开式的通项公式 $T_{r+1}=C_n^r a^{n-r} \cdot b^r (r=0,1,2,\cdots,n)$;

2. 运用二项展开式的通项公式计算一些简单的问题.

【命题走向】

在体育单招考试中,二项式定理是每年必考知识点.考试内容包括求指定项的系数、常数项、指定幂的系数、部分项系数之和等,题型是选择题或填空题.

【知识梳理】

一、二项式定理

$(a+b)^n = C_n^0 a^n b^0 + C_n^1 a^{n-1} b^1 + C_n^2 a^{n-2} b^2 + \cdots + C_n^{n-r} a^r b^{n-r} + \cdots + C_n^{n-1} a^1 b^{n-1} + C_n^n a^0 b^n$

$(0 \leqslant r \leqslant n, n \in \mathbf{N}_+)$ 所表示的式子,称为二项式定理,等号右端的多项式叫二项式 $(a+b)^n$ 的展开式.

理解:在 $(a+b)^n$ 与 $(b+a)^n$ 的展开式中,从整体上看 $(a+b)^n$ 与 $(b+a)^n$ 的展开式是相同的,但是具体到某一项是不同的.例如:

$(a+b)^3 = a^3 + 3a^2 b + 3ab^2 + b^3$ 的第 3 项是 $3ab^2$;

$(b+a)^3 = b^3 + 3b^2 a + 3ba^2 + a^3$ 的第 3 项是 $3ba^2$.

二、二项式定理的特征

(1) 项数:展开式共有 $n+1$ 项.

(2) 通项公式:$T_{r+1}=C_n^r a^{n-r} b^r$ 称为 $(a+b)^n$ 的通项公式,表示第 $r+1$ 项.

(3) 二项式系数:第 $r+1$ 项的二项式系数是 C_n^r.

理解:二项式系数与某项的系数是完全不同的两个概念,二项式系数是指 $C_n^0, C_n^1, \cdots$, C_n^n,它只与各项的项数有关,而与 a,b 的值无关;某项的系数是指该项中除变量外的部分,它不仅与各项的二项式系数有关,而且也与 a,b 的系数有关.

附:幂的运算公式如下.

(1) $a(a\neq 0)$ 的 0 次幂等于 1:$a^0=1$.

(2) 同底幂相乘等于底数不变、指数相加:$a^m \cdot a^n = a^{m+n}$.

(3) 同底幂相除等于底数不变、指数相减:$a^m \div a^n = a^{m-n}$.

(4) 积的乘方等于分别将每一个因数乘方再求积:$(ab)^n = a^n \cdot b^n$.

(5) 幂的乘方等于底数不变、指数相乘:$(a^m)^n = a^{mn}$.

(6) 根式改写成分数指数幂方法为底数不变,根指数等于分数指数的分母,被开方数指数等于分数指数的分子:$\sqrt[n]{a^m} = a^{\frac{m}{n}}$.

(7) 负指数幂等于同底正指数幂的倒数:$a^{-n} = \dfrac{1}{a^n}(a\neq 0)$.

【典例解析】

考点一 求展开式中指定项的系数

例1 在二项式 $(1+2x)^7$ 的展开式中,求第 4 项的系数是多少?

理解与分析:这里 $a=1, b=2x, n=7, r+1=4, r=3$. 由二项式的通项公式得,第 4 项为 $T_4 = T_{3+1} = C_7^3 \cdot 1^{7-3}(2x)^3$,由积的乘方公式运算后得到第 4 项的系数为 $2^3 \cdot C_7^3$.

解:$a=1, b=2x, n=7, r=3$,

由二项式的通项公式,第 4 项为

$T_4 = T_{3+1} = C_7^3 \cdot 1^{7-3}(2x)^3 = C_7^3 \cdot 1^{7-3} \cdot 2^3 x^3 = 280 x^3$,

∴ 第 4 项的系数是 280.

点评:比较二项式 $(1+2x)^7$ 与一般形式的二项式 $(a+b)^n$ 得到 $a=1, b=2x, n=7$,这是理解题意的基础,展开式中第 4 项是指二项式定理中,$T_{r+1}=T_4$,即 $r=3$,r 是已知的. 在计算过程中用到了积的乘方公式,要求读者熟练掌握.

考点二 求展开式中的常数项

例2 在二项式 $\left(x - \dfrac{1}{\sqrt{x}}\right)^6 (x\neq 0)$ 展开式中,求常数项是多少?

理解与分析:这里 $a=x, b=-\dfrac{1}{\sqrt{x}} = -\dfrac{1}{x^{\frac{1}{2}}} = -x^{-\frac{1}{2}}, n=6$. 由二项展开式的通项公式得,

$T_{r+1} = C_6^r \cdot x^{6-r} (-x^{-\frac{1}{2}})^r = C_6^r x^{6-r} \cdot (-1)^r x^{-\frac{1}{2}r} = (-1)^r \cdot C_6^r \cdot x^{6-\frac{3}{2}r}$，$r$ 是未知数. 要求常数项，则 $x^{6-\frac{3}{2}r}$ 的指数是 0，即 $6-\frac{3}{2}r=0, r=4$，代入 $(-1)^r \cdot C_6^r$ 即可求得常数项.

解：$a=x, b=-\frac{1}{\sqrt{x}}=-\frac{1}{x^{\frac{1}{2}}}=-x^{-\frac{1}{2}}, n=6$，

由二项展开式的通项公式，得

$T_{r+1} = C_6^r \cdot x^{6-r}(-x^{-\frac{1}{2}})^r = C_6^r x^{6-r} \cdot (-1)^r x^{-\frac{1}{2}r} = (-1)^r \cdot C_6^r \cdot x^{6-\frac{3}{2}r}$，

由常数项，得 $x^{6-\frac{3}{2}r}$ 的指数是 0，则

$6-\frac{3}{2}r=0, r=4$，

∴常数项为 $(-1)^4 \cdot C_6^4 = C_6^2 = 15$.

点评：先通过二项展开式的通项公式求未知数 r，再求展开式中的常数项. 在计算过程中用到了根式化分数指数幂公式、幂的倒数化同底数的负指数幂公式、积的乘方公式、同底幂相乘公式.

考点三 求展开式中指定幂的系数

例 3 在二项式 $\left(\frac{1}{3}x^4 - \frac{3}{x^3}\right)^6 (x \neq 0)$ 展开式中，求 x^{10} 的系数是多少？

理解与分析：这里 $a=\frac{1}{3}x^4, b=-\frac{3}{x^3}=-3x^{-3}, n=6$. 由二项展开式的通项公式得 $T_{r+1} = C_6^r \cdot \left(\frac{1}{3}x^4\right)^{6-r} \cdot (-3x^{-3})^r = C_6^r \cdot \left(\frac{1}{3}\right)^{6-r} x^{24-4r} \cdot (-3)^r x^{-3r} = \left(\frac{1}{3}\right)^{6-r} (-3)^r C_6^r x^{24-7r}$，$r$ 是未知数. 要求 x^{10} 的系数，则 $24-7r=10, r=2$，代入 $\left(\frac{1}{3}\right)^{6-r} \cdot (-3)^r \cdot C_6^r$ 即可求得 x^{10} 的系数.

解：$a=\frac{1}{3}x^4, b=-3x^{-3}, n=6$，

由二项展开式的通项公式，得

$T_{r+1} = C_6^r \cdot \left(\frac{1}{3}x^4\right)^{6-r} \cdot (-3x^{-3})^r$

$= C_6^r \cdot \left(\frac{1}{3}\right)^{6-r} x^{24-4r} \cdot (-3)^r x^{-3r}$

$= \left(\frac{1}{3}\right)^{6-r} \cdot (-3)^r C_6^r x^{24-7r}$，

由 x^{10} 的指数是 10，得

$24-7r=10, r=2$，

∴x^{10} 的系数为 $\left(\frac{1}{3}\right)^{6-2} \cdot (-3)^2 \cdot C_6^2 = \frac{5}{3}$.

点评：本例与例 2 的思路相同，先通过二项展开式的通项公式求出未知数 r，再求展开式中 x^{10} 的系数. 在计算过程中用到了幂的倒数化同底数的负指数幂公式、积的乘方公式、同底幂相乘公式等.

考点四 求展开式中部分项的系数之和

例 4 已知 $(1+x)^3 = a_0 + a_1 x + a_2 x^2 + a_3 x^3$,求 $a_0 + a_1 + a_2 + a_3$ 的值是多少?

理解与分析:因为 $a_0 + a_1 + a_2 + a_3$ 是二项展开式的各项系数之和,所以 x 需要取特殊值. 对比 $(1+x)^3 = a_0 + a_1 x + a_2 x^2 + a_3 x^3$ 与所求问题 $a_0 + a_1 + a_2 + a_3$ 的结构发现,要使 $a_0 + a_1 x + a_2 x^2 + a_3 x^3 = a_0 + a_1 + a_2 + a_3$,必须使 $x = x^2 = x^3 = 1$,所以当 $x = 1$ 时,即可求出 $a_0 + a_1 + a_2 + a_3$ 的值.

解:将 $x = 1$ 代入 $(1+x)^3 = a_0 + a_1 x + a_2 x^2 + a_3 x^3$,得
$(1+1)^3 = a_0 + a_1 \times 1 + a_2 \times 1^2 + a_3 \times 1^3$,
$\therefore a_0 + a_1 + a_2 + a_3 = 8$.

点评:特值法就是利用题设中某个未知量为特殊值,通过简单的运算,得出最终答案的一种方法. 特值法是求二项展开式中部分项的系数之和问题的常用方法,通常取 $0, \pm 1, \pm 2$ 等特殊值.

【归纳总结】

二项式定理有四个考点:一是求展开式中指定项的系数;二是求展开式中的常数项;三是求展开式中指定幂的系数;四是求展开式中的部分项系数之和.

在计算过程中要用到根式化分数指数幂公式、幂的倒数化同底数的负指数幂公式、积的乘方公式、同底幂相乘公式等,读者必须能够熟练计算.

近几年,求展开式中的部分项系数之和也是一个新考点,特值法是解决这类问题的"灵丹妙药",通常取 $0, \pm 1, \pm 2$ 等特殊值.

要求读者熟记、熟练应用二项展开式的通项公式.

【能力测试】

水平能力测试三

一、选择题

1. 在二项式 $(x - 2\sqrt{2})^8$ 的展开式中,x^6 的系数等于(　　).
(A) 224　　　　(B) -224　　　　(C) 234　　　　(D) -234

2. 在二项式 $\left(x + \dfrac{3}{\sqrt{x}}\right)^6$ 的展开式中,常数项等于(　　).
(A) 1213　　　　(B) 1214　　　　(C) 1215　　　　(D) 1216

3. 已知二项式 $\left(\sqrt{x} - \dfrac{2}{\sqrt{x}}\right)^7$ 展开式的第 4 项与第 5 项之和为 0,那么 x 等于(　　).
(A) 1　　　　(B) $\sqrt{2}$　　　　(C) 2　　　　(D) 3

4. 在 $(1 + 2\sqrt{x})^6$ 的展开式中,$x^{\frac{5}{2}}$ 的系数等于(　　).
(A) 191　　　　(B) 192　　　　(C) 193　　　　(D) 194

5. 在二项式 $(1-x)^4$ 的展开式中,常数项为( ).
(A) -4 (B) -1 (C) 1 (D) 4

6. 已知 $(x^2-x-1)^n = a_{2n}x^{2n} + a_{2n-1}x^{2n-1} + \cdots + a_2 x^2 + a_1 x + a_0$,则 $a_0 + a_1 + a_2 + \cdots + a_{2n}$ 等于( ).
(A) 1 (B) -1 (C) $(-1)^n$ (D) $\dfrac{1+(-1)^n}{2}$

7. 在二项式 $\left(\sqrt[4]{x}+\dfrac{1}{\sqrt{x}}\right)^{24}$ 的展开式中,常数项为( ).
(A) C_{24}^{12} (B) C_{24}^{10} (C) C_{24}^{8} (D) C_{24}^{6}

8. 在二项式 $(1-\sqrt{x})^5$ 的展开式中,x^2 的系数是( ).
(A) -5 (B) 5 (C) -10 (D) 10

9. 在二项式 $\left(2x+\dfrac{1}{x^2}\right)^6$ 的展开式中,常数项为( ).
(A) 240 (B) 60 (C) 192 (D) 180

10. 在二项式 $\left(x-\dfrac{a}{x}\right)^4$ 的展开式中,x^2 的系数-2,则 a 等于( ).
(A) 1 (B) -1 (C) $\dfrac{1}{2}$ (D) $-\dfrac{1}{2}$

二、填空题

1. 在二项式 $(x+1)^5$ 的展开式中,第 3 项是_____.

2. 在二项式 $\left(2x^2-\dfrac{1}{\sqrt{x}}\right)^6$ $(x\neq 0)$ 的展开式中,x^2 的系数是_____.

3. 在 $(1+2\sqrt{x})^6$ 的展开式中,所有有理项系数之和是_____.

4. 在二项式 $(x-1)^8$ 的展开式中,x^5 的系数是_____.

5. 在二项式 $\left(x-\dfrac{2}{x}\right)^6$ $(x\neq 0)$ 的展开式中,常数项是_____.

6. 已知 $(x-2)^4 + 3(x-2)^3 - 2(x-2) = a_4 x^4 + a_3 x^3 + a_2 x^2 + a_1 x + a_0$,则 $a_0 =$ _____.

7. 在二项式 $\left(x^3+\dfrac{1}{2\sqrt{x}}\right)^5$ 的展开式中,x^8 的系数是_____.

8. 在二项式 $\left(2x+\dfrac{1}{x^2}\right)^6$ 的展开式中,常数项是_____.

9. 在 $(2x-1)^4$ 的展开式中,x^3 的系数是_____.

10. 在二项式 $(1+2x)^7$ 的展开式中,x^2 的系数是_____.

第二章 概　　率

第一节　等可能性事件

【考纲点击】

1. 理解必然事件、不可能事件、随机事件、等可能性事件、对立事件的定义；
2. 能够根据题意判断等可能性事件；
3. 掌握求等可能性事件概率的步骤；
4. 能够通过对立事件间接求等可能性事件的概率.

【命题走向】

在体育单招考试中,概率知识问题的试题设计题材来源于运动员运动训练中的实际问题,比如运动员比赛中获胜的概率,挑选运动员参赛、接受记者采访的概率等,生动有趣,符合运动员的生活实际.等可能性事件考查内容包括事件判断、直接求等可能性事件的概率、间接求等可能性事件的概率,题型是选择题、填空题或解答题.

【知识梳理】

一、事件的分类

表 2-1 所示是事件的分类.

表 2-1

分类	定义	概率
必然事件	在一定的条件下,必然发生的事件,称为必然事件,记作 S	$P(S)=1$
不可能事件	在一定的条件下,不可能发生的事件,称为不可能事件,记作 $\varnothing$	$P(\varnothing)=0$
随机事件	在一定的条件下,不能确定是否发生的事件,称为随机事件,记作 A,B,C 等	$0<P(A)<1$

理解：必然事件的概率是 1,不可能事件的概率是 0,随机事件的概率是 $0<P(A)<1$,必然事件和不可能事件看作随机事件的两种特殊情形.

二、对立事件

对于两个事件,如果一个事件发生,那么另一个事件不可能发生,称这两个事件为对立事件. A 的对立事件记为 $\overline{A}$,读作"A 拔".

理解：A 是 $\overline{A}$ 的对立事件,$\overline{A}$ 是 A 的对立事件,它们一起组成必然事件,它们之间的运

算关系为 $P(A)+P(\overline{A})=1$.

三、概率的定义

在大量重复进行同一试验时,n 表示试验总数,m 表示事件 A 发生的次数,事件 A 发生的频率 $\dfrac{m}{n}$ 总是接近于某个常数,在它附近摆动,这个常数叫作事件 A 的概率,记作 $P(A)$.

理解:频率本身是随机的,随试验情况的变化而改变,在试验之前不能确定,即使做同样次数的重复试验得到的事件 A 发生的频率 $\dfrac{m}{n}$ 也是不同的.概率是一个确定的常数,它与每次试验无关,是用来度量事件发生可能性大小的量.概率是对频率的估计值,随着试验次数的增加,频率会越来越接近概率.

四、等可能性事件的概率

(1) 基本事件:在一次试验中可能出现的每一个结果称为基本事件.

理解:基本事件必须满足两个条件,一是任何两个基本事件是互斥的,二是任何事件(除不可能事件外)都可以表示为若干个基本事件的和.

(2) 等可能性基本事件:如果每个基本事件发生的概率相等,那么称这些基本事件为等可能性基本事件.

理解:判断等可能性基本事件的依据是每个基本事件发生的概率相等.

(3) 等可能性事件:在一次试验中可能出现的结果是有限的,如果基本事件为等可能性基本事件,那么这种事件称为等可能性事件.

理解:判断等可能性事件的依据是基本事件为等可能性基本事件.

(4) 等可能性事件概率公式:在一次试验中可能出现的结果有 n 个(试验总数),如果某个事件 A 包含的结果有 m 个(事件 A 包含次数),那么事件 A 的概率为

$$P(A)=\dfrac{m}{n}.$$

理解:求等可能性事件的概率分 3 个步骤:(1)将所求问题的事件记为 A;(2)求试验总数 n 和 A 包含次数 m;(3)求 A 的概率.

【**典例解析**】

考点一　事件的判断

例 1　给出下列四个命题:
(1) 在地球上抛一块石块,石块会落下是必然事件;
(2) 某手机在十分钟之内收到三次呼叫是随机事件;
(3) 购买一张体育彩票,会中特等奖是不可能事件;
(4) 向上抛掷一枚硬币,落地后,正面朝上是随机事件.
其中正确的命题个数是(　　)个.
(A) 0　　　　　　(B) 1　　　　　　(C) 2　　　　　　(D) 3

理解与分析:对于命题(1),石块受地球重力的影响,上抛后会落下是必然事件,所以命题

(1)是正确的.对于命题(2),某手机在十分钟之内收到三次呼叫可能发生,也可能不会发生,它是随机事件,所以命题(2)是正确的.对于命题(3),购买一张体育彩票,可能会中特等奖,也可能不会中特等奖,它是随机事件,所以命题(3)是错误的.对于命题(4),向上抛掷一枚硬币,落地后,正面朝上可能发生,也可能不发生,它是随机事件,所以命题(4)是正确的.

解:命题(1)是正确的,因为石块受地球重力的影响,上抛后会落下.

命题(2)是正确的,因为某手机在十分钟之内收到三次呼叫可能发生,也可能不会发生.

命题(3)是错误的,因为购买一张体育彩票,可能会中特等奖,也可能不会中特等奖,它是不可能事件是错误的.

命题(4)是正确的,因为向上抛掷一枚硬币,落地后,正面朝上可能发生,也可能不发生.

综合上述,选(D).

点评:本例中每一个小命题要根据必然事件、随机事件、不可能事件的定义判断.

考点二 直接求等可能性事件的概率

例 2 20 件产品中有 3 件次品,现从中随机地抽取 2 件产品,求其中恰好有 1 件次品的概率.

理解与分析:随机地抽取 2 件产品,其中恰好有 1 件次品的事件记为 A.因为每件产品被抽取(基本事件)的概率是 $\frac{1}{20}$,所以 A 是等可能性事件.试验总数 n 表示从 20 件产品中抽取 2 件,有 C_{20}^2 种;A 包含次数 m 表示从 3 件次品中抽取 1 件、从 17 件合格品中抽出 1 件,有 $C_3^1 \cdot C_{17}^1$ 种.将 n 和 m 代入等可能性事件概率公式求 A 的概率.

解:随机地抽取 2 件产品,恰好有 1 件次品的事件记为 A.

因为基本事件的概率是 $\frac{1}{20}$,所以 A 是等可能性事件.

试验总数 $n = C_{20}^2$,

A 包含次数 $m = C_3^1 \cdot C_{17}^1$,

A 的概率为 $P(A) = \frac{m}{n} = \frac{C_3^1 \cdot C_{17}^1}{C_{20}^2} = \frac{51}{190}$.

点评:抽样问题属于等可能性事件.

例 3 在一次口试中,要从 20 道题中随机抽出 6 道题进行回答,答对了其中的 5 道题就获得优秀,答对其中的 4 道题就获得及格,某考生会回答 20 道题中的 8 道题,求他获得及格与及格以上的概率是多少?

理解与分析:他获得及格的事件记为 A.因为每道题被抽出(基本事件)的概率是 $\frac{1}{20}$,所以 A 是等可能性事件.试验总数 n 表示从 20 道题中随机抽出 6 道题,有 C_{20}^6 种,A 包含次数 m 分三类求和:第一类是从会回答的 8 道题中抽出 4 道,从不会回答的 12 道题中抽出 2 道,有 $C_8^4 \cdot C_{12}^2$ 种;第二类是从会回答的 8 道题中抽出 5 道,从不会回答的 12 道题中抽出 1 道,有 $C_8^5 \cdot C_{12}^1$ 种;第三类是从会回答的 8 道题中抽出 6 道,有 C_8^6 种.所以 A 包含次数 $m = C_8^4 \cdot C_{12}^2 + C_8^5 \cdot C_{12}^1 + C_8^6$.将 n 和 m 代入等可能性事件的概率公式求 A 的概率.

解:他获得及格与及格以上的事件记为 A,

试验总数 $n=C_{20}^6$，

A 包含次数 $m=C_8^4 \cdot C_{12}^2 + C_8^5 \cdot C_{12}^1 + C_8^6$，

A 的概率为 $P(A)=\dfrac{m}{n}=\dfrac{C_8^4 \cdot C_{12}^2 + C_8^5 \cdot C_{12}^1 + C_8^6}{C_{20}^6}=\dfrac{7}{51}$.

点评：A 包含次数 m 用分类加法计数原理计算.

考点三　间接求等可能性事件的概率

例 4　20 件产品中有 3 件次品，现从中随机地抽取 2 件，求其中至少有 1 件次品的概率.

理解与分析：随机地抽取 2 件，其中至少有 1 件次品的事件记为 A. 因为每件产品被抽取（基本事件）的概率是 $\dfrac{1}{20}$，所以 A 是等可能性事件. 必然事件集合{2 正品，1 正品 1 次品，2 次品}，其中 A 的集合{1 正品 1 次品，2 次品}，$\overline{A}$ 的集合{2 正品}，根据 $P(A)+P(\overline{A})=1$ 求 A 的概率.

解：从 20 件产品中随机地抽取 2 件，至少有 1 件次品的事件记为 A，则 $\overline{A}$ 表示从 20 件产品中抽出的 2 件都是正品.

因为基本事件的概率是 $\dfrac{1}{20}$，所以 A 和 $\overline{A}$ 都是等可能性事件，

$P(\overline{A})=\dfrac{C_{17}^2}{C_{20}^2}=\dfrac{68}{95}$.

由 $P(A)+P(\overline{A})=1$，得至少有 1 件次品的概率为

$P(A)=1-P(\overline{A})=1-\dfrac{68}{95}=\dfrac{27}{95}$.

点评：求"至少"型事件的概率，通过 $P(A)+P(\overline{A})=1$ 间接求出事件 A 的概率，往往比较简便.

例 5　将 10 名获奖运动员（其中男运动员 6 名、女运动员 4 名）随机分成甲、乙两组到各地作交流报告，每组各 5 人，则甲组至少有 1 名女运动员的概率是多少？

理解与分析：甲组至少有 1 名女运动员的事件记为 A. 因为每名运动员被分配到甲组（基本事件）的概率是 $\dfrac{1}{2}$，所以 A 是等可能性事件. 必然事件集合{5 男，4 男 1 女，3 男 2 女，2 男 3 女，1 男 4 女}，其中 A 的集合{4 男 1 女，3 男 2 女，2 男 3 女，1 男 4 女}，$\overline{A}$ 的集合{5 男}，根据 $P(A)+P(\overline{A})=1$ 求 A 的概率.

解：甲组至少有 1 名女运动员的事件记为 A，则 $\overline{A}$ 表示甲组 5 名都是男运动员的事件.

因为基本事件的概率是 $\dfrac{1}{2}$，所以 A 和 $\overline{A}$ 都是等可能性事件，

$P(\overline{A})=\dfrac{C_6^5}{C_{10}^5}=\dfrac{1}{42}$.

由 $P(A)+P(\overline{A})=1$，得甲组至少有 1 名女运动员的概率为

$P(A)=1-P(\overline{A})=1-\dfrac{1}{42}=\dfrac{41}{42}$.

点评：本例通过 $P(A)+P(\overline{A})=1$ 间接求出 A 的概率的理由更充分、更简便.

【归纳总结】

等可能性事件有三个考点：一是事件的判断；二是直接求等可能性事件的概率；三是间接求等可能性事件的概率．

等可能性事件概率公式为 $P(A)=\dfrac{m}{n}$，其中 n 表示试验总数，m 表示 A 包含次数．

对于求"至少"型事件的概率，通过 $P(A)+P(\overline{A})=1$ 间接求出 A 的概率，往往比较简便．

【能力测试】

水平能力测试一

一、选择题

1. 在抽查的 10 件产品中，至少有 2 件次品记为事件 A，则 $\overline{A}$ 表示（　　）．
   (A) 至多有 2 件次品　　　　　　(B) 至多有 1 件次品
   (C) 至多有 2 件正品　　　　　　(D) 至少有 2 件正品

2. 投掷一枚骰子，则点数是 6 的概率是（　　）．
   (A) $\dfrac{1}{3}$　　　(B) $\dfrac{1}{4}$　　　(C) $\dfrac{1}{5}$　　　(D) $\dfrac{1}{6}$

3. 投掷两枚骰子，则点数之和是 6 的概率是（　　）．
   (A) $\dfrac{5}{36}$　　　(B) $\dfrac{1}{6}$　　　(C) $\dfrac{2}{15}$　　　(D) $\dfrac{1}{12}$

4. 某运动队由教练员 2 人、运动员 4 人组成，这 6 个人站成一排照相，2 名教练员不站在两端，而且又不站在一起的概率是（　　）．
   (A) $\dfrac{1}{3}$　　　(B) $\dfrac{1}{4}$　　　(C) $\dfrac{1}{5}$　　　(D) $\dfrac{1}{6}$

5. 从 5 位男运动员和 4 位女运动员中任选 3 人接受记者采访，这 3 人中男、女运动员都有的概率是（　　）．
   (A) $\dfrac{5}{12}$　　　(B) $\dfrac{5}{8}$　　　(C) $\dfrac{3}{4}$　　　(D) $\dfrac{5}{6}$

6. 袋中共有 15 个除了颜色外完全相同的球，其中有 10 个白球、5 个红球．从袋中任取 2 个球，所取的 2 个球恰好 1 个是白球、1 个是红球的概率为（　　）．
   (A) $\dfrac{5}{21}$　　　(B) $\dfrac{10}{21}$　　　(C) $\dfrac{11}{21}$　　　(D) 1

7. 已知 5 件产品中有 2 件次品，其余为合格品，现从这 5 件产品中任取 2 件，恰好有 1 件次品的概率为（　　）．
   (A) 0.4　　　(B) 0.6　　　(C) 0.8　　　(D) 1

8. 从 1，2，3，4，5 这 5 个数中任取 2 个不同的数，其和为偶数的概率是（　　）．
   (A) $\dfrac{3}{4}$　　　(B) $\dfrac{3}{5}$　　　(C) $\dfrac{1}{2}$　　　(D) $\dfrac{2}{5}$

二、填空题

1. 有 3 男 2 女，随机挑选 2 人参加活动，2 人恰好为 1 男 1 女的概率是＿＿＿＿．

2. 一个小型运动会有 5 个不同的项目要依次比赛，其中项目 A 不排在第三的概率是 _____．

3. 从 1，2，3，4，5，6 这 6 个数中任取 2 个不同的数字组成两位数，其中大于 50 的概率是 _____．

4. 从分别写有 A,B,C,D,E 的五张卡片中任取两张，这两张卡片上的字母恰好相邻的概率是 _____．

5. 3 个好朋友同时考进同一所高中，该校高一有 10 个班级，则这 3 个好朋友分在同一班级的概率是 _____．

6. 袋中有形状、大小都相同的 4 只球，其中 1 只白球、1 只红球、2 只黄球．从中一次随机摸出 2 只球，则这 2 只球颜色不同的概率为 _____．

7. 将男运动员 6 名、女运动员 4 名随机分成甲、乙两组，每组各 5 人，则甲组恰好只有 2 名女运动员的概率是 _____．

8. 将男运动员 6 名、女运动员 4 名随机分成甲、乙两组，每组各 5 人，则甲组至少有 1 名女运动员的概率是 _____．

三、解答题

1. 盒中有 6 个白球和 6 个黑球，它们的大小和形状相同，从中任意取一个球，求：
（1）取到的球是黄球是什么事件？它的概率是多少？
（2）取到的球是白球是什么事件？它的概率是多少？
（3）取到的球是白球或黑球是什么事件？它的概率是多少？

2. 已知盒内有大小相同的 5 个红球和 3 个黑球，现从盒内任取 4 个球，求：
（1）取出的 4 个球均为红球的概率；
（2）取出的 4 个球中至少有 1 个红球的概率．

3. 在 15 件产品中，10 件是一级品，5 件是二级品，从中一次任意抽取 3 件产品，求：
（1）抽取的 3 件产品全部是一级品的概率；
（2）抽取的 3 件产品中至多有 1 件是二级品的概率．

4. 在 100 件产品中，有 95 件合格品、5 件次品，从中任取 2 件，求：
（1）2 件都是合格品的概率；
（2）2 件都是次品的概率．

第二节　相互独立事件

【考纲点击】

1. 理解相互独立事件、互斥事件的定义；
2. 判定并求相互独立事件、互斥事件的概率．

【命题走向】

在体育单招考试中，相互独立事件问题是每年必考知识点．考查内容包括求相互独立事件同时发生的概率、求互斥事件有一个发生的概率，题型是选择题、填空题或解答题．

【知识梳理】

一、两个事件的关系

两个事件的关系如表 2-2 所示.

表 2-2

事件间的关系	定义	概率公式
相互独立	对于两个事件,其中一个事件是否发生对另一个事件没有影响,称这两个事件为相互独立事件.相互独立事件同时发生的概率记作 $P(AB)$	$P(AB)=P(A) \cdot P(B)$
互斥	在一定的条件下,不可能同时发生的两个事件,称为互斥事件.互斥事件有一个事件发生的概率记作 $P(A \cup B)$	$P(A \cup B)=P(A)+P(B)$

理解:(1) 两个相互独立事件同时发生的概率 $P(AB)=P(A) \cdot P(B)$,其中 AB 表示 A 与 B 同时发生.

(2) 两个互斥事件有一个发生的概率 $P(A \cup B)=P(A)+P(B)$,其中 $A \cup B$ 表示 A 与 B 中有一个发生.对立事件是互斥事件的特殊情况.

二、求两个随机事件的概率

(1) 两个事件分别记为 A,B 并表出(或求)它们的概率;
(2) 根据题设判断 A 与 B 是互斥事件还是相互独立事件;
(3) 求出问题.

说明:随机事件在 2 个以上,求概率的方法同上.

【典例解析】

考点一 相互独立事件同时发生的概率

例 1 在一段时间内,甲去北京的概率为 0.4,乙去北京的概率为 0.5,假设两人的行动相互之间没有影响,求

(1) 在这段时间内,甲、乙两人同时去北京的概率是多少?
(2) 在这段时间内,至少有 1 人去北京的概率是多少?

理解与分析:甲去北京的事件记为 A,乙去北京的事件记为 B.由假设两人的行动相互之间没有影响,得到 A 与 B 相互独立.

解:甲去北京的事件记为 A,乙去北京的事件记为 B,则 $P(A)=0.4,P(B)=0.5$.

因为两人的行动相互之间没有影响,所以 A 与 B 相互独立.

(1) 甲、乙两人同时去北京的概率为 $P(AB)=P(A) \cdot P(B)=0.5 \times 0.4=0.2$.

点评:根据条件假设两人的行动相互之间没有影响,判断甲、乙两人去北京是相互独立

事件.

（2）因为至少有1人去北京的对立事件是2人都没有去北京，所以用必然事件概率1减去它的对立事件概率，列式为
$$1-P(\overline{A}\,\overline{B})=1-P(\overline{A})\cdot P(\overline{B})=1-0.6\times0.5=1-0.3=0.7.$$

点评：求"至少"型事件的概率，如果事件包含的个数比较多，而它的对立事件包含的个数很少，那么用必然事件概率1减去对立事件概率解答简单些.

例2 甲、乙两人参加田径知识考核，共有有关田赛项目的4道题目和有关径赛项目的6道题目，由甲先抽1题（抽后不放回），乙再抽1题作答. 求甲抽到田赛项目题，且乙抽到径赛项目题的概率是多少？

理解与分析：甲抽到田赛项目题的事件记为A，乙抽到径赛项目题的事件记为B. 由甲先抽1题（抽后不放回），乙再抽1题作答，说明甲是否抽到田赛项目题与乙是否抽到径赛项目题相互之间没有影响，所以A与B相互独立. 要求甲抽到田赛项目题，且乙抽到径赛项目题的概率就是求$P(AB)$. 易求得$P(A)=\dfrac{4}{10}$，$P(B)=\dfrac{6}{9}$，代入相互独立事件概率公式求解.

解：甲抽到田赛项目题的事件记为A，乙抽到径赛项目题的事件记为B.

因为甲先抽1题（抽后不放回），乙再抽1题作答，所以A与B相互独立.

因为$P(A)=\dfrac{4}{10}$，$P(B)=\dfrac{6}{9}$，所以甲抽到田赛项目题，且乙抽到径赛项目题的概率为
$$P(AB)=P(A)\cdot P(B)=\dfrac{4}{10}\times\dfrac{6}{9}=\dfrac{4}{15}.$$

点评：抽样有放回抽样和不放回抽样两种情况，抽样过程是相互独立的，属于相互独立事件. 在不放回抽样中，每一次抽样的总数是不同的.

考点二 互斥事件有一个发生的概率

例3 射手在一次射击训练中，射中10环、9环、8环、7环的概率分别为0.21，0.23，0.25，0.28，计算这个射手在一次射击中：

（1）射中10环或7环的概率；

理解与分析：射中10环的事件记为A_1，射中7环的事件记为A_2. 因为一次射击中不可能同时射中10环和7环，所以A_1与A_2互斥. 求这个射手在一次射击中，射中10环或7环的概率就是求$P(A_1\cup A_2)$，将$P(A_1)=0.21$，$P(A_2)=0.28$代入互斥事件概率公式求解.

解：在一次射击中，射中10环记为A_1，射中7环记为A_2，则$P(A_1)=0.21$，$P(A_2)=0.28$.

∵ A_1与A_2互斥，

∴ $P(A_1\cup A_2)=P(A_1)+P(A_2)=0.21+0.28=0.49.$

点评：求互斥事件中有一个发生的概率的方法是：(1)分别用A_1，A_2表示两个事件并表出（或求）出A_1和A_2的概率；(2)判断A_1与A_2互斥；(3)代入互斥事件的概率公式求问题.

（2）射中不够7环的概率.

理解与分析：求这个射手在一次射击中，不够7环的概率属于求"少于"型事件的概率. 射中不够7环的事件记为B，它的对立事件$\overline{B}$是射中7至10环. 利用$P(B)+P(\overline{B})=1$求解.

解:一次射击射中不够7环记为B,对立事件$\overline{B}$是射中7至10环,则
$$P(\overline{B})=0.21+0.23+0.25+0.28=0.97.$$
由 $P(B)+P(\overline{B})=1$,得
$$P(B)=1-P(\overline{B})=1-0.97=0.03.$$

点评:分析方法是用必然事件概率1减去对立事件概率求解问题.

例 4 某选拔测试包含三个不同的科目,至少两个科目为优秀才能通过测试,设某学员三个科目获得优秀的概率分别为 $\frac{5}{6}, \frac{4}{6}, \frac{4}{6}$,求该学员通过测试的概率是多少?

理解与分析:三科测试成绩获得优秀的事件分别记为 A_1, A_2, A_3. 因为三个不同科目的测试成绩是相互独立的,所以 A_1, A_2, A_3 相互独立. 必然事件集合为 $\{A_1A_2A_3, A_1A_2\overline{A_3}, A_1\overline{A_2}A_3, \overline{A_1}A_2A_3, A_1\overline{A_2}\,\overline{A_3}, \overline{A_1}A_2\overline{A_3}, \overline{A_1}\,\overline{A_2}A_3, \overline{A_1}\,\overline{A_2}\,\overline{A_3}\}$,至少两个科目为优秀的事件集合为 $\{A_1A_2A_3, A_1A_2\overline{A_3}, A_1\overline{A_2}A_3, \overline{A_1}A_2A_3\}$,这四个事件之间是互斥的,用分类列举法求解.

解:三科测试成绩获得优秀的事件分别记为 A_1, A_2, A_3,则
$$P(A_1)=\frac{5}{6}, P(\overline{A_1})=\frac{1}{6},$$
$$P(A_2)=\frac{4}{6}, P(\overline{A_2})=\frac{2}{6},$$
$$P(A_3)=\frac{4}{6}, P(\overline{A_3})=\frac{2}{6}.$$

∵ A_1, A_2, A_3 相互独立,

∴ $\overline{A_1}, \overline{A_2}, \overline{A_3}$ 也相互独立,

∴ 至少两个科目为优秀的概率为
$$P(A)=P(A_1A_2A_3 \cup A_1A_2\overline{A_3} \cup A_1\overline{A_2}A_3 \cup \overline{A_1}A_2A_3)$$
$$=P(A_1A_2A_3)+P(A_1A_2\overline{A_3})+P(A_1\overline{A_2}A_3)+P(\overline{A_1}A_2A_3)$$
$$=\frac{5}{6}\times\frac{4}{6}\times\frac{4}{6}+\frac{5}{6}\times\frac{4}{6}\times\frac{2}{6}+\frac{5}{6}\times\frac{2}{6}\times\frac{4}{6}+\frac{1}{6}\times\frac{4}{6}\times\frac{4}{6}$$
$$=\frac{22}{27}.$$

点评:分类列举法是求解问题的关键.

【归纳总结】

相互独立事件发生的概率有两个考点:一是求相互独立事件同时发生的概率;二是求互斥事件有一个发生的概率.

求两个事件之间关系的概率的方法为:

(1) 两个事件分别记为 A, B 并表出(或求)它们的概率;

(2) 根据题设判断 A 与 B 是互斥事件还是相互独立事件;

(3) 求出问题.

对于求"至少"型事件、"至多"型事件、"少于"型事件、"多于"型事件的概率,注意应用必然事件概率1减去对立事件概率或分类列举法求解.

【能力测试】

水平能力测试二

一、选择题

1. 甲袋内有 2 个白球、1 个黑球,乙袋内有 3 个白球、1 个黑球,现从 2 个袋内分别摸出 1 个球,则 2 个球都是白球的概率是(　　).

(A) $\dfrac{1}{2}$　　　(B) $\dfrac{1}{3}$　　　(C) $\dfrac{1}{4}$　　　(D) $\dfrac{1}{5}$

2. 甲、乙两人下棋,甲获胜的概率是 0.4,乙获胜的概率是 0.6,求甲、乙二人下成和棋的概率是(　　).

(A) 0.46　　(B) 0.47　　(C) 0.48　　(D) 0.49

3. 篮球运动员甲和乙的罚球命中率分别是 0.5 和 0.6,假设两人罚球是否命中相互无影响,每人各次罚球是否命中也相互无影响,若甲、乙两人各连续 2 次罚球都至少有 1 次未命中的概率为 P,则 $P=$(　　).

(A) 0.46　　(B) 0.47　　(C) 0.48　　(D) 0.49

4. 某单位计划在下月 1 日至 7 日举办人才交流会,某人随机选择其中的连续两天参加交流,那么他在 1 日至 3 日期间连续两天参加交流会的概率为(　　).

(A) $\dfrac{1}{2}$　　　(B) $\dfrac{1}{3}$　　　(C) $\dfrac{1}{4}$　　　(D) $\dfrac{1}{6}$

5. 一枚质地均匀的正方体骰子,六个面上分别刻着 1 点至 6 点.甲、乙二人各掷骰子一次,则甲掷得的向上的点数大于 4,且乙掷得的向上的点数小于 4 同时发生的概率为(　　).

(A) $\dfrac{1}{2}$　　　(B) $\dfrac{1}{3}$　　　(C) $\dfrac{1}{4}$　　　(D) $\dfrac{1}{6}$

6. 书架上有语文书、数学书各三本,甲、乙两名学生从中任取一本书阅读,他们取出的恰好都是数学书的概率为(　　).

(A) $\dfrac{1}{2}$　　　(B) $\dfrac{1}{3}$　　　(C) $\dfrac{1}{4}$　　　(D) $\dfrac{1}{5}$

7. 从集合 $A=\{-1,1\}$ 中随机选取一个数记为 x,从集合 $B=\{-2,1,2\}$ 中随机选取一个数记为 y,则点的坐标 (x,y) 在第二象限的概率为(　　).

(A) $\dfrac{1}{2}$　　　(B) $\dfrac{1}{3}$　　　(C) $\dfrac{1}{4}$　　　(D) $\dfrac{1}{5}$

8. 从数字 1,2,3,4,5 中任取两个不同的数字组成一个两位数,这个两位数大于 40 的概率为(　　).

(A) $\dfrac{1}{5}$　　　(B) $\dfrac{2}{5}$　　　(C) $\dfrac{3}{5}$　　　(D) $\dfrac{4}{5}$

二、填空题

1. 篮球运动员甲和乙的罚球命中率分别是 0.5 和 0.6,假设两人罚球是否命中相互无影响,每人各次罚球是否命中也相互无影响,则甲、乙两人各连续 2 次罚球都命中的概率是 _____ .

2. 从 5 张 100 元、3 张 200 元、2 张 300 元的足球世界杯赛门票中任取 3 张,所取 3 张价格都不相同的概率是_____.

3. 一批电子元件已有 10% 已经损坏,从这批电子元件中随机选取 4 个组成一个串联线路,这个线路能正常工作的概率是_____.

4. 袋中有形状、大小都相同的 4 只球,其中 1 只白球、1 只红球、2 只黄球,从中一次随机摸出 2 只球,则这 2 只球颜色不同的概率为_____.

5. 从 10 名运动员中选出 3 名运动员参加比赛,其中甲、乙两人都被选中的概率是_____.

6. 打靶时,甲中靶的概率是 0.8,乙中靶的概率是 0.7,他们同时射击一次,至少有一人中靶的概率是_____.

7. 打靶时,甲中靶的概率是 0.8,乙中靶的概率是 0.7,他们同时射击一次,至多有一人中靶的概率是_____.

8. 有甲、乙两台独立工作的雷达,它们发现飞行目标的概率分别是 0.90 和 0.85,则甲、乙恰好有一台雷达发现飞行目标的概率是_____.

三、解答题

1. 某项选拔共有 4 轮考核,每轮设有一个问题,能正确回答者进入下一轮考核,否则就被淘汰,已知某选手能正确回答第 1,2,3,4 轮问题的概率分别为 $\frac{4}{5}, \frac{3}{5}, \frac{2}{5}, \frac{1}{5}$,且各轮问题能否正确回答互不影响,求该选手进入第 4 轮才被淘汰的概率是多少?

2. 假设运动员甲、乙、丙三人每次射击命中靶心的概率分别为 0.9,0.8,0.7,且各运动员是否命中靶心相互之间没有影响,三名运动员各射击一次,求

(1) 至少有一人命中靶心的概率;

(2) 三名运动员各射击一次,恰好有一人命中靶心的概率.

3. 甲、乙两人参加田径知识考核,共有有关田赛项目的 4 道题目和有关径赛项目的 6 道题目,由甲先抽 1 题(抽后不放回),乙再抽 1 题作答.

(1) 求甲抽到田赛题目,且乙抽到径赛题目的概率;

(2) 求甲、乙两人至少有 1 人抽到田赛题目的概率.

4. 某家庭电话在家中有人、打进电话时响第 1 声被接的概率为 0.1,响第 2 声被接的概率为 0.3,响第 3 声被接的概率为 0.4,响第 4 声被接的概率为 0.1.

(1) 求电话在响前 2 声内被接的概率;

(2) 求电话在响前 4 声内被接的概率.

第三节 独立重复事件

【考纲点击】

1. 能够判定独立重复事件并求独立重复事件的概率.

2. 应用已学概率知识分析解决概率的综合题.

第二章 概　率

【命题走向】

在体育单招考试中,独立重复事件是重要的概率考点,考题综合性比较强.考查内容包括独立重复事件的概率、概率的综合题,题型涉及射击问题、投篮问题、抽样问题等.试题设计虽然难度比较大,但是符合运动员的训练和生活实际.

【知识梳理】

一、独立重复试验

在相同条件下,如果每次试验中事件发生的概率不变,那么重复做的 n 次试验就称为 n 次独立重复试验.

理解:每次试验只有发生和不发生两种结果,n 次试验是相互独立的.

二、独立重复事件的概率

如果每次试验中事件的概率是 P,那么在 n 次独立重复试验中,事件发生 $k(0 \leqslant k \leqslant n)$ 次的概率为

$$P_n(k) = C_n^k P^k (1-P)^{n-k}.$$

理解:$P_n(k)$ 表示在 n 次独立重复试验中事件发生 k 次的概率;C_n^k 表示在 n 次独立重复试验中事件发生 k 次,即从 n 次中挑选 k 次,是组合的思想.

【典例解析】

考点一　独立重复事件的概率

例1　某气象站天气预报的正确率为 0.80,求 6 次预报中恰好有 5 次正确的概率是多少?

理解与分析:因为每次预报正确的概率是 0.80,且每次预报是相互独立事件,所以 6 次预报是独立重复事件.将 $P=0.8, n=6, k=5$ 代入独立重复事件概率公式求解.

解:∵ 每次预报正确的概率是 0.80,且每次预报是相互独立事件,6 次预报是独立重复事件,

∴ 6 次预报中恰好有 5 次正确的概率为

$$P_6(5) = C_6^5 \times (0.8)^5 \times (1-0.8)^1 = 0.3932.$$

点评:根据题设条件判断为独立重复事件是求解问题的关键.

考点二　概率的综合题

例2　假设运动员甲、乙、丙三人每次射击命中靶心的概率分别为 $0.9, 0.8, 0.7$,且各运动员是否命中靶心相互之间没有影响.

(1) 三名运动员各射击一次,求其中至少有一人命中靶心的概率;

(2) 三名运动员各射击一次,求其中恰有一人命中靶心的概率;

(3) 求甲运动员单独射击三次,恰有两次命中靶心的概率.

理解与分析：运动员甲、乙、丙三人每次射击是相互独立事件．

解：(1)求至少有一人命中靶心的概率可以用必然事件概率1减去它的对立事件概率，即
$$1-(1-0.9)\times(1-0.8)\times(1-0.7)=0.994.$$

(2) 三名运动员各射击一次，求其中恰有一人命中靶心的事件集合为{甲中乙和丙未中，乙中甲和丙未中，丙中甲和乙未中}，它们是互斥事件，所以要求恰有一人命中靶心的概率，就是求这3个互斥事件有一个发生的概率，即
$$0.9\times0.2\times0.3+0.8\times0.1\times0.3+0.7\times0.1\times0.2=0.092.$$

(3) ∵甲运动员单独射击三次是独立重复事件，

∴恰有两次命中靶心的概率为 $P_3(2)=C_3^2\times0.9^2\times0.1^1=0.243.$

点评：每次射击是相互独立事件，三名运动员各射击一次且其中恰有一人命中靶心是互斥事件，重复射击是独立重复事件，这是分析问题的关键．要注意关键词"至少""恰有一人""单独射击三次"等对判断随机事件之间关系的帮助．

例3 某射击运动员进行训练，每组射击3次，全部命中10环为成功，否则为失败，在每单元4组训练中至少3组成功为完成任务，设该运动员射击1次命中10环的概率为0.9．

(1) 求运动员1组成功的概率；

(2) 求运动员完成1单元任务的概率(精确到小数点后3位)．

理解与分析：每组射击3次，每次命中10环是随机事件；每单元4组训练中，每组训练是相互独立事件；每单元进行4组训练是独立重复事件．

解：(1) 要使运动员1组成功，必须每组射击3次，且全部命中10环．

∴运动员1组成功的概率为 $0.9^3=0.729.$

(2) 每单元进行4组训练是独立重复事件，至少3组成功事件的集合为{3组成功1组不成功，4组都成功}，这两个事件是互斥的，就是求互斥事件有一个发生的概率，

∴运动员完成1单元任务的概率为
$$C_4^3\times0.729^3\times(1-0.729)^1+0.729^4=0.4200+0.2824\approx0.702.$$

点评：解题的关键是分3个层次判断随机事件之间的关系：首先，判断每组射击3次，每次命中10环是随机事件；其次，判断每单元4组训练中，每组训练是相互独立事件；最后，判断每单元进行4组训练是独立重复事件．同时，注意关键词"1组成功""完成1单元任务""至少3组成功为完成任务"等对判断随机事件之间关系的帮助．

例4 甲、乙两名篮球运动员进行罚球比赛，命中1次得1分，设甲罚球命中率为0.6，乙罚球命中率为0.5．

(1) 甲、乙各罚球3次，求甲、乙得分相等的概率；

(2) 若不中则停止罚球，且至多罚球3次，求甲得分比乙多的概率．

(1) **理解与分析**：甲、乙各罚球1次，罚球是相互独立事件；甲、乙各罚球3次是独立重复事件．

解：甲、乙得分相等的事件集合为{甲得0分乙得0分，甲得1分乙得1分，甲得2分乙得2分，甲得3分乙得3分}，它们是互斥事件．

甲得0分乙得0分的概率为 $0.4^3\times0.5^3=0.008,$

甲得1分乙得1分的概率为 $C_3^1\cdot0.6^1\times0.4^2\cdot C_3^1\cdot0.5^1\times0.5^2=0.108,$

甲得 2 分乙得 2 分的概率为 $C_3^2 \cdot 0.6^2 \times 0.4^1 \cdot C_3^2 \cdot 0.5^2 \times 0.5^1 = 0.162$，

甲得 3 分乙得 3 分的概率为 $0.6^3 \times 0.5^3 = 0.027$，

∴ 甲、乙得分相等的概率为 $0.008 + 0.108 + 0.162 + 0.027 = 0.305$.

点评：甲、乙各罚球 3 次是独立重复事件，这是分析问题的关键．同时，还要注意甲、乙得分相等事件的含义．

（2）**理解与分析**：题设若不中则停止罚球，且至多罚球 3 次表明每次甲得分比乙多又是由相互独立事件组成的．

解：甲得分比乙多的事件集合为{甲得 1 分乙得 0 分，甲得 2 分乙得 0 分，甲得 2 分乙得 1 分，甲得 3 分乙得 0 分，甲得 3 分乙得 1 分，甲得 3 分乙得 2 分}，它们是互斥事件．

甲得 1 分乙得 0 分的概率为 $0.6^1 \times 0.4^1 \times 0.5^1 = 0.12$，

甲得 2 分乙得 0 分的概率为 $0.6^2 \times 0.4^1 \times 0.5^1 = 0.072$，

甲得 2 分乙得 1 分的概率为 $0.6^2 \times 0.4^1 \times 0.5^1 \times 0.5^1 = 0.036$，

甲得 3 分乙得 0 分的概率为 $0.6^3 \times 0.5^1 = 0.108$，

甲得 3 分乙得 1 分的概率为 $0.6^3 \times 0.5^1 \times 0.5^1 = 0.054$，

甲得 3 分乙得 2 分的概率为 $0.6^3 \times 0.5^2 \times 0.5^1 = 0.027$．

∴ 甲得分比乙多的概率为 $0.12 + 0.072 + 0.036 + 0.108 + 0.054 + 0.027 = 0.417$．

点评：正确理解甲得分比乙多的事件是分析问题的关键．甲、乙在一轮罚球比赛中，每人每次罚球结果是相互独立事件．

【归纳总结】

概率综合题一般包括射击问题、投篮问题、抽样问题等，理解分析此类问题的关键是判断问题中的概率是否符合等可能性事件、对立事件、相互独立事件、互斥事件、独立重复事件等，以及这些随机事件在解答问题时的具体应用．

特别要注意对一些关键词的精准理解，如：例 2 中"至少""恰有一人""单独射击三次"等；例 3 中"1 组成功""完成 1 单元任务""至少 3 组成功为完成任务"等；例 4 中"得分相等""若不中则停止罚球""至多""甲得分比乙多"等．

【能力测试】

水平能力测试三

1. 某篮球运动员在比赛中每次罚球的命中率是 0.6，求在两次罚球中至多命中一次的概率．

2. 红队队员甲、乙、丙与蓝队队员 A, B, C 进行围棋比赛，甲对 A、乙对 B、丙对 C 各一盘，已知甲胜 A、乙胜 B、丙胜 C 的概率分别是 $0.6, 0.5, 0.5$，假设各盘比赛相互独立．求红队至少两名队员获胜的概率．

3. 已知甲盒内有大小相同的 3 个红球和 4 个黑球，乙盒内有大小相同的 5 个红球和 3 个黑球．现从甲、乙 2 个盒内各任取 2 个球．

（1）求取出的 4 个球均为红球的概率；

(2) 求取出的 4 个球中恰有 1 个红球的概率.

4. 在每道单项选择题给出的 4 个备选答案中,只有一个是正确的.若对 4 道单项选择题中的每一道都任意选定一个答案,求在这 4 道题中:

(1) 恰有两道题答对的概率;

(2) 至少答对一道题的概率.

5. 甲、乙两名运动员进行射击比赛,在一轮比赛中,甲、乙各射出一发子弹,根据以往资料知,甲击中 8 环、9 环、10 环的概率分别是 0.6,0.3,0.1,乙击中 8 环、9 环、10 环的概率分别是 0.4,0.4,0.2.设甲、乙的射击相互独立.

(1) 求一轮比赛中甲击中的环数多于乙击中的环数的概率;

(2) 求在独立的三轮比赛中,至少有两轮甲击中的环数多于乙击中的环数的概率.

6. 某射击小组有甲、乙两名射手,甲的命中率是 $\frac{2}{3}$,乙的命中率是 $\frac{1}{2}$.在射击比赛中,每人射击两发子弹完成比赛.在一次检测中,若两人的命中次数相等且都不少于 1 次,则称该小组为"先进和谐组".

(1) 若甲射手连续射击 4 次,求该射手恰好第四次击中目标的概率;

(2) 求该小组在一次检测中荣获"先进和谐组"称号的概率.

7. 某校组织跳远达标测验,已知甲同学每次达标的概率是 $\frac{3}{4}$.他测验时跳了 4 次,设各次是否达标相互独立.

(1) 求甲恰好有 3 次达标的概率;

(2) 求甲至少有 1 次不达标的概率.(用分数作答)

8. 某篮球运动员进行定点投篮测验,共投篮 3 次,至少命中 2 次为测验合格.若该运动员每次投篮的命中率均为 0.7,且各次投篮相互独立,则该运动员测验合格的概率是多少?

第三章 不 等 式

第一节 含绝对值的不等式

【考纲点击】

1. 熟练掌握一元一次不等式(组)的基本性质及求解基本步骤；
2. 熟练掌握含绝对值的两种基本不等式的求解；
3. 能够用区间表示不等式的解集.

【命题走向】

在体育单招考试中,含绝对值的不等式是每年必考知识点.考查内容包括一元一次不等式、一元一次不等式组、双向不等式、含绝对值的不等式；一般以选择题或填空题或解答题的形式考查,有时也作为求解其他问题的基础知识.

【知识梳理】

一、一元一次不等式的基本性质

(1)不等式两边同时加上一个数或者同时减去一个数,不等号的方向不变；
(2)不等式两边同时乘以一个正数或者同时除以一个正数,不等号的方向不变；
(3)不等式两边同时乘以一个负数或者除以一个负数,不等号的方向改变.
点评:一元一次不等式的3个基本性质是解一元一次不等式的依据.

二、一元一次不等式求解的基本步骤

(1) 去分母,即在不等式两边同时乘以去分母的最小公倍数,化分数形式的不等式为整数形式的不等式.
(2) 去括号,即利用乘法分配律去掉不等式两边的括号.注意:当括号外面是正号时,去括号时括号内的正负符号不变；当括号外面是负号时,去括号时括号内的正负符号改变.
(3) 移项,即将含未知数的项移到不等号的左边,将常数项移到不等号的右边.
(4) 合并同类项,即将含未知数的同类项合并,将常数项合并.
(5) 化未知数的系数为1,即不等式两边同时除以未知数的系数,求出不等式的解集.
点评:读者要熟记这5个基本步骤.在第(5)步中,如果不等式两边同时除以一个正数,那么不等号的方向不变；如果不等式两边同时除以一个负数,那么不等号的方向改变.

三、用区间表示不等式的解集

用区间表示不等式的解集如表 3-1 所示.

表 3-1

不等式的解集	区间表示	区间名称
$a<x<b$	(a,b)	开区间
$a\leqslant x\leqslant b$	$[a,b]$	闭区间
$a<x\leqslant b$	$(a,b]$	左开右闭区间
$a\leqslant x<b$	$[a,b)$	左闭右开区间
$x\in \mathbf{R}$	$(-\infty,+\infty)$	无穷区间
$x<a$	$(-\infty,a)$	右开负无穷区间
$x>a$	$(a,+\infty)$	左开正无穷区间
$x\leqslant a$	$(-\infty,a]$	右闭负无穷区间
$x\geqslant a$	$[a,+\infty)$	左闭正无穷区间

点评:用区间表示不等式的解集简洁明了,区间是表示不等式的解集的主要形式;在体育单招考试中,也通常用区间表示不等式的解集.

四、含绝对值的两个基本不等式的解集($a>0$)

(1) $|x|>a$ 的解集是 $x<-a$ 或 $x>a$,用区间表示为 $(-\infty,-a)\cup(a,+\infty)$;

(2) $|x|<a$ 的解集是 $-a<x<a$,用区间表示为 $(-a,a)$.

理解:(1) $|x|>a$ 的含义是在数轴上,x 到原点的距离大于正数 a,这样在原点左边 x 的值小于 $-a$,在原点右边 x 的值大于 a.

(2) $|x|<a$ 的含义是在数轴上,x 到原点的距离小于正数 a,这样在原点左边 x 的值大于 $-a$,在原点右边 x 的值小于 a.

【典例解析】

考点一 用区间表示不等式的解集

例 1 用区间表示下列不等式的解集,并在数轴上表示出来.

(1) $2\leqslant x\leqslant 10$; (2) $x\leqslant 5$; (3) $x>3$; (4) $0<x<5$; (5) $-2<x\leqslant 3$.

理解与分析:对照知识梳理相应内容,即可写出表示上述不等式的解集的区间,并在数轴上表示出来.

解:(1) 解集 $2\leqslant x\leqslant 10$ 用区间表示为 $[2,10]$;在数轴上表示该解集,如图 3-1 所示.

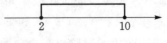

图 3-1

(2) 解集 $x\leqslant 5$ 用区间表示为 $(-\infty,5]$；在数轴上表示该解集，如图 3-2 所示．

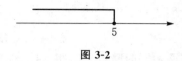

图 3-2

(3) 解集 $x>3$ 用区间表示为 $(3,+\infty)$；在数轴上表示该解集，如图 3-3 所示．

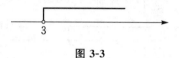

图 3-3

(4) 解集 $0<x<5$ 用区间表示为 $(0,5)$；在数轴上表示该解集，如图 3-4 所示．

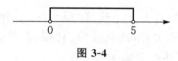

图 3-4

(5) 解集 $-2<x\leqslant 3$ 用区间表示为 $(-2,3]$；在数轴上表示该解集，如图 3-5 所示．

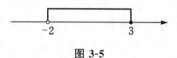

图 3-5

点评：用区间表示不等式的解集简洁明了，区间是表示不等式的解集的主要形式，要求能够熟练用区间表示不等式的解集．

考点二　解一元一次不等式(组)

例 2　解下列不等式，并在数轴上表示其解集．

(1) $5x-4<8x-6$；　　(2) $\dfrac{x+5}{2}-1\geqslant \dfrac{3x+2}{3}$．

(1) **理解与分析**：第 1 步是移项，第 2 步是合并同类项，第 3 步是化未知数的系数为 1．

解：移项，得 $5x-8x<-6+4$，

合并同类项，得 $-3x<-2$，

化 x 的系数为 1，即不等式两边同时除以 -3，得 $x>\dfrac{2}{3}$，

∴ 原不等式的解集是 $\left(\dfrac{2}{3},+\infty\right)$，在数轴上表示解集，如图 3-6 所示．

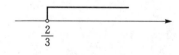

图 3-6

(2) **理解与分析**：第 1 步是去分母，第 2 步是去括号，第 3 步是移项，第 4 步是合并同类项，第 5 步是化未知数的系数为 1．

解：去分母，即不等式两边同时乘以 6，得 $3(x+5)-6\geqslant 2(3x+2)$，

去括号,得 $3x+15-6\geqslant 6x+4$,

移项,得 $3x-6x\geqslant 4-15+6$,

合并同类项,得 $-3x\geqslant -5$,

化 x 的系数为 1,即不等式两边同时除以 -3,得 $x\leqslant \dfrac{5}{3}$,

∴ 原不等式的解集是 $\left(-\infty,\dfrac{5}{3}\right]$;在数轴上表示解集,如图 3-7 所示.

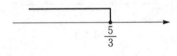

图 3-7

点评:第(1)小题解不等式只需要 3 个步骤,即移项、合并同类项、化未知数的系数为 1. 第(2)小题求解需要 5 个步骤,即去分母、去括号、移项、合并同类项、化未知数的系数为 1.

例 3 解下列不等式(组),并在数轴上表示解集.

(1) $\begin{cases} 3x-2<1, \\ 2x+5>1; \end{cases}$ (2) $-3\leqslant \dfrac{1-2x}{3}\leqslant 5$.

(1) **理解与分析**:求解方法是先分别求两个不等式的解集,然后在数轴上分别表示这两个不等式的解集,最后在数轴上取它们的交集,即数轴上所有解集线经过的区间,得到原不等式组的解集.

解: $\begin{cases} 3x-2<1, & (1) \\ 2x+5>1, & (2) \end{cases}$

解不等式(1),得 $x<1$,

解不等式(2),得 $x>-2$.

在数轴上分别表示不等式(1)和(2)的解集,如图 3-8 所示.

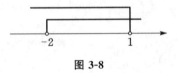

图 3-8

∴ 原不等式组的解集为 $(-2,1)$.

点评:解一元一次不等式组的方法是先分别求每个不等式的解集,再取它们的交集.

(2) **理解与分析**:双向不等式也是不等式组,求解步骤为第 1 步去分母,第 2 步不等式左中右都减去 1,第 3 步化未知数的系数为 1.

解:去分母,得 $-9\leqslant 1-2x\leqslant 15$,

不等式左中右同时减去 1,得 $-10\leqslant -2x\leqslant 14$,

不等式左中右同时除以 -2,得 $5\geqslant x\geqslant -7$,即 $-7\leqslant x\leqslant 5$,

在数轴上表示解集,如图 3-9 所示.

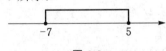

图 3-9

∴原不等式的解集为$[-7,5]$.

点评:解双向不等式的步骤为去分母;不等式左中右都减去常数,使中间只有含未知数的项;化未知数的系数为1.

考点三 解含绝对值的一元一次不等式

例4 解下列含绝对值的不等式,并在数轴上表示解集.

(1) $|x+5|>3$; (2) $|x-2|<5$.

(1) **理解与分析**:属于$|x|>a$型绝对值不等式,解集是$x<-a$或$x>a$.如果把绝对值里面的代数式$x+5$看作一个整体,那么转化为与原不等式等价的不等式$x+5<-3$或$x+5>3$,从而求得$x<-8$或$x>-2$,最后取它们的并集得到原不等式的解集.

解:去绝对值,得$x+5<-3$或$x+5>3$,

解得$x<-8$或$x>-2$,

在数轴上分别表示解集,如图 3-10 所示.

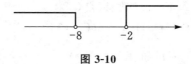

图 3-10

∴原不等式的解集为$(-\infty,-8)\cup(-2,+\infty)$.

(2) **理解与分析**:属于$|x|<a$型绝对值不等式,解集是$-a<x<a$.如果把绝对值里面的代数式$x-2$看作一个整体,那么转化为与原不等式等价的双向不等式$-5<x-2<5$,从而求得$-3<x<7$,得到原不等式的解集.

解:去绝对值,得$-5<x-2<5$,

解得$-3<x<7$.

在数轴上分别表示解集,如图 3-11 所示,

图 3-11

∴原不等式的解集为$(-3,7)$.

点评:求解含绝对值的不等式首先要能够准确地判断它是哪种形式.如果属于$|x|>a$型绝对值不等式,那么转化为与原不等式等价的不等式$x<-a$或$x>a$,然后它们的并集得到原不等式的解集;如果属于$|x|<a$型绝对值不等式,那么转化为与原不等式等价的双向不等式$-a<x<a$,得到原不等式的解集.

【归纳总结】

含绝对值的不等式有三个考点:一是用区间表示不等式的解集;二是解一元一次不等式(组);三是解含绝对值的一元一次不等式.

解一元一次不等式的步骤为:第1步是去分母,第2步是去括号,第3步是移项,第4步

是合并同类项,第 4 步是化未知数的系数为 1,得到不等式的解集.

解一元一次不等式组的步骤为:先分别求每个不等式的解集,然后在数轴上分别表示每个不等式的解集,最后取它们的交集,即数轴上所有解集线经过的区间,得到原不等式组的解集.

解双向不等式的步骤为:第 1 步去分母;第 2 步不等式左中右都减去常数使中间只有含未知数的项;第 3 步化未知数的系数为 1,得到原不等式的解集.

含绝值的不等式要依据它的两种形式求解.如果属于 $|x|>a$ 型绝对值不等式,那么转化为与原不等式等价的不等式 $x<-a$ 或 $x>a$ 求解集.如果属于 $|x|<a$ 型绝对值不等式,那么转化为与原不等式等价的双向不等式 $-a<x<a$ 求解集.

【能力测试】

水平能力测试一

一、选择题

1. 不等式 $10-4(x-3)<2(x-1)$ 的解集是( ).

(A) $(-\infty,4)$ (B) $(-\infty,3)$ (C) $(3,+\infty)$ (D) $(4,+\infty)$

2. 不等式 $\dfrac{x+1}{3}-\dfrac{x-1}{2}\geqslant\dfrac{x-1}{6}$ 的解集是( ).

(A) $(-\infty,4]$ (B) $(-\infty,3]$ (C) $[3,+\infty)$ (D) $[4,+\infty)$

3. 不等式 $x(x+1)<(x+2)(x-3)$ 的解集是( ).

(A) $(-\infty,-4)$ (B) $(-\infty,-3)$ (C) $(3,+\infty)$ (D) $(4,+\infty)$

4. 不等式组 $\begin{cases}x+4>-9\\3x-1<5\end{cases}$ 的解集是( ).

(A) $(-13,2)$ (B) $(-5,2)$ (C) $(-6,3)$ (D) $(-4,3)$

5. 不等式 $|2x+5|<6$ 的解集是( ).

(A) $\left(-\infty,-\dfrac{11}{2}\right)$ (B) $\left(-\dfrac{11}{2},-3\right)$ (C) $\left(-\dfrac{11}{2},\dfrac{1}{2}\right)$ (D) $\left(\dfrac{1}{2},+\infty\right)$

6. 不等式 $|2x-3|\leqslant 5$ 的解集是( ).

(A) $[-4,4]$ (B) $[-4,1]$ (C) $[-1,4]$ (D) $[1,4]$

7. 不等式 $|4x-1|\geqslant 9$ 的解集是( ).

(A) $\left(-2,\dfrac{5}{2}\right)$ (B) $\left[-2,\dfrac{5}{2}\right]$

(C) $(-\infty,-2)\cup\left(\dfrac{5}{2},+\infty\right)$ (D) $(-\infty,-2]\cup\left[\dfrac{5}{2},+\infty\right)$

8. 不等式 $\left|\dfrac{1}{2}x+1\right|>1$ 的解集是( ).

(A) $(-4,0)$ (B) $[-4,0]$

(C) $(-\infty,-4)\cup(0,+\infty)$ (D) $(-\infty,-4]\cup[0,+\infty)$

二、填空题

1. 不等式 $13-9(x-1)<7-4x$ 的解集为 _____.

2. 不等式 $1-\dfrac{x+1}{2}>2-\dfrac{x-1}{3}$ 的解集为 _____.

3. 不等式 $\begin{cases} \dfrac{3x+5}{2}+\dfrac{1}{2}\leqslant 6 \\ 2(x+1)>x+5 \end{cases}$ 的解集为 _____.

4. 不等式 $-5\leqslant\dfrac{1-4x}{3}<7$ 的解集为 _____.

5. 不等式 $\left|\dfrac{1}{2}x+2\right|\geqslant\dfrac{1}{3}$ 的解集为 _____.

6. 不等式 $|3x-8|<13$ 的解集为 _____.

7. 不等式 $|3-4x|\geqslant 5$ 的解集为 _____.

8. 不等式 $|1-3x|>8$ 的解集为 _____.

第二节 一元二次不等式

【考纲点击】

1. 熟练应用因式分解法和求根公式法求一元二次方程的根；
2. 能够根据二次函数的图象写出一元二次不等式的解集.

【命题走向】

在体育单招考试中,关于一元二次不等式的考查,主要是求其解集,有时也将一元二次不等式作为求解其他问题的基础知识；题型是选择题或填空题.

【知识梳理】

一、标准形式的一元二次不等式

(1) $ax^2+bx+c>0(a>0)$；

(2) $ax^2+bx+c<0(a>0)$.

理解：标准形式指不等号左边二次项系数为正数,不等号右边等于 0.

二、标准形式的一元二次不等式的解答步骤

(1) 求一元二次方程 $ax^2+bx+c=0(a>0)$ 的根；

(2) 画出二次函数 $y=ax^2+bx+c(a>0)$ 的图象,其中它与 x 轴交点的横坐标的值就是一元二次方程 $ax^2+bx+c=0(a>0)$ 的根；

(3) 根据一元二次不等式的结构和二次函数的图象写出解集.

理解：解一元二次方程一般有因式分解法和求根公式法两种方法,其中以因式分解法为主,以求根公式法为辅.

三、常用公式

(1) 平方差公式：$a^2-b^2=(a-b)(a+b)$；

(2) 完全平方和公式：$(a+b)^2=a^2+2ab+b^2$；

(3) 完全平方差公式：$(a-b)^2=a^2-2ab+b^2$；

(4) 求根公式：$x=\dfrac{-b\pm\sqrt{\Delta}}{2a}$，其中 $\Delta=b^2-4ac\geqslant 0$.

四、一元二次方程的根、二次函数的图象、一元二次不等式解集的关系

一元二次方程的根、二次函数的图象、一元二次不等式解集的关系如表 3-2 所示.

表 3-2

判别式 $\Delta=b^2-4ac$		$\Delta>0$	$\Delta=0$	$\Delta<0$
二次函数 $y=ax^2+bx+c$ ($a>0$) 的图象		图象（与 x 轴有两个交点 x_1, x_2）	图象（与 x 轴相切于 $x_1=x_2$）	图象（与 x 轴无交点）
一元二次方程 $ax^2+bx+c=0$ ($a\neq 0$) 的根		有两个不等的实根 $x_{1,2}=\dfrac{-b\pm\sqrt{b^2-4ac}}{2a}$ ($x_1<x_2$)	有两个相等的实根 $x_2=x_2=-\dfrac{b}{2a}$	没有实根
一元二次不等式的解集	$ax^2+bx+c>0$ ($a>0$)	$x<x_1$ 或 $x>x_2$	不等于 $-\dfrac{b}{2a}$ 的所有实数	全体实数
	$ax^2+bx+c<0$ ($a>0$)	$x_1<x<x_2$	空集	空集

理解：一元二次方程的根就是二次函数的图象与 x 轴交点的横坐标值. 一元二次不等式 $ax^2+bx+c>0(a>0)$ 的解集是指二次函数在 x 轴上方的图象所对应的区间；一元二次不等式 $ax^2+bx+c<0(a>0)$ 的解集是指二次函数在 x 轴下方的图象所对应的区间.

【典例解析】

考点一　标准形式的一元二次不等式

例 1　解下列一元二次不等式.

(1) $x^2-2x-3>0$；　　(2) $x^2-x-12\leqslant 0$.

(1) **理解与分析**：求一元二次方程 $x^2-2x-3=0$ 的根，由十字相乘法因式分解得到 $(x+1)(x-3)=0$，于是 $x+1=0$ 或 $x-3=0$，所以 $x_1=-1, x_2=3$，根据一元二次方程的根、二次函数的图象、一元二次不等式的关系写出解集.

解：由 $x^2-2x-3=0$，得 $(x+1)(x-3)=0$，

$\therefore x_1=-1, x_2=3$.

在直角坐标系中画出二次函数 $y=x^2-2x-3$ 的图象，如图 3-12.

因为不等式 $x^2-2x-3>0$ 的解集是二次函数 $y=x^2-2x-3$ 在 x 轴上方的图象所对应的区间（不包括 -1 和 3），所以原不等式的解集为 $(-\infty,-1)\cup(3,+\infty)$.

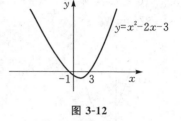

图 3-12

(2) **理解与分析**：求一元二次方程 $x^2-x-12=0$ 的根，由十字相乘法因式分解得到 $(x+3)(x-4)=0$，于是 $x+3=0$ 或 $x-4=0$，所以 $x_1=-3, x_2=4$. 根据一元二次方程的根、二次函数的图象、一元二次不等式的关系写出解集.

解：由 $x^2-x-12=0$，得 $x_1=-3, x_2=4$.

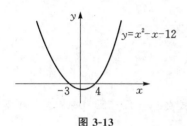

图 3-13

在直角坐标系中画出二次函数 $y=x^2-x-12$ 的图象，如图 3-13.

因为不等式 $x^2-x-12\leqslant 0$ 的解集是二次函数 $y=x^2-2x-3$ 在 x 轴下方的图象所对应的区间（包括 -3 和 4），所以原不等式的解集为 $[-3,4]$.

点评：解一元二次不等式的方法是先求一元二次方程的根，再画出二次函数的图象，它与 x 轴交点的横坐标的值就是一元二次方程的根，最后根据一元二次不等式的结构和二次函数的图象写出解集.

例 2 解下列一元二次不等式.

(1) $x^2-2x+1>0$；　　(2) $x^2-4x+4<0$.

(1) **理解与分析**：求一元二次方程 $x^2-2x+1=0$ 的根，由完全平方差公式得到 $(x-1)^2=0$，所以 $x_1=x_2=1$，根据一元二次方程的根、二次函数的图象、一元二次不等式的关系写出解集.

解：解方程 $x^2-2x+1=0$，得 $x_1=x_2=1$.

在直角坐标系中画出二次函数 $y=x^2-2x+1$ 的图象，如图 3-14.

$\therefore$ 原不等式的解集为 $(-\infty,1)\cup(1,+\infty)$.

(2) **理解与分析**：求一元二次方程 $x^2-4x+4=0$ 的根，由完全平方差公式得到 $(x-2)^2=0$，所以 $x_1=x_2=2$，根据一元二次方程的根、二次函数的图象、一元二次不等式的关系写出解集.

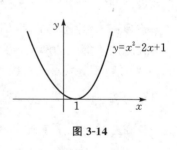

图 3-14

解：解方程 $x^2-4x+4=0$，得 $x_1=x_2=2$.

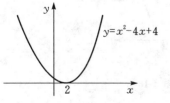

图 3-15

在直角坐标系中画出二次函数 $y=x^2-4x+4$ 的图象，如图 3-15.

因为不等式 $x^2-4x+4<0$ 的解集是二次函数 $y=x^2-4x+4$ 在 x 轴下方的图象所对应的区间（不包括 2），所以原不等式的解集为 $\varnothing$.

点评：如果一元二次方程有两个相等的实数根，那么所对应的二次函数的图象与 x 轴相切，切点是一元二次方程的根.

例 3 解一元二次不等式 $x^2+3x+10>0$.

理解与分析：因为 $\Delta=3^2-4\times1\times10=-31<0$，所以方程无实数根. 二次函数 $y=x^2+3x+10$ 的图象都在 x 轴的上方，原不等式的解集为 **R**.

解：由 $\Delta=3^2-4\times1\times10=-31<0$，得一元二次方程 $x^2+3x+10=0$ 无实数根.

在直角坐标系中画出二次函数 $y=x^2+3x+10$ 的图象，如图 3-16.

∵ 二次函数 $y=x^2+3x+10$ 的图象全部在 x 轴的上方，

∴ 原不等式的解集为 **R**.

点评：判别式 $\Delta<0$，一元二次方程无实数根，二次函数的图象都在 x 轴的上方. 如果一元二次不等式是 $ax^2+bx+c>0$ ($a>0$) 型，那么解集是全体实数. 如果一元二次不等式是 $ax^2+bx+c<0$ ($a>0$) 型，那么解集是 $\varnothing$.

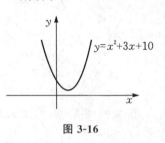

图 3-16

考点二 非标准形式的一元二次不等式

例 4 解下列一元二次不等式.

(1) $-2x^2-3x+5<0$；　　(2) $2x^2-3x<20$.

(1) **理解与分析**：化不等式 $-2x^2-3x+5<0$ 为标准形式 $2x^2+3x-5>0$，求这个不等式的解集得到原不等式的解集.

解：不等式 $-2x^2-3x+5<0$ 化为标准形式 $2x^2+3x-5>0$，由 $2x^2+3x-5=0$，得 $(2x+5)(x-1)=0$，$2x+5=0$ 或 $x-1=0$，$x_1=-\dfrac{5}{2}$，$x_2=1$.

在直角坐标系中画出二次函数 $y=2x^2+3x-5$ 的图象，如图 3-17.

因为不等式 $2x^2+3x-5>0$ 的解集是二次函数 $y=2x^2+3x-5$ 在 x 轴上方的图象所对应的区间（不包括 $-\dfrac{5}{2}$ 和 1），所以原不等式的解集为 $\left(-\infty,-\dfrac{5}{2}\right)\cup(1,+\infty)$.

点评：先将原不等式两边同时乘以 -1 化为标准形式的一元二次不等式，再求标准形式的一元二次不等式的解集，得到原不等式的解集.

(2) **解**：不等式 $2x^2-3x<20$ 化为标准形式 $2x^2-3x-20<0$.

由方程 $2x^2-3x-20=0$，得 $(2x+5)(x-4)=0$，$2x+5=0$ 或 $x-4=0$，$x_1=-\dfrac{5}{2}$，$x_2=4$. 在直角坐标系中画出二次函数 $y=2x^2-3x-20$ 的图象，如图 3-18.

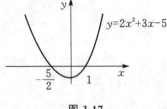

图 3-17

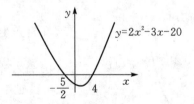

图 3-18

因为不等式 $2x^2-3x-20<0$ 的解集是二次函数 $y=2x^2-3x-20$ 在 x 轴下方的图象

所对应的区间(不包括 $-\frac{5}{2}$ 和 4),所以原不等式的解集为 $\left(-\frac{5}{2}, 4\right)$.

点评:先将原不等式移项化为标准形式的一元二次不等式,再求标准形式的一元二次不等式的解集,得到原不等式的解集.

例 5 解一元二次不等式 $x^2 \leqslant 16$.

理解与分析:原不等式可化为 $x^2 - 16 \leqslant 0$. 对于一元二次方程 $x^2 - 16 = 0$,由平方差公式得 $(x+4)(x-4) = 0$,所以 $x_1 = -4$, $x_2 = 4$. 根据一元二次方程的根、二次函数的图象、一元二次不等式的关系写出解集.

解:原不等式可化为标准形式 $x^2 - 16 \leqslant 0$.

由方程 $x^2 - 16 = 0$,得

$(x+4)(x-4) = 0$,

$x+4 = 0$ 或 $x-4 = 0$,

$x_1 = -4$, $x_2 = 4$.

∴原不等式的解集为 $[-4, 4]$.

点评:化得标准形式的一元二次不等式,利用平方差公式求解一元二次不等式的解集,得到原不等式的解集.

【归纳总结】

一元二次不等式有两个考点:一是标准形式的一元二次不等式;二是非标准形式的一元二次不等式.

解标准形式的一元二次不等式的方法为:解方程 $ax^2 + bx + c = 0 (a > 0)$,画出二次函数 $y = ax^2 + bx + c (a > 0)$ 的图象,它与 x 轴交点的横坐标的值就是一元二次方程 $ax^2 + bx + c = 0 (a > 0)$ 的根(如果有根),根据一元二次不等式的结构和二次函数的图象写出解集.

如果一元二次不等式不是标准形式,那么必须先将原不等式化为标准形式的一元二次不等式,求标准形式的一元二次不等式的解集,得到原不等式的解集.

【能力测试】

水平能力测试二

一、选择题

1. 不等式 $x^2 - 5x + 6 \geqslant 0$ 的解集是( ).
   (A) $[2, 3]$ 　　　　　　　　　　　(B) $(2, 3)$
   (C) $(-\infty, 2] \cup [3, +\infty)$ 　　　(D) $(-\infty, 2) \cup (3, +\infty)$

2. 不等式 $x^2 - 4 > 0$ 的解集是( ).
   (A) $[-2, 2]$ 　　　　　　　　　　　(B) $(-2, 2)$
   (C) $(-\infty, -2] \cup [2, +\infty)$ 　　(D) $(-\infty, -2) \cup (2, +\infty)$

3. 不等式 $x^2 - 5x + 4 < 10$ 的解集是( ).
   (A) $(-1, 6)$ 　　　　　　　　　　　(B) $(-6, 1)$

(C) $(-\infty,-1)\cup(6,+\infty)$　　　　(D) $(-\infty,-6)\cup(1,+\infty)$

4. 不等式 $4x^2>40$ 的解集是(　　).

(A) $[-\sqrt{10},\sqrt{10}]$　　　　(B) $(-\sqrt{10},\sqrt{10})$

(C) $(-\infty,-\sqrt{10}]\cup[\sqrt{10},+\infty)$　　　　(D) $(-\infty,-\sqrt{10})\cup(\sqrt{10},+\infty)$

5. 不等式 $-x^2+x+12\geqslant 0$ 的解集是(　　).

(A) $[-3,4]$　　　　(B) $[-4,3]$

(C) $(-\infty,-3]\cup[4,+\infty)$　　　　(D) $(-\infty,-4]\cup[3,+\infty)$

6. 不等式 $x^2-3x>10$ 的解集是(　　).

(A) $(-2,5)$　　　　(B) $(-5,2)$

(C) $(-\infty,-2)\cup(5,+\infty)$　　　　(D) $(-\infty,-5)\cup(2,+\infty)$

7. 关于 x 的不等式 $x^2+(a-3)x+a>0$ 的解集为 **R**,则实数 a 的取值范围是(　　).

(A) $(-1,9)$　　(B) $(1,9)$　　(C) $(-2,4)$　　(D) $(2,4)$

8. 已知 $a<0$,关于 x 的不等式 $x^2-4ax-5a^2>0$ 的解集为(　　).

(A) $(-\infty,-a)\cup(5a,+\infty)$　　　　(B) $(-a,5a)$

(C) $(-\infty,5a)\cup(-a,+\infty)$　　　　(D) $(5a,-a)$

二、填空题

1. 不等式 $-x^2+x+2>0$ 的解集为_____.
2. 不等式 $5x^2-2>3x$ 的解集为_____.
3. 不等式 $x^2+3x<0$ 的解集为_____.
4. 不等式 $3x^2-4x+1\geqslant 0$ 的解集为_____.
5. 不等式 $x^2-x-30<0$ 的解集为_____.
6. 不等式 $5x-2x^2>2$ 的解集为_____.
7. 不等式 $-x^2+4x\leqslant 0$ 的解集为_____.
8. 已知 $0<a<1$,关于 x 的不等式 $x^2-\dfrac{a^2+1}{a}x+1<0$ 的解集为_____.

第三节　分式不等式

【考纲点击】

1. 熟练解标准形式的分式不等式;
2. 掌握化复杂的分式不等式为标准形式的分式不等式的步骤;
3. 能够用区间表示不等式的解集.

【命题走向】

在体育单招考试中,分式不等式是每年必考知识点.考查内容包括标准形式的分式不等式、非标准形式的分式不等式;题型是选择题或填空题,有时分式不等式也作为求解其他问题的基础知识考查.

【知识梳理】

一、分式的分子和分母的符号与分式本身的符号之间的关系

(1) 分子和分母同号,分式为正,用字母表示为 $\dfrac{b}{a} > 0$,它等价于 $ab > 0$;

(2) 分子和分母异号,分式为负,用字母表示为 $\dfrac{b}{a} < 0$,它等价于 $ab < 0$.

理解:分式不等式可以转化为整式不等式,然后进行处理.

二、标准形式的分式不等式

(1) $\dfrac{ax+b}{cx+d} > 0 \, (a>0, c>0)$ 的解集等价于 $(ax+b)(cx+d) > 0$ 的解集;

(2) $\dfrac{ax+b}{cx+d} \geqslant 0 \, (a>0, c>0)$ 的解集等价于不等式组 $\begin{cases}(ax+b)(cx+d) \geqslant 0 \\ cx+d \neq 0\end{cases}$ 的解集;

(3) $\dfrac{ax+b}{cx+d} < 0 \, (a>0, c>0)$ 的解集等价于 $(ax+b)(cx+d) < 0$ 的解集;

(4) $\dfrac{ax+b}{cx+d} \leqslant 0 \, (a>0, c>0)$ 的解集等价于不等式组 $\begin{cases}(ax+b)(cx+d) \leqslant 0 \\ cx+d \neq 0\end{cases}$ 的解集.

理解:标准形式的分式不等式必须同时满足 3 个条件:(1) x 的系数大于 0;(2)不等号左边是分式,且分子、分母按降幂排列;(3)不等式右边等于 0. 分式不等式转化为整式不等式时,分母不等于 0.

三、分式不等式的解答方法

(1) 化非标准形式的分式不等式为标准形式的分式不等式;

(2) 化标准形式的分式不等式为整式不等式(组);

(3) 解整式不等式(组)得到分式不等式的解集.

理解:化非标准形式的分式不等式为标准形式的分式不等式的步骤是移项、通分、去括号、合并、提公因式、化分子和分母中 x 项的系数为正. 写分式不等式的解集时一定要去掉分母等于 0 的数.

【典例解析】

考点一 标准形式的分式不等式

例 1 解不等式 $\dfrac{x-1}{x+2} < 0$.

理解与分析:化标准形式的分式不等式为整式不等式,即分式不等式 $\dfrac{x-1}{x+2} < 0$ 等价于一元二次不等式 $(x-1)(x+2) < 0$,解这个不等式得到原分式不等式的解集.

解:分式不等式 $\dfrac{x-1}{x+2} < 0$ 等价于不等式 $(x-1)(x+2) < 0$.

解方程$(x-1)(x+2)=0$,得$x_1=-2,x_2=1$.

在直角坐标系中画出二次函数$y=(x-1)(x+2)$的图象,如图 3-19.

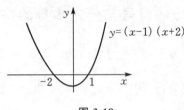

图 3-19

∵ 一元二次不等式$(x-1)(x+2)<0$ 的解集是二次函数$y=(x-1)(x+2)$在 x 轴下方的图象所对应的区间(不包括-2和1),

∴ 原不等式的解集为$(-2,1)$.

点评:解标准形式的分式不等式的方法是化分式不等式为整式不等式(组),解整式不等式(组),得到原分式不等式的解集.

考点二 非标准形式的分式不等式

例 2 解不等式$\dfrac{3x-1}{2x+3}>1$.

理解与分析:化原分式不等式为标准形式的分式不等式,即$\dfrac{x-4}{2x+3}>0$.化标准形式的分式不等式为整式不等式,即分式不等式$\dfrac{x-4}{2x+3}>0$ 等价于一元二次不等式$(x-4)(2x+3)>0$,解这个不等式得到原分式不等式的解集.

解:移项,得$\dfrac{3x-1}{2x+3}-1>0$,

通分,得$\dfrac{3x-1}{2x+3}-\dfrac{2x+3}{2x+3}>0$,

合并,得$\dfrac{3x-1-2x-3}{2x+3}>0$,

所以$\dfrac{x-4}{2x+3}>0$ 等价于不等式$(x-4)(2x+3)>0$.

解方程$(x-4)(2x+3)=0$,得$x_1=-\dfrac{3}{2},x_2=4$.

在直角坐标系中画出二次函数$y=(x-4)(2x+3)$的图象,如图 3-20.

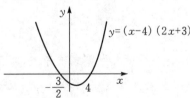

图 3-20

∴ 原分式不等式的解集为 $\left(-\infty, -\dfrac{3}{2}\right) \cup (4, +\infty)$.

点评：解非标准形式的分式不等式的方法是先化为标准形式的分式不等式，再化为整式不等式(组)，解整式不等式(组)得到原分式不等式的解集.

例 3 解不等式 $\dfrac{x+1}{3x-2} > 2$.

理解与分析：化原分式不等式为标准形式的分式不等式，即 $\dfrac{x-1}{3x-2} < 0$；化标准形式的分式不等式为整式不等式，即分式不等式 $\dfrac{x-1}{3x-2} < 0$ 等价于一元二次不等式 $(x-1)(3x-2) < 0$，解这个不等式得到原分式不等式的解集.

解：移项，得 $\dfrac{x+1}{3x-2} - 2 > 0$，

通分，得 $\dfrac{x+1}{3x-2} - \dfrac{2(3x-2)}{3x-2} > 0$，

去括号，得 $\dfrac{x+1}{3x-2} - \dfrac{6x-4}{3x-2} > 0$，

合并，得 $\dfrac{-5x+5}{3x-2} > 0$，

分子提公因数 -5，得 $\dfrac{-5(x-1)}{3x-2} > 0$，

不等式两边同时除以 -5，得 $\dfrac{x-1}{3x-2} < 0$，它等价于不等式 $(x-1)(3x-2) < 0$.

解这个不等式，得 $\dfrac{2}{3} < x < 1$.

∴ 原不等式的解集是 $\left(\dfrac{2}{3}, 1\right)$.

点评：化非标准形式的分式不等式为标准形式的分式不等式是求解分式不等式的重点和难点，包括移项、通分、去括号、合并、提公因式、化分子和分母的 x 项系数为正数等步骤.

例 4 解不等式 $\dfrac{1-x}{1+x} \geqslant 0$.

理解与分析：化原分式不等式为标准形式的分式不等式，即 $\dfrac{x-1}{x+1} \leqslant 0$. 再化标准形式的分式不等式为整式不等式(组)，即分式不等式 $\dfrac{x-1}{x+1} \leqslant 0$ 等价于不等式组 $\begin{cases}(x-1)(x+1)<0,\\ x-1=0,\end{cases}$ 解这个不等式组得到原分式不等式的解集.

解：不等式两边同时乘以 -1，得 $-\dfrac{1-x}{1+x} \leqslant 0$.

将分式的负号移到分子，得 $\dfrac{-(1-x)}{1+x} \leqslant 0$.

去括号，得 $\dfrac{-1+x}{1+x} \leqslant 0$，即 $\dfrac{x-1}{x+1} \leqslant 0$，

得到不等式组 $\begin{cases}(x-1)(x+1)<0,\\ x-1=0,\end{cases}$

解这个不等式组,得 $-1<x\leqslant 1$.

∴原分式不等式的解集是 $(-1,1]$.

点评:原分式不等式化为标准形式的分式不等式,标准形式的分式不等式化为整式不等式(组)时,还要满足分式的分子不等于 0.

【归纳总结】

分式不等式有两个考点:一是标准形式的分式不等式,二是非标准形式的分式不等式.

解分式不等式的一般方法是,先化为标准形式的分式不等式,再化为同解的整式不等式(组),最后解整式不等式(组)得到原分式不等式的解集.

【能力测试】

水平能力测试三

一、选择题

1. 与分式不等式 $\dfrac{x-2}{3-x}\geqslant 0$ 同解的不等式是(　　).

   (A) $(x-3)(2-x)\geqslant 0$ (B) $(x-3)(2-x)\leqslant 0$

   (C) $\dfrac{2-x}{x-3}\geqslant 0$ (D) $(x-3)(2-x)>0$

2. 不等式 $\dfrac{x-1}{x-4}>0$ 的解集是(　　).

   (A) $(1,4)$ (B) $(-\infty,1)\cup(4,+\infty)$

   (C) $(-\infty,1)$ (D) $(4,+\infty)$

3. 不等式 $\dfrac{x-1}{x}<0$ 的解集是(　　).

   (A) $(0,1)$ (B) $(1,+\infty)$

   (C) $(-\infty,0)\cup(1,+\infty)$ (D) $(-\infty,0)$

4. 不等式 $\left|\dfrac{x}{x-2}\right|>\dfrac{x}{2-x}$ 的解集是(　　).

   (A) $(0,2)$ (B) $(-\infty,0)\cup(2,+\infty)$

   (C) $(-\infty,0)$ (D) $(2,+\infty)$

5. 不等式 $\dfrac{1-x}{1+x}>0$ 的解集是(　　).

   (A) $(-1,1)$ (B) $(-\infty,-1)\cup(1,+\infty)$

   (C) $(0,1)$ (D) $(-1,0)$

6. 不等式 $\dfrac{x}{1-x}\leqslant 2$ 的解集为(　　).

(A) $(-\infty,0)\cup[2,+\infty)$　　　　　(B) $\left(-\infty,\dfrac{2}{3}\right]\cup(1,+\infty)$

(C) $(1,2]$　　　　　(D) $\left[\dfrac{1}{3},1\right)$

7. 不等式 $2<\dfrac{1}{x}<3$ 的解集为(　　).

(A) $\left(-\dfrac{1}{2},0\right)\cup\left(\dfrac{1}{3},+\infty\right)$　　　　　(B) $\left(-\dfrac{1}{3},0\right)\cup\left(0,\dfrac{1}{2}\right)$

(C) $\left(-\infty,-\dfrac{1}{2}\right)\cup\left(\dfrac{1}{3},+\infty\right)$　　　　　(D) $\left(\dfrac{1}{3},\dfrac{1}{2}\right)$

8. 不等式 $\dfrac{2x-1}{x+3}>1$ 的解集为(　　).

(A) $(-\infty,-3)\cup(4,+\infty)$　　　　　(B) $(-4,0)\cup(3,+\infty)$

(C) $(-3,4)$　　　　　(D) $(-4,3)$

二、填空题

1. 不等式 $\dfrac{3x+2}{x-1}>2$ 的解集为＿＿＿＿＿＿＿＿＿＿.

2. 不等式 $\dfrac{1-x}{2x-1}>0$ 的解集为＿＿＿＿＿＿＿＿＿＿.

3. 不等式 $\dfrac{x+1}{x+2}<0$ 的解集为＿＿＿＿＿＿＿＿＿＿.

4. 不等式 $\dfrac{x-1}{x+2}\leqslant 0$ 的解集为＿＿＿＿＿＿＿＿＿＿.

5. 不等式 $\dfrac{5x+3}{2x-3}<2$ 的解集为＿＿＿＿＿＿＿＿＿＿.

6. 不等式 $\dfrac{1-2x}{x+3}>0$ 的解集是＿＿＿＿＿＿＿＿＿＿.

7. 不等式 $\dfrac{1-x}{1-2x}\geqslant 1$ 的解集为＿＿＿＿＿＿＿＿＿＿.

8. 不等式 $\dfrac{-3x+2}{x+1}\geqslant 0$ 的解集为＿＿＿＿＿＿＿＿＿＿.

第四节　不等式的性质

【考纲点击】

1. 掌握不等式的运算性质；
2. 掌握均值不等式的结构及其变式，运用均值不等式求最值问题.

【命题走向】

在体育单招考试中，不等式的性质是每年必考知识点.考查内容包括不等式的运算性质、应用均值不等式求最值问题,题型是选择题或填空题.

【知识梳理】

一、不等式的性质

(1) 平方数非负:$a^2 \geq 0$.
(2) 等价不等式运算:$a<b \Leftrightarrow a-b<0$.
(3) 加法运算:如果$a>b,c>d$,那么$a+c>b+d$.
(4) 乘法运算:如果$a>b>0,c>d>0$,那么$ac>bd$.
(5) 幂的运算:如果$a>b>0$,那么$a^n>b^n(n\in \mathbf{N},n>1)$.
(6) 方根的运算:如果$a>b>0$,那么$\sqrt[n]{a}>\sqrt[n]{b}(n\in \mathbf{N},n>1)$.

理解:这6条性质是在不等式的基本性质基础上的拓展,如果不等式运算中出现减法和除法,那么必须改写为不等式加法和乘法运算.

二、均值不等式

如果$a,b\in \mathbf{R}^+$,那么$\dfrac{a+b}{2}\geq \sqrt{ab} \Leftrightarrow a+b\geq 2\sqrt{ab}$(当且仅当$a=b$时,取"="号).

理解:(1) 均值不等式的条件是两个数都是正数;
(2) 不等号左边是算术平均数,右边是几何平均数,即算术平均数大于或等于几何平均数.

【典例解析】

考点一 均值不等式求最小值

例1 已知a,b为正实数,求$\dfrac{b}{a}+\dfrac{a}{b}$的最小值.

理解与分析:由a,b为正实数,得到$\dfrac{b}{a}>0,\dfrac{a}{b}>0$,满足运用均值不等式的条件.由均值不等式的变式,得到$\dfrac{b}{a}+\dfrac{a}{b}\geq 2\sqrt{\dfrac{b}{a}\times \dfrac{a}{b}}=2$,即$\dfrac{b}{a}+\dfrac{a}{b}$的最小值是2.

解:由a,b为正实数,得$\dfrac{b}{a}>0,\dfrac{a}{b}>0$.

由均值不等式,得$\dfrac{b}{a}+\dfrac{a}{b}\geq 2\sqrt{\dfrac{b}{a}\times \dfrac{a}{b}}=2$,

当且仅当$\dfrac{b}{a}=\dfrac{a}{b}$,即$a=b=1$时,取"=".

∴ $\dfrac{b}{a}+\dfrac{a}{b}$的最小值是2.

点评:先经分析判定$\dfrac{b}{a}+\dfrac{a}{b}$满足运用均值不等式的条件,即$\dfrac{b}{a}>0,\dfrac{a}{b}>0$,再构造均值不

等式求解问题.

例 2 求函数 $y=9x+\dfrac{4}{x-1}(x>1)$ 的最小值.

理解与分析：由 $x>1$，得到 $9x>0$，$\dfrac{4}{x-1}>0$，满足运用均值不等式的条件. 但是，直接由均值不等式的变式只能得到 $y=9x+\dfrac{4}{x-1}\geqslant 2\sqrt{9x\times\dfrac{4}{x-1}}$，由于 $9x$ 与 $x-1$ 不能约分，因此这样做是错误的. 因此，需要将 $9x$ 改写为 $9(x-1)+9$，即 $y=9x+\dfrac{4}{x-1}=9(x-1)+\dfrac{4}{x-1}+9$，再对右端前两项应用均值不等式，即可求解.

解：$y=9x+\dfrac{4}{x-1}=9(x-1)+\dfrac{4}{x-1}+9$，

由 $x>1$，得 $9(x-1)>0$，$\dfrac{4}{x-1}>0$，

由均值不等式，得

$$y\geqslant 2\sqrt{9(x-1)\times\dfrac{4}{x-1}}+9=12+9=21,$$

当且仅当 $9(x-1)=\dfrac{4}{x-1}$，即 $x=\dfrac{5}{3}$ 时，取"="，

∴函数 $y=9x+\dfrac{4}{x-1}(x>1)$ 的最小值是 21.

点评：把原函数式拆项，要求是能够将分式中的分母 $x-1$ 约去，即 $9x$ 必须改写为 $9(x-1)+9$，再构造均值不等式求最小值.

例 3 已知 $m+n=1(mn>0)$，求 $\dfrac{1}{m}+\dfrac{1}{n}$ 的最小值.

理解与分析：由 $m+n=1(mn>0)$，得到 $m>0,n>0$，即 $\dfrac{1}{m}>0,\dfrac{1}{n}>0$，满足运用均值不等式的条件，但是直接运用均值不等式求不出最小值. 利用"乘1法"，将 $\dfrac{1}{m}+\dfrac{1}{n}$ 改写为 $(m+n)\left(\dfrac{1}{m}+\dfrac{1}{n}\right)$，得到 $\dfrac{1}{m}+\dfrac{1}{n}=(m+n)\left(\dfrac{1}{m}+\dfrac{1}{n}\right)=\dfrac{n}{m}+\dfrac{m}{n}+2$，再运用均值不等式即可求出.

解：$\dfrac{1}{m}+\dfrac{1}{n}=(m+n)\left(\dfrac{1}{m}+\dfrac{1}{n}\right)=\dfrac{n}{m}+\dfrac{m}{n}+2$，

由 $m+n=1(mn>0)$，得 $\dfrac{n}{m}>0,\dfrac{m}{n}>0$，

由均值不等式，得 $\dfrac{1}{m}+\dfrac{1}{n}\geqslant 2\sqrt{\dfrac{n}{m}\cdot\dfrac{m}{n}}+2=4$，

当且仅当 $\dfrac{n}{m}=\dfrac{m}{n}$，即 $m=n=\dfrac{1}{2}$ 时，取"="，

∴$\dfrac{1}{m}+\dfrac{1}{n}$ 的最小值是 4.

点评：本题运用"乘1法"将 $\frac{1}{m}+\frac{1}{n}$ 改写，再构造均值不等式求最小值.

考点二　均值不等式求最大值

例 4　求函数 $y=\dfrac{x^2}{16+x^4}$ 的最大值是多少？

理解与分析：在等式右端的分式中，由于分子是单项式，分母是多项式，于是可以取其倒数求最小值，从而得到原函数的最大值. $\dfrac{1}{y}=\dfrac{16+x^4}{x^2}=\dfrac{16}{x^2}+x^2$，由于 $\dfrac{16}{x^2}>0, x^2>0$，满足运用均值不等式的条件，由均值不等式的变式，得到 $\dfrac{1}{y}=\dfrac{16+x^4}{x^2}=\dfrac{16}{x^2}+x^2\geqslant 2\sqrt{\dfrac{16}{x^2}\times x^2}=8$，即 $\dfrac{1}{y}$ 的最小值是 8，从而 $y=\dfrac{x^2}{16+x^4}$ 的最大值 $\dfrac{1}{8}$.

解：函数 $y=\dfrac{x^2}{16+x^4}$ 两边取倒数，得

$$\dfrac{1}{y}=\dfrac{16+x^4}{x^2}=\dfrac{16}{x^2}+x^2,$$

∵ $\dfrac{16}{x^2}>0, x^2>0$，

∴ 由均值不等式，得 $\dfrac{1}{y}\geqslant 2\sqrt{\dfrac{16}{x^2}\cdot x^2}=8$，

当且仅当 $\dfrac{16}{x^2}=x^2$，即 $x=\pm 2$ 时，取"="，

∴ $\dfrac{1}{y}$ 的最小值是 8，即 $y=\dfrac{x^2}{16+x^4}$ 的最大值是 $\dfrac{1}{8}$.

点评：通过取原函数的倒数，构造均值不等式是求解问题的关键.

【归纳总结】

不等式的性质有两个考点：一是均值不等式求最小值；二是均值不等式求最大值.

在应用均值不等式之前必须验证两个数都是正数，这是均值不等式要满足的条件. 同时，还要说明能够取到最值的条件是存在的.

构造均值不等式的方法有取倒数、折项、乘1法等.

【能力测试】

水平能力测试四

一、选择题

1. 已知 $a<0, -1<b<0$，那么（　　）.

(A) $a>ab>ab^2$　　　　　　(B) $ab^2>ab>a$

(C) $ab>a>ab^2$　　　　　　(D) $ab>ab^2>a$

2. 已知 $a,b,c \in \mathbf{R}$，那么下列命题中正确的是（　　）．

(A) 若 $a<b$，则 $ac^2<bc^2$　　　　(B) 若 $a>b>0,c<0$，则 $\dfrac{c}{a}<\dfrac{c}{b}$

(C) 若 $a>b$，则 $(a+c)^2>(b+c)^2$　　(D) 若 $ab>0$，则 $\dfrac{b}{a}+\dfrac{a}{b} \geqslant 2$

3. 若 $x>0,y>0$，且 $\dfrac{2}{x}+\dfrac{8}{y}=1$，则 xy 有（　　）．

(A) 最大值 64　　　　　　　(B) 最小值 64

(C) 最大值 $\dfrac{1}{64}$　　　　　　(D) 最小值 $\dfrac{1}{2}$

4. 若实数 a,b 满足 $\dfrac{1}{a}+\dfrac{2}{b}=\sqrt{ab}$，则 ab 的最小值为（　　）．

(A) $\sqrt{2}$　　　　(B) 2　　　　(C) $2\sqrt{2}$　　　　(D) 8

5. 若 $a>0,b>0$，且 $a+2b-2=0$，则 ab 的最大值为（　　）．

(A) $\dfrac{1}{2}$　　　　(B) 1　　　　(C) 2　　　　(D) 4

6. 设 $x+y=8$，则 3^x+3^y 的最小值为（　　）．

(A) 160　　　　(B) 161　　　　(C) 162　　　　(D) 163

7. 已知实数 a 满足 $a>0$，则 $a+\dfrac{1}{a}+2$ 的最小值为（　　）．

(A) 1　　　　(B) 2　　　　(C) 3　　　　(D) 4

8. 已知 $a>b>0$，$a+\dfrac{1}{b}+\dfrac{1}{a-b}$ 的最小值为（　　）．

(A) 1　　　　(B) 2　　　　(C) 3　　　　(D) 4

二、填空题

1. 已知 $x>0$，则 $2-3x-\dfrac{4}{x}$ 的最大值是_____．

2. 若函数 $f(x)=ax^2+\dfrac{b}{x^2}(a>0,b>0)$ 有最小值 1，则 $ab=$_____．

3. 已知 $a>0,b>0$，且 $2a+b=8$，则 ab 的最大值是_____．

4. 若 $a>0,b>0$，满足 $ab=a+b+8$，则 ab 的取值范围是_____．

5. 设实数 m,n 满足 $m>0,n>0$，且 $\dfrac{1}{m}+\dfrac{1}{n}=1$，则 $4m+n$ 的最小值是_____．

6. 已知 $x+3y=2$，则 3^x+27^y 的最小值是_____．

7. 已知函数 $f(x)=4ax^2+\dfrac{a}{x^2}(a>0)$ 有最小值 8，则 $a=$_____．

8. 已知 $x>1$，则 $f(x)=\dfrac{x^2}{x-1}$ 的最小值是_____．

第四章 集合与常用逻辑用语

第一节 集　合

【考纲点击】

1. 理解集合、子集、真子集、空集、全集、补集、交集、并集的概念；
2. 理解元素与集合的关系、集合与集合的关系；
3. 熟练进行集合间的交、并、补运算.

【命题走向】

在体育单招考试中,集合是每年必考知识点.考查内容主要是集合与集合之间的交、并、补运算,题型是选择题或填空题.

【知识梳理】

一、集合的概念

(1) 把某些具有共同属性的对象集在一起就构成一个集合.用大写字母表示集合,如 $A,B,C,\cdots$. 例如 $A=\{1,2,3,4,5\}$.

(2) 集合的分类:按集合中的元素个数是否可数,集合分为有限集和无限集.有限集是指集合中的元素是有限可数的;无限集是指集合中的元素是无限不可数的.

(3) 集合元素的三个特性:确定性、互异性、无序性.

(4) 常用数集的记法:非负整数集(或自然数集)记作 **N**,正整数集记作 $\mathbf{N}^*$ 或 $\mathbf{N}^+$ 或 $\mathbf{N}_+$,整数集记作 **Z**,有理数集记作 **Q**,实数集记作 **R**.

二、元素与集合的关系

元素与集合的关系是指个体与整体的关系.如果 a 属于集合 A 中的元素,记为 $a\in A$;如果 a 不属于集合 A 中的元素,记为 $a\notin A$.

三、集合与集合的关系

集合与集合的关系是指整体与部分的关系,包括相等、子集、真子集、空集等,如表 4-1.

表 4-1

关系	概念	记法
相等	集合 A 与集合 B 中所有元素都相同	$A=B \Leftrightarrow B=A$
子集	集合 A 中的任一元素都是集合 B 中的元素	$A \subseteq B$ 或 $B \supseteq A$
真子集	A 是 B 的子集且 B 中至少有一个元素不属于 A	$A \subset B$ 或 $B \supset A$
空集	不含任何元素的集合	$\varnothing$

理解:(1)"$\subseteq$"表示包含于,"$\supseteq$"表示包含;

(2)"$\subset$"表示真包含于,"$\supset$"表示真包含;

(3) 在研究集合与集合之间的关系时,某个给定的集合称为全集,通常用字母"U"或"I"等表示;

(4) 空集是任何非空集合的真子集,即 $\varnothing \subset A$(A 是非空集合).

四、集合与集合之间的运算

(1) 交集:由同时属于集合 A 与 B 的元素组成的集合,记为 $A \cap B$. 例如,求方程组的解,求不等式组的解集,求两条曲线的交点坐标等.

(2) 并集:由属于集合 A 和 B 的所有元素组成的集合,记为 $A \cup B$.

(3) 补集:设 U 是一个全集,A 是 U 的子集($A \subseteq U$),由 U 中所有不属于 A 的元素组成的集合,记为 $\complement_U A = U - A$.

【**典例解析**】

考点一 有限集的运算

例 1 设集合 $M=\{1\}$,$S=\{1,2\}$,$P=\{1,2,3\}$,求 $(M \cup S) \cap P$.

理解与分析:集合运算分两步完成,先求并集 $M \cup S$,再求交集 $(M \cup S) \cap P$.

解:$\because M \cup S = \{1\} \cup \{1,2\} = \{1,2\}$,

$\therefore (M \cup S) \cap P = \{1,2\} \cap \{1,2,3\} = \{1,2\}$.

点评:集合运算顺序与有理数运算顺序一样,即先计算括号内的,再计算括号外的,同时注意列分步运算完成.

考点二 无限集的运算

例 2 设集合 $M=\{x \mid -1 \leqslant x \leqslant 10\}$,$N=\{x \mid x<1 \text{ 或 } x>7\}$,求 $M \cap N$.

理解与分析:集合 M 和 N 先在数轴上分别表示,然后再取它们的公共解集就得到集合 M 和 N 的交集.

解:集合 M 和 N 在数轴上分别表示,如图 4-1,

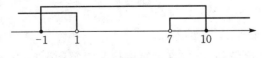

图 4-1

∴ $M \cap N = \{x \mid -1 \leqslant x < 1 \text{ 或 } 7 < x \leqslant 10\}$.

点评：以不等式的形式给出的数集，先将集合在数轴上分别表示出来，再取它们的交集.

例 3 已知集合 $M = \{x \mid x > 1\}$，$N = \{x \mid x^2 \leqslant 2\}$，求 $M \cup N$.

理解与分析：集合 M 直接在数轴上表示，解一元二次不等式得到集合 N 并在数轴上表示，最后取集合 M 与 N 的并集，即为所求问题的解.

解：$N = \{x \mid x^2 \leqslant 2\} = \{x \mid -\sqrt{2} \leqslant x \leqslant \sqrt{2}\}$.

集合 M 和 N 在数轴上分别表示，如图 4-2，

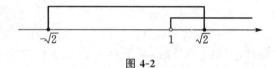

图 4-2

∴ $M \cup N = \{x \mid x \geqslant -\sqrt{2}\}$.

点评：以不等式的形式给出的数集，先将集合在数轴上分别表示出来，再取它们的并集.

例 4 已知集合 $M = \left\{x \mid -\dfrac{3}{2} < x < \dfrac{3}{2}\right\}$，$N = \{x \mid x = 2n, n \in \mathbf{Z}\}$，求 $M \cap N$.

理解与分析：集合 M 是无限的数集，它以不等式的形式给出，集合 N 是由偶数组成的无限数集，要求 $M \cap N$，就是求在集合 M 中由偶数组成的集合.

解：∵ $N = \{x \mid x = 2n, n \in \mathbf{Z}\} = \{偶数\}$，

∴ $M \cap N = \left\{x \mid -\dfrac{3}{2} < x < \dfrac{3}{2}\right\} \cap \{偶数\} = \{0\}$.

点评：集合 N 表示偶数集是求解问题的关键.

例 5 已知 U 是全集，表示全体实数，集合 $A = \{x \mid x^2 \geqslant 9\}$，$B = \left\{x \mid \dfrac{x-7}{x+1} \leqslant 0\right\}$，$C = \{x \mid |x-2| < 4\}$，求集合 $A \cap \complement_U(B \cap C)$.

理解与分析：先解不等式，分别求出集合 A, B, C 的解集，然后写出 B 和 C 的交集（$B \cap C$），再写出 B 和 C 的交集的补集，即 $\complement_U(B \cap C)$，并且在数轴上表示出来，最后在数轴上表示 B 和 C 交集的补集与集合 A 的交集，即求得 $A \cap \complement_U(B \cap C)$.

解：∵ $A = \{x \mid x \leqslant -3 \text{ 或 } x \geqslant 3\}$，

$B = \{x \mid -1 < x \leqslant 7\}$，$C = \{x \mid -2 < x < 6\}$，

∴ $B \cap C = \{x \mid -1 < x < 6\}$，

∴ $\complement_U(B \cap C) = \{x \mid x \leqslant -1 \text{ 或 } x \geqslant 6\}$，

集合 A 与 $\complement_U(B \cap C)$ 在数轴上分别表示，如图 4-3，

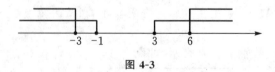

图 4-3

∴ $A \cap \complement_U(B \cap C) = \{x \mid x \leqslant -3 \text{ 或 } x \geqslant 6\}$.

点评：本例的综合性比较强，把握好运算顺序是求解问题的关键.

【归纳总结】

集合有两个考点:一是有限集的运算;二是无限集的运算. 对于以不等式的形式给出的无限的数集,一般先求不等式(组)的解集,并在数轴上表示出来,再按集合运算顺序求解问题.

【能力测试】

水平能力测试一

一、选择题

1. 已知集合 $I=\{1,2,3,4,5,6\}$, $P=\{4,5,6\}$, $Q=\{2,4,6\}$, 则 $\complement_I(P\cup Q)=$ (　　).
   (A) $\{1,3\}$　　(B) $\{4,6\}$　　(C) $\{1,2,3\}$　　(D) $\{1,2,3,5\}$

2. 设集合 $P=\{(x,y)|y=x^2\}$, $Q=\{(x,y)|y=x\}$, 则 $P\cap Q=$ (　　).
   (A) $\{(1,1)\}$　　　　　　(B) $\{(0,0),(1,1)\}$
   (C) $\{(0,0)\}$　　　　　　(D) $\{(0,1)\}$

3. 设集合 $P=\{x|x\geqslant 4\}$, $Q=\{x||x-2|\leqslant 3\}$, 则 $P\cup Q=$ (　　).
   (A) $\{x|-\infty<x\leqslant-1\}$　　(B) $\{x|-1<x\leqslant 5\}$
   (C) $\{x|1\leqslant x\leqslant 5\}$　　　　(D) $\{x|-1\leqslant x<+\infty\}$

4. 设集合 $M=\{x||x|\leqslant 2\}$, $N=\{1,2,3,4,5\}$, 则集合 $M\cap N=$ (　　).
   (A) $\{1,2\}$　　　　　　(B) $\{-2,-1,1,2\}$
   (C) $\{x|0\leqslant x\leqslant 2\}$　　　(D) $\{x|1\leqslant x\leqslant 2\}$

5. 已知集合 $M=\{x||x-2|<1\}$, $N=\{x|x^2-2x<0\}$, 则 $M\cap N=$ (　　).
   (A) $\{x|0<x<2\}$　　　　(B) $\{x|0<x<3\}$
   (C) $\{x|1<x<2\}$　　　　(D) $\{x|1<x<3\}$

6. 设集合 $M=\{x|-1<x<1\}$, 集合 $N=\{x|0<x<2\}$, 则 (　　).
   (A) $M\cap N=\{x|0<x<1\}$　　(B) $M\cup N=\{x|0<x<1\}$
   (C) $M\cap N=\{x|-1<x<2\}$　　(D) $M\cup N=\{x|-1<x<0\}$

7. 集合 $I=\{0,1,2,3,4,5\}$, $M=\{0,2,4\}$, $N=\{1,3,5\}$ 则 $M\cap\complement_I N=$ (　　).
   (A) $\varnothing$　　(B) I　　(C) M　　(D) N

8. 设集合 $M=\{x|0<x<1\}$, 集合 $N=\{x|-1<x<1\}$, 则 (　　).
   (A) $M\cup N=M$　　　　(B) $M\cap N=N$
   (C) $M\cap N=M$　　　　(D) $M\cap N=M\cup N$

9. 已知集合 $M=\{x|-2<x<2\}$, $N=\{x|-3<x<-1\}$, 则 $M\cap N=$ (　　).
   (A) $\{x|-3<x<2\}$　　　　(B) $\{x|-3<x<-1\}$
   (C) $\{x|-2<x<-1\}$　　　(D) $\{x|-1<x<2\}$

10. 若集合 $A=\left\{x\left|0<x<\dfrac{7}{2},x\in\mathbf{N}\right.\right\}$, 则 A 的元素共有 (　　).
    (A) 2个　　(B) 3个　　(C) 4个　　(D) 无穷多个

二、填空题

1. 已知集合 $A=\left\{x\left|\dfrac{x}{x-2}<0\right.\right\}$, $B=\{x|x<1\}$, 则 $A\cap B=$ _____.

2. 设全集 $U=\{1,2,3,4,5\}$, 集合 $A=\{1,4\}$, 则 $\complement_U A=$ _____.

3. 设 $M=\{x|-1\leqslant x\leqslant 10\}$, $N=\{x|5\leqslant x\leqslant 15\}$, 则 $M\cap N=$ _____.

4. 设 $A=\{x|x^2-ax+a^2-19=0\}$, $B=\{x|x^2-5x+6=0\}$, $A\cap B=A\cup B$, 则 $a=$ _____.

5. 设全集 $U=\{1,3,5,7,8\}$, 集合 $M=\{1,3,7\}$, $N=\{2,7,8\}$, 则 $\complement_U(M\cap N)=$ _____.

6. 设 $A=\{x|x=3n,n\in\mathbf{N}\}$, $B=\{x|x=3n+1,n\in\mathbf{N}\}$, $C=\{x|x=3n+2,n\in\mathbf{N}\}$, 有下列 4 个命题:

①$A\cap B=\varnothing$;②$A\subseteq(B\cup C)$;③$(A\cap C)\subseteq B$;④$\complement_\mathbf{N}(A\cup B)=C$.

其中是真命题的有 _____.(填写所有真命题的序号)

7. 设集合 $M=\{2,4,6,8\}$, $N=\{x|1<x<5\}$, 则 $M\cap N=$ _____.

8. 设集合 $M=\{1,2,3,4,5\}$, $N=\{1,3,6\}$, 则 $M\cap N=$ _____.

9. 若集合 $A=\left\{x\left|0<x<\dfrac{7}{2},x\in\mathbf{N}\right.\right\}$, 则 A 的元素共有 _____ 个.

10. 设集合 $M=\{x|x>-1\}$, $N=\{x|x^2>1\}$, 则 $M\cap N=$ _____.

第二节　常用逻辑用语

【考纲点击】

1. 理解命题的概念;
2. 掌握充分、必要条件的判断方法.

【命题走向】

在体育单招考试中,命题真假判定,充分、必要条件的判断是重要知识考点,题型是选择题或填空题.

【知识梳理】

一、命题的概念

命题:一般地,在数学中我们把用语言、符号或式子表达的,可以判断真假的陈述句叫命题.其中判断为真的语句叫作真命题,判断为假的语句叫作假命题.

理解:命题分为简单命题和复合命题两类,简单命题不含逻辑连接词(且、或、非),复合命题由简单命题与逻辑连接词构成.

二、充分、必要条件的判断方法

(1) 若由 $p\Rightarrow q$,但由 $q\not\Rightarrow p$,则 p 是 q 的充分而不必要条件,简称充分条件;

(2) 若由 $p \not\Rightarrow q$, 但由 $q \Rightarrow p$, 则 p 是 q 的必要而不充分条件, 简称必要条件;

(3) 若由 $p \Rightarrow q$ 且由 $q \Rightarrow p$, 即 $p \Leftrightarrow q$, 则 p 是 q 的充分必要条件, 简称充要条件;

(4) 若由 $p \not\Rightarrow q$, 且由 $q \not\Rightarrow p$, 则 p 是 q 的既不充分也不必要条件.

【典例解析】

考点一 命题判定

例 1 下列语句中哪些是命题？是命题的，是真命题还是假命题？
(1) 空集是任何集合的子集；
(2) 若整数 a 是质数, 则 a 是奇数；
(3) 指数函数是增函数吗？
(4) $x > 6$；
(5) $\sqrt{(-2)^2} = 2$.

理解与分析：判断一个语句是不是命题, 就是要看它是否符合"陈述句"和"判断真假"这两个条件.

解：上面 5 个语句中, (3) 不是陈述句, 所以它不是命题; (4) 虽然是陈述句, 但因为无法判断它的真假, 所以它也不是命题; 其余 3 个都是陈述句, 而且可以判断真假, 所以它们都是命题, 其中 (1)、(5) 是真命题, (2) 是假命题.

点评：判断一个语句是不是命题, 关键看它是不是陈述句和能不能判断它的真假.

例 2 指出下列命题中的条件 p 和结论 q:
(1) 若整数 a 能被 2 整除, 则 a 是偶数；
(2) 若四边形是菱形, 则它的对角线互相垂直且平分；
(3) 负数的平方是正数.

理解与分析：条件 p 表示命题中的条件部分, 通常有关键词"若……"；结论 q 表示命题中的结论, 通常有关键词"则……". 如果命题表面上没有关键词, 那么可以把命题的表述做适当改变, 写成"若 p, 则 q"的形式.

解：(1) 条件 p：整数 a 能被 2 整除, 结论 q：整数 a 是偶数.
(2) 条件 p：四边形是菱形, 结论 q：菱形的对角线互相垂直且平分.
(3) 原命题改写为：若一个数是负数, 则它的平方是正数. 条件 p：一个数是负数, 结论 q：这个数的平方是正数.

点评："关键词若……, 则……"是判断命题中的条件 p 和结论 q 的依据.

考点二 充分、必要条件的判断

例 3 在下列各题中, p 是 q 的什么条件？（充分条件、必要条件、充要条件、既不充分也不必要条件）
(1) $p: x = y, q: x^2 = y^2$；
(2) $p: a > b, q: ac > bc$；
(3) $p: a > b, q: a + c > b + c$；

(4) p:若两个三角形面积相等,q:则这两个三角形全等.

理解与分析:判断 p 是 q 的什么条件的方法是:若由 $p \Rightarrow q$,但由 $q \not\Rightarrow p$,则 p 是 q 的充分条件;若由 $p \not\Rightarrow q$,但由 $q \Rightarrow p$,则 p 是 q 的必要条件;若由 $p \Rightarrow q$,且由 $q \Rightarrow p$,即 $p \Leftrightarrow q$,则 p 是 q 的充要条件;若由 $p \not\Rightarrow q$,且由 $q \not\Rightarrow p$,则 p 是 q 的既不充分也不必要条件.

解:(1) 因为由 $x=y$ 一定得到 $x^2=y^2$,即由 $p \Rightarrow q$,但是由 $x^2=y^2$,可得 $x=\pm y$,即由 $q \not\Rightarrow p$,所以 p 是的 q 充分条件.

(2) 因为若 $a>b$,当 $c>0$ 时 $ac>bc$,当 $c \leqslant 0$ 时 $ac \leqslant bc$,所以由 $p \not\Rightarrow q$.同样,因为若 $ac>bc$,当 $c>0$ 时 $a>b$,当 $c \leqslant 0$ 时 $a \leqslant b$,所以由 $q \not\Rightarrow p$.所以 p 是 q 的既不充分也不必要条件.

(3) 根据不等式的基本性质,因为由 $a>b$ 一定得到 $a+c>b+c$,即由 $p \Rightarrow q$;同时,由 $a+c>b+c$ 一定得到 $a>b$,即由 $q \Rightarrow p$,所以 p 是 q 的充要条件.

(4) 因为两个三角形面积相等只能得到这两个三角形底与高的乘积相等,与这两个三角形的形状无关,也就是说,两个三角形面积相等,不一定是这两个三角形全等,即由 $p \not\Rightarrow q$.但是反过来,若两个三角形全等,则这两个三角形面积一定相等,即由 $q \Rightarrow p$,所以 p 是 q 的必要条件.

点评:掌握判断充分条件、必要条件、充要条件的方法是解题关键.

例 4 设甲:四边形 $ABCD$ 为矩形;乙:四边形 $ABCD$ 为平行四边形,则( ).

(A) 甲是乙的充分条件但不是乙的必要条件

(B) 甲是乙的必要条件但不是乙的充分条件

(C) 甲是乙的充分必要条件

(D) 甲既不是乙的充分条件也不是乙的必要条件

理解与分析:p:四边形 $ABCD$ 为矩形,q:四边形 $ABCD$ 为平行四边形.因为矩形是特殊的平行四边形,从集合的观点看,矩形是平行四边形的真子集,得到由四边形 $ABCD$ 为矩形一定是四边形 $ABCD$ 为平行四边形,即由 $p \Rightarrow q$,但是反过来不一定成立,即由 $q \not\Rightarrow p$,p 是 q 的充分条件,所以甲是乙的充分条件但不是乙的必要条件,选 A.

解:因为矩形是特殊的平行四边形,从集合的观点看,矩形是平行四边形的真子集,得到由四边形 $ABCD$ 为矩形一定是四边形 $ABCD$ 为平行四边形,但是反过来不一定成立,所以甲是乙的充分条件但不是乙的必要条件,选 A.

点评:先确定条件 p 和结论 q,再按判定充分条件、必要条件、充要条件的方法分析.

例 5 已知 $a>b$,甲:$c>d$;乙:$a+c>b+d$,则( ).

(A) 甲是乙的充分条件但不是乙的必要条件

(B) 甲是乙的必要条件但不是乙的充分条件

(C) 甲是乙的充分必要条件

(D) 甲既不是乙的充分条件也不是乙的必要条件

理解与分析:p:$c>d$,q:$a+c>b+d$.根据不等式的运算性质,在两个不等式加法中,两个较大数相加不等号不变,在已知 $a>b$ 的条件下,由 $c>d$ 一定得到 $a+c>b+d$,即由 $p \Rightarrow q$,但是反过来不一定成立,也就是在已知 $a>b$ 的条件下,由 $a+c>b+d$ 不能够得到 $c>d$,即由 $q \not\Rightarrow p$,则 p 是 q 的充分条件,所以甲是乙的充分条件但不是乙的必要条件,选 A.

解:根据不等式的运算性质,在两个不等式加法中,两个较大数相加不等号不变,在已知

$a>b$ 的条件下,由 $c>d$ 一定得到 $a+c>b+d$,但是反过来不一定成立,也就是在已知 $a>b$ 的条件下,由 $a+c>b+d$ 不能够得到 $c>d$,所以甲是乙的充分条件但不是乙的必要条件,选 A.

【归纳总结】

集合有两个考点:一是命题判定;二是充分、必要条件的判断.在分析命题条件和结论时,"若……,则……"是判断命题中的条件 p 和结论 q 的依据;在分析判断充要条件时,先确定条件 p 和结论 q,再按判定充分条件、必要条件、充要条件的方法分析.

【能力测试】

水平能力测试二

一、选择题

1. 设甲:$x=2$;乙:$x^2-4x+4=0$,则(　　).
 (A) 甲是乙的充分条件但不是乙的必要条件
 (B) 甲是乙的必要条件但不是乙的充分条件
 (C) 甲是乙的充分必要条件
 (D) 甲既不是乙的充分条件也不是乙的必要条件

2. 设甲:$x=2$;乙:$x^2-5x+6=0$,则(　　).
 (A) 甲是乙的充分条件但不是乙的必要条件
 (B) 甲是乙的必要条件但不是乙的充分条件
 (C) 甲是乙的充分必要条件
 (D) 甲既不是乙的充分条件也不是乙的必要条件

3. 设甲:对立事件;乙:互斥事件,则(　　).
 (A) 甲是乙的充分条件但不是乙的必要条件
 (B) 甲是乙的必要条件但不是乙的充分条件
 (C) 甲是乙的充分必要条件
 (D) 甲既不是乙的充分条件也不是乙的必要条件

4. 设甲:$x>2$;乙:$x>5$,则(　　).
 (A) 甲是乙的充分条件但不是乙的必要条件
 (B) 甲是乙的必要条件但不是乙的充分条件
 (C) 甲是乙的充分必要条件
 (D) 甲既不是乙的充分条件也不是乙的必要条件

5. 设甲:内错角相等;乙:两条直线平行,则(　　).
 (A) 甲是乙的充分条件但不是乙的必要条件
 (B) 甲是乙的必要条件但不是乙的充分条件
 (C) 甲是乙的充分必要条件
 (D) 甲既不是乙的充分条件也不是乙的必要条件

6. 设甲：$ab \neq 0$；乙：$a \neq 0$，则（　　）.
(A) 甲是乙的充分条件但不是乙的必要条件
(B) 甲是乙的必要条件但不是乙的充分条件
(C) 甲是乙的充分必要条件
(D) 甲既不是乙的充分条件也不是乙的必要条件

7. 设甲：$x^2 = y^2$；乙：$x = y$，则（　　）.
(A) 甲是乙的充分条件但不是乙的必要条件
(B) 甲是乙的必要条件但不是乙的充分条件
(C) 甲是乙的充分必要条件
(D) 甲既不是乙的充分条件也不是乙的必要条件

8. 设甲：$x^3 = y^3$；乙：$x = y$，则（　　）.
(A) 甲是乙的充分条件但不是乙的必要条件
(B) 甲是乙的必要条件但不是乙的充分条件
(C) 甲是乙的充分必要条件
(D) 甲既不是乙的充分条件也不是乙的必要条件

9. 设甲：$|a| > |b|$；乙：$a > b$，则（　　）.
(A) 甲是乙的充分条件但不是乙的必要条件
(B) 甲是乙的必要条件但不是乙的充分条件
(C) 甲是乙的充分必要条件
(D) 甲既不是乙的充分条件也不是乙的必要条件

10. 设甲：$|a| > |b|$；乙：$a^2 > b^2$，则（　　）.
(A) 甲是乙的充分条件但不是乙的必要条件
(B) 甲是乙的必要条件但不是乙的充分条件
(C) 甲是乙的充分必要条件
(D) 甲既不是乙的充分条件也不是乙的必要条件

二、填空题（用符号"$\Rightarrow$"，"$\not\Rightarrow$"与"$\Leftrightarrow$"填空）

1. $a > b$ _____ $a^2 > b^2$.

2. 同位角相等 _____ 两条直线平行.

3. 矩形 _____ 平行四边形.

4. 等边三角形 _____ 等腰三角形.

5. $(x-a)(x-b) = 0$ _____ $x = a$ 或 $x = b$.

6. $a > b$ _____ $\sqrt{a} > \sqrt{b}$.

7. $a^2 = b^2$ _____ $a = b$.

8. $a^3 = b^3$ _____ $a = b$.

9. $a^3 > b^3$ _____ $a > b$.

10. $a^2 > b^2$ _____ $a > b$.

第五章 函 数

第一节 函数的概念

【考纲点击】

1. 理解函数的定义；
2. 能够求含根式、分式函数的定义域、值域；
3. 能够求分段函数的函数值.

【命题走向】

在体育单招考试中,函数的概念是必考基础知识.考查内容包括函数概念的理解、函数的定义域和值域、分段函数的函数值;题型是选择题或填空题,或以解答题的形式考查与函数概念相关的知识.

【知识梳理】

一、函数的定义

设 A,B 是非空的数集,如果按某个确定的对应关系"f",对 A 中的每一个元素 x,在 B 中都有唯一的一个元素 y 和它对应,则称 y 是 x 的函数,记为 $y=f(x)$.

理解:某个确定的对应关系"f"指函数满足的某种运算关系.例如,对于函数 $y=2x+1$,对应关系"f"指 x 的 2 倍加 1.

二、函数的定义域和值域

在函数 $y=f(x)$ 中,x 称为自变量,x 有意义的取值范围叫作函数的定义域;与 x 的值相对应 y 的值称为函数值,函数值有意义的取值范围叫作函数的值域.

理解:(1) 如果两个函数是同一个函数,那么这两个函数的定义域、值域以及函数解析式完全一样.

(2) 通常函数的定义域、值域用集合或区间的形式表示.

(3) 如果改变函数自变量的记号而不改变函数的对应关系,那么仍视为同一个函数,如函数 $y=f(x)$ 与 $y=f(t)$ 是同一个函数.

三、常见的初等函数

(1) 一次函数:$y=kx+b(k\neq 0)$,定义域为 $x\in \mathbf{R}$,值域为 $y\in \mathbf{R}$.

(2) 反比例函数：$y=\dfrac{k}{x}(k\neq 0)$，定义域为 $(-\infty,0)\cup(0,+\infty)$，值域为 $(-\infty,0)\cup(0,+\infty)$.

(3) 二次函数：一般式为 $y=ax^2+bx+c(a\neq 0)$，定义域为 $x\in\mathbf{R}$，值域为 $y\in\mathbf{R}$.

(4) 幂函数：$y=x^n,x\in\mathbf{R},n\geqslant 2$ 且 $n\in\mathbf{N}$，定义域为 $x\in\mathbf{R}$，值域分两种情况，即当 n 是偶数时值域为 $[0,+\infty)$，当 n 是奇数时值域为 $y\in\mathbf{R}$.

(5) 指数函数：$y=a^x,a>0$ 且 $a\neq 1$，定义域为 $x\in\mathbf{R}$，值域为 $(0,+\infty)$.

(6) 对数函数：$y=\log_a x,a>0$ 且 $a\neq 1$，定义域为 $(0,+\infty)$，值域为 $y\in\mathbf{R}$.

注：以 10 为底的对数函数称为常用对数函数，记为 $y=\lg x$；以 $e(e=2.718\cdots)$ 为底的对数函数称为自然对数函数，记为 $y=\ln x$.

(7) 三角函数：

正弦函数 $y=\sin x$，定义域为 $x\in\mathbf{R}$，值域为 $[-1,1]$；

余弦函数 $y=\cos x$，定义域为 $x\in\mathbf{R}$，值域为 $[-1,1]$；

正切函数 $y=\tan x$，定义域为 $\left\{x\mid x\neq k\pi+\dfrac{\pi}{2},k\in\mathbf{Z}\right\}$，值域为 $y\in\mathbf{R}$.

【典例解析】

考点一 函数概念的理解

例1 下列函数中哪个与函数 $y=x$ 是同一个函数：

(1) $y=(\sqrt{x})^2$；　(2) $y=\sqrt[3]{x^3}$；　(3) $y=\sqrt{x^2}$.

理解与分析：首先分析函数 $y=x$ 的定义域和值域，定义域为 $x\in\mathbf{R}$，值域为 $y\in\mathbf{R}$. 对于 (1) 式，定义域为 $x\geqslant 0$，所以它与函数 $y=x$ 不是同一个函数；对于 (2) 式，定义域为 $x\in\mathbf{R}$，值域为 $y\in\mathbf{R}$，$y=\sqrt[3]{x^3}$ 化简后为 $y=x$，所以它与函数 $y=x$ 是同一个函数；对于 (3) 式，定义域为 $x\in\mathbf{R}$，值域为 $y\geqslant 0$，所以它与函数 $y=x$ 不是同一个函数.

解：函数 $y=x$ 的定义域为 $x\in\mathbf{R}$，值域为 $y\in\mathbf{R}$.

对于 (1) 式，$y=(\sqrt{x})^2$ 的定义域为 $x\geqslant 0$，所以它与函数 $y=x$ 不是同一个函数；

对于 (2) 式，定义域为 $x\in\mathbf{R}$，值域为 $y\in\mathbf{R}$，$y=\sqrt[3]{x^3}=x$，所以它与函数 $y=x$ 是同一个函数；

对于 (3) 式，定义域为 $x\in\mathbf{R}$，值域为 $y\geqslant 0$，所以它与函数 $y=x$ 不是同一个函数.

综上所述，函数 $y=\sqrt[3]{x^3}$ 与 $y=x$ 是同一个函数.

点评：如果两个函数的定义域、值域以及函数解析式完全一样，那么这两个函数是同一个函数.

考点二 函数的定义域和值域

例2 已知函数 $y=\dfrac{2x-1}{x+1}$，求

(1) 定义域；

(2) 值域.

(1) **理解与分析**：本例是分式型函数，它的定义域满足条件是分母不等于0，也就是 $x+1\neq 0$，求出 x 的取值范围，即为原函数的定义域.

解：要使原函数有意义，必须满足分母不等于0，则 $x+1\neq 0$，解得 $x\neq -1$，

∴ 原函数的定义域是 $(-\infty,-1)\cup(-1,+\infty)$.

点评：分式型函数的定义域满足条件是分母不等于0.

(2) **理解与分析**：首先把原函数化为用 y 的分式表示 x，再按求分式型函数定义域的方法求出 y 的取值范围，得到原函数的值域.

解：由 $y=\dfrac{2x-1}{x+1}$，得

$xy+y=2x-1$，

$xy-2x=-y-1$，

$(y-2)x=-(y+1)$，

$x=-\dfrac{y+1}{y-2}$，则 $y\neq 2$，

∴ 原函数的值域是 $(-\infty,2)\cup(2,+\infty)$.

点评：求分式型函数的值域时，先把原函数化为用 y 的分式表示 x，再由分母不等于 0 得到原函数的值域.

例 3 已知函数 $y=\sqrt{-x^2+3x+18}$，求

(1) 定义域；

(2) 值域.

(1) **理解与分析**：本例是根式型函数，它的定义域满足条件是被开方数非负，也就是 $-x^2+3x+18\geqslant 0$，求出 x 的取值范围，即为原函数的定义域.

解：要使原函数有意义，被开方数必须非负，则 $-x^2+3x+18\geqslant 0$，解得 $-3\leqslant x\leqslant 6$，

∴ 原函数的定义域是 $[-3,6]$.

点评：根式型函数的定义域满足条件是被开方数非负.

(2) **理解与分析**：被开方数是二次函数，开口向下，有最大值，通过配方法求出最大值，得 $-x^2+3x+18=-(x^2-3x)+18=-\left[x^2-3x+\left(-\dfrac{3}{2}\right)^2\right]+18-\left(-\dfrac{3}{2}\right)^2=-\left(x-\dfrac{3}{2}\right)^2+\dfrac{63}{4}\leqslant\dfrac{63}{4}$，因为二次根式非负，所以 $0\leqslant y\leqslant\sqrt{\dfrac{63}{4}}$，即 $0\leqslant y\leqslant\dfrac{3\sqrt{7}}{2}$.

解：$-x^2+3x+18=-(x^2-3x)+18$

$=-\left[x^2-3x+\left(-\dfrac{3}{2}\right)^2\right]+18-\left(-\dfrac{3}{2}\right)^2$

$=-\left(x-\dfrac{3}{2}\right)^2+\dfrac{63}{4}\leqslant\dfrac{63}{4}$.

∵ 二次根式非负，

∴ $0\leqslant y\leqslant\sqrt{\dfrac{63}{4}}$，即 $0\leqslant y\leqslant\dfrac{3\sqrt{7}}{2}$，

∴原函数的值域是 $\left[0, \dfrac{3\sqrt{7}}{2}\right]$.

点评：根式型函数的值域满足条件是被开方数取最值且二次根式非负.

例4 求函数 $y = \dfrac{1}{\sqrt{4-x^2}} + \sqrt{x+1} + 2$ 的定义域.

理解与分析：函数包含了分式和根式，同时分式的分母又为根式，它满足的条件是分母中 $4-x^2 > 0$，且根式的被开方数 $x+1 \geqslant 0$，分别求出它们的解集，再取交集后就是原函数的定义域.

解：要使原函数有意义，必须满足下列条件

$$\begin{cases} 4-x^2 > 0, & (1) \\ x+1 \geqslant 0, & (2) \end{cases}$$

解不等式(1)得 $-2 < x < 2$,

解不等式(2)得 $x \geqslant -1$,

取不等式(1)和(2)解集的交集，得

$$\{x \mid -2 < x < 2\} \cap \{x \mid x \geqslant -1\} = \{x \mid -1 \leqslant x < 2\},$$

∴原函数的定义域是 $[-1, 2)$.

点评：由分式和根式组成的函数，它的定义域必须同时满足分式的分母不等于 0 和根式的被开方数非负；如果分式的分母含有根式，那么分母所含根式的被开方数为正数.

考点三 分段函数的函数值

例5 设 $f(x) = \begin{cases} 2x+2, & -1 \leqslant x < 0, \\ -\dfrac{1}{2}x, & -0 \leqslant x < 2, \\ 3, & x \geqslant 2, \end{cases}$ 求 $f\left\{f\left[f\left(-\dfrac{3}{4}\right)\right]\right\}$ 的值.

理解与分析：本例是分段函数，即定义域在不同的区间对应的函数解析式不同，函数值也不同. 求解分 3 步完成，先求 $f\left(-\dfrac{3}{4}\right)$ 的值，再求 $f\left[f\left(-\dfrac{3}{4}\right)\right]$ 的值，最后求 $f\left\{f\left[f\left(-\dfrac{3}{4}\right)\right]\right\}$ 的值.

解：$f\left(-\dfrac{3}{4}\right) = 2 \times \left(-\dfrac{3}{4}\right) + 2 = \dfrac{1}{2}$,

$f\left[f\left(-\dfrac{3}{4}\right)\right] = f\left(\dfrac{1}{2}\right) = -\dfrac{1}{2} \times \dfrac{1}{2} = -\dfrac{1}{4}$,

$f\left\{f\left[f\left(-\dfrac{3}{4}\right)\right]\right\} = f\left(-\dfrac{1}{4}\right) = 2 \times \left(-\dfrac{1}{4}\right) + 2 = \dfrac{3}{2}$.

点评：求分段函数值的方法是根据自变量对应所在的区间，将自变量的值代入所对应的区间的函数解析式.

【归纳总结】

函数的概念有三个考点：一是函数概念的理解；二是函数的定义域和值域；三是分段函

数的函数值.

判断两个函数是同一个函数的方法是这两个函数的定义域、值域以及函数解析式或化简后的解析式都完全相同.

分式型函数,定义域满足条件是分母不等于 0,值域求法是先把原函数化为用 y 的分式表示 x,再由分母不等于 0 得到原函数的值域.

根式型函数,定义域满足条件是被开方数非负,值域满足条件是被开方数取最值且二次根式非负.

求分段函数值的方法是根据自变量对应所在的区间,将自变量的值代入所对应的区间的函数解析式.

【能力测试】

水平能力测试一

一、选择题

1. 函数 $f(x)=\sqrt{x^2-x-2}$ 的定义域是( ).
   (A) $[-2,1]$ (B) $[-\infty,-2]\cup[1,+\infty]$
   (C) $[-1,2]$ (D) $[-\infty,-1]\cup[2,+\infty]$

2. 函数 $f(x)=\sqrt{x^2-x-2}$ 的值域是( ).
   (A) $[1,+\infty)$ (B) $[2,+\infty)$ (C) $[0,+\infty)$ (D) $\left[\dfrac{3}{2},+\infty\right)$

3. 函数 $y=\dfrac{x+1}{x+2}$ 的定义域是( ).
   (A) $(-2,-1)$ (B) $(-\infty,-2)\cup(-1,+\infty)$
   (C) $(-\infty,-1)\cup(-1,+\infty)$ (D) $(-\infty,-2)\cup(-2,+\infty)$

4. 函数 $y=\dfrac{x+1}{x+2}$ 的值域是( ).
   (A) $\left(\dfrac{1}{2},1\right)$ (B) $\left(-\infty,\dfrac{1}{2}\right)\cup(1,+\infty)$
   (C) $\left(-\infty,\dfrac{1}{2}\right)\cup\left(\dfrac{1}{2},+\infty\right)$ (D) $(-\infty,1)\cup(1,+\infty)$

5. 函数 $f(x)=x^2+4x+1$ 的值域是( ).
   (A) $(-3,+\infty)$ (B) $[-3,+\infty)$ (C) $(3,+\infty)$ (D) $[3,+\infty)$

6. 函数 $f(x)=\sqrt{2x-x^2}$ 的值域是( ).
   (A) $(-\infty,1]$ (B) $[1,+\infty)$ (C) $[0,2]$ (D) $[0,1]$

7. 下列函数中与函数 $y=\sqrt{-2x^3}$ 相同的是( ).
   (A) $y=x\sqrt{2x}$ (B) $y=-x\sqrt{-2x}$
   (C) $y=-\sqrt{2x}$ (D) $y=x^2\sqrt{\dfrac{-2}{x}}$

8. 下列四组中的函数 $f(x), g(x)$，表示同一个函数是（　　）.

(A) $f(x)=1, g(x)=x^0$　　　　(B) $f(x)=x-1, g(x)=\dfrac{x^2}{x}-1$

(C) $f(x)=x^2, g(x)=(\sqrt{x})^4$　　　(D) $f(x)=x^3, g(x)=\sqrt[3]{x^9}$

9. 设 $f(x)=\begin{cases} |x-1|-2, & |x|\leqslant 1, \\ \dfrac{1}{1+x^2}, & |x|>1, \end{cases}$ 则 $f\left[f\left(\dfrac{1}{2}\right)\right]=$（　　）.

(A) $\dfrac{1}{2}$　　　(B) $\dfrac{4}{13}$　　　(C) $-\dfrac{9}{5}$　　　(D) $\dfrac{25}{41}$

10. 设 $f(x)=\dfrac{x}{x^2+1}$，则 $f\left(\dfrac{1}{x}\right)=$（　　）.

(A) $f(x)$　　　(B) $-f(x)$　　　(C) $\dfrac{1}{f(x)}$　　　(D) $\dfrac{1}{f(-x)}$

二、填空题

1. 函数 $f(x)=\sqrt{x+1}+\dfrac{1}{2-x}$ 的定义域是＿＿＿＿＿＿＿＿＿＿.

2. 函数 $y=\sqrt{2x+3}-\dfrac{1}{\sqrt{2-x}}$ 的定义域是＿＿＿＿＿＿＿＿＿＿.

3. 函数 $y=\dfrac{(x+1)^0}{\sqrt{|x|-x}}$ 的定义域是＿＿＿＿＿＿＿＿＿＿.

4. 已知函数 $f(x)=\begin{cases} 2x+1, & x\geqslant 0, \\ -2x+1, & x<0. \end{cases}$ 则 $f(-1)=$＿＿＿＿＿＿＿＿＿＿.

5. 函数 $y=\dfrac{2x+1}{x-1}$ 的定义域是＿＿＿＿＿＿＿＿＿＿.

6. 函数 $y=\dfrac{2x+1}{x-1}$ 的值域是＿＿＿＿＿＿＿＿＿＿.

7. 函数 $f(x)=\sqrt{-x^2+4x-3}$ 的定义域是＿＿＿＿＿＿＿＿＿＿.

8. 函数 $f(x)=\sqrt{-x^2+4x-3}$ 的值域是＿＿＿＿＿＿＿＿＿＿.

9. 函数 $f(x)=\sqrt{x^2+4x+5}$ 的值域是＿＿＿＿＿＿＿＿＿＿.

10. 函数 $f(x)=\sqrt{x^2+4x-5}$ 的值域是＿＿＿＿＿＿＿＿＿＿.

第二节　函数的基本性质

【考纲点击】

1. 理解函数的单调性、奇偶性、周期性的定义；
2. 熟练掌握函数的单调性、奇偶性判断方法；
3. 能够应用数形结合的思想分析二次函数图象的特性.

第五章 函 数

【命题走向】

在体育单招考试中,函数的基本性质是每年必考知识点.考查内容包括函数的单调性分析、函数的奇偶性分析;题型是选择题或填空题,或以解答题的形式考查函数的基本性质的应用.试题设计形式多变,而且有一定的难度.

【知识梳理】

一、函数的单调性

设函数 $y=f(x)$ 在某一区间内有任意两个不相等的实数 x_1 和 x_2,当 $x_1<x_2$ 时,

(1) 若 $f(x_1)<f(x_2)$,则 $f(x)$ 在这一区间内是增函数(单调递增);

(2) 若 $f(x_1)>f(x_2)$,则 $f(x)$ 在这一区间内是减函数(单调递减).

理解:(1) 判断函数的单调性分两步:一是在确定的区间内,任取两个不同的自变量;二是通过计算这两个自变量的函数值并结合(1)或(2)判断.

(2) 某一区间可能是指函数 $f(x)$ 的定义域,也可能是指函数 $f(x)$ 的定义域内的一个子区间.

二、函数的奇偶性

(1) 如果函数 $f(x)$ 在定义域内,都有 $f(-x)=f(x)$,那么函数 $f(x)$ 是偶函数.偶函数的图象关于 y 轴对称;反之,如果一个函数的图象关于 y 轴对称,那么这个函数是偶函数.

理解:判断偶函数的方法是在定义域内,当两个自变量互为相反数时,函数值相等.

(2) 如果函数 $f(x)$ 在定义域内,都有 $f(-x)=-f(x)$,即 $f(-x)+f(x)=0$,那么函数 $y=f(x)$ 是奇函数.奇函数的图象关于原点对称;反之,如果一个函数的图象关于原点对称,那么这个函数是奇函数.

理解:判断奇函数的方法是在定义域内,当两个自变量互为相反数时,函数值也互为相反数.

三、函数的周期性

对于函数 $f(x)$,如果存在一个非零的常数 T,使得当 x 取定义域内的每一个值时,都有 $f(x)=f(x+T)$,那么函数 $f(x)$ 就叫作周期函数,非零的常数 T 叫作这个函数的周期.

理解:常见的周期函数有三角函数,如正弦函数 $y=\sin x$、余弦函数 $y=\cos x$、正切函数 $y=\tan x$ 都是周期函数.

附:二次函数 $y=ax^2+bx+c(a\neq 0)$ 配方得到顶点式为

$$y=ax^2+bx+c$$
$$=a\left(x^2+\frac{b}{a}x\right)+c$$
$$=a\left[x^2+\frac{b}{a}x+\left(\frac{b}{2a}\right)^2-\left(\frac{b}{2a}\right)^2\right]+c$$

$$= a\left(x+\frac{b}{2a}\right)^2 - \frac{b^2}{4a} + c$$
$$= a\left(x+\frac{b}{2a}\right)^2 + \frac{4ac-b^2}{4a}.$$

对称轴为 $x=-\frac{b}{2a}\left(x+\frac{b}{2a}=0\right)$，顶点坐标为 $\left(-\frac{b}{2a},\frac{4ac-b^2}{4a}\right)$.

【典例解析】

考点一　判断函数的单调性

例1　指出函数 $y=-\frac{5}{x}$ 的单调性.

理解与分析：函数 $y=-\frac{5}{x}$ 是反比例函数，定义域是 $(-\infty,0)\cup(0,+\infty)$，由分子 $k=-5<0$，判断函数图象位于第二和第四象限，并且在每一个象限内，y 随 x 的增大而增大，函数 $y=-\frac{5}{x}$ 是增函数.

解：∵ $k=-5<0$，

∴ 函数 $y=-\frac{5}{x}$ 的图象位于第二和第四象限，并且在每一个象限内，y 随 x 的增大而增大，

∴ 函数 $y=-\frac{5}{x}$ 在区间 $(-\infty,0)$ 和 $(0,+\infty)$ 内都是增函数.

点评：依据反比例函数的图象判断函数 $y=-\frac{5}{x}$ 的单调性.

例2　指出函数 $f(x)=2^x-3$ 的单调性.

理解与分析：函数 $f(x)=2^x-3$ 是由指数函数 $y=2^x$ 减常数 3 构成的，所以函数 $f(x)=2^x-3$ 的单调性由指数函数 $y=2^x$ 确定. 因为 $y=2^x$ 在 $x\in\mathbf{R}$ 内是增函数，所以函数 $f(x)=2^x-3$ 在 $x\in\mathbf{R}$ 内也是增函数.

解：∵ 根据指数函数的性质，$y=2^x$ 在 $x\in\mathbf{R}$ 内是增函数，

∴ 函数 $f(x)=2^x-3$ 在 $x\in\mathbf{R}$ 内也是增函数.

点评：先依据指数函数的性质，判断指数函数 $y=2^x$ 在 $x\in\mathbf{R}$ 内是增函数，再判断函数 $f(x)=2^x-3$ 在 $x\in\mathbf{R}$ 内也是增函数.

考点二　函数的单调性分析

例3　已知函数 $y=x^2-ax+3(x>3)$ 是增函数，求 a 的取值范围.

理解与分析：函数 $y=x^2-ax+3$ 是二次函数，开口向上. 求解分两步完成：先将二次函数配方得到顶点式 $y=\left(x-\frac{a}{2}\right)^2+\frac{12-a^2}{4}$，对称轴方程为 $x=\frac{a}{2}$，在 $\left[\frac{a}{2},+\infty\right)$ 内函数 $y=x^2-ax+3$ 是增函数；再分析题设函数是增函数的条件 $x>3$，得出直线 $x=3$ 在对称轴 $x=\frac{a}{2}$ 的右边（包括对称轴），于是 $\frac{a}{2}\leq 3$，即 $a\leq 6$.

解: 函数 $y=x^2-ax+3$ 是二次函数，开口向上，配方，得

$$y=x^2-ax+3$$
$$=\left[x^2-ax+\left(-\frac{a}{2}\right)^2-\left(-\frac{a}{2}\right)^2\right]+3$$
$$=\left(x-\frac{a}{2}\right)^2+\frac{12-a^2}{4},$$

对称轴为 $x=\frac{a}{2}$.

∵ 当 $x>3$ 时，函数 $y=x^2-ax+3$ 是增函数，

∴ $(3,+\infty)$ 在对称轴 $x=\frac{a}{2}$ 的右边，得 $\frac{a}{2} \leqslant 3, a \leqslant 6$，

∴ a 的取值范围是 $(-\infty, 6]$.

点评: 分两步求解: 先将二次函数配方得到顶点式，确定对称轴；再根据题设给出的单调递增，判断区间 $(3,+\infty)$ 在对称轴的右边.

考点三 根据函数的单调性解不等式

例 4 定义在 $[1,4]$ 上的函数 $f(x)$ 是增函数，解不等式 $f(1+2x)>f(4-x)$.

理解与分析: 首先由题设函数 $f(x)$ 定义在 $[1,4]$ 可知，复合函数 $f(1+2x)$ 和 $f(4-x)$ 分别满足 (1) $\begin{cases} 1 \leqslant 1+2x \leqslant 4, \\ 1 \leqslant 4-x \leqslant 4, \end{cases}$ 其次由函数 $f(x)$ 是增函数可知，对于 $f(1+2x)>f(4-x)$，有 (2) $1+2x>4-x$. 分别解不等式组 (1) 和不等式 (2)，再取它们的交集即可得到原不等式的解集.

解: 由函数 $f(x)$ 定义在 $[1,4]$ 可知，复合函数 $f(1+2x)$ 和 $f(4-x)$ 分别满足

$$\begin{cases} 1 \leqslant 1+2x \leqslant 4, \\ 1 \leqslant 4-x \leqslant 4, \end{cases} \tag{1}$$

解得 $0 \leqslant x \leqslant \frac{3}{2}$.

由函数 $f(x)$ 是增函数，得

$$1+2x > 4-x, \tag{2}$$

解得 $x>1$.

取不等式组 (1) 的解集与不等式 (2) 的解集的交集，得

$$\left\{x \mid 0 \leqslant x \leqslant \frac{3}{2}\right\} \cap \{x \mid x>1\} = \left\{x \mid 1 < x \leqslant \frac{3}{2}\right\},$$

∴ 原不等式的解集为 $\left(1, \frac{3}{2}\right]$.

点评: 分两步建立不等式(组): 第一步，根据函数 $f(x)$ 的定义区间建立不等式组；第二步，根据函数 $f(x)$ 是增函数建立不等式. 分别解这两个不等式(组)，然后取它们的交集即得到原不等式的解集.

考点四　函数的奇偶性分析

例 5　设函数 $y=x+\dfrac{2}{x}+a$ 是奇函数，求 a 的值．

理解与分析：为了方便分析，题设函数 $y=x+\dfrac{2}{x}+a$ 记为 $f(x)=x+\dfrac{2}{x}+a$，即函数 $f(x)=x+\dfrac{2}{x}+a$ 是奇函数．根据奇函数的定义，$f(x)+f(-x)=0$，得到 $\left(x+\dfrac{2}{x}+a\right)+\left(-x+\dfrac{2}{-x}+a\right)=0$，即可求得 a 的值．

解：记 $f(x)=x+\dfrac{2}{x}+a$ 是奇函数，则 $f(x)+f(-x)=0$，

∴ $\left(x+\dfrac{2}{x}+a\right)+\left(-x+\dfrac{2}{-x}+a\right)=0$，解得 $a=0$．

点评：根据奇函数的定义，$f(x)+f(-x)=0$ 是求解问题的关键．在这里，为了分析方便，改写了原函数的记法．

【归纳总结】

函数的基本性质有四个考点：一是判断函数的单调性；二是函数的单调性分析；三是根据函数的单调性解不等式；四是函数的奇偶性分析．

要求熟记常见的初等函数的定义域、单调性、奇偶性等基本性质，能够根据初等函数的基本性质分析解决相关问题．

在求取值范围时，要利用数形结合的思想，画出函数图象并结合函数的基本性质分析已知条件和问题．

【能力测试】

水平能力测试二

一、选择题

1. 函数 $f(x)=2^x-1$ 是（　　）．
 (A) 增函数　　　　(B) 减函数　　　　(C) 奇函数　　　　(D) 偶函数

2. 函数 $f(x)=3x^2$ 在 $(-\infty,+\infty)$ 内是（　　）．
 (A) 增函数　　　　(B) 减函数　　　　(C) 奇函数　　　　(D) 偶函数

3. 函数 $f(x)=x^3-1$ 在 $(-\infty,+\infty)$ 内是（　　）．
 (A) 增函数　　　　(B) 减函数　　　　(C) 奇函数　　　　(D) 偶函数

4. 函数 $y=-x^2$ $(x\in\mathbf{R})$ 是（　　）．
 (A) 左减右增的偶函数　　　　　　(B) 左增右减的偶函数
 (C) 左减右增的奇函数　　　　　　(D) 左增右减的奇函数

5. 设函数 $f(x)=x^2+\dfrac{2}{x^2}+a$ 是偶函数，则 $a=$（　　）．

(A) -1 (B) 0   (C) 1   (D) 2

6. 设 M 与 m 分别是函数 $f(x)=x^2-x-1$ 在区间 $[-1,1]$ 的最大值和最小值,则 $M-m=$( ).

(A) $\dfrac{9}{4}$ (B) 2   (C) $\dfrac{3}{2}$ (D) $\dfrac{5}{4}$

7. 设 $f(x)$ 是定义在 $(0,+\infty)$ 上的减函数,若 $f(2x-1)>f(3-2x)$,则 x 的取值范围是( ).

(A) $\left(\dfrac{1}{2},1\right)$ (B) $\left(\dfrac{1}{2},\dfrac{3}{2}\right)$ (C) $(1,2)$ (D) $\left(1,\dfrac{3}{2}\right)$

8. 定义在 **R** 上的偶函数,满足 $f(x+1)=f(x)$,且当 $0<x\leqslant 1$ 时单调递增,则( ).

(A) $f\left(\dfrac{1}{3}\right)<f(-5)<f\left(\dfrac{5}{2}\right)$ (B) $f\left(\dfrac{1}{3}\right)<f\left(\dfrac{5}{2}\right)<f(-5)$

(C) $f\left(\dfrac{5}{2}\right)<f\left(\dfrac{1}{3}\right)<f(-5)$ (D) $f(-5)<f\left(\dfrac{1}{3}\right)<f\left(\dfrac{5}{2}\right)$

9. 已知函数 $y=f(x-1)$ 是偶函数,则函数 $y=f(2x)$ 图象的对称轴是( ).

(A) $x=1$ (B) $x=-1$ (C) $x=\dfrac{1}{2}$ (D) $x=-\dfrac{1}{2}$

10. 下列函数中的减函数是( ).

(A) $y=|x|$ (B) $y=-x^3$

(C) $y=2x+x^2\sin x$ (D) $y=\dfrac{e^x+e^{-x}}{2}$

二、填空题

1. 函数 $y=|x|$ 在 $(-\infty,+\infty)$ 内是_____.(填奇函数或偶函数)

2. 已知函数 $f(x)=a+\dfrac{2}{x}$ 是奇函数,则 $a=$_____.

3. 已知函数 $f(x)=a-\dfrac{1}{2^x+1}$ 是奇函数,则 $a=$_____.

4. 设 $f(x)$ 在 $(-\infty,+\infty)$ 内是增函数,且 $f(a+1)>f(2a)$,则 a 的取值范围是____.

5. 设 $f(x)$ 在 $[1,4]$ 内的减函数,则不等式 $f(1-2x)>f(4-x^2)$ 的解集是_____.

6. 函数 $f(x)=\sqrt{x^2-2x}$ 的单调增区间为_____.

7. 函数 $f(x)$ 与 $g(x)$ 的图象关于原点对称,若 $f(x)=x^2-3x$,则 $g(x)=$_____.

8. 函数 $f(x)=ax-3x^2$ 在区间 $\left[\dfrac{1}{6},\dfrac{1}{2}\right]$ 上的最大值与最小值分别是 $\dfrac{1}{3}$ 与 $\dfrac{1}{4}$,则常数 $a=$_____.

9. 函数 $f(x)=ax^2+(a-1)x+1(a\neq 0)$ 在 $x=a$ 时取得最大值,则 $f(x)$ 的最大值是_____.

10. 已知二次函数 $f(x)=ax^2-3a^2x-1$,若 $f(x)$ 在 $(1,+\infty)$ 内单调递增,则 a 的取值范围是_____.

第三节 指数函数

【考纲点击】

1. 理解指数函数的定义;
2. 掌握复合函数单调性的判断方法;
3. 熟练应用指数函数图象的性质分析相关问题.

【命题走向】

在体育单招考试中,指数函数是每年必考知识点.考查内容包括比较大小、解指数不等式、复合函数的单调性.涉及复合函数单调性分析的试题不但有一定的难度,而且试题设计形式多变.题型是选择题或填空题.

【知识梳理】

一、指数函数的定义

一般地,函数 $y=a^x(a>0,$ 且 $a\neq 1)$ 称为指数函数.
理解: 指数是自变量.

二、指数函数的图象和性质

一般地,讨论指数函数分为 $a>1$ 和 $0<a<1$ 两种情况,如表 5-1.

表 5-1

		$a>1$	$0<a<1$
	图象	(图象,过(0,1),增)	(图象,过(0,1),减)
性质	定义域	R	R
	值域	$y>0$	$y>0$
	单调性	在$(-\infty,+\infty)$上是增函数	在$(-\infty,+\infty)$上是减函数
	函数值分布情况	当 $x>0$ 时,$y>1$ 当 $x=0$ 时,$y=1$ 当 $x<0$ 时,$0<y<1$	当 $x>0$ 时,$0<y<1$ 当 $x=0$ 时,$y=1$ 当 $x<0$ 时,$y>1$

三、复合函数的单调性

函数 $y=f[g(x)]$ 由 $y=f(u),u=g(x)$ 复合而成,函数 $f[g(x)]$ 的单调性与 $f(u)$,$g(x)$ 的单调性之间的关系见表 5-2.

表 5-2

函数	单调性			
$g(x)$	增函数	增函数	减函数	减函数
$f(u)$	增函数	减函数	减函数	增函数
$f[g(x)]$	单调递增	单调递减	单调递增	单调递减

【典例解析】

考点一 比较大小

例 1 比较下列各值的大小,并用"<"符号连接.

(1) $0.8^{-\sqrt{5}}, 0.8^{-\sqrt{6}}, 0.8^{-\sqrt{7}}$;

(2) $1.7^{0.3}, 1.7^{3.1}, 0.9^{3.1}$.

(1) **理解与分析**:底数相同,都是 0.8,指数不同,是变量,看作指数函数 $y=0.8^x$,它是减函数,由 $\sqrt{5}<\sqrt{6}<\sqrt{7}$,得 $-\sqrt{5}>-\sqrt{6}>-\sqrt{7}$,根据减函数的定义(自变量较小,函数值反而较大,或自变量较大,函数值反而较小),$0.8^{-\sqrt{5}}<0.8^{-\sqrt{6}}<0.8^{-\sqrt{7}}$.

解:指数函数 $y=0.8^x$ 是减函数.

∵ $5<6<7$,

∴ $\sqrt{5}<\sqrt{6}<\sqrt{7}$,

∴ $-\sqrt{5}>-\sqrt{6}>-\sqrt{7}$,

∴ $0.8^{-\sqrt{5}}<0.8^{-\sqrt{6}}<0.8^{-\sqrt{7}}$.

点评:底数都是 0.8,指数不同,是变量,看作指数函数 $y=0.8^x$,再根据指数函数的单调性求解问题.

(2) **理解与分析**:$1.7^{0.3}$ 和 $1.7^{3.1}$ 看作指数函数 $y=1.7^x$,它是增函数,根据增函数的定义(自变量较小,函数值较小,或自变量较大,函数值较大),得 $1.7^{0.3}<1.7^{3.1}$.再分析它们与 1 比大小,当 $x>0$ 时,$y=1.7^x>1$,即 $1.7^{0.3}>1$,而 $0.9^{3.1}<1$,因此得到 $0.9^{3.1}<1.7^{0.3}<1.7^{3.1}$.

解:指数函数 $y=1.7^x$ 是增函数.

∵ $0.3<3.1$,

∴ $1.7^{0.3}<1.7^{3.1}$.

∵ $y=1.7^x$,当 $x>0$ 时,$y=1.7^x>1$,而 $0.9^{3.1}<1$,

∴ $0.9^{3.1}<1.7^{0.3}<1.7^{3.1}$.

点评:掌握指数函数的单调性,熟练掌握指数函数值与 1 比大小的条件是求解问题的关键.

考点二 解指数不等式

例 2 解不等式 $2^{3-2x}<0.5^{x-4}$.

理解与分析：题设是指数不等式,将左、右两端改写为同底不等式,得到 $2^{3-2x}<2^{-x+4}$. 由指数函数的性质知,以 2 为底的指数函数是增函数,于是有 $3-2x<-x+4$,解这个不等式即得到原不等式的解集.

解：将不等式右端改写为以 2 为底的指数,即 $0.5^{x-4}=\left(\dfrac{1}{2}\right)^{x-4}=(2^{-1})^{x-4}=2^{-x+4}$,

原不等式改写为 $2^{3-2x}<2^{-x+4}$,

以 2 为底的指数函数是增函数,则 $3-2x<-x+4$,解得 $x>-1$,

∴原不等式的解集是 $(-1,+\infty)$.

点评：解指数不等式时,先将不等式两端化为同底指数,再根据指数函数的性质,确定其单调性,进而得到整式不等式,解整式不等式即得到指数不等式的解集.

考点三 复合函数的单调性

例 3 求函数 $y=0.5^{x^2-4x+5}$ 的单调递增区间.

理解与分析：$y=0.5^{x^2-4x+5}$ 是由 $y=0.5^u$,$u=x^2-4x+5$ 复合而成的函数,其中指数函数 $y=0.5^u$ 在定义域 $u\in(-\infty,+\infty)$ 内是减函数,根据复合函数判断单调性的方法,要求 $y=0.5^{x^2-4x+5}$ 的单调递增区间,二次函数 $u=x^2-4x+5$ 必须是减函数. 由配方法,得顶点式 $u=[x^2-4x+(-2)^2-(-2)^2]+5=(x-2)^2+1$,对称轴为 $x=2$,$x\leqslant 2$ 是单调递减区间,所以函数 $y=0.5^{x^2-4x+5}$ 的单调递增区间是 $(-\infty,2]$.

解：函数 $y=0.5^{x^2-4x+5}$ 由 $y=0.5^u$,$u=x^2-4x+5$ 复合而成,

指数函数 $y=0.5^u$ 在定义域 $(-\infty,+\infty)$ 内是减函数,

二次函数 $u=x^2-4x+5$ 配方,得

$$u=x^2-4x+5=[x^2-4x+(-2)^2-(-2)^2]+5=(x-2)^2+1,$$

对称轴为 $x-2=0$,即 $x=2$,

∴在区间 $(-\infty,2]$ 内是减函数,在区间 $[2,+\infty)$ 内是增函数.

根据复合函数的单调性,得

函数 $y=0.5^{x^2-4x+5}$ 的单调递增区间是 $(-\infty,2]$.

点评：掌握复合函数结构分解、判断复合函数单调性的方法是求解问题的关键.

例 4 求函数 $y=3^{2x^2+4x+1}$ 的最小值.

理解与分析：$y=3^{2x^2+4x+1}$ 是由 $y=3^u$,$u=2x^2+4x+1$ 复合而成的函数,其中指数函数 $y=3^u$ 在定义域 $u\in(-\infty,+\infty)$ 内是增函数,要求 $y=3^{2x^2+4x+1}$ 的最小值,必须满足二次函数 $u=2x^2+4x+1$ 取得最小值. 由配方法,得顶点式 $u=2(x^2+2x)+1=2(x^2+2x+1^2-1^2)+1=2(x+1)^2-1$,当 $x+1=0$,即 $x=-1$ 时,u 取得最小值 -1,从而得到 y 的最小值 $y_{\min}=3^{-1}=\dfrac{1}{3}$.

解：函数 $y=3^{2x^2+4x+1}$ 由 $y=3^u$,$u=2x^2+4x+1$ 复合而成,

指数函数 $y=3^u$ 在定义域 $u\in(-\infty,+\infty)$ 内是增函数,
要求 $y=3^{2x^2+4x+1}$ 的最小值,必须使 $u=2x^2+4x+1$ 取得最小值,
二次函数 $u=2x^2+4x+1$ 配方,得
$$u=2x^2+4x+1=2(x^2+2x+1^2-1^2)+1=2(x+1)^2-1,$$
当 $x+1=0$,即 $x=-1$ 时,u 取得最小值 -1,

∴ y 的最小值为 $y_{\min}=3^{-1}=\dfrac{1}{3}$.

点评:根据复合函数结构分解,$y=3^u$ 在定义域内是增函数,要求 y 的最小值,必须使 u 取得最小值,转化为通过求二次函数 $u=2x^2+4x+1$ 的最小值后再求 y 的最小值.

【归纳总结】

指数函数有三个考点:一是比较大小;二是解指数不等式;三是复合函数的单调性.

在比较大小时,首先把同底不同指数的乘方看成指数函数,利用指数函数的单调性比较大小,同时注意指数函数值与 1 比大小的条件.

解指数不等式时,先将不等式两端化为同底指数,再根据指数函数的性质,确定其单调性,进而得到整式不等式,解整式不等式即得到指数不等式的解集.

求复合函数的单调性、最值、奇偶性问题时,掌握复合函数结构分解、判断复合函数单调性的方法是求解问题的关键.

【能力测试】

水平能力测试三

一、选择题

1. 函数 $y=(a-2)^x$ 在 $(-\infty,+\infty)$ 内是增函数,则 a 的取值范围是( ).
   (A) $(1,+\infty)$ (B) $(2,+\infty)$ (C) $(3,+\infty)$ (D) $(4,+\infty)$

2. 已知 $a=0.2^{0.3}$,$b=0.3^{0.3}$,$c=0.2^{-0.2}$,则( ).
   (A) $a<b<c$ (B) $b<a<c$ (C) $b<c<a$ (D) $a<c<b$

3. 若 $2^{x+5}>\dfrac{1}{4}$,则 x 的取值范围是( ).
   (A) $(-7,+\infty)$ (B) $(7,+\infty)$ (C) $(-3,+\infty)$ (D) $(3,+\infty)$

4. 不等式 $2^{x^2-5x+4}<1$ 的解集是( ).
   (A) $(-1,4)$ (B) $(1,4)$
   (C) $(-\infty,-1)\cup(4,+\infty)$ (D) $(-1,1)\cup(4,6)$

5. 在同一直角坐标系中,函数 $y=a^x(a>0,a\ne 1)$ 与 $y=-a^x$ 的图象( ).
   (A) 关于原点对称   (B) 关于 x 轴对称
   (C) 关于 y 轴对称   (D) 关于直线 $y=x$ 对称

6. 已知 $3<\left(\dfrac{1}{3}\right)^x<27$,则( ).
   (A) $1<x<3$ (B) $-3<x<-1$

(C) $-1<x<3$ (D) $x>3$ 或 $x<-1$

7. 函数 $f(x)=2^{\frac{1}{x-5}}$ 的定义域是(   ).

(A) $(-\infty,+\infty)$ (B) $(-\infty,5)$

(C) $(5,+\infty)$ (D) $(-\infty,5)\cup(5,+\infty)$

8. 函数 $f(x)=2^x-3$ 是(   ).

(A) 增函数 (B) 减函数 (C) 奇函数 (D) 偶函数

9. 函数 $f(x)=\left(\dfrac{1}{2}\right)^{|x|}$,$x\in\mathbf{R}$,那么 $f(x)$ 是(   ).

(A)奇函数且在$(0,+\infty)$内是增函数

(B)偶函数且在$(0,+\infty)$内是增函数

(C)奇函数且在$(0,+\infty)$内是减函数

(D)偶函数且在$(0,+\infty)$内是减函数

10. 已知 $f(x)=(3^x-1)^2$,则 $f(x)$ 是区间(   ).

(A) $(-\infty,0)$上的增函数 (B) $(0,+\infty)$上的增函数

(C) $(-\infty,1)$上的减函数 (D) $(1,+\infty)$上的减函数

二、填空题

1. 函数 $f(x)=\sqrt{2^{1-x}-1}$ 的定义域是 _____.

2. 比较 $0.99^{3.3}$ 和 $0.99^{4.5}$ 的大小,并用"<"连接：_____.

3. 已知 $a=0.6^{0.4}$,$b=0.4^{0.6}$,$c=0.4^{0.4}$,则它们的大小用"<"连接：_____.

4. 不等式 $1.2^{4+3x-x^2}\leqslant 1.2^{4x-2}$ 的解集是 _____.

5. 不等式 $2^{x^2-3x+2}>\left(\dfrac{1}{4}\right)^{x-x^2}$ 的解集是 _____.

6. 函数 $f(x)=\left(\dfrac{2}{5}\right)^{x^2-4x+3}$ 的最大值是 _____.

7. 函数 $f(x)=1.2^{x^2-4x+3}$ 的单调递增区间是 _____.

8. $x\in[-1,1]$时,函数 $f(x)=3^x-2$ 的值域是 _____.

9. 若 $0<a<1$,且 $a^{2a^2+1}<a^{3a}$,则 a 的取值范围是 _____.

10. 函数 $f(x)=\dfrac{1}{2^x+1}$ 在区间 $(-\infty,+\infty)$ 内单调递 _____.

第四节 对 数 函 数

【考纲点击】

1. 理解对数函数的定义及与指数函数的关系;

2. 掌握对数函数的图象和性质;

3. 熟练掌握对数的运算法则.

【命题走向】

在体育单招考试中,对数函数是每年必考知识点.考查内容包括比较大小、解对数不等式、求反函数、对数函数的定义域、对数的运算.试题设计形式多种多样.题型是选择题或填空题.

【知识梳理】

一、对数的定义

一般地,如果 $a^b = N(a>0, a \neq 1)$,那么 $b = \log_a N$,即 b 称为以 a 为底 $N(N>0)$ 的对数,记作 $\log_a N = b$,其中 a 称为对数的底数,N 称为真数.

例如,$3^4 = 81$,那么 $4 = \log_3 81$.

理解: (1) 真数为 1 的对数等于 0,即 $\log_a 1 = 0 (\because a^0 = 1), a>0, a \neq 1$,以下相同;

(2) 真数与底数相同的对数等于 1,即 $\log_a a = 1(\because a^1 = a)$;

(3) 以 10 为底的对数称为常用对数,记为 $\lg N(\log_{10} N = \lg N)$;

(4) 以 $e(e = 2.71828\cdots)$ 为底的对数称为自然对数,记为 $\ln N(\log_e N = \ln N)$;

(5) 对数函数 $y = \log_a x (a>0,$ 且 $a \neq 1), x>0$ 与指数函数 $y = a^x, x \in \mathbf{R}$ 互为反函数.

二、对数函数的图象和性质

对数函数的图象和性质见表 5-3.

表 5-3

	$a>1$	$0<a<1$
图象		
定义域	$\{x \mid x>0\}$	$\{x \mid x>0\}$
值域	$\mathbf{R}$	$\mathbf{R}$
单调性	在 $(0, +\infty)$ 上是增函数	在 $(0, +\infty)$ 上是减函数
函数值分布情况	当 $0<x<1$ 时,$y<0$ 当 $x=1$ 时,$y=0$ 当 $x>1$ 时,$y>0$	当 $0<x<1$ 时,$y>0$ 当 $x=1$ 时,$y=0$ 当 $x>1$ 时,$y<0$

三、对数的运算性质

(1) 积的对数等于同底各因数的对数和,即 $\log_a(MN) = \log_a M + \log_a N (M>0, N>0,$ 以下相同);

(2) 商的对数等于同底被除数的对数减去除数的对数,即 $\log_a\left(\dfrac{M}{N}\right)=\log_a M-\log_a N$;

(3) 乘方的对数等于指数乘以同底的对数,即 $\log_a M^n = n\log_a M$.

四、换底公式

以 a 为底 b 的对数可以改写为以 $c(c>0)$ 为底 b 的对数除以以 c 为底 a 的对数,即 $\log_a b = \dfrac{\log_c b}{\log_c a}$.

附注:已知函数 $y=f(x)$ 的定义域为 A,设它的值域为 B,根据这个函数中 x,y 的关系,用 y 把 x 表示出来,得到 $x=f^{-1}(y)$,它的定义域为 B,值域为 A,这样的函数 $x=f^{-1}(y)$ 叫作原函数 $y=f(x)$ 的反函数,通常记为 $y=f^{-1}(x)$.原函数 $y=f(x)$ 的图象与其反函数 $y=f^{-1}(x)$ 的图象关于直线 $y=x$ 对称.

求反函数的方法:

(1) 根据等式 $y=f(x)$,解关于 x 的方程,求出以 y 为自变量、x 是 y 的函数 $x=f^{-1}(y)$;

(2) 通过原函数的值域确定其反函数的定义域,或者直接通过反函数确定其定义域;

(3) 写出原函数 $y=f(x)$ 的反函数 $y=f^{-1}(x)$.

【典例解析】

考点一 比较大小

例1 比较下列各值的大小,并用"$<$"符号连接:
$$\log_3 2, \log_2 3, \log_2 5.$$

理解与分析:$\log_2 3$ 和 $\log_2 5$ 看作对数函数 $y=\log_2 x(x>0)$,它是增函数,根据增函数的定义(自变量较小,函数值较小,或自变量较大,函数值较大),$\log_2 3 < \log_2 5$.再分析它们与 1 比大小,$\log_2 3 > \log_2 2 = 1$,而 $\log_3 2 < \log_3 3 = 1$,从而得 $\log_3 2 < \log_2 3 < \log_2 5$.

解:对数函数 $y=\log_2 x(x>0)$ 是增函数.

∵ $3<5$,

∴ $\log_2 3 < \log_2 5$.

∵ $\log_2 3 > \log_2 2 = 1$,$\log_3 2 < \log_3 3 = 1$,

∴ $\log_3 2 < \log_2 3 < \log_2 5$.

点评:掌握对数函数的单调性,熟练掌握对数函数值与 1 比大小的条件是求解问题的关键.

考点二 解对数不等式

例2 解不等式 $\log_2(x+3)<1$.

理解与分析:题设是对数不等式,将 1 改写为以 2 为底的对数得到 $1=\log_2 2$.原不等式改写为 $\log_2(x+3)<\log_2 2$.由对数函数的性质知,以 2 为底的对数函数在定义域内是增函

数,于是有 $\begin{cases} x+3>0, \\ x+3<2, \end{cases}$ 解这个不等式组即可得到原不等式的解集.

解:将 1 改写为以 2 为底的对数,得 $1=\log_2 2$,

原不等式改写为 $\log_2(x+3)<\log_2 2$,

由对数函数的性质知,以 2 为底的对数函数在定义域内是增函数,则 $\begin{cases} x+3>0, \\ x+3<2, \end{cases}$

解这个不等式组,得 $-3<x<-1$,

∴原不等式的解集是 $(-3,-1)$.

点评:解对数不等式时,先将不等式两端化为同底对数,再根据对数函数的性质,确定其单调性,进而得到整式不等式组,解整式不等式组即得到对数不等式的解集.

考点三 求 反 函 数

例 3 求函数 $f(x)=\log_2(1-\sqrt{x})(0\leqslant x<1)$ 的反函数.

理解与分析:题设函数 $f(x)=\log_2(1-\sqrt{x})(0\leqslant x<1)$ 是以 2 为底的对数函数,它的反函数是指数函数.原函数记为 $y=\log_2(1-\sqrt{x})(0\leqslant x<1)$,改写成指数函数得到 $1-\sqrt{x}=2^y$,解关于 x 的方程得到 $x=(2^y-1)^2$,由 $0\leqslant x<1$ 知,原函数的值域是 $y\leqslant 0$,原函数 $f(x)=\log_2(1-\sqrt{x})(0\leqslant x<1)$ 的反函数为 $f^{-1}(x)=(2^x-1)^2(x\leqslant 0)$.

解:原函数记为 $y=\log_2(1-\sqrt{x})(0\leqslant x<1)$,改写成指数函数为 $1-\sqrt{x}=2^y$.

移项,得 $-\sqrt{x}=2^y-1$,

两边平方,得 $x=(2^y-1)^2$,

由 $0\leqslant x<1$,得原函数的值域 $y\leqslant 0$,

∴函数 $f(x)=\log_2(1-\sqrt{x})(0\leqslant x<1)$ 的反函数为 $f^{-1}(x)=(2^x-1)^2(x\leqslant 0)$.

点评:对数函数与指数函数互为反函数.

考点四 对数函数的定义域

例 4 求函数 $y=\ln\dfrac{1-x}{1+x}$ 的定义域.

理解与分析:本例是自然对数函数,定义域满足 $\dfrac{1-x}{1+x}>0$,这个分式不等式的解集就是原函数的定义域.

解:因为原函数是自然对数函数,所以定义域满足条件

$$\dfrac{1-x}{1+x}>0,$$

解这个分式不等式,得 $-1<x<1$.

∴原函数的定义域为 $(-1,1)$.

点评:自然对数函数的定义域满足的条件是真数大于 0.

考点五　对数的运算

例5 计算 $\dfrac{1}{2}\lg\dfrac{16}{49}-\dfrac{1}{3}\lg 64+\lg\sqrt{49}$.

理解与分析：先将原式中的每一个对数化简，即 $\dfrac{1}{2}\lg\dfrac{16}{49}=\lg\dfrac{4}{7}$，$\dfrac{1}{3}\lg 64=\lg 4$，$\lg\sqrt{49}=\lg 7$，再利用对数的运算性质即可求解.

解：$\dfrac{1}{2}\lg\dfrac{16}{49}-\dfrac{1}{3}\lg 64+\lg\sqrt{49}$

$=\lg\dfrac{4}{7}-\lg 4+\lg 7$

$=\lg\left(\dfrac{4}{7}\times\dfrac{1}{4}\times 7\right)$

$=\lg 1=0$.

点评：先将原式中的每一个对数化简，再利用对数的运算性质计算.

例6 计算 $2(\log_4 3+\log_8 3)(\log_3 2+\log_9 2)$.

理解与分析：观察发现对数的底数都不同，根据换底公式改写成以 10 为底的对数，得 $\log_4 3=\dfrac{\lg 3}{\lg 4}=\dfrac{\lg 3}{2\lg 2}$，$\log_8 3=\dfrac{\lg 3}{\lg 8}=\dfrac{\lg 3}{3\lg 2}$，$\log_3 2=\dfrac{\lg 2}{\lg 3}$，$\log_9 2=\dfrac{\lg 2}{\lg 9}=\dfrac{\lg 2}{2\lg 3}$，再按整式乘法计算求解.

解：$2(\log_4 3+\log_8 3)(\log_3 2+\log_9 2)$

$=2\left(\dfrac{\lg 3}{2\lg 2}+\dfrac{\lg 3}{3\lg 2}\right)\left(\dfrac{\lg 2}{\lg 3}+\dfrac{\lg 2}{2\lg 3}\right)$

$=2\times\left(\dfrac{1}{2}+\dfrac{1}{3}+\dfrac{1}{4}+\dfrac{1}{6}\right)$

$=\dfrac{5}{2}$.

点评：根据换底公式改写成以 10 为底的对数后化简计算是降低运算难度的关键.

【归纳总结】

对数函数有五个考点：一是比较大小；二是解对数不等式；三是求反函数；四是含对数的函数的定义域；五是对数的运算.

在比较大小时，首先利用对数函数的单调性比较大小，同时注意对数函数值与 1 比大小的条件.

解对数不等式时，先将不等式两端化为同底对数，再根据对数函数的性质，确定其单调性，进而得到整式不等式组，解整式不等式组，即得到对数不等式的解集.

指数函数与对数函数互为反函数，即指数函数的反函数是对数函数，对数函数的反函数是指数函数，同时求解过程中注意用不同的方法灵活处理.

关于对数运算，一般先将原式中的每一个对数化简或换底，再利用对数的运算性质进行计算.

【能力测试】

水平能力测试四

一、选择题

1. 函数 $f(x)=\sqrt{\lg(x^2-x-1)}$ 的定义域是( ).
   (A) $\{x\mid -2\leqslant x\leqslant 1\}$
   (B) $\{x\mid x\leqslant -2\}\cup\{x\mid x\geqslant 1\}$
   (C) $\{x\mid 1\leqslant x\leqslant -2\}$
   (D) $\{x\mid x\leqslant -1\}\cup\{x\mid x\geqslant 2\}$

2. 下列函数中,为增函数的是( ).
   (A) $y=-e^{-x}$
   (B) $y=e^{-x}$
   (C) $y=-e^{x}$
   (D) $y=e^{|x|}$

3. 函数 $f(x)=\ln(-3x^2+1)$ 的单调递减区间是( ).
   (A) $\left(0,\dfrac{\sqrt{3}}{3}\right)$
   (B) $\left(-\dfrac{\sqrt{3}}{3},0\right)$
   (C) $\left(-\dfrac{\sqrt{3}}{2},\dfrac{\sqrt{3}}{2}\right)$
   (D) $\left(-\dfrac{\sqrt{3}}{3},\dfrac{\sqrt{3}}{3}\right)$

4. 不等式 $\lg(x^2-5x+4)<1$ 的解集是( ).
   (A) $(-1,6)$
   (B) $(1,4)$
   (C) $(-\infty,-1)\cup(6,+\infty)$
   (D) $(-1,1)\cup(4,6)$

5. 函数 $y=\sqrt{16-x^2}\ (x\in(-4,0))$ 的反函数是( ).
   (A) $y=\sqrt{16-x^2}\ (x\in(-4,0))$
   (B) $y=-\sqrt{16-x^2}\ (x\in(-4,0))$
   (C) $y=\sqrt{16-x^2}\ (x\in(0,4))$
   (D) $y=-\sqrt{16-x^2}\ (x\in(0,4))$

6. 函数 $y=\dfrac{1}{x+5}\ (x\neq -5)$ 的反函数是( ).
   (A) $y=x-5\ (x\in\mathbf{R})$
   (B) $y=\dfrac{1}{x}+5\ (x\neq 0)$
   (C) $y=x+5\ (x\in\mathbf{R})$
   (D) $y=\dfrac{1}{x}-5\ (x\neq 0)$

7. 若 $f(x^6)=\log_3 x$,则 $f(27)=($).
   (A) 4
   (B) 2
   (C) $\dfrac{1}{2}$
   (D) $\dfrac{1}{4}$

8. 比较 $\log_{0.5}3,\log_{0.5}5,(0.5)^3$ 的大小,为( ).
   (A) $\log_{0.5}3<\log_{0.5}5<(0.5)^3$
   (B) $\log_{0.5}3<(0.5)^3<\log_{0.5}5$
   (C) $\log_{0.5}5<\log_{0.5}3<(0.5)^3$
   (D) $\log_{0.5}5<(0.5)^3<\log_{0.5}3$

9. 函数 $y=|\log_2(1-x)|$ 的单调递增区间是( ).
   (A) $(-\infty,0)$
   (B) $(2,+\infty)$
   (C) $(1,2)$
   (D) $(0,1)$

10. 有下列三个不等式:
    ① $x-1<(x-1)^2$;② $\log_{\frac{1}{2}}(x-1)>2\log_{\frac{1}{2}}(x-1)$;③ $4^x<2^{x+1}$.
    其中( ).
    (A) ①和②的解集相等
    (B) ②和③的解集相等
    (C) ①和③的解集相等
    (D) ①,②和③的解集各不相等

二、填空题

1. 函数 $f(x)=\log_2(3-x^2)$ 的定义域是_____.

2. 函数 $y=\log_{x-1}(3-x)$ 的定义域是_____.

3. 不等式 $\log_2(4+3x-x^2)\leqslant\log_2(4x-2)$ 的解集是_____.

4. 函数 $f(x)=\log_4(x+1)(x>-1)$ 的反函数是_____.

5. 函数 $y=\sqrt{16-x^2}(x\in(0,4))$ 的反函数是_____.

6. 计算 $4\lg2+3\lg5-\lg\dfrac{1}{5}=$_____.

7. 计算 $(\lg5)^2+\lg2\cdot\lg5+\lg2=$_____.

8. 计算 $\log_2 3\times\log_3 4=$_____.

9. 若 $0<a<1$，且 $\log_a(2a^2+1)<\log_a(3a)<0$，则 a 的取值范围是_____.

10. 已知函数 $f(x)=\begin{cases}\log_3 x & (x>0)\\ 2^x & (x\leqslant 0)\end{cases}$，则 $f\left[f\left(\dfrac{1}{9}\right)\right]=$_____.

第六章 数 列

第一节 等差数列

【考纲点击】

1. 熟练掌握等差数列的定义和重要性质；
2. 熟练掌握等差数列的通项公式与求和公式；
3. 能够根据条件灵活运用等差数列的求和公式.

【命题走向】

在体育单招考试中,等差数列是每年必考知识点.考查内容包括等差数列的通项公式、等差数列的重要性质、等差数列的前 n 项和公式;题型是选择题或填空题,或以解答题的形式考查等差数列的综合应用.

【知识梳理】

一、等差数列的定义

在数列 $\{a_n\}$ 中,如果从第 2 项开始,每一项减去它的前一项所得到的差都等于同一个常数 $d(d\neq 0)$,那么数列 $\{a_n\}$ 称为等差数列.这里 a_n 称为第 n 项,下标 n 称为项数,常数 d 称为公差.

理解: 公差 d 可以通过从第 2 项开始,每一项减去它的前一项求得,即 $d=a_n-a_{n-1}(n\geqslant 2)$.

二、通项公式

$$a_n=a_m+(n-m)d,(1\leqslant m<n).$$

理解: 通项公式通过已知第 m 项 a_m 和公差 d 表出,项数 n 为自变量,a_n 是以 n 为自变量的函数.

三、重要性质

(1) 如果 a,b,c 成等差数列,那么 $b=\dfrac{a+c}{2}$,这时 b 称为 a 与 c 的等差中项;

(2) 在等差数列 $\{a_n\}$ 中,取 4 项 $a_u,a_v,a_p,a_q,(1\leqslant u,v,p,q\leqslant n)$,如果下标 $u+v=p+q$,那么 $a_u+a_v=a_p+a_q$.

理解: 在等差数列 $\{a_n\}$ 中,有 $a_3+a_{10}=a_6+a_7;2a_{10}=a_6+a_{14}$ 等.

四、求和公式(两种形式)

(1) $S_n = na_1 + \frac{1}{2}n(n-1)d$;

理解:已知首项 a_1 和公差 d,求前 n 项和 S_n,它是以项数 n 为自变量的函数.

(2) $S_n = \frac{1}{2}(a_1 + a_n)n$.

理解:已知首项 a_1、第 n 项 a_n,求前 n 项和 S_n.

说明:从表面上看,公式(1)和公式(2)都是已知 2 个条件求前 n 项的和 S_n,但是在等差数列 $\{a_n\}$ 中,公差 d 容易确定,而第 n 项 a_n 通常未知,即使能确定 a_n,它比确定公差 d 也困难些,所以在实际应用中公式(1)往往优于公式(2).

特别地,当 n 是奇数时,前 n 项和 S_n 等于项数 n 乘以第 $\frac{n+1}{2}$ 项 $a_{(n+1)/2}$,即 $S_n = na_{(n+1)/2}$.

五、等差数列 $\{a_n\}$ 中 a_n 与 S_n 的关系

$n=1$ 时,$a_1 = S_1$;$n \geqslant 2$ 时,第 n 项 a_n 等于前 n 项和 S_n 减去前 $n-1$ 项和 S_{n-1},即

$$a_n = \begin{cases} S_1, & n=1, \\ S_n - S_{n-1}, & n \geqslant 2. \end{cases}$$

【典例解析】

考点一 求等差数列的第 n 项

例 1 已知 $-5, -1, 3, \cdots$ 是等差数列,求第 16 项.

理解与分析:题设数列是等差数列,首项 $a_1 = -5$,公差 $d = (-1) - (-5) = 4$,代入通项公式,即可求出第 16 项.

解:在等差数列中,首项 $a_1 = -5$,公差 $d = 4$,项数 $n = 16$,代入通项公式,得 $a_{16} = -5 + (16-1) \times 4 = 55$.

点评:由首项 $a_1 = -5$、公差 $d = 4$、项数 $n = 16$ 求第 16 项.

例 2 已知在等差数列 $\{a_n\}$ 中,$a_{10} = 5$,$a_{13} = 20$,求 a_{50}.

理解与分析:在等差数列 $\{a_n\}$ 中,$a_{13} = a_{10} + 3d$,将 $a_{10} = 5$,$a_{13} = 20$ 代入求出公差 d,再通过 $a_{50} = a_{10} + 40d$ 或 $a_{50} = a_{13} + 37d$ 求解问题.

解:在等差数列 $\{a_n\}$ 中,$a_{13} = a_{10} + 3d$,将 $a_{10} = 5$,$a_{13} = 20$ 代入,得 $20 = 5 + 3d$,解得 $d = 5$,

∴ $a_{50} = 5 + 40 \times 5 = 205$.

点评:通过 a_{13} 与 a_{10} 的关系式 $a_{13} = a_{10} + 3d$,求得公差 d,从而求出 a_{50}.

考点二 等差数列的性质

例 3 在等差数列 $\{a_n\}$ 中,若 $a_3 + a_4 + a_5 + a_6 + a_7 = 360$,求 $a_2 + a_8$ 的值.

理解与分析:在等差数列 $\{a_n\}$ 中,项数 $3+7 = 4+6 = 5 \times 2$,利用等差数列的性质,得到

$a_3+a_7=a_4+a_6=a_5+a_5=2a_5$,由 $a_3+a_4+a_5+a_6+a_7=360$,得到 $5a_5=360$,求得 $a_5=72$,则 $a_2+a_8=a_5+a_5=2a_5=144$.

解:根据等差数列的性质,$a_3+a_7=a_4+a_6=a_5+a_5=2a_5$.

由 $a_3+a_4+a_5+a_6+a_7=360$,得

$2a_5+2a_5+a_5=360$,解得 $a_5=72$,

∴$a_2+a_8=2a_5=2\times72=144$.

点评:在等差数列中,取其中的 4 项 a_m,a_n,a_p,a_q,如果项数 $m+n=p+q$,那么 $a_m+a_n=a_p+a_q$.

考点三　等差数列求和

例 4　在等差数列 $\{a_n\}$ 中,已知 $a_3=2$,$S_{10}=95$,求等差数列 $\{a_n\}$ 的前 n 项和 S_n.

理解与分析:由等差数列的求和公式 $S_n=na_1+\frac{1}{2}n(n-1)d$ 可知,要求 S_n,必须先求 a_1 与 d. 将 $a_3=2$ 代入等差数列通项公式 $a_n=a_m+(n-m)d(1\leqslant m<n)$,将 $S_{10}=95$ 代入等差数列的求和公式 $S_n=na_1+\frac{1}{2}n(n-1)d$,得到方程组 $\begin{cases}a_1+2d=2\\10a_1+\frac{1}{2}\times10\times9d=95\end{cases}$,解这个方程组得 $a_1=-4,d=3$,再代入等差数列的求和公式,即可求得 S_n.

解:在等差数列 $\{a_n\}$ 中,$a_3=2$,$S_{10}=95$,则得到下列方程组

$$\begin{cases}a_1+2d=2,\\10a_1+\frac{1}{2}\times10\times9d=95.\end{cases}$$

解这个方程组,得

$$a_1=-4,d=3.$$

将 $a_1=-4,d=3$ 代入等差数列求和公式 $S_n=na_1+\frac{1}{2}n(n-1)d$,得

$$S_n=-4n+\frac{1}{2}n(n-1)\times3=\frac{3}{2}n^2-\frac{11}{2}n.$$

点评:将已知条件 $a_3=2$,$S_{10}=95$ 分别代入等差数列的通项公式与求和公式,解方程组求出 a_1 与 d,最后求出问题.

考点四　等差数列的综合应用

例 5　等差数列 $\{a_n\}$ 中,首项 $a_1=0$,公差 $d\neq0$,$a_k=S_7$,求 k 的值.

理解与分析:题设是等差数列,在等式 $a_k=S_7$ 中,左边是等差数列 $\{a_n\}$ 中的第 k 项,依据通项公式有 $a_k=a_1+(k-1)d$,右边是等差数列 $\{a_n\}$ 中前 7 项和,依据求和公式有 $S_7=7a_1+21d$,于是得到 $a_1+(k-1)d=7a_1+21d$,将 $a_1=0$ 代入得到 $(k-1)d=21d$,由公差 $d\neq0$ 约去 d 后就是关于 k 的一元一次方程,即可求得 k 的值.

解:等差数列 $\{a_n\}$ 中,由 $a_k=S_7$,得

$a_1+(k-1)d=7a_1+\frac{1}{2}\times 7\times 6d$,即 $a_1+(k-1)d=7a_1+21d$.

将 $a_1=0$ 代入,得 $(k-1)d=21d$.

∵ 公差 $d\neq 0$,

∴ $k-1=21,k=22$.

点评:在等差数列 $\{a_n\}$ 中,对于等式 $a_k=S_7$,依据通项公式与求和公式建立方程,得到关于 k 的一元一次方程,求出 k 的值.

例6 已知等差数列共有 20 项,其奇数项之和为 130,偶数项之和为 150,求该数列的公差.

理解与分析:题设数列是等差数列,分析奇数项之和与偶数项之和中对应项之差的关系得到 $\underbrace{a_2-a_1=a_4-a_3=\cdots=a_{20}-a_{19}}_{\text{共10组}}=d$,于是可以用偶数项之和 150 减去奇数项之和 130,即 $(a_2+a_4+\cdots+a_{20})-(a_1+a_3+\cdots+a_{19})=150-130$,也就是 $(a_2-a_1)+(a_4-a_3)+\cdots+(a_{20}-a_{19})=20$,于是 $10d=20,d=2$,这就是等差数列的公差.

解:记等差数列为 $\{a_n\}$,则

$$a_1+a_3+\cdots+a_{19}=130, \qquad (1)$$
$$a_2+a_4+\cdots+a_{20}=150. \qquad (2)$$

由 (2)−(1),得

$$(a_2+a_4+\cdots+a_{20})-(a_1+a_3+\cdots+a_{19})=150-130,$$

对应项相减,得

$$(a_2-a_1)+(a_4-a_3)+\cdots+(a_{20}-a_{19})=20,$$

$10d=20$,解得 $d=2$.

点评:在偶数项之和减去奇数项之和中,需要将对应项相减.

【归纳总结】

等差数列有四个考点:一是求等差数列的第 n 项;二是等差数列的性质;三是等差数列的求和;四是等差数列的综合应用.

求等差数列 a_n 的方法是先求公差 d,然后结合其他已知条件求 a_n.

求等差数列 $\{a_n\}$ 前 n 项和 S_n 的方法是先根据题设求 d,再求 a_1,最后求 S_n.

【能力测试】

水平能力测试一

一、选择题

1. 在等差数列 $\{a_n\}$ 中,若 $a_2=2,a_4=4$,则 $a_6=($).

   (A) −1 (B) 0 (C) 1 (D) 6

2. 在等差数列 $\{a_n\}$ 中,已知 $a_2+a_3+a_{23}+a_{24}=48$,则 $a_{13}=($).

   (A) 10 (B) 11 (C) 12 (D) 13

3. 已知等差数列 $\{a_n\}$ 满足 $a_2+a_4=4, a_3+a_5=10$,则它的前 9 项的和 $S_9=$( ).
(A) 70　　　　(B) 71　　　　(C) 72　　　　(D) 73

4. 记等差数列 $\{a_n\}$ 前 n 项和为 S_n,若 $a_5+a_6+a_7=15$,则 $S_{11}=$( ).
(A) 110　　　(B) 80　　　　(C) 55　　　　(D) 30

5. 若等差数列 $\{a_n\}$ 的前 5 项和 $S_5=25$,且 $a_2=3$,则 a_7 等于( ).
(A) 12　　　　(B) 13　　　　(C) 14　　　　(D) 15

6. 在等差数列 $\{a_n\}$ 中,公差为 $d=2, S_{20}=150$,则 $a_2+a_4+\cdots+a_{20}=$( ).
(A) 95　　　　(B) 85　　　　(C) 65　　　　(D) 55

7. 等差数列 $\{a_n\}$ 中,$a_1=2$,公差 $d=-\dfrac{1}{2}$,若等差数列的前 n 项和 $S_n=0$,则 $n=$( ).
(A) 5　　　　(B) 9　　　　(C) 13　　　　(D) 17

8. 等差数列 $\{a_n\}$ 的前 n 项和为 S_n,若 $a_1=1, a_k=19, S_k=100$,则 $k=$( ).
(A) 8　　　　(B) 9　　　　(C) 10　　　　(D) 11

9. 已知数列 $\{a_n\}$ 满足 $a_1=0, a_{n+1}=\dfrac{a_n-\sqrt{3}}{\sqrt{3}a_n+1}$,则 $a_{20}=$( ).
(A) 0　　　　(B) $-\sqrt{3}$　　　(C) $\sqrt{2}$　　　(D) $\dfrac{\sqrt{3}}{2}$

10. 数列 $\{a_n\}$ 的通项公式 $a_n=\dfrac{1}{\sqrt{n+1}+\sqrt{n}}$,如果 $\{a_n\}$ 的前 k 项和 $S_k=3$,那么 $k=$( ).
(A) 8　　　　(B) 9　　　　(C) 15　　　　(D) 16

二、填空题

1. 在等差数列 $\{a_n\}$ 中,已知 $a_3=5, a_8=20$,则 $a_{20}=$ _____.
2. 在等差数列 $\{a_n\}$ 中,$a_1+a_2=a_3=6$,则通项公式 $a_n=$ _____.
3. 在等差数列 $\{a_n\}$ 中,已知 $a_1+a_6=12, a_4=7$,则 $a_9=$ _____.
4. 在等差数列 $\{a_n\}$ 中,若 $a_3+a_5+a_7+a_9+a_{11}=450$,则 $a_2+a_{12}=$ _____.
5. 在等差数列 $\{a_n\}$ 中,若 $a_3+a_4+a_5+a_6+a_7=25$,则 $a_2+a_8=$ _____.
6. 在等差数列 $\{a_n\}$ 中,已知公差 $d=3, a_{12}=24$,则 $S_{12}=$ _____.
7. 设等差数列 $\{a_n\}$ 前 n 项和为 S_n,已知 $a_3=16, S_6=105$,则 $S_{10}=$ _____.
8. 在等差数列 $\{a_n\}$ 中,已知 $a_3=7, a_7=3$,则 $S_9=$ _____.
9. 在等差数列 $\{a_n\}$ 中,若 $a_n+a_{n+1}=4n+6$,则 $a_{10}=$ _____.
10. 在等差数列 $\{a_n\}$ 中,$S_n=3n^2+n$,则 $a_{12}=$ _____.

三、解答题

1. 已知等差数列 $\{a_n\}$ 前 n 项和为 S_n,且满足 $a_2+a_4=14, S_7=70$.
(1) 求等差数列 $\{a_n\}$ 的通项公式;
(2) 设 $b_n=\dfrac{2S_n+48}{n}$,求数列 $\{b_n\}$ 的最小项是第几项,并求出该项的值.

2. 已知等差数列 $\{a_n\}$ 的公差 $d<0$,且 $a_2 \cdot a_4=12, a_2+a_4=8$.
(1) 求等差数列 $\{a_n\}$ 的首项 a_1 和公差 d;

(2) 求等差数列 $\{a_n\}$ 的前 10 项和 S_{10}.

3. 在等差数列 $\{a_n\}$ 中,已知 $a_1+a_3=8, a_2+a_4=12$.

(1) 求等差数列 $\{a_n\}$ 的通项公式;

(2) 记等差数列 $\{a_n\}$ 前 n 项和为 S_n,若 a_3, a_{k+1}, S_k 成等差数列,求正整数 k 的值.

4. 在等差数列 $\{a_n\}$ 中,已知 $a_2+a_4=6, a_6=S_3, S_n$ 为等差数列 $\{a_n\}$ 的前 n 项和.

(1) 求等差数列 $\{a_n\}$ 的通项公式;

(2) 若 $k \in \mathbf{N}_+$,且 a_k, a_{3k}, S_{2k} 成等差数列,求正整数 k 的值.

第二节 等比数列

【考纲点击】

1. 熟练掌握等比数列的定义和重要性质;
2. 熟练掌握等比数列的通项公式与求和公式;
3. 能够根据等差数列和等比数列的知识综合分析问题.

【命题走向】

在体育单招考试中,等比数列是每年必考知识点.考查内容包括等比数列的通项公式、等比数列的重要性质、等比数列的前 n 项和公式;题型是选择题或填空题,或以解答题的形式考查等比数列与等差数列的综合应用.

【知识梳理】

一、等比数列的定义

在数列 $\{a_n\}$ 中,如果从第 2 项开始,每一项与它前一项的比值(商)等于同一个常数 $q(q \neq 0)$,那么数列 $\{a_n\}$ 称为等比数列.这里 a_1 称为首项,下标 n 称为项数,常数 q 称为公比.

理解:(1) 公比 q 从第 2 项开始,由每一项与它前一项的比值(商)求得,即

$$q = \frac{a_n}{a_{n-1}} (n \geqslant 2);$$

(2) 当 $a_1>0, q>1$ 时,或当 $a_1<0, 0<q<1$ 时,数列 $\{a_n\}$ 是递增等比数列;

(3) 当 $a_1>0, 0<q<1$ 时,或当 $a_1<0, q>1$ 时,数列 $\{a_n\}$ 是递减等比数列.

二、通项公式

$$a_n = a_m q^{n-m} (q \neq 1), (1 \leqslant m < n).$$

理解:通项公式通过已知第 m 项 a_m 和公比 q 表出,项数 n 为自变量,a_n 是以 n 为自变量的函数.

三、重要性质

(1) 如果 a, b, c 成等比数列,那么 $b^2 = ac$,这时 b 称为 a 与 c 的等比中项;

(2) 在等比数列 $\{a_n\}$ 中，取4项 $a_u, a_v, a_p, a_q, (1 \leqslant u, v, p, q \leqslant n)$，如果下标 $u+v=p+q$，那么 $a_u a_v = a_p a_q$.

理解：在等比数列 $\{a_n\}$ 中，如 $a_3 a_{10} = a_6 a_7$；$a_{10}^2 = a_6 a_{14}$ 等.

四、求和公式

$$S_n = \frac{a_1(1-q^n)}{1-q}(q \neq 1).$$

理解：(1) 要求前 n 项和 S_n，必须已知首项 a_1 和公比 q；前 n 项和 S_n 是项数 n 的函数，它是离散型函数.

(2) 当 $q>1$ 时，求和公式用 $S_n = \frac{a_1(q^n-1)}{q-1}$ 计算简便.

【典例解析】

考点一 求等比数列的第 n 项

例 1 已知 $2, 6, 18, \cdots$ 是等比数列，求第 6 项.

理解与分析：题设数列是等比数列，首项 $a_1 = 2$，公比 $q = \frac{6}{2} = 3$，代入通项公式写出第 6 项.

解：在等比数列中，首项 $a_1 = 2$，公比 $q = \frac{6}{2} = 3$，项数 $n = 6$，代入通项公式，得 $a_6 = 2 \times 3^{6-1} = 486$.

点评：求等比数列某项的一种方法是将首项 a_1、公比 q 和项数 n 代入通项公式表出第 n 项.

例 2 已知在递增等比数列 $\{a_n\}$ 中，$a_{10} = 5, a_{12} = 20$，求 a_{15}.

理解与分析：在递增等比数列 $\{a_n\}$ 中，$a_{12} = a_{10} q^2$，将 $a_{10} = 5, a_{12} = 20$ 代入求出公比 $q = 2$，再次通过 $a_{15} = a_{12} q^3$ 或 $a_{15} = a_{10} q^5$ 求解问题.

解：在递增等比数列 $\{a_n\}$ 中，由 $a_{12} = a_{10} q^{12-10}$，得

$20 = 5q^2$，求得 $q = 2$，

$\therefore a_{15} = a_{12} q^{15-12} = 20 \times 2^3 = 160$.

点评：求等比数列某项的另一种方法是根据等比数列第 n 项与第 m 项的关系 $a_n = a_m q^{n-m}(1 \leqslant m < n)$，求出公比 q，然后再次运用等比数列第 k 项与第 m 项的关系求解问题.

例 3 设等比数列 $\{a_n\}$ 的前 n 项和为 S_n，已知 $a_1 = 2, a_{n+1} = 2S_n + 2$，求 a_5.

理解与分析：对于 $a_{n+1} = 2S_n + 2$，当 $n = 1$ 时，得到 $a_2 = 2S_1 + 2 = 2a_1 + 2$，将 $a_1 = 2$ 代入，求得 $a_2 = 6$，得到公比 $q = \frac{a_2}{a_1} = 3$，再通过 $a_5 = a_1 q^4$ 求解问题.

解：由 $a_{n+1} = 2S_n + 2$，得

当 $n = 1$ 时，$a_2 = 2S_1 + 2 = 2a_1 + 2 = 2 \times 2 + 2 = 6$，

公比 $q = \frac{a_2}{a_1} = \frac{6}{2} = 3$，

$\therefore a_5 = a_1 q^4 = 2 \times 3^4 = 162$.

点评：关键是将等式 $a_{n+1}=2S_n+2$ 的自变量取 $n=1$，求 $a_2=6$，得到公比 q 后再求问题，同时注意 $a_1=S_1$.

考点二　等比数列求和

例 4　在递增等比数列 $\{a_n\}$ 中，已知 $a_6-a_4=24, a_3 \cdot a_5=64$，求 S_8.

理解与分析：先求公比 q，根据等比数列的性质 $a_3 \cdot a_5 = a_4^2 = 64, a_4^2 = 64$，得到 $a_4=8$，代入 $a_6-a_4=24$ 求得 $a_6=32$，由 $a_6=a_4 q^2$ 求得 $q=2$，再由 $a_4=a_1 q^3$ 求首项 $a_1=1$，最后代入等比数列求和公式求解问题.

解：根据等比数列的性质，由 $a_3 \cdot a_5=64$，得 $a_4^2=64, a_4=8$，

代入 $a_6-a_4=24$，得 $a_6=32$，

由 $a_6=a_4 q^2$，得 $32=8q^2, q=2$，

由 $a_4=a_1 q^3$，得 $8=a_1 \times 2^3, a_1=1$，

$\therefore S_8 = \dfrac{1 \times (2^8-1)}{2-1} = 2^8-1 = 255$.

点评：利用等比数列的性质——a_4 是 a_3 与 a_5 的等比中项，即 $a_3 \cdot a_5 = a_4^2 = 64$ 求出 $a_4=8$ 是解题关键.

例 5　设 S_n 是等比数列 $\{a_n\}$ 的前 n 项和，已知 $S_2=1$，公比 $q=2$，求 S_4.

理解与分析：先求首项 a_1，把 $S_2=1$ 改写为 $a_1+a_2=1$，即 $a_1+a_1 q=1$，将 $q=2$ 代入，求得 $a_1=\dfrac{1}{3}$，代入等比数列求和公式求解问题.

解：在等比数列 $\{a_n\}$ 中，由 $S_2=1$，得 $a_1+a_2=1$，即 $a_1+a_1 q=1$，将 $q=2$ 代入，解得 $a_1=\dfrac{1}{3}$，

$\therefore S_4 = \dfrac{\dfrac{1}{3} \times (2^4-1)}{2-1} = \dfrac{1}{3} \times (2^4-1) = 5$.

点评：将 $S_2=1$ 改写为 $a_1+a_2=1$，即 $a_1+a_1 q=1$ 是求首项 a_1 的关键.

例 6　已知 $\{a_n\}$ 是等比数列，$a_1+a_2+a_3=1, a_6+a_7+a_8=32$，求 S_9 的值.

理解与分析：题设数列是等比数列，分析 $a_1+a_2+a_3$ 与 $a_6+a_7+a_8$ 之间对应项的关系，将 $a_6+a_7+a_8=32$ 改写为 $a_1 q^5 + a_2 q^5 + a_3 q^5 = 32$，即 $(a_1+a_2+a_3)q^5=32, q=2$. 依据 $a_1+a_2+a_3=1$，有 $S_9 = (a_1+a_2+a_3)+(a_4+a_5+a_6)+(a_7+a_8+a_9) = (a_1+a_2+a_3)+(a_1+a_2+a_3)q^3+(a_1+a_2+a_3)q^6 = 1+1\times 2^3+1\times 2^6 = 73$.

解：由 $a_6+a_7+a_8=32$，得 $a_1 q^5+a_2 q^5+a_3 q^5=32$，即 $(a_1+a_2+a_3)q^5=32$，

将 $a_1+a_2+a_3=1$ 代入，得

$q^5=32$，求得 $q=2$，

$\therefore S_9 = (a_1+a_2+a_3)+(a_4+a_5+a_6)+(a_7+a_8+a_9)$

$= (a_1+a_2+a_3)+(a_1 q^3+a_2 q^3+a_3 q^3)+(a_1 q^6+a_2 q^6+a_3 q^6)$

$= (a_1+a_2+a_3)+(a_1+a_2+a_3)q^3+(a_1+a_2+a_3)q^6$

$= 1+1\times 2^3+1\times 2^6$

$= 73$.

点评:分析 $a_1+a_2+a_3$ 与 $a_6+a_7+a_8$ 之间对应项的关系是求公比 q 的突破口.

例 7 $\{a_n\}$ 是递增等比数列,且 $a_1+a_2+a_3=7$,$a_1a_2a_3=8$,求 $a_4+a_5+a_6$ 的值.

理解与分析:根据等比数列的性质,将条件 $a_1a_2a_3=8$ 改写为 $a_2^3=8$,即 $a_2=2$,代入 $a_1+a_2+a_3=7$ 和 $a_1a_2a_3=8$ 得到 $a_1+a_3=5$,$a_1a_3=4$,求得 $a_1=1$,$a_3=4$,公比 $q=\dfrac{a_2}{a_1}=2$,再利用 $a_4+a_5+a_6$ 与 $a_1+a_2+a_3$ 之间对应项的关系求解问题.

解:根据等比数列的性质,由 $a_1a_2a_3=8$,得 $a_2^3=8$,即 $a_2=2$,

代入 $a_1+a_2+a_3=7$ 和 $a_1a_2a_3=8$,得

$a_1+a_3=5$,$a_1a_3=4$,解得 $a_1=1$,$a_3=4$,

∴公比 $q=\dfrac{a_2}{a_1}=\dfrac{2}{1}=2$,

∴$a_4+a_5+a_6 = a_1q^3+a_2q^3+a_3q^3$
$= (a_1+a_2+a_3)q^3$
$= 7\times 2^3$
$= 56$.

点评:分析已知条件与问题的项之间的关系,求出公比 q 是求解问题的关键.

考点三 等比数列和等差数列的综合应用

例 8 设数列 $\{a_n\}$ 是等比数列,数列 $\{b_n\}$ 是公差不等于 0 的等差数列,已知 $a_1=b_1=1$,$a_2=b_2$,$a_3=b_5$.

(1) 求 $\{a_n\}$ 和 $\{b_n\}$ 的通项公式;

理解与分析:题设 $\{a_n\}$ 是等比数列,首项 $a_1=1$,要求等比数列 $\{a_n\}$ 的通项公式,必须先求出公比 q.$\{b_n\}$ 是等差数列,首项 $b_1=1$,要求等差数列 $\{b_n\}$ 的通项公式,必须先求出公差 d.根据条件 $a_2=b_2$,$a_3=b_5$ 建立以 q 和 d 为未知数的方程组,求解 q 和 d,进而写出 $\{a_n\}$ 和 $\{b_n\}$ 的通项公式.

解:设 $\{a_n\}$ 的公比为 $q(q\neq 1)$,$\{b_n\}$ 的公差为 $d(d\neq 0)$,

由 $a_1=b_1=1$,$a_2=b_2$,$a_3=b_5$,得 $\begin{cases} q=1+d, & (1) \\ q^2=1+4d, & (2) \end{cases}$

将(1)代入(2),整理,得 $d^2-2d=0$,由于 $d\neq 0$,解得 $d=2$,

代入(1)求得 $q=3$,

∴等比数列 $\{a_n\}$ 的通项公式为 $a_n=3^{n-1}$;

等差数列 $\{b_n\}$ 的通项公式为 $b_n=1+2(n-1)=2n-1$.

点评:根据题设条件建立以 q 和 d 为未知数的方程组,求解 q 和 d,进而写出 $\{a_n\}$ 和 $\{b_n\}$ 的通项公式.

(2) 设 $\{b_n\}$ 的前 n 项和为 S_n,是否存在正整数 n,使 $a_7=S_n$?若存在,求出 n;若不存在,说明理由.

理解与分析:由等比数列的通项公式求出 $a_7=a_1q^6=3^6$,由等差数列前 n 项和为 S_n 求出 $S_n=nb_1+\dfrac{1}{2}n(n-1)d=n+n(n-1)=n^2$,代入 $a_7=S_n$,求得 n.若 n 为正整数,则存在,否

则不存在.

解：$a_7 = a_1 q^6 = 3^6$，

$S_n = nb_1 + \frac{1}{2}n(n-1)d = n + n(n-1) = n^2$，

代入 $a_7 = S_n$，得 $3^6 = n^2$，即 $n^2 = (3^3)^2$，解得 $n = 27$.

所以存在正整数 $n = 27$，使 $a_7 = S_n$.

点评：根据条件 $a_7 = S_n$ 建立方程，求出 n，判定是否存在为正整数的 n.

例9 在数列 $\{a_n\}$ 中，$a_1 = 3$，$a_n + a_{n-1} + 2n - 1 = 0 (n \in \mathbf{N}^*$，且 $n \geqslant 2)$.

(1) 求 a_2, a_3 的值；

理解与分析：利用已知条件 $a_1 = 3$ 和 $a_n + a_{n-1} + 2n - 1 = 0$，取 $n = 2$ 和 3 分别代入等式中，即可求解.

解：当 $n = 2$ 时，$a_2 + a_1 + 2 \times 2 - 1 = 0$，$a_2 + 3 + 3 = 0$，$a_2 = -6$.

当 $n = 3$ 时，$a_3 + a_2 + 2 \times 3 - 1 = 0$，$a_3 + (-6) + 5 = 0$，$a_3 = 1$.

点评：取 $n = 2$ 和 3 分别代入 $a_n + a_{n-1} + 2n - 1 = 0$，求出 a_2, a_3 的值.

(2) 证明数列 $\{a_n + n\}$ 是等比数列；

理解与分析：将 $a_n + a_{n-1} + 2n - 1 = 0$ 变形，得到 $(a_n + n) + [a_{n-1} + (n-1)] = 0$，即 $(a_n + n) = -[a_{n-1} + (n-1)]$，所以 $\frac{a_n + n}{a_{n-1} + (n-1)} = -1 (n \geqslant 2)$，从而证明了 $\{a_n + n\}$ 是公比 $q = -1$ 的等比数列.

解：由 $a_n + a_{n-1} + 2n - 1 = 0$，得

$$(a_n + n) + [a_{n-1} + (n-1)] = 0,$$

即 $(a_n + n) = -[a_{n-1} + (n-1)]$，

$\frac{a_n + n}{a_{n-1} + (n-1)} = -1 (n \geqslant 2)$.

所以数列 $\{a_n + n\}$ 是公比 $q = -1$ 的等比数列.

点评：利用等式的变形，构造等比数列，证明问题.

(3) 求数列 $\{a_n\}$ 的前 n 项和 S_n.

理解与分析：在(2)的基础上，写出等比数列 $\{a_n + n\}$ 的通项公式，变形得到数列 $\{a_n\}$ 的通项公式，进而求出 S_n.

解：在等比数列 $\{a_n + n\}$ 中，首项 $a_1 + 1 = 4$，公比 $q = -1$.

所以通项公式为 $a_n + n = 4 \times (-1)^{n-1}$，即 $a_n = 4 \times (-1)^{n-1} - n$.

$\therefore S_n = a_1 + a_2 + \cdots + a_n$

$= [4 \times (-1)^0 - 1] + [4 \times (-1)^1 - 2] + \cdots + [4 \times (-1)^{n-1} - n]$

$= 4 \times [(-1)^0 + (-1)^1 + \cdots + (-1)^{n-1}] - (1 + 2 + \cdots + n)$

$= \begin{cases} -\frac{1}{2}n(n+1), & \text{当 } n \text{ 为偶数时}; \\ 4 - \frac{1}{2}n(n+1), & \text{当 } n \text{ 为奇数时}. \end{cases}$

点评：先表出数列 $\{a_n\}$ 的通项公式，再分类讨论求出 S_n.

例 10 已知数列 $\{a_n\}$ 的前 n 项和 S_n 满足 $S_n = 2a_n - 3n + 5$.

(1) a_1, a_2, a_3 的值各是多少？

理解与分析：利用题设给出的条件 $S_n = 2a_n - 3n + 5$，再联想 $S_1 = a_1$，分别取 $n = 1, 2, 3$，即可求解.

解：当 $n = 1$ 时，$S_1 = 2a_1 - 3 \times 1 + 5, a_1 = 2a_1 + 2, a_1 = -2$.

当 $n = 2$ 时，$S_2 = 2a_2 - 3 \times 2 + 5, -2 + a_2 = 2a_2 - 1, a_2 = -1$.

当 $n = 3$ 时，$S_3 = 2a_3 - 3 \times 3 + 5, -2 + (-1) + a_3 = 2a_3 - 4, a_3 = 1$.

点评：在 $S_n = 2a_n - 3n + 5$ 中，分别取 $n = 1, 2, 3$ 是求解问题的关键.

(2) 求数列 $\{a_n\}$ 的通项公式.

理解与分析：首先利用数列前 n 项和 S_n 与第 n 项 a_n 的关系式，得到 a_n 与 a_{n-1} 的关系式（递推公式），然后通过拆项，构造新数列，写出新数列的通项公式后再回代求数列 $\{a_n\}$ 的通项公式.

解：当 $n = 1$ 时，$a_1 = -2$.

当 $n \geqslant 2$ 时，由数列前 n 项和 S_n 与第 n 项 a_n 的关系式，得

$$a_n = S_n - S_{n-1} = (2a_n - 3n + 5) - [2a_{n-1} - 3(n-1) + 5] = 2a_n - 2a_{n-1} - 3,$$
$$a_n = 2a_{n-1} + 3.$$

由于 a_{n-1} 的系数是 2，常数项是 3，将等式两边同时加 3，得 $a_n + 3 = 2a_{n-1} + 3 + 3$，整理，得 $\dfrac{a_n + 3}{a_{n-1} + 3} = 2$.

令 $b_n = a_n + 3$，则 $b_{n-1} = a_{n-1} + 3$，代入，得 $q = \dfrac{b_n}{b_{n-1}} = 2$，

$\therefore \{b_n\}$ 是公比 $q = 2$ 的等比数列，首项 $b_1 = a_1 + 3 = -2 + 1 = 1$.

由等比数列的通项公式，得 $b_n = 1 \times 2^{n-1}$，即 $b_n = 2^{n-1}$，代入 $b_n = a_n + 3$，得 $a_n + 3 = 2^{n-1}, a_n = 2^{n-1} - 3$，

$\therefore$ 数列 $\{a_n\}$ 的通项公式为 $a_n = 2^{n-1} - 3$.

点评：先通过递推公式构造等比数列，再求数列 $\{a_n\}$ 的通项公式.

【归纳总结】

等比数列有三个考点：一是求等比数列的第 n 项；二是等比数列求和；三是等比数列和等差数列的综合应用.

求等比数列某项的一种方法是先利用第 n 项与第 m 项的关系 $a_n = a_m q^{n-m} (1 \leqslant m < n)$ 求出公比 q，然后再求出问题.

由递推公式构造等比数列，一般是采用添项、累加、累乘等方法.

【能力测试】

水平能力测试二

一、选择题

1. 已知 a, b, c, d 是公比为 2 的等比数列，则 $\dfrac{2a + b}{2c + d} = ($ 　　　$)$.

(A) $\dfrac{1}{8}$ (B) $\dfrac{1}{4}$ (C) $\dfrac{1}{2}$ (D) 1

2. 设 $\sqrt{5}, x+1, 5\sqrt{5}$ 成等比数列,则 $x=$（   ）.
(A) 4 或 -4 (B) -4 和 6   (C) 4 或 -6 (D) 4 或 6

3. 在数列 $\{a_n\}$ 中,如果 $a_{n+1}=\dfrac{1}{2}a_n(n\geqslant 1)$,且 $a_1=2$,则 $S_5=$（   ）.
(A) $\dfrac{31}{8}$ (B) $-\dfrac{31}{8}$ (C) $\dfrac{31}{32}$ (D) $-\dfrac{31}{32}$

4. 设 S_n 是等比数列的前 n 项和,已知 $S_2=1$,公比 $q=2$,则 $S_4=$（   ）.
(A) 2   (B) 3   (C) 5   (D) 8

5. 若等比数列前 n 项和 $S_n=5^n+a$,则 $a=$（   ）.
(A) -5 (B) 0   (C) 1   (D) -1

6. 已知等比数列 $\{a_n\}$ 的各项都是正数,且满足 $a_1=3, a_1+a_2+a_3=21$,则 $a_3+a_4+a_5=$（   ）.
(A) 21   (B) 42   (C) 63   (D) 84

7. 设等比数列 $\{a_n\}$ 的前 n 项和为 S_n,若 $S_2=3, S_4=15$,则 $S_6=$（   ）.
(A) 31   (B) 32   (C) 63   (D) 64

8. 等比数列 $x, 3x+3, 6x+6, \cdots$ 的第四项等于（   ）.
(A) -24 (B) 0   (C) 12   (D) 24

9. 公比为 2 的等比数列 $\{a_n\}$ 的各项都是正数,且 $a_3 a_{11}=16$,则 $a_5=$（   ）.
(A) 1   (B) 2   (C) 4   (D) 8

10. 已知 $\{a_n\}$ 是各项均为正数的等比数列,且 a_3, a_2, a_4 成等差数列,则 $\{a_n\}$ 的公比为（   ）.
(A) -3 (B) -2 (C) 2   (D) 3

二、填空题

1. 已知等比数列 $\{a_n\}$ 的公比 $q=2, a_4=1$,则 $a_8=$_____.

2. 已知等比数列 $\{a_n\}$ 的公比 $q=2, S_4=1$,则 $S_8=$_____.

3. 已知 $\{a_n\}$ 是公比为 $q=\dfrac{1}{2}$ 的等比数列,若 $a_1+a_4+a_7+\cdots+a_{97}=100$,则 $a_3+a_6+a_9+\cdots+a_{99}=$_____.

4. 在等比数列 $\{a_n\}$ 中,$a_1+a_3=10, a_4+a_6=\dfrac{5}{4}$,则 $S_5=$_____.

5. 在数列 $\{a_n\}$ 中,$a_1+2a_2+2^2 a_3+\cdots+2^{n-1}a_n=8n, n\in\mathbf{N}^*$,则数列 $\{a_n\}$ 的通项公式为_____.

6. 在等比数列 $\{a_n\}$ 中,已知 $S_{10}=10, S_{20}=100$,则 $S_{30}=$_____.

7. 在递增等比数列 $\{a_n\}$ 中,已知 $a_3=3, a_5=12$,则 $S_{10}=$_____.

8. 已知等比数列 $\{a_n\}$ 是递增数列,前 n 项和为 S_n,若 a_1, a_3 是方程 $x^2-5x+4=0$ 的两个根,则 $S_6=$_____.

9. 等比数列 $\{a_n\}$ 的前 n 项和为 S_n,若 $S_3+3S_2=0$,则公比 $q=$_____.

10. 已知 $\{a_n\}$ 是等比数列,$a_1 \neq a_2$,$a_1 + 2a_2 = 3a_3 = 1$,则 $a_1 = $ _____.

三、解答题

1. 已知 $\{b_n\}$ 是等比数列,$b_1 > 0$,公比 $q > 0$,且有 $a_n = \log_2 b_n + \frac{3}{2}n$.

(1) 证明 $\{a_n\}$ 是等差数列,并求它的首项和公差;

(2) 若 $b_2 = 1$,$b_4 = \frac{1}{16}$,求 $\{a_n\}$ 的前 n 项和 S_n. 当 n 取何值时 S_n 最大?最大值等于多少?

2. 设数列 $\{a_n\}$ 的前 n 项和为 $S_n = 2n^2$,$\{b_n\}$ 为等比数列,且 $a_1 = b_1$,$b_2(a_2 - a_1) = b_1$.

(1) 求数列 $\{a_n\}$ 和 $\{b_n\}$ 的通项公式;

(2) 设 $C_n = \dfrac{a_n}{b_n}$,求数列 $\{C_n\}$ 的前 n 项和 T_n.

3. 数列 $\{a_n\}$ 满足 $a_1 = 1$,$a_n = \dfrac{1}{2} a_{n-1} + 1 (n \geqslant 2)$.

(1) 若 $b_n = a_n - 2$,求证:$\{b_n\}$ 是等比数列;

(2) 求数列 $\{a_n\}$ 的通项公式.

4. 已知数列 $\{a_n\}$ 是等差数列,且 $a_1 = 2$,$a_1 + a_2 + a_3 = 12$.

(1) 求数列 $\{a_n\}$ 的通项公式;

(2) 令 $b_n = a_n \cdot 3^n$,求数列 $\{b_n\}$ 的前 n 项和 S_n.

5. 已知 $\{b_n\}$ 是等比数列,$b_1 = 4$,$b_4 = \dfrac{1}{16}$,数列 $\{a_n\}$ 满足 $a_n = \log_2 b_n$.

(1) 证明 $\{a_n\}$ 是等差数列;

(2) 求 $\{a_n\}$ 的前 n 项和 S_n 的最大值.

6. 已知 $\{a_n\}$ 是公差不为 0 的等差数列,$a_1 = 1$,且 a_1, a_3, a_9 成等比数列.

(1) 求 $\{a_n\}$ 的通项公式;

(2) 设 $b_n = a_{2^n}$,求数列 $\{b_n\}$ 的前 n 项和 S_n.

第七章 平面向量

第一节 平面向量及线性运算

【考纲点击】

1. 理解向量的定义、向量的模、零向量、单位向量;
2. 掌握向量与单位向量的关系、两个平行向量的数乘关系;
3. 熟练掌握向量加减及数乘的坐标线性运算;
4. 掌握向量的平行四边形法则、三角形法则.

【命题走向】

在体育单招考试中,平面向量及线性运算是必考基础知识.考查内容包括向量的模、单位向量、向量与单位向量的关系、向量的线性运算法则、向量的坐标线性运算,题型是选择题或填空题.

【知识梳理】

一、平面向量

(1) 向量的定义:既有大小,又有方向的量叫作向量,记为$\overrightarrow{AB}$或$\vec{a}$,有时也记为向量 AB 或向量 a,如图 7-1.

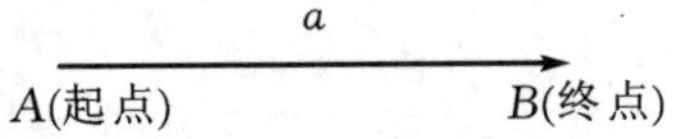

$$A(起点) \xrightarrow{\vec{a}} B(终点)$$

图 7-1

(2) 向量的模:向量的大小称为向量的模,记为$|\overrightarrow{AB}|$或$|\vec{a}|$,有时也记为向量$|AB|$或向量$|a|$,读作向量 AB 的模或向量 a 的模.

如果向量$|\overrightarrow{AB}|=0$或$|\vec{a}|=0$,即模为 0,那么称为零向量,记作$\vec{O}$,即$|\vec{O}|=0$;

如果向量$|\overrightarrow{AB}|=1$或$|\vec{a}|=1$,即模为 1,那么称为单位向量,记作$\vec{e}$,即$|\vec{e}|=1$;单位向量等于非零向量除以它的模,即$\vec{e}=\dfrac{\overrightarrow{AB}}{|\overrightarrow{AB}|}$或$\vec{e}=\dfrac{\vec{a}}{|\vec{a}|}$.

(3) 平行向量:方向相同或相反的非零向量叫作平行向量(共线向量),记作$\vec{a}\parallel\vec{b}$,表为$\vec{a}=\lambda\vec{b}$,λ 为非零实数.

理解:当 $\lambda<0$ 时,$\vec{a}$ 与 $\vec{b}$ 方向相反;当 $\lambda>0$ 时,$\vec{a}$ 与 $\vec{b}$ 方向相同.特别地,当 $\lambda=1$ 时,$\vec{a}=\vec{b}$.

二、向量的线性运算法则

1.三角形法则,如图 7-2.

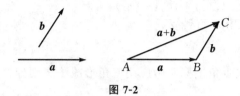

图 7-2

(1) 加法:$\overrightarrow{AB}$ 的终点与 $\overrightarrow{BC}$ 的起点相连,即 $\overrightarrow{AC}=\overrightarrow{AB}+\overrightarrow{BC}$;
(2) 减法:$\overrightarrow{AC}$ 的起点与 $\overrightarrow{AB}$ 的起点相连,即 $\overrightarrow{BC}=\overrightarrow{AC}-\overrightarrow{AB}$;
(3) 在平面直角坐标系中,向量 $\overrightarrow{AB}$ 可表为 $\overrightarrow{AB}=\overrightarrow{OB}-\overrightarrow{OA}$,其中 O 为原点.

2. 平行四边形法则,如图 7-3.
(1) 加法:先将 $\overrightarrow{AB}$ 的终点与 $\overrightarrow{BC}$ 的起点相连,再将 $\overrightarrow{BC}$ 平移至 $\overrightarrow{AD}$,即 $\overrightarrow{AC}=\overrightarrow{AB}+\overrightarrow{AD}$;
(2) 减法:$\overrightarrow{AD}=\overrightarrow{AC}-\overrightarrow{AB}$.

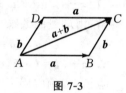

图 7-3

三、向量的坐标表示

在平面直角坐标系中,设点 $A(x_1,y_1),B(x_2,y_2)$,则
(1) 向量 $\overrightarrow{AB}$ 的坐标等于相对应的终点坐标减去始点坐标,即
$$\overrightarrow{AB}=(x_2-x_1,y_2-y_1);$$
(2) 模:$|\overrightarrow{AB}|=\sqrt{(x_2-x_1)^2+(y_2-y_1)^2}$,它也叫作两点间的距离公式.

四、向量坐标的线性运算

在平面直角坐标系中,设向量 $\boldsymbol{a}=(x_1,y_1),\boldsymbol{b}=(x_2,y_2)$,则
(1) 加法:两个向量和的坐标可表为,横坐标等于这两个向量横坐标的和,纵坐标等于这两个向量纵坐标的和,即 $\boldsymbol{a}+\boldsymbol{b}=(x_1+x_2,y_1+y_2)$;
(2) 减法:两个向量差的坐标可表为,横坐标等于这两个向量中被减数的横坐标减去减数的横坐标,纵坐标等于这两个向量中被减数的纵坐标减去减数的纵坐标,即 $\boldsymbol{a}-\boldsymbol{b}=(x_1-x_2,y_1-y_2)$;
(3) 数乘的坐标:实数与向量的积的坐标等于这个实数分别乘以向量的横坐标和纵坐标,即 $\lambda\boldsymbol{a}=(\lambda x_1,\lambda y_1)$.

【典例解析】

考点一 向量的三角形法则

例1 计算 $\overrightarrow{AB}+\overrightarrow{BC}+\overrightarrow{CA}$.
理解与分析:题设是向量的线性运算,根据向量的线性运算的三角形法则,$\overrightarrow{AB}=\overrightarrow{OB}-$

$\vec{OA}$,$\vec{BC}=\vec{OC}-\vec{OB}$,$\vec{CA}=\vec{OA}-\vec{OC}$,代入 $\vec{AB}+\vec{BC}+\vec{CA}$ 求解.

解:由向量的线性运算,得
$\vec{AB}=\vec{OB}-\vec{OA}$,$\vec{BC}=\vec{OC}-\vec{OB}$,$\vec{CA}=\vec{OA}-\vec{OC}$.
∴ $\vec{AB}+\vec{BC}+\vec{CA}$
$=(\vec{OB}-\vec{OA})+(\vec{OC}-\vec{OB})+(\vec{OA}-\vec{OC})$
$=\vec{OB}-\vec{OA}+\vec{OC}-\vec{OB}+\vec{OA}-\vec{OC}$
$=\vec{0}$.

点评:解题的关键是在直角坐标系中应用三角形减法法则分解向量.

考点二 向量坐标的线性运算

例 2 已知向量 $a=(-1,2)$,$b=(4,-3)$,求向量 $2a-3b$.

理解与分析:题设给出了向量 a 与 b 的坐标,求向量坐标的线性运算分两步,即先根据向量的数乘得到 $2a=2(-1,2)=(-2,4)$,$3b=3(4,-3)=(12,-9)$,然后将 $2a=(-2,4)$,$3b=(12,-9)$ 代入 $2a-3b$,进行运算即可求解.

解:由向量的数乘,得
$$2a=2(-1,2)=(-2,4),3b=3(4,-3)=(12,-9).$$
∴ $2a-3b=(-2,4)-(12,-9)=(-14,13)$.

点评:本例应用了向量的数乘和向量坐标的线性运算分析求解.

考点三 求向量的模

例 3 已知向量 $a=(-1,3)$,$b=(5,-2)$,求 $|2a+b|$.

理解与分析:由向量坐标的线性运算表出 $2a+b=(-2,6)+(5,-2)=(3,4)$,再求 $|2a+b|$.

解:∵ $a=(-1,3)$,$b=(5,-2)$,
∴ $2a+b=2(-1,3)+(5,-2)=(-2,6)+(5,-2)=(3,4)$,
∴ $|2a+b|=\sqrt{3^2+4^2}=5$.

点评:坐标法求向量的模是求解问题的关键,即设 $\vec{a}=(x,y)$,则 $|\vec{a}|=\sqrt{x^2+y^2}$.

考点四 求单位向量

例 4 已知点 $A(-1,3)$,$B(2,1)$,求 $\vec{AB}$ 的单位向量.

理解与分析:先用向量的坐标法表出 $\vec{AB}=(2,1)-(-1,3)=(3,-2)$,进而求 $\vec{AB}$ 的模 $|\vec{AB}|=\sqrt{3^2+(-2)^2}=\sqrt{13}$,再根据向量与它的单位向量的关系 $\vec{e}=\dfrac{\vec{AB}}{|\vec{AB}|}$ 求解.

解:∵ $A(-1,3)$,$B(2,1)$,
∴ $\vec{AB}=(2,1)-(-1,3)=(3,-2)$,$|\vec{AB}|=\sqrt{3^2+(-2)^2}=\sqrt{13}$,
∴ $\vec{e}=\dfrac{\vec{AB}}{|\vec{AB}|}=\dfrac{(3,-2)}{\sqrt{13}}=\left(\dfrac{3}{\sqrt{13}},-\dfrac{2}{\sqrt{13}}\right)$.

点评:向量与它的单位向量的关系是求解问题的关键,即 $\vec{e}=\dfrac{\vec{AB}}{|\vec{AB}|}$.

考点五 求点的坐标

例5 已知点 $A(-1,-3)$, $B(4,0)$, $C(7,5)$, 且四边形 $ABCD$ 为平行四边形, 求点 D 的坐标.

理解与分析: 由平行四边形的性质, 得到 $\overrightarrow{AB}=\overrightarrow{DC}$, 表出 $\overrightarrow{AB}=(5,3)$. 设点 $D(x,y)$, 得 $\overrightarrow{DC}=(7-x,5-y)$, 代入 $\overrightarrow{AB}=\overrightarrow{DC}$ 求出 x 和 y, 从而得到点 D 的坐标.

解: 由平行四边形的性质, 得 $\overrightarrow{AB}=\overrightarrow{DC}$.

∵ $A(-1,-3)$, $B(4,0)$,

∴ $\overrightarrow{AB}=(5,3)$. (1)

设点 $D(x,y)$, 则 $\overrightarrow{DC}=(7-x,5-y)$. (2)

将(1)、(2)代入 $\overrightarrow{AB}=\overrightarrow{DC}$, 得 $(5,3)=(7-x,5-y)$.

∴ $5=7-x$, $x=2$; $3=5-y$, $y=2$.

∴ 点 D 的坐标为 $(2,2)$.

点评: 根据平行四边形的性质 $\overrightarrow{AB}=\overrightarrow{DC}$, 建立方程求解问题.

【归纳总结】

向量的概念及坐标的线性运算有五个考点: 一是向量的三角形法则; 二是向量坐标的线性运算; 三是求向量的模; 四是求单位向量; 五是求点的坐标.

向量坐标的线性运算方法是先求向量的数乘, 然后再将两个向量的横坐标、纵坐标分别进行线性运算.

在向量的坐标法条件下, 设 $\vec{a}=(x,y)$, 则它的模 $|\vec{a}|=\sqrt{x^2+y^2}$, 它的单位向量 $\vec{e}=\dfrac{\vec{a}}{|\vec{a}|}=\left(\dfrac{x}{\sqrt{x^2+y^2}},\dfrac{y}{\sqrt{x^2+y^2}}\right)$.

利用向量求点的坐标的方法是: (1)设所求点的坐标; (2)用坐标法表示向量; (3)向量的数乘运算; (4)向量的坐标线性运算; (5)根据相等向量相对应的横坐标、纵坐标分别相等建立方程求点的坐标.

【能力测试】

水平能力测试一

一、选择题

1. $\overrightarrow{AB}-\overrightarrow{CD}+\overrightarrow{BD}+\overrightarrow{CA}=$ (   ).

   (A) $\vec{O}$　　　(B) $\overrightarrow{CB}$　　　(C) $\overrightarrow{CD}$　　　(D) $\overrightarrow{BC}$

2. 已知向量 $\boldsymbol{a}=(1,2)$, $\boldsymbol{b}=(3,1)$, 则向量 $\boldsymbol{b}-\boldsymbol{a}=$ (   ).

   (A) $(-2,1)$　　　(B) $(2,-1)$　　　(C) $(2,0)$　　　(D) $(4,3)$

3. 已知向量 $\boldsymbol{a}=(-2,3)$, $\boldsymbol{b}=(1,5)$, 则向量 $3\boldsymbol{a}+\boldsymbol{b}=$ (   ).

   (A) $(5,14)$　　　(B) $(-5,14)$　　　(C) $(7,4)$　　　(D) $(5,9)$

4. 已知向量 $\boldsymbol{a}=(2,4)$, $\boldsymbol{b}=(-1,1)$, 则向量 $2\boldsymbol{a}-\boldsymbol{b}=$ (   ).

(A) (5,7)　　　　(B) (5,9)　　　　(C) (3,7)　　　　(D) (3,9)

5. 已知 $\vec{a}=(3,4)$，则 $|\vec{a}|=(\ \ )$.
(A) 3　　　　(B) 4　　　　(C) 5　　　　(D) 6

6. 已知向量 $\boldsymbol{a}=(1,2)$，向量 $\boldsymbol{b}=(1,-3)$，则 $|3\boldsymbol{a}+\boldsymbol{b}|=(\ \ )$.
(A) 5　　　　(B) 4　　　　(C) 3　　　　(D) $\sqrt{6}$

7. 已知向量 $\boldsymbol{a}=(3,4)$，则向量 $\boldsymbol{a}$ 的单位向量 $\boldsymbol{e}=(\ \ )$.
(A) $\left(\dfrac{3}{7},\dfrac{4}{7}\right)$　　(B) $\left(\dfrac{3}{6},\dfrac{4}{6}\right)$　　(C) $\left(\dfrac{3}{5},\dfrac{4}{5}\right)$　　(D) $\left(\dfrac{3}{4},\dfrac{4}{4}\right)$

8. 已知点 $A(-1,2)$，$B(2,3)$，则 $\overrightarrow{AB}$ 的单位向量 $\vec{e}=(\ \ )$.
(A) $\left(-\dfrac{3}{\sqrt{10}},\dfrac{1}{\sqrt{10}}\right)$　　　　(B) $\left(\dfrac{3}{\sqrt{10}},-\dfrac{1}{\sqrt{10}}\right)$
(C) $\left(-\dfrac{3}{\sqrt{10}},-\dfrac{1}{\sqrt{10}}\right)$　　　　(D) $\left(\dfrac{3}{\sqrt{10}},\dfrac{1}{\sqrt{10}}\right)$

9. 已知向量 $\boldsymbol{a}=(4,3)$，$\boldsymbol{b}=(x,-12)$，且向量 $\boldsymbol{a}\parallel\boldsymbol{b}$，则实数 $x=(\ \ )$.
(A) 8　　　　(B) -8　　　　(C) 16　　　　(D) -16

10. 在 $\triangle ABC$ 中，$\overrightarrow{AB}=\vec{c}$，$\overrightarrow{AC}=\vec{b}$，若点 D 满足 $\overrightarrow{BD}=2\overrightarrow{DC}$，则 $\overrightarrow{AD}=(\ \ )$.
(A) $\dfrac{2}{3}\vec{b}+\dfrac{1}{3}\vec{c}$　　　　(B) $\dfrac{5}{3}\vec{c}-\dfrac{2}{3}\vec{b}$
(C) $\dfrac{2}{3}\vec{b}-\dfrac{1}{3}\vec{c}$　　　　(D) $\dfrac{1}{3}\vec{b}+\dfrac{2}{3}\vec{c}$

二、填空题

1. $\overrightarrow{BA}-\overrightarrow{BC}=$ ＿＿＿＿．
2. 已知向量 $\boldsymbol{a}=(2,1)$，$\boldsymbol{b}=(-3,4)$，则 $3\boldsymbol{a}+4\boldsymbol{b}=$ ＿＿＿＿．
3. 已知 $\boldsymbol{a}=(2,-1)$，$\boldsymbol{b}=(-1,3)$，则 $2\boldsymbol{a}-3\boldsymbol{b}=$ ＿＿＿＿．
4. 已知向量 $\boldsymbol{a}=(1,-1)$，$\boldsymbol{b}=(-1,2)$，则向量 $2\boldsymbol{a}+\boldsymbol{b}=$ ＿＿＿＿．
5. 已知向量 $\boldsymbol{a}=(2,-1)$，$\boldsymbol{b}=(-1,3)$，则向量 $|2\boldsymbol{a}+3\boldsymbol{b}|=$ ＿＿＿＿．
6. 已知向量 $\boldsymbol{a}=(2,1)$，$\boldsymbol{b}=(1,-2)$，则向量 $\boldsymbol{a}+\boldsymbol{b}$ 的单位向量 $\boldsymbol{e}=$ ＿＿＿＿．
7. 已知点 $A(1,-3)$，$\vec{a}=(3,4)$，且 $\overrightarrow{AB}=2\vec{a}$，则点 B 的坐标为＿＿＿＿．
8. 设 $\boldsymbol{a}=(4,3)$，$\boldsymbol{b}=(\lambda,6)$，$\boldsymbol{c}=(-1,k)$，且 $\boldsymbol{a}+\boldsymbol{b}=\boldsymbol{c}$，则 $\lambda=$ ＿＿＿；$k=$ ＿＿＿．
9. 已知向量 $\boldsymbol{a}=(1,k)$，$\boldsymbol{b}=(9,k-6)$，若 $\boldsymbol{a}\parallel\boldsymbol{b}$，则实数 $k=$ ＿＿＿＿．
10. 已知在平行四边形 $ABCD$ 中，AC 与 BD 交于点 O，且 $\overrightarrow{AB}+\overrightarrow{AD}=\lambda\overrightarrow{AO}$，则实数 $\lambda=$ ＿＿＿＿．

第二节　平面向量的数量积

【考纲点击】

1. 理解平面向量数量积的定义；
2. 熟练掌握两个向量平行或垂直的充分必要条件；

3. 熟练掌握在已知向量的模和它们的夹角或坐标的条件下求向量的数量积.

【命题走向】

在体育单招考试中,平面向量的数量积是每年必考知识点.考查内容包括在已知两个向量的模和它们的夹角的条件下,求两个向量的数量积;在已知两个向量的坐标的条件下,求两个向量的数量积;两个向量平行的位置关系;两个向量垂直的位置关系.题型是选择题或填空题,或作为基础知识与其他知识点组成综合性的解答题.

【知识梳理】

一、平面向量的数量积

（一）在已知两个向量的模和它们的夹角的条件下

如果已知两个非零向量 a 与 b 及它们的夹角 $\theta(0°\leqslant\theta\leqslant180°)$,如图 7-4,那么 $|a||b|\cos\theta$ 称为向量 a 与 b 的数量积,即 $a\cdot b=|a||b|\cos\theta$ 或 $a\cdot b=|a||b|\cos\langle a,b\rangle$,其中 $\langle a,b\rangle$ 为向量 a 与 b 的夹角.

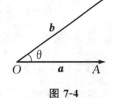

图 7-4

理解:(1) 向量 a 与 b 的数量积为实数;

(2) 记向量 a 与 b 的数量积时中间用实心小圆点表示,称为向量 a 与 b 的内积;

(3) $a\cdot b$ 的几何意义是向量 $|a|$ 与向量 b 在向量 a 上的投影 $|b|\cos\theta$ 之乘积.

讨论:(1) 两个向量夹角的余弦 $\cos\theta=\dfrac{a\cdot b}{|a||b|}$;

(2) 当 $\theta=0°$ 时,向量 $a/\!/b$ 且同向,则 $a\cdot b=|a||b|$;如果 $a=b$,那么 $a^2=|a|^2$,即向量的平方等于它的模的平方;

(3) 当 $\theta=180°$ 时,向量 $a/\!/b$ 且反向,则 $a\cdot b=-|a||b|$;

(4) 当 $\theta=90°$ 时,向量 $a\perp b$,则 $a\cdot b=0$.

（二）在已知两个向量的坐标的条件下

设向量 $a=(x_1,y_1)$,$b=(x_2,y_2)$.

(1) 两个向量相应横坐标的积与纵坐标的积之和称为向量的数量积,即

$$a\cdot b=x_1x_2+y_1y_2;$$

(2) 平行向量:$a/\!/b\Leftrightarrow\dfrac{x_1}{x_2}=\dfrac{y_1}{y_2}(b\neq O)$;

(3) 垂直向量:$a\perp b\Leftrightarrow a\cdot b=0\Leftrightarrow x_1x_2+y_1y_2=0$.

二、平面向量的运算律

(1) 交换律:$a\cdot b=b\cdot a$.

(2) 分配律:$(a+b)\cdot c=a\cdot c+b\cdot c$.

附:特殊角的余弦三角函数如下.

$\cos 0° = \cos 0 = 1, \cos 30° = \cos \dfrac{\pi}{6} = \dfrac{\sqrt{3}}{2}, \cos 45° = \cos \dfrac{\pi}{4} = \dfrac{\sqrt{2}}{2},$

$\cos 60° = \cos \dfrac{\pi}{3} = \dfrac{1}{2}, \cos 90° = \cos \dfrac{\pi}{2} = 0, \cos 120° = \cos \dfrac{2\pi}{3} = -\dfrac{1}{2},$

$\cos 135° = \cos \dfrac{3\pi}{4} = -\dfrac{\sqrt{2}}{2}, \cos 150° = \cos \dfrac{5\pi}{6} = -\dfrac{\sqrt{3}}{2}, \cos 180° = \cos \pi = -1.$

【典例解析】

考点一　平面向量的数量积

例1　已知 $|\vec{a}|=5, |\vec{b}|=4, \vec{a}$ 与 $\vec{b}$ 的夹角 $\theta=120°$，求 $\vec{a} \cdot \vec{b}$.

理解与分析：在已知两个向量的模和它们的夹角的条件下，代入 $\vec{a} \cdot \vec{b} = |\vec{a}||\vec{b}|\cos\theta$ 求解.

解：$\vec{a} \cdot \vec{b} = |\vec{a}||\vec{b}|\cos\theta = 4 \times 5 \times \cos 120° = 4 \times 5 \times \left(-\dfrac{1}{2}\right) = -10.$

点评：根据两个向量的模和它们的夹角求数量积.

例2　设 a, b 为平面向量，已知 $|a|=3, |b|=4, \langle a, b \rangle = \dfrac{3\pi}{4}$，求 $(3a-2b)(a-2b)$ 的值.

理解与分析：化简 $(3a-2b) \cdot (a-2b) = 3a^2 - 8a \cdot b + 4b^2$，根据向量与模的关系，向量 $a^2 = |a|^2, b^2 = |b|^2$，然后根据两个向量的模和它们的夹角求出 $a \cdot b$，从而求解问题.

解：$(3a-2b) \cdot (a-2b) = 3a^2 - 8a \cdot b + 4b^2.$

∵ $a^2 = |a|^2 = 9, b^2 = |b|^2 = 16,$

$a \cdot b = |a||b|\cos\langle a, b\rangle = 3 \times 4 \times \cos \dfrac{3}{4}\pi = 3 \times 4 \times \left(-\dfrac{\sqrt{2}}{2}\right) = -6\sqrt{2},$

∴ 原式 $= 3 \times 9 - 8 \times (-6\sqrt{2}) + 4 \times 16 = 91 + 48\sqrt{2}.$

点评：向量的化简方法与代数的多项式乘多项式的化简方法相同.

例3　已知平面向量 $a=(1,1), b=(-1,2)$，求 $(a+b) \cdot (a-b)$ 的值.

理解与分析：先根据两个向量的坐标求出 $a+b=(0,3), a-b=(2,-1)$，再利用向量数量积的坐标法运算求解问题.

解：∵ $a=(1,1), b=(-1,2),$

∴ $a+b=(0,3), a-b=(2,-1),$

∴ $(a+b) \cdot (a-b) = (0,3) \cdot (2,-1) = 0 \times 2 + 3 \times (-1) = -3.$

点评：在坐标法的条件下，两个向量的数量积等于这两个向量相应横坐标的积加上相应纵坐标的积.

例4　设 a, b 为平面向量，已知 $|a|=5, b=(3,\sqrt{7}), \langle a,b\rangle = 120°$，求 $a \cdot b$.

理解与分析：题设给出了向量 a 的模，即 $|a|=5$，向量 b 的坐标，即 $b=(3,\sqrt{7})$，向量 a 与 b 的夹角，即 $\langle a,b\rangle = 120°$，要求向量 a 和 b 的数量积 $a \cdot b$，必须在已知两个向量的模和它们的夹角的条件下。先求出向量 b 的模，即 $|b| = \sqrt{3^2 + (\sqrt{7})^2} = 4$，再代入 $a \cdot b = |a||b|\cos\theta$ 求解.

解：∵ $b=(3,\sqrt{7}),$

$\therefore |b| = \sqrt{3^2 + (\sqrt{7})^2} = 4.$

$\therefore a \cdot b = |a||b|\cos\langle a, b\rangle = 5 \times 4 \times \cos 120° = 5 \times 4 \times \left(-\dfrac{1}{2}\right) = -10.$

点评：先求出向量 b 的模是求解问题的关键.

考点二　平面向量的夹角

例 5　已知平面向量 $a=(1,2), b=(-1,3)$，求向量 a 与 b 的夹角.

理解与分析：题设给出了向量 a 与 b 的坐标，要求向量 a 与 b 的夹角，通过平面向量的数量积公式 $a \cdot b = |a||b|\cos\langle a,b\rangle \Rightarrow \cos\langle a,b\rangle = \dfrac{a \cdot b}{|a||b|}$ 求得，其中 $a \cdot b$ 由向量数量积的坐标运算求得，即 $a \cdot b = (1,2) \cdot (-1,3) = 5$，向量 a, b 的模由坐标求得，即 $|a| = \sqrt{1^2+2^2} = \sqrt{5}, |b| = \sqrt{(-1)^2+3^2} = \sqrt{10}$，代入后即可求得向量 a 与 b 的夹角.

解：$\because a=(1,2), b=(-1,3)$，得

$\therefore a \cdot b = (1,2) \cdot (-1,3) = 5,$

$|a| = \sqrt{1^2+2^2} = \sqrt{5},$

$|b| = \sqrt{(-1)^2+3^2} = \sqrt{10}.$

$\therefore \cos\langle a,b\rangle = \dfrac{a \cdot b}{|a||b|} = \dfrac{5}{\sqrt{5} \times \sqrt{10}} = \dfrac{\sqrt{2}}{2},$

$\therefore \langle a,b\rangle = \dfrac{\pi}{4}$，即向量 a 与 b 的夹角为 $\dfrac{\pi}{4}$.

点评：已知平面向量的坐标，可求得向量的数量积和模.

考点三　平面向量的模

例 6　设 a, b 为平面向量，已知 $|a|=3, |b|=4, \langle a,b\rangle = \dfrac{2\pi}{3}$，求 $|a+b|$.

理解与分析：根据模的平方等于向量的平方得 $|a+b|^2 = (a+b)^2$，化简后得到 $|a+b|^2 = |a|^2 + 2a \cdot b + |b|^2$，其中 $|a|^2 = 9, |b|^2 = 16, a \cdot b$ 由平面向量的数量积公式求得，求出 $|a+b|^2$ 后，开方得算术平方根即得解.

解：由平面向量的数量积公式，得

$a \cdot b = |a||b|\cos\langle a,b\rangle = 3 \times 4 \times \cos\dfrac{2}{3}\pi = 3 \times 4 \times \left(-\dfrac{1}{2}\right) = -6.$

由向量与模的关系，得

$a^2 = |a|^2 = 9, b^2 = |b|^2 = 16.$

$\because |a+b|^2 = (a+b)^2 = |a|^2 + 2a \cdot b + |b|^2 = 9 + 2 \times (-6) + 16 = 13,$

$\therefore |a+b| = \sqrt{13}.$

点评：根据向量与模的关系求向量的模，一般根据模的平方等于向量的平方进行求解.

考点四　平面向量的垂直问题

例 7　已知非零向量 a, b 满足 $|b|=4|a|$，且 $2a+b$ 与 a 垂直，求 a 与 b 的夹角.

理解与分析：$2a+b$ 与 a 垂直 $\Rightarrow(2a+b)\cdot a=0$，即 $a\cdot b=-2a^2=-2|a|^2$，将 $a\cdot b=-2|a|^2$，$|b|=4|a|$ 代入 $\cos\langle a,b\rangle=\dfrac{a\cdot b}{|a||b|}$，求解 a 与 b 的夹角.

解：$2a+b$ 与 a 垂直 $\Rightarrow(2a+b)\cdot a=0$，去括号，得 $2a^2+b\cdot a=0$.

将 a^2 改写为模表示的形式，得 $2|a|^2+b\cdot a=0$，移项，得 $a\cdot b=-2|a|^2$.

$\therefore\cos\langle a,b\rangle=\dfrac{a\cdot b}{|a||b|}=\dfrac{-2|a|^2}{|a|\times 4|a|}=-\dfrac{1}{2}$.

$\therefore\langle a,b\rangle=120°$，即向量 a 与 b 的夹角为 $120°$.

点评：两个平面向量垂直的充分必要条件是这两个向量的数量积为 0，即 $a\perp b\Leftrightarrow a\cdot b=0$.

例 8　设 a,b 为平面向量，已知 $|a|=3$，$|b|=4$，向量 $a+mb$ 与 $a-mb$ 相互垂直，求 m 的值.

理解与分析：$a+mb$ 与 $a-mb$ 相互垂直 $\Rightarrow(a+mb)\cdot(a-mb)=0$，计算后得到 $a^2-m^2b^2=0\Rightarrow|a|^2-m^2|b|^2=0$，将 $|a|=3$，$|b|=4$ 代入，求解 m 的值.

解：$\because a+mb$ 与 $a-mb$ 相互垂直 $\Rightarrow(a+mb)\cdot(a-mb)=0$，

$\therefore a^2-m^2b^2=0\Rightarrow|a|^2-m^2|b|^2=0$.

将 $|a|=3$，$|b|=4$ 代入上式，得 $3^2-m^2\cdot 4^2=0$，求得 $m=\pm\dfrac{3}{4}$.

点评：本例的分析求解过程应用了两个知识点：(1) 两个平面向量垂直的充分必要条件是这两向量的数量积为 0；(2) 向量与模的关系是向量的平方等于它的模的平方.

例 9　已知向量 $a=(5,-4)$，$b=(-3,2)$，求与 $2a+3b$ 垂直的单位向量.

理解与分析：题设给出的已知向量 a 和 b 分别是用坐标表示的，于是所求单位向量也用坐标表示. 设单位向量 $e=(x,y)$，由于单位向量的模等于 1，因此 $\sqrt{x^2+y^2}=1$，$x^2+y^2=1$……(1)，由条件单位向量 e 与 $2a+3b$ 垂直可知，$(2a+3b)\cdot e=0$，经向量坐标的线性运算得到 $(2a+3b)=(1,-2)$，再经向量的数量积的坐标运算，得到方程 $x-2y=0$……(2). 方程 (1) 和 (2) 联立即可求出 x 和 y，从而得到单位向量 e.

解：设单位向量 $e=(x,y)$，则 $\sqrt{x^2+y^2}=1$，即

$x^2+y^2=1$. (1)

$\because e$ 与 $2a+3b$ 垂直 $\Rightarrow(2a+3b)\cdot e=0$，

$(2a+3b)=(1,-2)$，

$\therefore(1,-2)\cdot(x,y)=0$，

$x-2y=0$ (2)

由 (1) 和 (2) 组成方程组，求得

$$x=\dfrac{2}{\sqrt{5}},\ y=\dfrac{1}{\sqrt{5}}\ \text{或}\ x=-\dfrac{2}{\sqrt{5}},\ y=-\dfrac{1}{\sqrt{5}},$$

$\therefore$ 单位向量 $e=\left(\dfrac{2}{\sqrt{5}},\dfrac{1}{\sqrt{5}}\right)$ 或 $\left(-\dfrac{2}{\sqrt{5}},-\dfrac{1}{\sqrt{5}}\right)$.

点评：已知向量用坐标表示，所求单位向量也必须用坐标表示，利用与单位向量垂直的条件，建立二元一次方程组，从而求解问题.

【归纳总结】

平面向量的数量积有四个考点:一是求向量的数量积;二是求平面向量的夹角;三是求平面向量的模;四是平面向量的垂直问题.

运用向量的数量积公式的条件是已知两个向量的模和它们的夹角.

向量与模的关系是向量的平方等于它的模的平方.

在坐标法的条件下,两个向量的数量积等于这两个向量相应横坐标的积加上相应纵坐标的积.

两个平面向量垂直的充分必要条件是这两向量的数量积为 0,即 $a \perp b \Leftrightarrow a \cdot b = 0$.

如果已知向量用坐标表示,那么所求问题的向量也必须用坐标表示.

【能力测试】

水平能力测试二

一、选择题

1. 已知 $|a|=6, |b|=4$,向量 a 与 b 的夹角为 $60°$,则 $(a+2b) \cdot (a-3b) = ($　　$)$.
   (A) -72　　(B) -70　　(C) -68　　(D) -66

2. 已知向量 $a=(1,2), b=(1,-3)$,则 $|3a+b| = ($　　$)$.
   (A) 5　　(B) 4　　(C) 3　　(D) $\sqrt{5}$

3. 设 a 与 b 是平面向量,已知 $|a|=\sqrt{3}, |b|=2$,且 $\langle a,b \rangle = 150°$,则 $|a+b| = ($　　$)$.
   (A) 1　　(B) 2　　(C) 3　　(D) 4

4. 设 a 与 b 是平面向量,且 $a=(6,-8), |b|=5, a \cdot b = 50$,则 $|a-b| = ($　　$)$.
   (A) 2　　(B) 3　　(C) 4　　(D) 5

5. 设 a 与 b 是平面向量,且 $a=(6,-8), |b|=5, a \cdot b = 50$,则 $a-b = ($　　$)$.
   (A) $(-3,4)$　　(B) $(-4,3)$　　(C) $(3,-4)$　　(D) $(4,-3)$

6. 已知 $a=(\sqrt{3},-1), b=\left(\dfrac{1}{2}, \dfrac{\sqrt{3}}{2}\right)$,则向量 a 与 b 的夹角是 $($　　$)$.
   (A) $\dfrac{\pi}{6}$　　(B) $\dfrac{\pi}{4}$　　(C) $\dfrac{\pi}{3}$　　(D) $\dfrac{\pi}{2}$

7. 已知平面向量 $a=\left(1, \dfrac{\sqrt{3}}{3}\right)$,单位向量 b 满足 $(a+b) \perp b$,则 a 与 b 的夹角是 $($　　$)$.
   (A) $30°$　　(B) $60°$　　(C) $120°$　　(D) $150°$

8. 已知 $|a|=4, |b|=2$,向量 $a+mb$ 与 $a-mb$ 相互垂直,则 m 的值是 $($　　$)$.
   (A) 2 或 1　　(B) 2 或 -2　　(C) -2 或 1　　(D) -2 或 -1

9. 已知平面向量 $a=(1,2), b=(2,1)$,若 $(a+bk) \perp b$,则 $k=($　　$)$.
   (A) $-\dfrac{4}{5}$　　(B) $-\dfrac{3}{4}$　　(C) $-\dfrac{2}{3}$　　(D) $-\dfrac{1}{2}$

10. 若平面上单位向量 a 与 b 的夹角为 $90°$，则 $|3a-4b|=$（   ）．
(A) 5   (B) 4   (C) 3   (D) 2

二、填空题

1. 设 a,b 为平面向量，已知 $|a|=3,|b|=4,\langle a,b\rangle=\dfrac{2\pi}{3}$，则 $(3a+2b)\cdot(a-2b)=$ _____．

2. 若向量 a,b 满足 $|a|=1,|b|=2,a\cdot b=-\dfrac{2}{3}$，则 $\cos\langle a,b\rangle=$ _____．

3. 设 a 与 b 是平面向量，且 $a=(2,1),a\cdot b=10,|a+b|=5\sqrt{2}$，则 $|b|=$ _____．

4. 设 a,b 为平面向量，满足 $|a|=1,|b|=2,\langle a,b\rangle=60°$，则 $|a+b|=$ _____．

5. 设 a,b 为平面向量，已知 $|a|=1,|b|=2,\langle a,b\rangle=120°$，则 $|2a+b|=$ _____．

6. 已知单位向量 a,b 的夹角为 $60°$，则 $|2a-b|=$ _____．

7. 设 a 与 b 是平面向量，且 $a=(6,-8),|b|=5,a\cdot b=50$，则向量 $b=$ _____．

8. 已知向量 $\overrightarrow{OA}\perp\overrightarrow{AB},|\overrightarrow{OA}|=3$，则 $\overrightarrow{OA}\cdot\overrightarrow{OB}=$ _____．

9. 若向量 $\overrightarrow{OA}=(1,-3),|\overrightarrow{OA}|=|\overrightarrow{OB}|,\overrightarrow{OA}\cdot\overrightarrow{OB}=0$，则 $|\overrightarrow{AB}|=$ _____．

10. 已知平面向量 $a=(5,-4),b=(-3,x),c=(2,1)$，若 $2a+3b$ 与 c 垂直，则 $x=$ _____．

第八章 直线、圆与方程

第一节 直线与方程

【考纲点击】

1. 理解直线的倾斜角和斜率的概念；
2. 熟练应用点斜式方程、斜截式方程求直线方程，并且能将所求直线方程化为一般式.

【命题走向】

在体育单招考试中，直线与方程是每年必考知识点．考查内容包括直线的斜率、求直线方程；题型是选择题或填空题，或作为基础知识与其他知识点组成综合性的解答题．

【知识梳理】

一、倾斜角

（1）定义：在平面直角坐标系中，将 x 轴的正半轴逆时针方向旋转到直线 l 所成的角，叫作直线 l 的倾斜角，记作 α.

（2）倾斜角 α 的取值范围：$0°\leqslant\alpha<180°$（或 $0\leqslant\alpha<\pi$）．

二、斜率

（1）定义：直线倾斜角的正切值叫作直线 l 的斜率，记作 k，即 $k=\tan\alpha$.

理解：当直线 l 与 x 轴垂直时，倾斜角 $\alpha=90°$，斜率 k 不存在；当直线 l 与 x 轴平行时，倾斜角 $\alpha=0°$，斜率 $k=0$.

（2）坐标法求直线 l 的斜率：已知直线 l 上两点 $A(x_1,y_1)$ 和 $B(x_2,y_2)$，则 $k=\dfrac{y_2-y_1}{x_2-x_1}$.

理解：坐标法求直线 l 的斜率时，要求在分子、分母中，被减数的坐标必须是同一个点的纵坐标和横坐标．

（3）方向向量求直线 l 的斜率：已知直线 l 的方向向量为 $\boldsymbol{a}=(x,y)$，则 $k=\dfrac{y}{x}$.

注：特殊角的正切三角函数如下．

α	$0°$	$30°$	$45°$	$60°$	$90°$	$120°$	$135°$	$150°$
$\tan\alpha$	0	$\dfrac{\sqrt{3}}{3}$	1	$\sqrt{3}$	/	$-\sqrt{3}$	-1	$-\dfrac{\sqrt{3}}{3}$

三、求直线方程的方法

(1) 点斜式：已知直线 l 经过点 $M(x_0, y_0)$ 和斜率 k，则所求直线 l 的方程为 $y - y_0 = k(x - x_0)$.

理解：当直线 l 与 x 轴垂直时，k 不存在，所求直线 l 的方程为 $x = x_0$；当直线 l 与 x 轴平行时，$k = 0$，所求直线 l 的方程为 $y = y_0$.

(2) 斜截式：已知直线 l 的斜率 k 和它在 y 轴上的截距 b，则所求直线 l 的方程为 $y = kx + b$.

理解：直线 l 与 x 轴平行时，$k = 0$，所求直线 l 的方程为 $y = b$.

四、直线方程的一般式

$Ax + By + C = 0$，其中 A、B、C 都是常数，且 A、B 至少有一个不为 0.

理解：在没有特殊说明的情况下，所求直线方程的最终表达形式为一般式.

【典例解析】

考点一　求直线的斜率

例 1　已知直线 l 的倾斜角 $\alpha = 120°$，求它的斜率.

理解与分析：已知倾斜角 $\alpha = 120°$ 求直线的斜率，代入 $k = \tan\alpha$，即可求解.

解：直线 l 的斜率为 $k = \tan\alpha = \tan 120° = -\sqrt{3}$.

点评：已知倾斜角 α，求直线 l 的斜率的方法是 $k = \tan\alpha$.

例 2　已知直线 l 过点 $A(3,2)$ 和点 $B(2,5)$，求直线 l 的斜率.

理解与分析：已知直线 l 上两点的坐标求直线的斜率，代入直线 l 的斜率公式 $k = \dfrac{y_2 - y_1}{x_2 - x_1}$，即可求解.

解：直线 l 的斜率为 $k = \dfrac{y_2 - y_1}{x_2 - x_1} = \dfrac{5 - 2}{2 - 3} = -3$.

点评：已知直线 l 上两点 $A(x_1, y_1)$ 和 $B(x_2, y_2)$，求直线 l 的斜率的方法是 $k = \dfrac{y_2 - y_1}{x_2 - x_1}$.

考点二　求直线方程

例 3　一条直线 l 在 y 轴上的截距是 -7，倾斜角是 $\dfrac{3\pi}{4}$，求直线 l 的方程.

理解与分析：直线 l 在 y 轴上的截距是 -7，即 $b = -7$，倾斜角是 $\dfrac{3\pi}{4}$，得到直线 l 的斜率 $k = \tan\dfrac{3\pi}{4} = -1$，代入斜截式方程求出直线 l 的方程，最后把直线 l 的方程化为一般式.

解：斜率 $k = \tan\dfrac{3\pi}{4} = -1$，

又直线 l 在 y 轴上的截距是 -7，即 $b=-7$，代入斜截式方程，得 $y=-x-7$，

化为一般式方程，得 $x+y+7=0$.

点评：求直线 l 的斜截式方程，必须已知直线 l 的斜率 k 和它在 y 轴上的截距 b.

例 4 已知 $\triangle ABC$ 的顶点 $A(0,5)$，$B(1,-2)$，$C(-5,4)$，求 BC 边上的中线所在直线的方程.

理解与分析：先求 BC 中点 D 的坐标，由中点坐标公式，求得点 D 的坐标为 $(-2,1)$，再求中线 AD 的斜率，得到 $k_{AD}=\dfrac{1-5}{(-2)-0}=2$，代入点斜式方程并化为一般式方程，即可求出 AD 边上的中线所在直线的方程.

解：设 D 为 BC 边上的中点，由中点坐标公式，求得 $D(-2,1)$，

中线 AD 的斜率为 $k_{AD}=\dfrac{1-5}{(-2)-0}=2$，

代入点斜式方程，得 $y-5=2(x-0)$，

化为一般式方程，得 $2x-y+5=0$.

点评：先求 BC 边上的中点的坐标，再求中线的斜率，代入点斜式方程，并化为一般式方程.

【归纳总结】

直线与方程有两个考点：一是求直线的斜率；二是求直线方程.

求直线斜率的常用方法：

(1) 已知倾斜角 α，斜率 $k=\tan\alpha$；

(2) 已知直线上两点 $A(x_1,y_1)$ 和 $B(x_2,y_2)$，斜率 $k=\dfrac{y_2-y_1}{x_2-x_1}$；

(3) 已知直线的方向向量 $\boldsymbol{a}=(x,y)$，斜率 $k=\dfrac{y}{x}$.

求直线方程，必须先求出直线的斜率，再结合题设中给出的条件，代入斜截式方程或点斜式方程，并化为一般式方程.

在没有特殊说明的情况下，所求直线方程的最终表达形式为一般式.

【能力测试】

水平能力测试一

一、选择题

1. 已知直线过点 $P(3,2)$ 和点 $Q(-2,5)$，则其斜率 $k=(\quad)$.

(A) $\dfrac{3}{5}$ (B) $\dfrac{5}{3}$ (C) $-\dfrac{3}{5}$ (D) $-\dfrac{5}{3}$

2. 下列命题中正确的是（ ）.

(A) 直线倾斜角 α 的取值范围是 $0\leqslant\alpha<2\pi$

(B) 直线斜率 k 的范围是 $0<k<+\infty$

(C) 任何一条直线都有倾斜角，但不一定每条直线都有斜率

(D) 任何一条直线都有倾斜角,也都有斜率

3. 已知直线 l 的方向向量为 $a=(3,4)$,则它的斜率是( ).

(A) $\frac{3}{4}$　　　　(B) $\frac{4}{3}$　　　　(C) $\pm\frac{3}{4}$　　　　(D) $\pm\frac{4}{3}$

4. 如果直线 l 沿 x 轴负方向平移 3 个单位,在沿 y 轴正方向平移 1 个单位后,又回到原来的位置,那么直线 l 的斜率是( ).

(A) $-\frac{1}{3}$　　　(B) -3　　　　(C) $\frac{1}{3}$　　　　(D) 3

5. 直线 $3x-\sqrt{3}y+1=0$ 的倾斜角是( ).

(A) $\frac{\pi}{6}$　　　　(B) $\frac{\pi}{4}$　　　　(C) $\frac{\pi}{3}$　　　　(D) $\frac{5\pi}{6}$

6. 斜率是 $\frac{4}{3}$,且在 y 轴上的截距是 -6 的直线方程是( ).

(A) $4x-3y-18=0$　　　　(B) $4x+3y-18=0$
(C) $4x-3y+24=0$　　　　(D) $4x-3y-24=0$

7. 过点 $A(10,-4)$,其倾斜角的正切值为 $-\frac{12}{5}$ 的直线方程是( ).

(A) $12x-5y+100=0$　　　　(B) $12x+5y+100=0$
(C) $12x-5y-100=0$　　　　(D) $12x+5y-100=0$

8. 将一般式直线方程 $x-5y+3=0$ 化为斜截式方程,是( ).

(A) $y=\frac{1}{5}x+\frac{3}{5}$　　　　(B) $y=\frac{1}{5}x-\frac{3}{5}$
(C) $y=\frac{1}{5}x-\frac{3}{5}$　　　　(D) $y=-\frac{1}{5}x-\frac{3}{5}$

9. 将斜截式直线方程 $y=-\frac{2}{3}x+5$ 化为一般式方程,是( ).

(A) $2x-3y+15=0$　　　　(B) $2x-3y-15=0$
(C) $2x+3y+15=0$　　　　(D) $2x+3y-15=0$

10. 一直线过点 $A(2,-3)$,它的倾斜角等于直线 $y=\frac{1}{\sqrt{3}}x$ 的倾斜角的 2 倍,则这条直线的方程为( ).

(A) $\sqrt{3}x-y-2\sqrt{3}+3=0$　　　　(B) $\sqrt{3}x-y-2\sqrt{3}-3=0$
(C) $\sqrt{3}x+y-2\sqrt{3}+3=0$　　　　(D) $\sqrt{3}x+y-2\sqrt{3}-3=0$

二、填空题

1. 已知直线 l 平行于 x 轴,则直线 l 的斜率 $k=$ _____.

2. 已知直线 l 的方向向量 $a=(2,-3)$,则直线 l 的斜率 $k=$ _____.

3. 设直线 l 的方程为 $(a+1)x+y+2-a=0(a\in\mathbf{R})$,并且在两坐标轴上截距互为相反数,直线 l 的斜率 $k=$ _____.

4. 已知 $\triangle ABC$ 的顶点 $A(0,5),B(1,-2),C(-5,4)$,则 BC 边上的中线所在直线的斜率 $k=$ _____.

5. 已知直线的斜率 $k=2$，且点 $A(2,3),B(x,7)$ 在这条直线上，则 $x=$ _____．

6. 已知直线 l 的斜率的绝对值是 1，则直线 l 的倾斜角 $\alpha=$ _____．

7. 已知直线 l 的斜率是 -4，在 y 轴上的截距是 7，则直线方程为 _____．

8. 已知直线 l 在 x 轴上的截距是 2，在 y 轴上的截距是 3，则直线 l 的方程为 _____．

9. 已知直线 l 过点 $P(-3,4)$，并且在两坐标轴上截距相等，则直线 l 的方程为 _____．

10. 已知直线 l 的倾斜角为 $45°$，并且经过两点 $A(m,2),B(-m,2m-1)$，则 m 的值为 _____．

第二节　两条直线的位置关系

【考纲点击】

1. 掌握根据直线方程判断两条直线的位置关系；
2. 掌握点到直线的距离公式；
3. 掌握两条平行直线的距离公式．

【命题走向】

在体育单招考试中，两条直线的位置关系是每年必考知识点．考查内容包括根据两条直线平行或垂直的位置关系求直线方程、点到直线的距离、两条平行直线的距离；题型是选择题或填空题，或与其他知识点组成综合性的解答题．

【知识梳理】

一、两条直线的位置关系

（一）在斜截式条件下

设直线 $l_1: y=k_1x+b_1$ 和 $l_2: y=k_1x+b_1$，则

(1) 平行：$l_1 /\!/ l_2 \Leftrightarrow k_1=k_2$，且 $b_1 \neq b_2$；

(2) 垂直：$l_1 \perp l_2 \Leftrightarrow k_1 k_2 = -1$．

（二）在一般式条件下

设直线 $l_1: A_1x+B_1y+C_1=0, l_2: A_2x+B_2y+C_2=0$，则

(1) 平行：$l_1 /\!/ l_2 \Leftrightarrow \dfrac{A_1}{A_2}=\dfrac{B_1}{B_2}\neq\dfrac{C_1}{C_2}$（通常情况下 $A_1=A_2, B_1=B_2, C_1\neq C_2$）；

(2) 相交：方程组 $\begin{cases} A_1x+B_1y+C_1=0 \\ A_2x+B_2y+C_2=0 \end{cases}$ 有解．

二、点到直线的距离公式

设直线 $l: Ax+By+C=0$（一般式）和点 $M(x_0, y_0)$，则点 M 到直线 l 的距离公式为

$$d = \frac{|Ax_0 + By_0 + C|}{\sqrt{A^2 + B^2}}.$$

理解：分子是将点 $M(x_0, y_0)$ 代入直线 l 方程的左端后取绝对值；分母是求 x 项的系数 A 与 y 项的系数 B 的平方和后开二次根式.

三、两条平行直线的距离公式

如果直线 $l_1: Ax + By + C_1 = 0, l_2: Ax + By + C_2 = 0$（一般式），$l_1 \parallel l_2$，那么直线 l_1 和 l_2 的距离为 $d = \dfrac{|C_1 - C_2|}{\sqrt{A^2 + B^2}}$.

理解：(1) 分子是两个常数项 C_1 与 C_2 做差后取绝对值；分母是求 x 项的系数 A 与 y 项的系数 B 的平方和后开二次根式.

(2) 在直线的一般式的条件下，如果两条直线平行，那么它们所对应的 x 项的系数、y 项的系数分别相等，并且常数项不相等；或所对应的 x 项的系数之比等于 y 项的系数之比，但不等于常数项之比.

【典例解析】

考点一　根据两条直线平行或垂直求直线方程

例 1　求过点 $M(-3, 2)$，并且与直线 $x + 2y - 9 = 0$ 平行的直线方程.

理解与分析：题设给出了点 M 的坐标，即 $M(-3, 2)$，因为所求直线与已知直线 $x + 2y - 9 = 0$ 平行，所以设所求直线方程为 $x + 2y + C = 0$，再将点 $M(-3, 2)$ 代入求出 C 的值，从而得到所求直线方程.

解：∵ 所求直线与已知直线 $x + 2y - 9 = 0$ 平行，

∴ 设所求直线方程为 $x + 2y + C = 0$，将点 $M(-3, 2)$ 代入，得 $-3 + 2 \times 2 + C = 0, C = -1$，

∴ 所求直线方程为 $x + 2y - 1 = 0$.

点评：如果一条直线与已知直线 $Ax + By + C_1 = 0$ 平行，那么这条直线可表为 $Ax + By + C_2 = 0 (C_1 \neq C_2)$.

例 2　求过点 $M(-3, 2)$，并且与直线 $x + 2y - 9 = 0$ 垂直的直线方程.

理解与分析：题设给出了点 M 的坐标，即 $M(-3, 2)$，由于所求直线与已知直线 $x + 2y - 9 = 0$ 垂直，于是先将直线方程 $x + 2y - 9 = 0$ 化为斜截式，即得到 $y = -\dfrac{1}{2}x + \dfrac{9}{2}$，斜率 $k_1 = -\dfrac{1}{2}$，据此求得所求直线的斜率 $k_2 = 2$，且这条直线过点 $M(-3, 2)$，代入点斜式方程，并化为一般式方程，从而得到所求直线方程.

解：将直线方程 $x + 2y - 9 = 0$ 化为斜截式，得 $y = -\dfrac{1}{2}x + \dfrac{9}{2}$，斜率 $k_1 = -\dfrac{1}{2}$.

设所求直线方程的斜率为 k_2，由所求直线与已知直线 $x + 2y - 9 = 0$ 垂直，知 $k_1 k_2 = -1$，求得 $k_2 = 2$.

又所求直线过点 $M(-3, 2)$，代入点斜式方程，得 $y - 2 = 2[x - (-3)]$，化为一般式方

程,为 $2x-y+8=0$.

点评:求与已知直线垂直的直线方程的方法是先化已知直线方程为斜截式方程,得到已知直线方程的斜率,它的负倒数就是所求直线方程的斜率,再结合题设中的条件,代入点斜式方程或斜截式方程,并化为一般式方程,即得到所求直线方程.

例 3 求经过两条直线 $2x+y-8=0$ 和 $x-2y+1=0$ 的交点,且平行于直线 $3x-2y+4=0$ 的直线方程.

理解与分析:题设要求先求直线 $2x+y-8=0$ 和 $x-2y+1=0$ 的交点,即解二元一次方程组 $\begin{cases} 2x+y-8=0, \\ x-2y+1=0, \end{cases}$ 得到交点坐标为 $(3,2)$. 设平行于直线 $3x-2y+4=0$ 的直线方程为 $3x-2y+C=0$,将点 $(3,2)$ 代入求出 C 的值,从而得到所求直线方程.

解:解二元一次方程组 $\begin{cases} 2x+y-8=0, \\ x-2y+1=0, \end{cases}$ 得 $\begin{cases} x=3, \\ y=2, \end{cases}$

∴ 交点坐标为 $(3,2)$.

设所求直线方程为 $3x-2y+C=0$,将点 $(3,2)$ 代入,得 $3\times 3-2\times 2+C=0$,$C=-5$,

∴ 所求直线方程为 $3x-2y-5=0$.

点评:求解本例问题分两步,首先解二元一次方程组,求出交点坐标,然后设平行于已知直线的直线方程,将交点坐标代入求出常数项,进而得到所求直线方程.

考点二 求点到直线的距离

例 4 求点 $(2,4)$ 到直线 $y=-\sqrt{3}x+6$ 的距离.

理解与分析:先将斜截式方程 $y=-\sqrt{3}x+6$ 化为一般式方程 $\sqrt{3}x+y-6=0$,得到 $A=\sqrt{3}$,$B=1$,$C=-6$,将点 $(2,4)$ 代入直线的距离公式即可求解.

解:将斜截式 $y=-\sqrt{3}x+6$ 化一般式,得 $\sqrt{3}x+y-6=0$.

由点到直线的距离公式,得

$$d=\frac{|Ax_0+By_0+C|}{\sqrt{A^2+B^2}}=\frac{|\sqrt{3}\times 2+1\times 4+(-6)|}{\sqrt{(\sqrt{3})^2+1^2}}=\sqrt{3}-1.$$

点评:点 $M(x_0,y_0)$ 到直线 $Ax+By+C=0$ 的距离公式为 $d=\frac{|Ax_0+By_0+C|}{\sqrt{A^2+B^2}}$.

考点三 求两条平行直线之间的距离

例 5 求直线 $3x+2y-3=0$ 与 $3x+2y+2=0$ 的距离.

理解与分析:观察题设给出的两个直线方程 $3x+2y-3=0$ 与 $3x+2y+2=0$ 发现,它们所对应的 x 项的系数都是 3、y 项的系数都是 2,并且常数项不相等,由此得知这两条直线平行,代入两条平行直线的距离公式,即可求解问题.

解:由两条平行直线的距离公式,得

$$d=\frac{|C_1-C_2|}{\sqrt{A^2+B^2}}=\frac{|(-3)-2|}{\sqrt{3^2+2^2}}=\frac{5}{\sqrt{13}}=\frac{5\sqrt{13}}{13}.$$

点评：根据直线的一般式方程判断两条直线平行的一种方法是两个直线方程所对应的 x 项的系数、y 项的系数分别相等，并且常数项不相等.

例6 求直线 $x+3y-2=0$ 与 $2x+6y+5=0$ 的距离.

理解与分析：观察题设给出的两个直线方程 $x+3y-2=0$ 与 $2x+6y+5=0$ 发现，它们所对应的 x 项的系数之比等于 y 项的系数之比，但不等于常数项之比，即 $\dfrac{1}{2}=\dfrac{3}{6}\neq\dfrac{-2}{5}$，由此得知这两条直线平行，于是把它们的 x 项的系数、y 项的系数分别化为相等. 可以将 $x+3y-2=0$ 两边同时乘以 2 得到 $2x+6y-4=0$，再代入两条平行直线的距离公式，从而求解问题.

解：由 $x+3y-2=0$，得 $2x+6y-4=0$.

由两条平行直线的距离公式，得

$$d=\dfrac{|C_1-C_2|}{\sqrt{A^2+B^2}}=\dfrac{|(-4)-5|}{\sqrt{2^2+6^2}}=\dfrac{9}{\sqrt{40}}=\dfrac{9\sqrt{10}}{20}.$$

点评：根据直线的一般式方程判断两条直线平行的另一种方法是两个直线方程所对应的 x 项的系数之比等于 y 项的系数之比，但不等于常数项之比.

【归纳总结】

两条直线的位置关系有三个考点：一是根据两条直线平行或垂直求直线方程；二是求点到直线的距离；三是求两条平行直线之间的距离.

如果一条直线与已知直线 $Ax+By+C_1=0$ 平行，那么这条直线可表为 $Ax+By+C_2=0(C_1\neq C_2)$.

求与已知直线垂直的直线方程的方法是先化已知直线方程为斜截式方程，得到已知直线方程的斜率，它的负倒数就是所求直线方程的斜率；再结合题设中的条件，代入点斜式方程或斜截式方程，并化为一般式方程，得到所求直线方程.

点 $M(x_0,y_0)$ 到直线 $Ax+By+C=0$ 的距离公式为 $d=\dfrac{|Ax_0+By_0+C|}{\sqrt{A^2+B^2}}$.

根据直线的一般式方程判断两条直线平行有两种方法：

方法之一是两个直线方程所对应的 x 项的系数、y 项的系数分别相等，并且常数项不相等；

方法之二是两个直线方程所对应的 x 项的系数之比等于 y 项的系数之比，但不等于常数项之比.

【能力测试】

水平能力测试二

一、选择题

1. 设直线 $4x+y-1=0$ 与直线 $2ax+y-3=0$ 没有公共点，则 $a=$（　　）.
   (A) 2　　　　(B) 4　　　　(C) -2　　　　(D) 2 或 -2

2. 如果两条直线 $3x+y-1=0$ 和 $2mx+4y-3=0$ 相互垂直，则 m 的值为（　　）.
   (A) 1　　　　(B) $\dfrac{2}{3}$　　　　(C) $-\dfrac{2}{3}$　　　　(D) -2

3. 若直线 l 经过两条直线 $4x+3y=10$ 与 $2x-y=10$ 的交点,且与直线 $x-2y+8=0$ 平行,则直线 l 的方程是( ).

(A) $x-2y+8=0$ (B) $x-2y-8=0$

(C) $x-2y+12=0$ (D) $x-2y-12=0$

4. 若直线 l 平行于直线 $x-y-2=0$,它们之间的距离为 $2\sqrt{2}$,则直线 l 的方程是( ).

(A) $x-y+2=0$ 或 $x-y-6=0$ (B) $x-y-6=0$ 或 $x-y-4=0$

(C) $x-y+2=0$ 或 $x-y-6=0$ (D) $x-y-4=0$ 或 $x-y+2=0$

5. 若直线 l 过点 $(-2,3)$,且与直线 $2x+3y+4=0$ 垂直,则直线 l 的方程是( ).

(A) $2x-3y+13=0$ (B) $3x-2y+12=0$

(C) $2x+3y-5=0$ (D) $3x+y=0$

6. 若直线 l 过点 $(1,-1)$,且与直线 $x-2y-3=0$ 垂直,则直线 l 的方程是( ).

(A) $2x+y-1=0$ (B) $2x+y-3=0$

(C) $2x-y-3=0$ (D) $2x-y-1=0$

7. 已知 $\triangle ABC$ 三个顶点的坐标是 $A(3,0), B(-1,0), C(2,3)$,过 A 作 BC 的垂线,垂足是 D,则点 D 的坐标是( ).

(A) $(1,-2)$ (B) $(1,2)$ (C) $(-1,-2)$ (D) $(-1,2)$

8. 点 $(1,-1)$ 到直线 $x-2y-8=0$ 的距离是( ).

(A) 5 (B) $\sqrt{5}$ (C) $\dfrac{\sqrt{5}}{5}$ (D) $\dfrac{1}{5}$

9. 两条直线 $2x+3y-6=0$ 和 $4x+6y-7=0$ 之间的距离为( ).

(A) $\dfrac{\sqrt{13}}{13}$ (B) $\dfrac{5\sqrt{13}}{26}$ (C) $\dfrac{2\sqrt{13}}{13}$ (D) $\dfrac{\sqrt{13}}{26}$

10. 若直线 l 经过点 $P(0,5)$ 且与点 $Q(-1,3)$ 的距离是 1,则直线 l 的方程是( ).

(A) $x-y+5=0$ (B) $3x-4y+20=0$

(C) $4x-3y+15=0$ (D) $x+y-5=0$

二、填空题

1. 若直线 l 过点 $(1,-3)$ 并与直线 $y=3x-4$ 平行,则直线 l 的方程是_____.

2. 已知直线 $l: y=2x-1$,则原点到直线 l 的距离是_____.

3. 经过两直线 $x-2y+2=0$ 和 $3x+4y-14=0$ 的交点且平行于直线 $3x-y-8=0$ 的直线方程是_____.

4. 已知 $A(-1,3), B(6,-2)$,则线段 AB 的垂直平分线的方程是_____.

5. 坐标原点关于直线方程 $x+2y-5=0$ 的对称点的坐标是_____.

6. 已知点 $P(2,-1)$,则过 P 点且与原点的距离为 2 的直线方程是_____.

7. 经过两条直线 $2x-3y+10=0$ 和 $3x+4y-2=0$ 的交点,且与直线 $3x-2y+4=0$ 垂直的直线方程为_____.

8. 直线 l_1 与直线 $l_2: 3x+2y-12=0$ 的交点在 x 轴上,并且 $l_1 \perp l_2$,则直线 l_1 在 y 轴上的截距是_____.

9. 已知直线 l_1 的方向向量 $\boldsymbol{a}=(1,3)$,直线 l_2 的方向向量 $\boldsymbol{b}=(-1,k)$,若直线 l_2 经过点

$(0,5)$,且 $l_1 \perp l_2$,则直线 l_2 的方程是_____.

10. 两条平行直线 $3x+4y-12=0$ 与 $ax+2y+11=0$ 之间的距离是_____.

第三节 圆与方程

【考纲点击】

1. 掌握圆的标准方程和一般方程的结构,能够化圆的一般方程为标准方程;
2. 能够通过画图分析直线与圆的位置关系问题;
3. 能够通过画图分析圆与圆相交的位置关系问题.

【命题走向】

在体育单招考试中,圆与方程是每年必考知识点.考查内容包括圆的标准方程、直线与圆的位置关系、圆与圆的位置关系.分析求解这些问题时,一定注意画图分析,找到求解问题的几何意义.题型是选择题或填空题,或与其他知识点组成综合性的解答题.

【知识梳理】

一、圆的方程

(一)标准方程

$(x-a)^2+(y-b)^2=r^2$,其中圆心为 $C(a,b)$,半径为 r.

理解:当 $a=b=0$ 时,圆心 $C(0,0)$,即圆心在原点,此时圆的标准方程为 $x^2+y^2=r^2$.

(二)一般方程

$x^2+y^2+Dx+Ey+F=0$,化为标准方程,为

$$\left(x+\frac{D}{2}\right)^2+\left(y+\frac{E}{2}\right)^2=\frac{D^2+E^2-4F}{4}\left(\frac{D^2+E^2-4F}{4}>0\right).$$

二、直线与圆的位置关系

已知直线 $Ax+By+C=0$ 和圆 $(x-a)^2+(y-b)^2=r^2$,设圆心 (a,b) 到直线 $Ax+By+C=0$ 的距离为 d,则

$$d=\frac{|Aa+Bb+C|}{\sqrt{A^2+B^2}}\begin{cases}<r & 相交,\\=r & 相切,\\>r & 相离.\end{cases}$$

三、圆与圆的位置关系

已知圆 $C_1:(x-a_1)^2+(y-b_1)^2=r_1^2$,圆 $C_2:(x-a_2)^2+(y-b_2)^2=r_2^2(r_1>r_2)$,圆心距 $d=|C_1C_2|$,则

(1) 内切 $\Leftrightarrow d=r_1-r_2$；
(2) 外切 $\Leftrightarrow d=r_1+r_2$；
(3) 相交 $\Leftrightarrow r_1-r_2<d<r_1+r_2$.

【典例解析】

考点一 圆的标准方程

例1 已知点 $A(-5,4), B(3,-2)$，求以 AB 为直径的圆的标准方程.

理解与分析：要求一个圆的标准方程，必须先求圆心的坐标和半径，直径 AB 的中点就是圆心，即 $C(-1,1)$，$|CA|=\sqrt{[-1-(-5)]^2+(1-4)^2}=5$ 是圆的半径，最后写出圆的标准方程.

解：设圆心为 C，则 C 的坐标为 $\left(\dfrac{-5+3}{2}, \dfrac{4+(-2)}{2}\right)$，即 $C(-1,1)$，

圆的半径 $r=|CA|=\sqrt{[-1-(-5)]^2+(1-4)^2}=5$，

∴圆的标准方程为 $(x+1)^2+(x-1)^2=25$.

点评：要求一个圆的标准方程，必须先求圆心的坐标和半径，再写出圆的标准方程.

例2 已知方程 $x^2+y^2+4ax-2y+5a=0$ 表示的曲线是圆，求 a 的取值范围.

理解与分析：已知圆的方程 $x^2+y^2+4ax-2y+5a=0$ 是一般式，先化为标准式，再根据半径 $r>0$ 求 a 的取值范围.

解：将 $x^2+y^2+4ax-2y+5a=0$ 的 x 项、y 项分别结合，得
$$(x^2+4ax)+(y^2-2y)+5a=0.$$

配 x 项系数 $4a$ 的 $\dfrac{1}{2}$ 的平方、y 项系数 -2 的 $\dfrac{1}{2}$ 的平方，得
$$[x^2+4ax+(2a)^2]+[y^2-2y+(-1)^2]+5a-(2a)^2-(-1)^2=0,$$
$$(x+2a)^2+(y-1)^2+5a-4a^2-1=0,$$
$$(x+2a)^2+(y-1)^2=4a^2-5a+1.$$

∵半径 $r=4a^2-5a+1>0$，解得 $x<\dfrac{1}{4}$ 或 $x>1$，

∴a 的取值范围是 $\left(-\infty, \dfrac{1}{4}\right)\cup(1,+\infty)$.

点评：先用配方法将圆的一般式化为标准式，再由半径大于 0 求 a 的取值范围.

例3 已知圆心为 C 的圆经过点 $A(1,1)$ 和 $B(2,-2)$，且圆心 C 在直线 $l: x-y+1=0$ 上，求圆心为 C 的圆的标准方程.

理解与分析：确定一个圆的标准方程，必须确定圆心的坐标和半径. 题设给出了圆心为 C 的圆经过点 $A(1,1)$ 和 $B(2,-2)$，可知圆心 C 在线段 AB 的垂直平分线上，可以求出线段 AB 的垂直平分线所在的直线方程，即 $x-3y-3=0$. 然后解方程组 $\begin{cases} x-3y-3=0 \\ x-y+1=0 \end{cases}$，得到圆心 C 的坐标，即 $C(-3,-2)$，半径等于 $|CA|$ 或 $|CB|$，即 $r=|CA|=\sqrt{(1+3)^2+(1+2)^2}=$

5，最后写出圆的标准方程．

解：∵ $A(1,1), B(2,-2)$，

∴ AB 的中点坐标为 $\left(\dfrac{3}{2},-\dfrac{1}{2}\right)$，直线 AB 的斜率 $k_{AB}=\dfrac{(-2)-1}{2-1}=-3$，

∴ AB 的垂直平分线的斜率为 $k=-\dfrac{1}{k_{AB}}=\dfrac{1}{3}$．

代入点斜式方程，得 AB 的垂直平分线方程是

$y+\dfrac{1}{2}=\dfrac{1}{3}\left(x-\dfrac{3}{2}\right)$，

$x-3y-3=0$．

解方程组 $\begin{cases} x-3y-3=0, \\ x-y+1=0, \end{cases}$ 得 $\begin{cases} x=-3, \\ y=-2, \end{cases}$

∴ 圆心 C 的坐标是 $(-3,-2)$．

∵ 圆的半径 $r=|CA|=\sqrt{(1+3)^2+(1+2)^2}=5$，

∴ 圆的标准方程是 $(x+3)^2+(y+2)^2=25$．

点评：本例的几何意义是圆点 C 是线段 AB 的垂直平分线与直线 l 的交点．因此，先求线段 AB 的垂直平分线的方程，然后解方程组得到点 C 的坐标，再求圆的半径 r，从而写出圆的标准方程．

考点二 直线与圆的位置关系

例 4 已知圆的方程是 $x^2+y^2=1$，求斜率等于 1 的切线方程．

理解与分析：已知切线的斜率为 1，切线方程用斜截式表示，设切线方程是 $y=x+b$，b 是待定系数，化一般式为 $x-y+b=0$，由圆心 $(0,0)$ 到切线的距离等于圆的半径 1，得 $r=\dfrac{|0\times 1-0\times 1+b|}{\sqrt{1^2+(-1)^2}}=\dfrac{|b|}{\sqrt{2}}=1$，求出 b 的值，得到切线方程．

解：设所求切线方程为 $y=x+b$，b 是待定系数，即 $x-y+b=0$．

∵ 圆心 $(0,0)$ 到切线的距离等于圆的半径 1，

∴ 由点到直线的距离公式，得 $r=\dfrac{|0\times 1-0\times 1+b|}{\sqrt{1^2+(-1)^2}}=\dfrac{|b|}{\sqrt{2}}=1$，解得 $b=\pm\sqrt{2}$，

∴ 所求切线方程为 $x-y+\sqrt{2}=0$ 或 $x-y-\sqrt{2}=0$．

点评：已知切线的斜率，设所求切线方程为斜截式方程，再利用圆心到切线的距离等于圆的半径求切线方程．

例 5 求过点 $P(1,-3)$、与圆 $x^2+y^2=2$ 相切的直线方程．

理解与分析：已知切线过点 $P(1,-3)$，那么切线方程用点斜式表示，设切线方程是 $y+3=k(x-1)$，k 是待定系数，化一般式为 $kx-y-k-3=0$，由圆心 $(0,0)$ 到直线的距离等于圆的半径 $\sqrt{2}$，得 $r=\dfrac{|k\times 0-0-k-3|}{\sqrt{k^2+(-1)^2}}=\dfrac{|-k-3|}{\sqrt{k^2+1}}=\dfrac{|k+3|}{\sqrt{k^2+1}}=\sqrt{2}$，求出 k 的值，从而得到切线方程．

解：设所求切线方程为 $y+3=k(x-1)$，k 是待定系数，即 $kx-y-k-3=0$.

∵ 圆心 $(0,0)$ 到直线的距离等于圆的半径长 $\sqrt{2}$，

∴ 由点到直线的距离公式，得

$$r=\frac{|k\times 0-0-k-3|}{\sqrt{k^2+(-1)^2}}=\frac{|-k-3|}{\sqrt{k^2+1}}=\frac{|k+3|}{\sqrt{k^2+1}}=\sqrt{2},$$

解得 $k_1=7$，$k_2=-1$，

∴ 切线方程为 $7x-y-10=0$ 或 $x+y+2=0$.

点评：已知切线过某点的坐标，设所求切线方程为点斜式方程，再利用圆心到切线的距离等于圆的半径求切线方程.

考点三　圆与圆的位置关系

例 6　已知圆 $x^2+y^2=r^2$ 与圆 $(x+1)^2+(y+3)^2=r^2$ 外切，求半径长 r.

理解与分析：圆 $x^2+y^2=r^2$ 的圆心坐标是 $(0,0)$，半径是 r. 圆 $(x+1)^2+(y+3)^2=r^2$ 的圆心坐标是 $(-1,-3)$，半径是 r. 由两圆外切，得圆心距等于它们的半径之和，即 $\sqrt{(-1-0)^2+(-3-0)^2}=2r$，求得 $r=\frac{\sqrt{10}}{2}$.

解：圆 $x^2+y^2=r^2$ 的圆心坐标是 $(0,0)$，半径是 r；圆 $(x+1)^2+(y+3)^2=r^2$ 的圆心坐标是 $(-1,-3)$，半径是 r.

由两圆外切，得圆心距等于它们的半径之和，则 $\sqrt{(-1-0)^2+(-3-0)^2}=2r$，

解得 $r=\frac{\sqrt{10}}{2}$.

点评：两圆外切的几何意义是圆心距等于它们的半径之和.

【归纳总结】

　　圆与方程有三个考点：一是圆的标准方程；二是直线与圆的位置关系；三是圆与圆的位置关系.

　　确定一个圆的标准方程，必须确定圆心的坐标和半径.

　　用配方法将圆的一般式方程化为标准形式的方程.

　　如果直线与圆相切，那么圆心到直线的距离等于圆的半径.

　　两圆外切的几何意义是两圆的圆心距等于它们的半径之和.

　　分析求解这些问题时，一定注意画图分析，找到求解问题的几何意义.

【能力测试】

水平能力测试三

一、选择题

1. 圆心 $C(3,-4)$，半径 $r=2\sqrt{7}$ 的圆的方程为（　　）.

(A) $(x+3)^2+(y-4)^2=2\sqrt{7}$ (B) $(x-3)^2+(y+4)^2=2\sqrt{7}$
(C) $(x-3)^2+(y+4)^2=28$ (D) $(x+3)^2+(y-4)^2=28$

2. 圆心 $C(8,-3)$,且圆过点 $P(5,1)$ 的圆的方程为( ).
   (A) $(x-8)^2+(y+3)^2=64$ (B) $(x-8)^2+(y+3)^2=9$
   (C) $(x-8)^2+(y+3)^2=25$ (D) $(x-8)^2+(y+3)^2=16$

3. 已知点 $A(-5,4)$,$B(3,-2)$,则以 AB 为直径的圆的方程为( ).
   (A) $(x+1)^2+(y+1)^2=25$ (B) $(x+1)^2+(y-1)^2=25$
   (C) $(x+1)^2+(y+1)^2=100$ (D) $(x+1)^2+(y-1)^2=100$

4. $x^2+y^2+2y-7=0$ 的半径是( ).
   (A) 9 个   (B) 8   (C) $2\sqrt{2}$ (D) $\sqrt{6}$

5. 已知直线 l 过圆 $x^2+y^2-3y+2=0$ 的圆心,斜率为 $-\dfrac{1}{2}$,则 l 的方程为( ).
   (A) $x-2y+3=0$ (B) $x+2y+3=0$
   (C) $x-2y-3=0$ (D) $x+2y-3=0$

6. 已知斜率为 -1 的直线 l 过原点,则 l 被圆 $x^2+4x+y^2=0$ 所截的弦长为( ).
   (A) $\sqrt{2}$ (B) $\sqrt{3}$ (C) $2\sqrt{2}$ (D) $2\sqrt{3}$

7. 以点 $A(-5,4)$ 为圆心,且与 x 轴相切的圆的方程为( ).
   (A) $(x+5)^2+(y-4)^2=16$ (B) $(x-5)^2+(y+4)^2=16$
   (C) $(x+5)^2+(y-4)^2=25$ (D) $(x-5)^2+(y+4)^2=25$

8. 直线 $y=x+4$ 与圆 $(x-a)^2+(y-3)^2=8$ 相切,则 $a=$( ).
   (A) 3   (B) $2\sqrt{2}$ (C) 3 或 -5 (D) -3 或 5

9. 已知点 $Q(3,0)$,点 P 在圆 $x^2+y^2=1$ 上运动,动点 M 满足 $\overrightarrow{PM}=\dfrac{1}{2}\overrightarrow{MQ}$,则点 M 的轨迹是一个圆,其半径为( ).
   (A) $\dfrac{2}{3}$ (B) $\dfrac{3}{2}$ (C) $\dfrac{3}{4}$ (D) $\dfrac{4}{3}$

10. 已知直线 $4x-3y-12=0$ 与 x 轴及 y 轴分别交于 A 点和 B 点,则过 A,B 和坐标原点 O 的圆的圆心坐标是( ).
   (A) $\left(\dfrac{3}{2},-2\right)$ (B) $\left(-\dfrac{3}{2},2\right)$ (C) $\left(\dfrac{3}{2},2\right)$ (D) $\left(-\dfrac{3}{2},-2\right)$

二、填空题

1. 已知点 $A(2,-3)$,$B(8,5)$,则以 AB 为直径的圆的标准方程为_____.
2. 以 $C(1,3)$ 为圆心,与直线 $3x-4y-7=0$ 相切的圆的标准方程为_____.
3. 已知圆的方程是 $x^2+y^2=1$,则在 y 轴上截距是 $\sqrt{2}$ 的切线方程为_____.
4. 过点 $P(1,2)$、与圆 $x^2+y^2=5$ 相切的直线方程是_____.
5. 一个圆与 x 轴相切,圆心在直线 $3x-y=0$ 上,且被直线 $x-y=0$ 截得的弦长为 $2\sqrt{7}$,则圆的标准方程为_____.
6. 过点 $(0,2)$ 的直线 l 与圆 $x^2+y^2-2x-3=0$ 不相交,则直线 l 的斜率 k 的取值范围

是_____.

7. 直线 $y=x+b$ 过圆 $x^2+y^2-4x+2y-4=0$ 的圆心,则 $b=$_____.

8. 已知圆 $(x+2)^2+(y+5)^2=41$,其与 x 轴相交于 A,B 两点,则弦长 $|AB|$ 的长度为_____.

9. 已知点 $Q(3,0)$,点 P 在圆 $x^2+y^2=1$ 上运动,动点 M 满足 $\overrightarrow{PM}=\frac{1}{2}\overrightarrow{MQ}$,则点 M 的轨迹方程为_____.

10. 已知圆 $x^2+y^2+2x-2y+a=0$ 被直线 $x+y+2=0$ 所截得弦的长度为 4,则实数 a 的值是_____.

三、解答题

1. 求平行于直线 $x+y-3=0$,并与圆 $x^2+y^2-6x-4y+5=0$ 相切的直线方程.

2. 已知过 $A(-1,2)$ 的直线与圆 $(x-3)^2+(y+2)^2=1$ 相交于 M,N 两点,求 $|AM|\cdot|AN|$ 的值.

3. 已知直线 $x-2y+m=0(m>0)$ 交圆 $x^2-2x+y^2=0$ 于 A,B 两点,P 为圆心.若 $\triangle PAB$ 的面积是 $\frac{2}{5}$,求 m 的值.

4. 已知圆心为 $C(1,1)$ 的圆经过点 $M(1,2)$.

(1) 求圆 C 的标准方程;

(2) 若直线 $x+y+m=0$ 与圆 C 交于 A,B 两点,且 $\triangle ABC$ 是直角三角形,求实数 m 的值.

5. 已知圆 C 的标准方程为 $x^2+(y-1)^2=5$,直线 l 经过点 $(1,1)$.

(1) 若直线 l 的倾斜角是 $\frac{\pi}{4}$,求直线 l 的方程;

(2) 设直线 l 与圆 C 交于 A,B 两点,若 $|AB|=\sqrt{17}$,求直线 l 的方程.

6. 已知点 $Q(6,0)$,点 P 在圆 $x^2+y^2=16$ 上运动,点 M 为线段 PQ 的中点.

(1) 求点 M 的轨迹方程,并说明该轨迹是一个圆;

(2) 求点 M 的轨迹与圆 $x^2+y^2=16$ 的公共弦的长.

第九章 圆锥曲线

第一节 椭　圆

【考纲点击】

1．理解椭圆的定义；
2．熟练掌握椭圆的标准方程和简单性质；
3．能够分析解答直线与椭圆相交组成的综合性问题．

【命题走向】

在体育单招考试中,椭圆与方程是每年必考知识点．考查内容包括椭圆的简单性质、求椭圆的标准方程、直线与椭圆相交．题型是：以选择题或填空题的形式考查椭圆的定义、焦点坐标、离心率、标准方程,以解答题的形式考查综合性的知识问题．

【知识梳理】

一、椭圆的定义

到两个定点 F_1 和 F_2 的距离的和等于常数 $2a(a>0)$ 的动点的轨迹是椭圆,其中两个定点分别是椭圆的两个焦点,$|F_1F_2|=2c(c>0)$,如图 9-1．

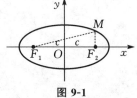

图 9-1

理解：(1) 如果 M 是椭圆上任意一点,那么 $|MF_1|+|MF_2|=2a(a>c>0)$,a 是常数,$2a$ 表示长轴的长度；

(2) 椭圆的左焦点 $F_1(-c,0)$,右焦点 $F_2(c,0)(c>0)$,$2c$ 表示焦距．

二、椭圆的标准方程

(1) 当焦点在 x 轴上时,标准方程为 $\dfrac{x^2}{a^2}+\dfrac{y^2}{b^2}=1(a>b>0)$,$b^2=a^2-c^2$,如图 9-2．

(2) 当焦点在 y 轴上时,标准方程为 $\dfrac{y^2}{a^2}+\dfrac{x^2}{b^2}=1(a>b>0)$,$b^2=a^2-c^2$,如图 9-3．

理解：(1) 判断焦点是在 x 轴上还是在 y 轴上的方法是看 a^2 对应哪个变量,即分母中较大数对应哪个变量,如果较大数对应 x,那么焦点在 x 轴上,否则在 y 轴上；

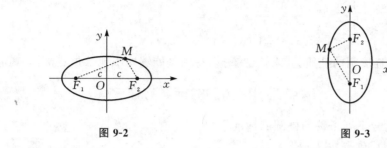

图 9-2   图 9-3

(2) a 表示长半轴的长度,b 表示短半轴的长度,c 表示原点与焦点的长度,它们组成勾股数,即 $b^2+c^2=a^2$;

(3) 在写椭圆的标准方程之前要先确定焦点是在 x 轴上还是在 y 轴上.

三、椭圆的性质

以焦点在 x 轴上的标准方程 $\dfrac{x^2}{a^2}+\dfrac{y^2}{b^2}=1$ 为例.

(1) 范围:椭圆在直线 $x=\pm a$,$y=\pm b$ 所围成矩形内,即 $-a\leqslant x\leqslant a$,$-b\leqslant y\leqslant b$,如图 9-4.

(2) 对称性:椭圆既是轴对称图形,又是中心对称图形,也就是说,椭圆关于 x 轴、y 轴是对称的,坐标轴是椭圆的对称轴,原点是椭圆的对称中心.

(3) 顶点坐标为 $A_1(-a,0)$,$A_2(a,0)$,$B_1(0,-b)$,$B_2(0,b)$,线段 A_1A_2、B_1B_2 分别是椭圆的长轴和短轴,它们的长度分别是 $2a$ 和 $2b$.

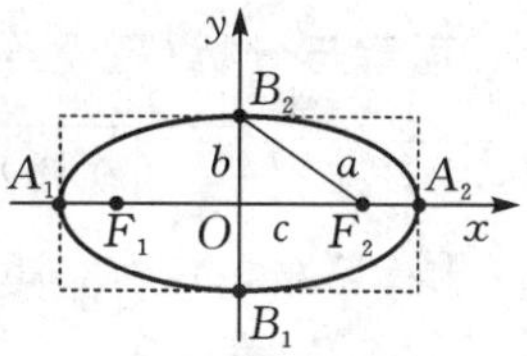

图 9-4

(4) 离心率:椭圆的焦距与长轴的长度之比 $e=\dfrac{c}{a}(0<e<1)$,叫作椭圆的离心率.e 越接近于 1,椭圆越扁;e 越接近于 0,椭圆接近于圆.

【典例解析】

考点一 椭圆的性质

例 1 求椭圆 $16x^2+25y^2=400$ 的长轴和短轴的长、焦点坐标、离心率、顶点坐标.

理解与分析:化椭圆 $16x^2+25y^2=400$ 为标准方程,为 $\dfrac{x^2}{5^2}+\dfrac{y^2}{4^2}=1$,焦点在 x 轴上,这里 $a=5$,$b=4$,则 $c=\sqrt{25-16}=3$,根据椭圆的性质即可分别求解.

解:椭圆 $16x^2+25y^2=400$ 化为标准方程,得 $\dfrac{x^2}{5^2}+\dfrac{y^2}{4^2}=1$,焦点在 x 轴上,$a=5$,$b=4$,$c=\sqrt{a^2-b^2}=\sqrt{25-16}=3$.

长轴的长:$2a=10$.短轴的长:$2b=8$.

焦点坐标:$F_1(-3,0)$,$F_2(3,0)$.

离心率：$e=\dfrac{c}{a}=\dfrac{3}{5}$.

顶点坐标：$A_1(-5,0),A_2(5,0),B_1(0,-4),B_2(0,4)$.

点评：本例考查椭圆的性质,要求读者掌握,特别是能够熟练地求焦点坐标、离心率.

考点二 求椭圆的标准方程

例 2 写出适合下列条件的椭圆的标准方程.

(1) $a=4,b=1$,焦点在 x 轴上；

理解与分析：题设给出了 $a=4,b=1$,焦点在 x 轴上,可以直接写出椭圆的标准方程.

解：∵ $a=4,b=1$,焦点在 x 轴上,

∴椭圆的标准方程为 $\dfrac{x^2}{4^2}+\dfrac{y^2}{1^2}=1$,即 $\dfrac{x^2}{16}+y^2=1$.

点评：焦点在 x 轴上的椭圆标准方程为 $\dfrac{x^2}{a^2}+\dfrac{y^2}{b^2}=1(a>b>0)$.

(2) $a=4,c=\sqrt{15}$,焦点在 y 轴上；

理解与分析：题设给出了 $a=4,c=\sqrt{15}$,根据 a,b,c 的关系 $b^2=a^2-c^2$,求出 b,即 $b=\sqrt{a^2-c^2}=\sqrt{4^2-(\sqrt{15})^2}=1$.由于焦点在 y 轴上,因此可以直接写出椭圆的标准方程.

解：∵ $a=4,c=\sqrt{15}$,

∴ $b=\sqrt{a^2-c^2}=\sqrt{4^2-(\sqrt{15})^2}=1$.

∵焦点在 y 轴上,

∴椭圆的标准方程为 $\dfrac{y^2}{4^2}+\dfrac{x^2}{1^2}=1$,即 $\dfrac{y^2}{16}+x^2=1$.

点评：要求椭圆的标准方程,必须先确定 a 和 b 的值；焦点在 y 轴上的椭圆的标准方程为 $\dfrac{y^2}{a^2}+\dfrac{x^2}{b^2}=1(a>b>0)$.

(3) $a+c=10,a-c=4$；

理解与分析：依据题设给出的条件 $a+c=10,a-c=4$,先求出 a 和 c 的值,即解方程组 $\begin{cases}a+c=10\\a-c=4\end{cases}$ 得到 $a=7,c=3$,再求出 $b=\sqrt{a^2-c^2}=\sqrt{7^2-3^2}=\sqrt{40}$,分两种情况讨论后分别写出椭圆的标准方程.

解：解方程组 $\begin{cases}a+c=10\\a-c=4\end{cases}$,得 $a=7,c=3$,

∴ $b=\sqrt{a^2-c^2}=\sqrt{7^2-3^2}=\sqrt{40}$.

当焦点在 x 轴上时,椭圆的标准方程为 $\dfrac{x^2}{49}+\dfrac{y^2}{40}=1$；

当焦点在 y 轴上时,椭圆的标准方程为 $\dfrac{y^2}{49}+\dfrac{x^2}{40}=1$.

点评：如果没有给出焦点在哪个坐标轴上,那么分两种情况分别写出椭圆的标准方程.

(4) $a+b=10, c=2\sqrt{5}$.

理解与分析：将题设给出的条件 $c=2\sqrt{5}$，改写成 $a^2-b^2=(2\sqrt{5})^2$，即可得到 $a-b=2$. 再求出 a 和 b 的值，即解方程组 $\begin{cases}a+b=10,\\a-b=2,\end{cases}$ 得到 $a=6, b=4$. 分两种情况讨论，写出椭圆的标准方程.

解：由 $c=2\sqrt{5}$，得 $a^2-b^2=(2\sqrt{5})^2$，$(a+b)(a-b)=20$.

将 $a+b=10$ 代入，求得 $a-b=2$.

解方程组 $\begin{cases}a+b=10,\\a-b=2,\end{cases}$ 得 $a=6, b=4$.

当焦点在 x 轴上时，椭圆的标准方程为 $\dfrac{x^2}{36}+\dfrac{y^2}{16}=1$；

当焦点在 y 轴上时，椭圆的标准方程为 $\dfrac{y^2}{36}+\dfrac{x^2}{16}=1$.

点评：要求椭圆的标准方程，必须先确定 a 和 b 的值；如果没有给出焦点在哪个坐标轴上，那么分两种情况写出椭圆的标准方程.

例 3 已知椭圆长轴的长等于 20，离心率等于 $\dfrac{3}{5}$，焦点在 x 轴上，求椭圆的标准方程.

理解与分析：要求椭圆的标准方程，必须先确定 a 和 b 的值. 题设给出了椭圆的长轴的长等于 20，即 $2a=20, a=10$，离心率 $e=\dfrac{c}{a}=\dfrac{3}{5}$，将 $a=10$ 代入得 $c=6$，所以 $b=\sqrt{10^2-6^2}=8$，再根据椭圆的焦点在 x 轴上，写出椭圆的标准方程.

解：∵ $2a=20, a=10, e=\dfrac{c}{a}=\dfrac{3}{5}$，

∴ $c=6, b=\sqrt{10^2-6^2}=8$.

∵ 焦点在 x 轴上，

∴ 椭圆的标准方程为 $\dfrac{x^2}{100}+\dfrac{y^2}{64}=1$.

点评：已知椭圆的离心率 $e=\dfrac{c}{a}=\dfrac{3}{5}$ 和 a，求 c 的值，再根据 $b^2=a^2-c^2$，求出 b 的值，进而确定焦点的坐标轴，写出椭圆的标准方程.

考点三　直线与椭圆相交

例 4 已知椭圆 $\dfrac{x^2}{4}+y^2=1$ 与直线 $y=x+b$ 有两个不同的交点，求 b 的取值范围.

理解与分析：将直线 $y=x+b$ 代入椭圆 $\dfrac{x^2}{4}+y^2=1$，整理后，得到 $5x^2+8bx+4(b^2-1)=0$，这个一元二次方程有两个不相等的实数根，即 $\Delta>0$，从而求出 b 的取值范围.

解：将 $y=x+b$ 代入 $\dfrac{x^2}{4}+y^2=1$，得 $\dfrac{x^2}{4}+(x+b)^2=1$.

化简为关于 x 的一元二次方程，得 $5x^2+8bx+4(b^2-1)=0$.

∵椭圆与直线有两个不同的交点,

∴一元二次方程有两个不相等的实数根,则 $\Delta=(8b)^2-4\times5\times4(b^2-1)>0$.

化简,得 $b^2<5$,解得 $-\sqrt{5}<b<\sqrt{5}$,

∴b 的取值范围是 $(-\sqrt{5},\sqrt{5})$.

点评:当直线与椭圆相交时,将直线方程代入椭圆方程得到的一元二次方程有两个不相等的实数根.

例5 已知椭圆 C 的中心在原点,焦点在 x 轴上,离心率为 $\frac{1}{2}$,且 C 过点 $\left(-1,\frac{3}{2}\right)$.

(1) 求椭圆 C 的方程;

理解与分析:已知焦点在 x 轴上,则设所求椭圆 C 的标准方程为 $\frac{x^2}{a^2}+\frac{y^2}{b^2}=1(a>b>0)$.

离心率 $e=\frac{1}{2}$,即 $\frac{c}{a}=\frac{1}{2}$,$a=2c$,则 $b^2=a^2-c^2=3c^2$,于是将所设椭圆 C 的标准方程改写为 $\frac{x^2}{4c^2}+\frac{y^2}{3c^2}=1$.将点 $\left(-1,\frac{3}{2}\right)$ 代入,求得 $c=1$,得到 $a=2,b^2=3$,最后写出椭圆 C 的方程.

解:由 $e=\frac{c}{a}=\frac{1}{2}$,得 $a=2c,a^2=4c^2,b^2=a^2-c^2=3c^2$.

设椭圆的标准方程为 $\frac{x^2}{4c^2}+\frac{y^2}{3c^2}=1$,

将点 $\left(-1,\frac{3}{2}\right)$ 代入,求得 $c^2=1$,得到 $a^2=4,b^2=3$,

∴椭圆 C 的方程为 $\frac{x^2}{4}+\frac{y^2}{3}=1$.

点评:已知椭圆的离心率 $e=\frac{c}{a}=\frac{1}{2}$ 和 $b^2=a^2-c^2$,可以用含 c 的式子分别表示 a 和 b^2,这是求解问题的关键.

(2) 如果直线 $l:y=kx-2$ 与椭圆 C 有两个交点,求 k 的取值范围.

理解与分析:将直线 $y=kx-2$ 代入椭圆 $\frac{x^2}{4}+\frac{y^2}{3}=1$,整理后,得到 $(3+4k^2)x^2-16kx+4=0$,这个一元二次方程有两个不相等的实数根,即 $\Delta>0$,从而求出 k 的取值范围.

解:将 $y=kx-2$ 代入 $\frac{x^2}{4}+\frac{y^2}{3}=1$,得 $\frac{x^2}{4}+\frac{1}{3}(kx-2)^2=1$.

化简为关于 x 的一元二次方程,得 $(3+4k^2)x^2-16kx+4=0$.

∵椭圆与直线有两个不同的交点,

∴一元二次方程有两个不相等的实数根,则 $\Delta=(-16k)^2-4(3+4k^2)\times4>0$.

化简,得 $k^2>\frac{1}{4}$,解得 $k<-\frac{1}{2}$ 或 $k>\frac{1}{2}$,

∴k 的取值范围是 $\left(-\infty,-\frac{1}{2}\right)\cup\left(\frac{1}{2},+\infty\right)$.

点评:当直线与椭圆相交时,将直线方程代入椭圆方程,整理得到的一元二次方程有两个不相等的实数根.

例 6 已知椭圆的离心率 $e=\dfrac{2}{3}$，右焦点 $F(2,0)$．

（1）求椭圆的方程；

理解与分析：题设给出了右焦点 $F(2,0)$，说明椭圆的焦点在 x 轴上，设所求椭圆的标准方程为 $\dfrac{x^2}{a^2}+\dfrac{y^2}{b^2}=1(a>b>0)$．离心率 $e=\dfrac{2}{3}$，即 $\dfrac{c}{a}=\dfrac{2}{3}$，$c=2$，则 $a=3$，$b^2=3^2-2^2=5$，由右焦点 $F(2,0)$ 知，焦点在 x 轴上，代入椭圆的标准方程即可求解．

解：设所求椭圆的标准方程为 $\dfrac{x^2}{a^2}+\dfrac{y^2}{b^2}=1(a>b>0)$．

由 $e=\dfrac{c}{a}=\dfrac{2}{3}$，且 $c=2$，得 $a=3$，$a^2=9$，$b^2=9-2^2=5$，

∴椭圆的标准方程为 $\dfrac{x^2}{9}+\dfrac{y^2}{5}=1$．

点评：已知椭圆的离心率 $e=\dfrac{c}{a}=\dfrac{2}{3}$ 和 $c=2$，求 a 和 b^2 的值，是求解问题的关键．

（2）设 P 是椭圆上的一个点，过点 F 与点 P 的直线 l 与 y 轴交于点 M，若 $|MP|=4|PF|$，求直线 l 的方程．

理解与分析：由直线 l 过点 $F(2,0)$，可设直线 l 的点斜式方程为 $y=k(x-2)$，则 $M(0,-2k)$．又设点 P 的坐标为 (x_0,y_0)，从而 $\overrightarrow{MP}=(x_0,y_0+2k)=(x_0,kx_0)$，$\overrightarrow{FP}=(x_0-2,y_0)$，由 $|MP|=4|PF|$ 知，$\overrightarrow{MP}=4\overrightarrow{FP}$，如图 9-5，得 $\begin{cases}x_0=4(x_0-2),\\ kx_0=4y_0,\end{cases}$ 求解得到 $x_0=\dfrac{8}{3}$，$y_0=\dfrac{2}{3}k$，代入椭圆的标准方程得到 k 的值，从而写出直线 l 的方程．

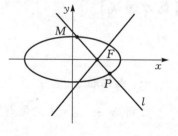

图 9-5

解：设直线 l 的点斜式方程为 $y=k(x-2)$，则 $M(0,-2k)$．又设点 P 的坐标为 (x_0,y_0)，则 $\overrightarrow{MP}=(x_0,y_0+2k)=(x_0,kx_0)$，$\overrightarrow{FP}=(x_0-2,y_0)$．

由 $|MP|=4|PF|$，得 $\overrightarrow{MP}=4\overrightarrow{FP}$，则 $\begin{cases}x_0=4(x_0-2),\\ kx_0=4y_0,\end{cases}$ 解得 $x_0=\dfrac{8}{3}$，$y_0=\dfrac{2}{3}k$，

代入 $\dfrac{x^2}{9}+\dfrac{y^2}{5}=1$，得 $\dfrac{1}{9}\times\left(\dfrac{8}{3}\right)^2+\dfrac{1}{5}\left(\dfrac{2}{3}k\right)^2=1$，

解得 $k=\pm\dfrac{\sqrt{85}}{6}$，

∴所求直线 l 的方程为 $y=\dfrac{\sqrt{85}}{6}(x-2)$ 或 $y=-\dfrac{\sqrt{85}}{6}(x-2)$．

点评：通过直线 l 与椭圆 $\dfrac{x^2}{9}+\dfrac{y^2}{5}=1$ 相交，确定 F,M,P 三点的位置，从而将条件 $|MP|=4|PF|$ 改写成向量 $\overrightarrow{MP}=4\overrightarrow{FP}$，用向量的坐标法分析求解．

【归纳总结】

椭圆与方程有三个考点:一是椭圆的性质;二是求椭圆的标准方程;三是直线与椭圆相交.

要求椭圆的标准方程,必须先确定 a 和 b 的值.当焦点在 x 轴上时,标准方程为 $\frac{x^2}{a^2}+\frac{y^2}{b^2}=1$ ($a>b>0$);当焦点在 y 轴上时,标准方程为 $\frac{y^2}{a^2}+\frac{x^2}{b^2}=1$ ($a>b>0$);当题设没有给出焦点在哪个坐标轴上时,分两种情况写出标准方程.

已知椭圆的离心率 $e=\frac{c}{a}$ 和 a,求 c 和 b^2 的值.

已知椭圆的离心率 $e=\frac{c}{a}$ 和 c,求 a 和 b^2 的值.

已知椭圆的离心率 $e=\frac{c}{a}$ 和 $b^2=a^2-c^2$,可以用含 c 的式子分别表示 a 和 b^2.

当直线与椭圆相交时,将直线方程代入椭圆方程,整理得到的一元二次方程有两个不相等的实数根.

对于直线与椭圆相交的问题,必须画图分析,弄清楚图形的几何意义,选择合适的方法分析求解.

【能力测试】

水平能力测试一

一、选择题

1. 椭圆 $\frac{x^2}{5}+y^2=1$ 的焦点是( ).

(A) $F_1(0,-2),F_2(0,2)$　　　　　　(B) $F_1(-2,0),F_2(2,0)$

(C) $F_1(0,-4),F_2(0,4)$　　　　　　(D) $F_1(-4,0),F_2(4,0)$

2. $a=4,c=\sqrt{13}$,焦点在 x 轴上的椭圆的标准方程为( ).

(A) $\frac{x^2}{16}+\frac{y^2}{13}=1$　　　　　　(B) $\frac{y^2}{16}+\frac{x^2}{13}=1$

(C) $\frac{x^2}{16}+\frac{y^2}{3}=1$　　　　　　(D) $\frac{y^2}{16}+\frac{x^2}{3}=1$

3. 离心率是 $\frac{1}{2}$,$a=4$,焦点在 x 轴上的椭圆的标准方程为( ).

(A) $\frac{x^2}{16}+\frac{y^2}{4}=1$　　　　　　(B) $\frac{y^2}{16}+\frac{x^2}{4}=1$

(C) $\frac{x^2}{16}+\frac{y^2}{12}=1$　　　　　　(D) $\frac{y^2}{16}+\frac{x^2}{12}=1$

4. 离心率是 $\frac{2}{3}$,焦点 $F_1(0,-4)$,则椭圆的标准方程为( ).

(A) $\dfrac{x^2}{36}+\dfrac{y^2}{20}=1$ (B) $\dfrac{y^2}{36}+\dfrac{x^2}{20}=1$

(C) $\dfrac{x^2}{36}+\dfrac{y^2}{16}=1$ (D) $\dfrac{y^2}{36}+\dfrac{x^2}{16}=1$

5. 椭圆的两个焦点是 $F_1(-4,0)$ 与 $F_2(4,0)$,离心率是 $\dfrac{1}{2}$,则椭圆的标准方程为( ).

(A) $\dfrac{x^2}{64}+\dfrac{y^2}{14}=1$ (B) $\dfrac{y^2}{64}+\dfrac{x^2}{16}=1$

(C) $\dfrac{x^2}{64}+\dfrac{y^2}{48}=1$ (D) $\dfrac{y^2}{64}+\dfrac{x^2}{48}=1$

6. 已知椭圆的方程为 $25x^2+36y^2=900$,则椭圆的离心率 $e=$( ).

(A) $\dfrac{1}{6}$ (B) $\dfrac{\sqrt{11}}{6}$ (C) $\sqrt{11}$ (D) 6

7. 设椭圆 $\dfrac{x^2}{m^2}+\dfrac{y^2}{4}=1$ 过点 $(-2,\sqrt{3})$,则椭圆的焦距是( ).

(A) $2\sqrt{5}$ (B) $2\sqrt{3}$ (C) $4\sqrt{5}$ (D) $4\sqrt{3}$

8. 椭圆的对称轴在坐标轴上,且以圆 $x^2+y^2+2x=0$ 的圆心为一个焦点,短轴长等于 4,该椭圆的方程为( ).

(A) $\dfrac{x^2}{5}+\dfrac{y^2}{4}=1$ (B) $\dfrac{x^2}{16}+\dfrac{y^2}{17}=1$

(C) $\dfrac{x^2}{3}+\dfrac{y^2}{2}=1$ (D) $\dfrac{x^2}{2}+\dfrac{y^2}{3}=1$

9. 已知椭圆的焦距等于它的短轴长,则这个椭圆的离心率等于( ).

(A) $\dfrac{1}{2}$ (B) $\dfrac{\sqrt{2}}{2}$ (C) $\sqrt{2}$ (D) 2

10. P 为椭圆 $\dfrac{x^2}{25}+\dfrac{y^2}{16}=1$ 上的一点,F_1,F_2 为椭圆的两个焦点,已知 $|\overrightarrow{PF_1}|=7$,以 P 为圆心,$|\overrightarrow{PF_2}|$ 为半径的圆交线段 PF_1 于 Q,则( ).

(A) $4\overrightarrow{F_1Q}-3\overrightarrow{QP}=0$ (B) $4\overrightarrow{F_1Q}+3\overrightarrow{QP}=0$

(C) $3\overrightarrow{F_1Q}-4\overrightarrow{QP}=0$ (D) $3\overrightarrow{F_1Q}+4\overrightarrow{QP}=0$

二、填空题

1. 已知 $a=6$,离心率 $e=\dfrac{1}{3}$,焦点在 x 轴上,则椭圆的标准方程是_____.

2. 已知 $c=3$,离心率 $e=\dfrac{3}{5}$,焦点在 y 轴上,则椭圆的标准方程是_____.

3. 若椭圆的焦点为 $(-3,0)$,$(3,0)$,离心率为 $\dfrac{3}{5}$,则椭圆的标准方程是_____.

4. 椭圆过点 $\left(1,-\dfrac{8}{3}\right)$,离心率为 $\dfrac{1}{3}$,焦点在 x 轴上,则它的标准方程是_____.

5. 椭圆 $\dfrac{x^2}{4}+y^2=1$ 的离心率为_____.

6. 已知椭圆的长轴与短轴之长的比为 5∶3，那么椭圆的离心率 $e=$ _____.

7. 动点 $M(x,y)$ 到两定点 $F_1(-4,0),F_2(4,0)$ 的距离之和等于 12，则点 $M(x,y)$ 的轨迹方程是 _____.

8. 设 F_1,F_2 为椭圆 $\dfrac{x^2}{25}+\dfrac{y^2}{9}=1$ 的焦点，P 为椭圆上一点，与 F_1,F_2 构成一个三角形，则 $\triangle PF_1F_2$ 的周长等于 _____.

9. 已知椭圆 $\dfrac{x^2}{3}+\dfrac{y^2}{2}=1$ 的焦点为 F_1,F_2，过 F_1 且斜率为 1 的直线交椭圆于点 A,B，则 $\triangle F_2AB$ 的面积为 _____.

10. 直线 $y=x+m$ 与椭圆 $2x^2+y^2=1$ 有两个不同的交点，则 m 的取值范围是 _____.

三、解答题

1. 已知椭圆的离心率 $e=\dfrac{1}{2}$，左焦点 $F(-2,0)$.

(1) 求椭圆的方程；

(2) 如果直线 $l：y=x+b$ 与椭圆 C 有两个交点，求 b 的取值范围.

2. 已知椭圆 $C：\dfrac{x^2}{a^2}+\dfrac{y^2}{b^2}=1(a>b>0)$ 的焦距为 4，且过点 $A(\sqrt{2},\sqrt{3})$.

(1) 求 C 的方程；

(2) 如果直线 $l：y=k(x-4)$ 与椭圆 C 有两个交点，求 k 的取值范围.

3. 已知椭圆 C 的两个焦点分别为 $F_1(-1,0),F_2(1,0)$，离心率为 $\dfrac{1}{2}$.

(1) 求 C 的方程；

(2) 设 P 是 C 上的点，过 P,F_2 的直线 l 交 y 轴于点 Q，若 $\overrightarrow{PQ}=4\overrightarrow{PF_2}$，求坐标原点到 l 的距离.

4. 已知椭圆 $C：\dfrac{x^2}{a^2}+\dfrac{y^2}{b^2}=1(a>b>0)$ 的离心率为 $\dfrac{\sqrt{6}}{3}$，焦距为 4.

(1) 求 C 的方程；

(2) 过点 $(-3,0)$，且斜率为 k 的直线 l 与 C 交于 A,B 两点，O 为坐标原点，当 $OA\perp OB$ 时，求 k.

5. 已知 F_1,F_2 是椭圆 $\dfrac{x^2}{a^2}+\dfrac{y^2}{b^2}=1(a>b>0)$ 的左、右焦点，A 是椭圆上位于第一象限的点，B 也在椭圆上，且满足 $\overrightarrow{OA}+\overrightarrow{OB}=\overrightarrow{0}$ (O 是原点)，$\overrightarrow{AF_2}\cdot\overrightarrow{F_1F_2}=0$，椭圆的离心率 $e=\dfrac{\sqrt{2}}{2}$.

(1) 求直线 AB 的方程；

(2) 若 $\triangle ABF_2$ 的面积为 $4\sqrt{2}$，求椭圆的标准方程.

6. 已知椭圆的离心率为 $\dfrac{\sqrt{3}}{2}$，焦点的坐标为 $(-\sqrt{3},0),(\sqrt{3},0)$，直线 $l：y=kx+1$ 与椭圆交于 A,B 两点.

(1) 求椭圆的标准方程；

(2) 是否存在直线 l，使 $\overrightarrow{OA}\cdot\overrightarrow{OB}=0$，若存在，求出实数 k 的值；若不存在，请说明理由.

第二节 双 曲 线

【考纲点击】

1. 理解并掌握双曲线的定义;
2. 熟练掌握双曲线的标准方程和简单性质;
3. 能够分析解答直线与双曲线相交组成的综合性问题.

【命题走向】

在体育单招考试中,双曲线与方程是每年必考知识点.考查内容包括双曲线的标准方程、双曲线的简单性质、直线与双曲线相交;题型是选择题或填空题,或与其他知识点组成综合性的解答题.

【知识梳理】

一、双曲线的定义

分别到两个定点 F_1 和 F_2 的距离的差的绝对值等于常数 $2a(a>0)$ 的动点的轨迹是双曲线,其中两个定点分别是双曲线的两个焦点,$|F_1F_2|=2c(c>0)$,如图 9-6.

理解:(1) 如果 M 是双曲线上任意一点,那么 $||MF_1|-|MF_2||=2a(a>0)$,a 是常数,$2a$ 表示实轴的长度;

(2) 双曲线的左焦点 $F_1(-c,0)$,右焦点 $F_2(c,0)(c>0)$,$2c$ 表示焦距.

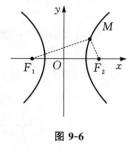

图 9-6

二、双曲线的标准方程

(1) 当焦点在 x 轴上时,标准方程为 $\dfrac{x^2}{a^2}-\dfrac{y^2}{b^2}=1(a>0,b>0)$,$b^2=c^2-a^2$,如图 9-7.

(2) 当焦点在 y 轴上时,标准方程为 $\dfrac{y^2}{a^2}-\dfrac{x^2}{b^2}=1(a>0,b>0)$,$b^2=c^2-a^2$,如图 9-8.

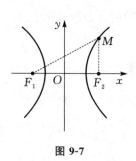

图 9-7

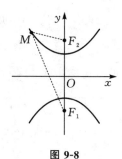

图 9-8

理解：(1) 判断焦点是在 x 轴上还是在 y 轴上的方法是看等式左边的被减数分子对应哪个变量，如果被减数分子对应 x，那么焦点在 x 轴上，否则在 y 轴上；

(2) a 表示实半轴的长度，b 表示虚半轴的长度，c 表示原点到焦点的长度，它们组成勾股数，即 $a^2+b^2=c^2$；

(3) 先确定双曲线的焦点坐标，再写双曲线的标准方程。

三、双曲线的性质

以标准方程 $\dfrac{x^2}{a^2}-\dfrac{y^2}{b^2}=1$ 为例。

(1) 范围：双曲线在直线 $x=\pm a$，$y=\pm b$ 所围成的矩形外，即 $x\leqslant -a$ 或 $x\geqslant a$，如图 9-9。

(2) 对称性：既是轴对称图形，又是中心对称图形，也就是说，椭圆关于 x 轴、y 轴是对称的，坐标轴是椭圆的对称轴，原点是椭圆的对称中心。

(3) 顶点坐标为 $A_1(-a,0)$，$A_2(a,0)$，线段 A_1A_2，B_1B_2 分别叫作双曲线的实轴和虚轴，它们的长度分别是 $2a$ 和 $2b$。

(4) 离心率：双曲线的焦距与实轴长的比 $e=\dfrac{c}{a}$，叫作双曲线的离心率，$e>1$。

(5) 渐近线：两条直线 $y=\pm\dfrac{b}{a}x$ 叫作双曲线的渐近线，如图 9-10。

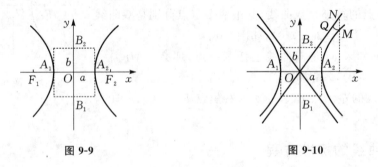

图 9-9   图 9-10

【典例解析】

考点一 双曲线的性质

例 1 求双曲线 $16x^2-25y^2=400$ 的实轴和虚轴的长、离心率、焦点坐标、顶点坐标、渐近线方程。

理解与分析：化双曲线 $16x^2-25y^2=400$ 为标准方程，是 $\dfrac{x^2}{5^2}-\dfrac{y^2}{4^2}=1$，焦点在 x 轴上，这里 $a=5$，$b=4$，则 $c=\sqrt{25+16}=\sqrt{41}$，根据双曲线的性质即可分别求解。

解：双曲线 $16x^2-25y^2=400$ 化为标准方程，得 $\dfrac{x^2}{5^2}-\dfrac{y^2}{4^2}=1$，焦点在 x 轴上，$a=5$，$b=4$，$c=\sqrt{25+16}=\sqrt{41}$。

实轴长：$2a=10$. 虚轴长：$2b=8$.

离心率：$e=\dfrac{c}{a}=\dfrac{\sqrt{41}}{5}$.

焦点坐标：$F_1(-\sqrt{41},0)$，$F_2(\sqrt{41},0)$.

顶点坐标：$A_1(-5,0)$，$A_2(5,0)$.

渐近线方程：$y=\pm\dfrac{4}{5}x$.

点评：本例考查双曲线的性质，要求读者掌握，特别是能够熟练地求离心率、焦点坐标、渐近线方程.

考点二 求双曲线的标准方程

例 2 写出适合下列条件的双曲线的标准方程.

(1) $a=4$，$b=1$，焦点在 x 轴上；

理解与分析：题设给出了 $a=4$，$b=1$，焦点在 x 轴上，可以直接写出双曲线的标准方程.

解：∵ $a=4$，$b=1$，焦点在 x 轴上，

∴ 双曲线的标准方程为 $\dfrac{x^2}{4^2}-\dfrac{y^2}{1^2}=1$，即 $\dfrac{x^2}{16}-y^2=1$.

点评：焦点在 x 轴上的标准方程为 $\dfrac{x^2}{a^2}-\dfrac{y^2}{b^2}=1(a>0,b>0)$.

(2) $a=3$，$c=\sqrt{15}$，焦点在 y 轴上；

理解与分析：题设给出了 $a=4$，$c=\sqrt{15}$，根据 a，b，c 的关系 $b^2=c^2-a^2$，求出 b^2，即 $b^2=c^2-a^2=(\sqrt{15})^2-3^2=6$，由于焦点在 y 轴上，因此直接写出双曲线的标准方程.

解：∵ $a=3$，$c=\sqrt{15}$，

∴ $b^2=c^2-a^2=(\sqrt{15})^2-3^2=6$.

∵ 焦点在 y 轴上，

∴ 双曲线的标准方程为 $\dfrac{y^2}{9}-\dfrac{x^2}{6}=1$.

点评：要求双曲线的标准方程，必须先确定 a 和 b 的值，焦点在 y 轴上的双曲线的标准方程为 $\dfrac{y^2}{a^2}-\dfrac{x^2}{b^2}=1(a>0,b>0)$.

(3) $c+a=10$，$c-a=4$；

理解与分析：依据题设给出的条件 $a+c=10$，$c-a=4$，先求出 a 和 c 的值，即解方程组 $\begin{cases}c+a=10,\\c-a=4,\end{cases}$ 得到 $c=7$，$a=3$，再求出 $b^2=c^2-a^2=7^2-3^2=40$. 分两种情况讨论，写出双曲线的标准方程.

解：解方程组 $\begin{cases}c+a=10,\\c-a=4,\end{cases}$ 得 $c=7$，$a=3$，

∴ $b^2=c^2-a^2=7^2-3^2=40$.

当焦点在 x 轴上时,双曲线的标准方程为 $\dfrac{x^2}{9}-\dfrac{y^2}{40}=1$;

当焦点在 y 轴上时,双曲线的标准方程为 $\dfrac{y^2}{9}-\dfrac{x^2}{40}=1$.

点评:如果没有给出焦点在哪个坐标轴上,那么分两种情况写出双曲线的标准方程.

(4) $b=4,c=2\sqrt{5}$.

理解与分析:题设给出了 $b=4,c=2\sqrt{5}$,根据 a,b,c 的关系 $a^2=c^2-b^2$,求出 a^2,即 $a^2=c^2-b^2=(2\sqrt{5})^2-4^2=4$,分两种情况讨论,写出双曲线的标准方程.

解:$\because b=4,c=2\sqrt{5}$,

$\therefore a^2=c^2-b^2=(2\sqrt{5})^2-4^2=4$.

当焦点在 x 轴上时,双曲线的标准方程为 $\dfrac{x^2}{4}-\dfrac{y^2}{16}=1$;

当焦点在 y 轴上时,双曲线的标准方程为 $\dfrac{y^2}{4}-\dfrac{x^2}{16}=1$.

点评:要求双曲线的标准方程,必须先确定 a 和 b 的值.如果没有给出焦点在哪个坐标轴上,那么分两种情况写出双曲线的标准方程.

例3 若椭圆 $\dfrac{x^2}{10}+\dfrac{y^2}{m}=1$ 与双曲线 $x^2-\dfrac{y^2}{b}=1$ 有相同的焦点,又椭圆与双曲线交于点 $P\left(\dfrac{\sqrt{10}}{3},y\right)$,求椭圆与双曲线的方程.

理解与分析:要求椭圆与双曲线的方程,必须先确定 m,b 的值.椭圆与双曲线的关系是它们的焦点相同,且相交点于 $P\left(\dfrac{\sqrt{10}}{3},y\right)$.先分析焦点相同,由椭圆 $\dfrac{x^2}{10}+\dfrac{y^2}{m}=1$ 的右焦点 $(\sqrt{10-m},0)$,双曲线 $x^2-\dfrac{y^2}{b}=1$ 的右焦点 $(\sqrt{1+b},0)$,得到 $10-m=1+b$ ……(1);再分析相交于点 P,可知 $\begin{cases}\dfrac{1}{9}+\dfrac{y^2}{m}=1\cdots\cdots(2),\\ \dfrac{10}{9}-\dfrac{y^2}{b}=1\cdots\cdots(3),\end{cases}$ 方程(1)、(2)、(3)联立求出 m 和 b 的值,从而求出椭圆与双曲线的方程.

解:椭圆 $\dfrac{x^2}{10}+\dfrac{y^2}{m}=1$ 的右焦点为 $(\sqrt{10-m},0)$,双曲线 $x^2-\dfrac{y^2}{b}=1$ 的右焦点为 $(\sqrt{1+b},0)$,由椭圆与双曲线的焦点相同,得 $\sqrt{10-m}=\sqrt{1+b}$,$b=9-m$.

由椭圆与双曲线交于点 $P\left(\dfrac{\sqrt{10}}{3},y\right)$,得 $\begin{cases}\dfrac{1}{9}+\dfrac{y^2}{m}=1,\\ \dfrac{10}{9}-\dfrac{y^2}{b}=1,\end{cases}$

$\therefore$ 得到方程组 $\begin{cases}10-m=1+b,\\ \dfrac{1}{9}+\dfrac{y^2}{m}=1,\\ \dfrac{10}{9}-\dfrac{y^2}{b}=1,\end{cases}$

解这个方程组,得 $m=1,b=8$.

∴椭圆的方程为 $\dfrac{x^2}{10}+y^2=1$；

双曲线的方程为 $x^2-\dfrac{y^2}{8}=1$.

点评:依据椭圆与双曲线的焦点相同和椭圆与双曲线相交,建立方程组求解.

考点三 直线与双曲线相交

例 4 设双曲线 $\dfrac{x^2}{a^2}-\dfrac{y^2}{3^2}=1$ 的焦点分别为 F_1,F_2,离心率为 2.

(1) 求双曲线的方程；

理解与分析:由题设条件得到 $c^2=a^2+3^2$,即 $c=\sqrt{a^2+9}$,由离心率 $\dfrac{c}{a}=2$,得到 $\dfrac{\sqrt{a^2+9}}{a}=2$,求得 $a^2=3$,从而得到双曲线的方程.

解:由双曲线 $\dfrac{x^2}{a^2}-\dfrac{y^2}{3^2}=1$,得 $c^2=a^2+3^2,c=\sqrt{a^2+9}$.

由离心率 $\dfrac{c}{a}=2$,得 $\dfrac{\sqrt{a^2+9}}{a}=2$,

解得 $a^2=3$.

∴双曲线方程为 $\dfrac{x^2}{3}-\dfrac{y^2}{9}=1$.

点评:双曲线方程中 c 与 a,b 的关系是 $c^2=a^2+b^2$,已知 b^2,利用离心率求出 a^2 的值.

(2) 求双曲线的渐近线 l_1,l_2 的方程.

理解与分析:双曲线 $\dfrac{x^2}{3}-\dfrac{y^2}{9}=1$ 的渐近线方程是 $y=\pm\dfrac{b}{a}x=\pm\dfrac{3}{\sqrt{3}}x$.

解:由双曲线 $\dfrac{x^2}{3}-\dfrac{y^2}{9}=1$,得 $a^2=3,a=\sqrt{3},b^2=9,b=3$,

∴两条渐近线方程分别为 $l_1:y=\dfrac{3}{\sqrt{3}}x$；$l_2:y=-\dfrac{3}{\sqrt{3}}x$.

点评:双曲线 $\dfrac{x^2}{a^2}-\dfrac{y^2}{b^2}=1$ 的两条渐近线方程是 $y=\pm\dfrac{b}{a}x$.

例 5 已知双曲线 C 的两个焦点分别是 $F_1(-\sqrt{5},0),F_2(\sqrt{5},0)$,离心率 $e=\dfrac{\sqrt{5}}{2}$.

(1) 求双曲线 C 的方程；

理解与分析:由两个焦点分别是 $F_1(-\sqrt{5},0),F_2(\sqrt{5},0)$ 知,焦点在 x 轴上,$c=\sqrt{5}$.已知离心率 $e=\dfrac{\sqrt{5}}{2}=\dfrac{c}{a}$,得 $a=2$,从而得到 $b^2=(\sqrt{5})^2-2^2=1$,进而求得双曲线 C 的方程.

解:由双曲线 C 的两个焦点分别是 $F_1(-\sqrt{5},0),F_2(\sqrt{5},0)$,得焦点在 x 轴上,$c=\sqrt{5}$.由离心率 $e=\dfrac{\sqrt{5}}{2}=\dfrac{c}{a}$,得 $a=2,b^2=(\sqrt{5})^2-2^2=1$.

∴双曲线 C 的方程为 $\dfrac{x^2}{4}-y^2=1$.

点评：要求双曲线的标准方程，必须先确定 a 和 b 的值.

(2) 证明：若直线 l 与双曲线 C 有两个不同的交点 M 和 N，则 OM 与 ON 不能相互垂直，其中 O 是坐标原点.

理解与分析：首先设直线 l 的斜截式方程为 $y=kx+b$，它与双曲线方程组成方程组 $\begin{cases}\dfrac{x^2}{4}-y^2=1,\\ y=kx+b,\end{cases}$ 即 $\dfrac{x^2}{4}-(kx+b)^2=1$，整理得 $(4k^2-1)x^2+8kbx+4(b^2+1)=0$. 设直线 l 与双曲线 C 交于两点 $M(x_1,y_1)$ 和 $N(x_2,y_2)$，利用一元二次方程根与系数的关系分别写出 x_1+x_2 和 x_1x_2 的值. 计算 $\overrightarrow{OM}\cdot\overrightarrow{ON}=x_1x_2+y_1y_2\neq 0$，这样证明了 OM 与 ON 不能相互垂直.

证明：设直线 l 的斜截式方程为 $y=kx+b$，则

$$\begin{cases}\dfrac{x^2}{4}-y^2=1, & (1)\\ y=kx+b. & (2)\end{cases}$$

(2) 代入 (1)，得 $\dfrac{x^2}{4}-(kx+b)^2=1$，

整理，得 $(4k^2-1)x^2+8kbx+4(b^2+1)=0,k\neq\pm\dfrac{1}{2}$.

设直线 l 与双曲线 C 交于两点 $M(x_1,y_1)$ 和 $N(x_2,y_2)$，则

$$x_1+x_2=-\dfrac{8kb}{4k^2-1},\ x_1x_2=\dfrac{4(b^2+1)}{4k^2-1},$$

$$y_1y_2=(kx_1+b)(kx_2+b)=k^2x_1x_2+kb(x_1+x_2)+b^2=\dfrac{4k^2-b^2}{4k^2-1},$$

$\therefore \overrightarrow{OM}\cdot\overrightarrow{ON}=(x_1,y_1)\cdot(x_2,y_2)=x_1x_2+y_1y_2$

$=\dfrac{4(b^2+1)}{4k^2-1}+\dfrac{4k^2-b^2}{4k^2-1}$

$=\dfrac{4(b^2+1)+4k^2-b^2}{4k^2-1}$

$=\dfrac{4k^2+3b^2+4}{4k^2-1}.$

∵分子 $4k^2+3b^2+4>0$，分母 $4k^2-1\neq 0$，

$\therefore \dfrac{4k^2+3b^2+4}{4k^2-1}\neq 0,$

即 $\overrightarrow{OM}\cdot\overrightarrow{ON}\neq 0,$

∴OM 与 ON 不能相互垂直.

点评：证明 OM 与 ON 不能相互垂直，转化为证明向量 $\overrightarrow{OM}\cdot\overrightarrow{ON}\neq 0$，用坐标运算就是 $x_1x_2+y_1y_2\neq 0$. 通过建立方程组得到一元二次方程，利用一元二次方程根与系数的关系证明.

【归纳总结】

双曲线与方程有三个考点：一是双曲线的性质；二是求双曲线的标准方程；三是直线与

双曲线相交.

要求双曲线的标准方程,必须先确定 a 和 b 的值.当焦点在 x 轴上时,标准方程为 $\dfrac{x^2}{a^2}-\dfrac{y^2}{b^2}=1(a>0,b>0)$;当焦点在 y 轴上时,标准方程为 $\dfrac{y^2}{a^2}-\dfrac{x^2}{b^2}=1(a>0,b>0)$;题设没有给出焦点在哪个坐标轴上,分两种情况写出双曲线的标准方程.

已知双曲线的离心率 $e=\dfrac{c}{a}$ 和 a,求 c 和 b^2 的值.

已知双曲线的离心率 $e=\dfrac{c}{a}$ 和 c,求 a 和 b^2 的值.

已知双曲线的离心率 $e=\dfrac{c}{a}$ 和 $b^2=c^2-a^2$,可以用含 c 的式子分别表示 a 和 b^2.

双曲线 $\dfrac{x^2}{a^2}-\dfrac{y^2}{b^2}=1$ 的两条渐近线方程是 $y=\pm\dfrac{b}{a}x$.

当直线与双曲线相交时,将直线方程代入双曲线方程,整理得到的一元二次方程有两个不相等的实数根.

对于直线与双曲线相交的问题,必须画图分析,弄清楚图形的几何意义,选择合适的方法.

【能力测试】

水平能力测试二

一、选择题

1. 在一个给定的平面内,A,C 为定点,B 为动点,且 $|BC|$,$|AC|$,$|AB|$ 成等差数列,则点 B 的轨迹是(   ).

(A) 圆　　　　(B) 椭圆　　　　(C) 双曲线　　　　(D) 抛物线

2. 两个焦点是 $F_1(-5,0)$,$F_2(5,0)$,且过点 $(3,0)$ 的双曲线的标准方程是(   ).

(A) $\dfrac{x^2}{9}-\dfrac{y^2}{16}=1$ 　　　　(B) $\dfrac{x^2}{9}-\dfrac{y^2}{25}=1$

(C) $\dfrac{x^2}{9}-\dfrac{y^2}{34}=1$ 　　　　(D) $\dfrac{x^2}{16}-\dfrac{y^2}{9}=1$

3. 离心率是 2,$a=4$,焦点在 x 轴上的双曲线的标准方程为(   ).

(A) $\dfrac{x^2}{16}-\dfrac{y^2}{4}=1$ 　　　　(B) $\dfrac{y^2}{16}-\dfrac{x^2}{4}=1$

(C) $\dfrac{x^2}{16}-\dfrac{y^2}{48}=1$ 　　　　(D) $\dfrac{y^2}{16}-\dfrac{x^2}{48}=1$

4. 离心率是 $\dfrac{3}{2}$,两个焦点是 $F_1(0,-6)$,$F_2(0,6)$,则双曲线的标准方程为(   ).

(A) $\dfrac{x^2}{16}-\dfrac{y^2}{20}=1$ 　　　　(B) $\dfrac{y^2}{16}-\dfrac{x^2}{20}=1$

(C) $\dfrac{x^2}{20}-\dfrac{y^2}{16}=1$ 　　　　(D) $\dfrac{y^2}{20}-\dfrac{x^2}{16}=1$

5. 双曲线的两个焦点是 $F_1(-4,0)$ 与 $F_2(4,0)$,离心率是 2,则它的方程为(　　).

(A) $\dfrac{x^2}{4}-\dfrac{y^2}{12}=1$ (B) $\dfrac{y^2}{4}-\dfrac{x^2}{12}=1$

(C) $\dfrac{x^2}{12}-\dfrac{y^2}{4}=1$ (D) $\dfrac{y^2}{12}-\dfrac{x^2}{4}=1$

6. 已知双曲线的方程为 $25x^2-36y^2=900$,则这个双曲线的离心率 $e=$(　　).

(A) $\dfrac{1}{6}$ (B) $\dfrac{\sqrt{61}}{6}$ (C) $\sqrt{61}$ (D) 6

7. 若双曲线的实轴长等于它的虚轴长,则这个双曲线的离心率等于(　　).

(A) $\dfrac{1}{2}$ (B) $\dfrac{\sqrt{2}}{2}$ (C) $\sqrt{2}$ (D) 2

8. 若双曲线 $\dfrac{x^2}{a^2}-\dfrac{y^2}{b^2}=1(a>0,b>0)$ 的两条渐近线相互垂直,则双曲线的离心率是(　　).

(A) $\sqrt{2}$ (B) 2   (C) $\dfrac{3\sqrt{2}}{2}$ (D) $2\sqrt{2}$

9. 双曲线 $\dfrac{x^2}{a^2}-\dfrac{y^2}{b^2}=1$ 的一条渐近线的斜率为 $\sqrt{3}$,则此双曲线的离心率为(　　).

(A) $\dfrac{2\sqrt{3}}{3}$ (B) $\sqrt{3}$ (C) 2   (D) 4

10. 双曲线 $\dfrac{y^2}{9}-\dfrac{x^2}{16}=1$ 的渐近线方程是(　　).

(A) $y=\pm\dfrac{4}{3}x$ (B) $y=\pm\dfrac{3}{4}x$

(C) $y=\pm\dfrac{9}{16}x$ (D) $y=\pm\dfrac{16}{9}x$

二、填空题

1. 已知 $a=6$,离心率 $e=\dfrac{5}{3}$,焦点在 x 轴上,则双曲线的标准方程是_____.

2. 已知双曲线的离心率为 2,焦点是 $F_1(-4,0)$, $F_2(4,0)$,则双曲线的标准方程是_____.

3. 已知双曲线过点 $\left(1,-\dfrac{8}{3}\right)$,离心率 $e=3$,焦点在 x 轴上,则双曲线的标准方程是_____.

4. 已知中心在原点的双曲线 C 的一个焦点是 $F_1(-3,0)$,一条渐近线的方程是 $\sqrt{5}x-2y=0$,则双曲线 C 的方程是_____.

5. 已知双曲线的两条渐近线分别为 $x+2y=0$, $x-2y=0$,它的一个焦点为 $(-2\sqrt{5},0)$,则双曲线的方程是_____.

6. 已知双曲线 $\dfrac{x^2}{4}-\dfrac{y^2}{m}=1$ 的两条渐近线方程为 $y=\pm\dfrac{\sqrt{3}}{2}x$,则双曲线的焦点坐标是

_____.

7. 双曲线 $\dfrac{x^2}{4} - y^2 = 1$ 的离心率为 _____.

8. 设双曲线 $\dfrac{x^2}{a^2} - y^2 = 1$ 与椭圆 $\dfrac{x^2}{25} + \dfrac{y^2}{16} = 1$ 有相同的焦点, 则该双曲线的渐近线方程是 _____.

9. 已知双曲线 $\dfrac{x^2}{9} - \dfrac{y^2}{16} = 1$ 上的一点 P 到双曲线一个焦点的距离为 3, 则点 P 到另一个焦点的距离为 _____.

10. 动点 $M(x,y)$ 到两定点 $F_1(-6,0)$, $F_2(6,0)$ 的距离之差的绝对值等于 10, 则点 $M(x,y)$ 的轨迹方程是 _____.

三、解答题

1. 已知双曲线 $\dfrac{x^2}{a^2} - \dfrac{y^2}{b^2} = 1$ 的一个焦点 F 与一条渐近线 l, 过焦点 F 作渐近线 l 的垂线, 垂足 P 的坐标为 $\left(\dfrac{4}{3}, -\dfrac{2\sqrt{5}}{3}\right)$.

(1) 求双曲线的标准方程;

(2) 求 $\triangle POF$ 的面积.

2. 设 F_1, F_2 分别是双曲线 $\dfrac{x^2}{9} - \dfrac{y^2}{16} = 1$ 的左、右焦点, M 为双曲线右支上的一点, 且 $\angle F_1 M F_2 = 60°$, 求

(1) 求 $\triangle MF_1F_2$ 的面积;

(2) 求点 M 的坐标.

3. 设 $F(c, 0)(c > 0)$ 是双曲线 $x^2 - \dfrac{y^2}{2} = 1$ 的右焦点, 过点 F 的直线 l 交双曲线于 P, Q 两点, O 是坐标原点.

(1) 证明 $\overrightarrow{OP} \cdot \overrightarrow{OQ} = -1$;

(2) 若原点 O 到直线 l 的距离是 $\dfrac{3}{\sqrt{5}}$, 求 $\triangle OPQ$ 的面积.

4. 双曲线 $\dfrac{x^2}{a^2} - \dfrac{y^2}{b^2} = 1 (a > 0, b > 0)$ 的中心为 O, 右焦点为 F, 右准线和两条渐近线分别交于点 M_1, M_2.

(1) 证明 O, M_1, M_2, F 四个点在同一个圆上;

(2) 如果 $|\overrightarrow{OM_1}| = |\overrightarrow{M_1F}|$, 求双曲线的离心率;

(3) 如果 $\angle M_1 F M_2 = \dfrac{\pi}{3}$, $|\overrightarrow{OF}| = 4$, 求双曲线的方程.

5. 已知点 $M(-2, 0), N(2, 0)$, 动点 P 满足 $|PM| - |PN| = 2\sqrt{2}$, 记动点 P 的轨迹为 C.

(1) 求曲线 C 的方程;

(2) 直线 AB 垂直于 x 轴, 且与曲线 C 相交于 A, B 两点, O 是坐标原点, 求 $\overrightarrow{OA} \cdot \overrightarrow{OB}$ 的值.

第三节 抛 物 线

【考纲点击】

1. 掌握抛物线的定义；
2. 熟练掌握抛物线的标准方程和简单性质；
3. 能够分析解答直线与抛物线相交组成的综合性问题．

【命题走向】

在体育单招考试中，抛物线与方程是每年必考知识点．考查内容包括求抛物线的焦点坐标和准线方程、求抛物线的标准方程、直线与抛物线相交；题型是选择题或填空题，或与其他知识点组成综合性的解答题．

【知识梳理】

一、抛物线的定义

定义：平面内与一定点 F 和一条定直线 l 的距离相等的点的轨迹，叫作抛物线，其中定点 F 是抛物线的焦点，定直线 l 是抛物线的准线，如图 9-11．

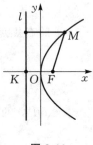

图 9-11

理解：(1) 如果 M 是抛物线上任意一点，那么 $|MF|$ 等于 M 到直线 l 的距离．

(2) 准线 l 与 x 轴交于点 K，它与 F 关于 y 轴对称．

(3) 抛物线 $y^2=2px(p>0)$ 的顶点在坐标原点 $O(0,0)$，开口方向向右，图象关于 x 轴对称，且位于第一和第四象限．

(4) 标准方程 $y^2=2px(p>0)$，焦点为 $F\left(\dfrac{p}{2},0\right)$，准线方程为 $x=-\dfrac{p}{2}$，焦点 F 到准线 l 的距离为 $|FK|=p$．

二、抛物线的标准方程与简单性质

抛物线的标准方程与简单性质如表 9-1 所示.

表 9-1

标准方程	$y^2=2px(p>0)$	$y^2=-2px(p>0)$	$x^2=2py(p>0)$	$x^2=-2py(p>0)$
图形				
顶点	(0,0)			
轴	对称轴:x 轴		对称轴:y 轴	
焦点	$F\left(\dfrac{p}{2},0\right)$	$F\left(-\dfrac{p}{2},0\right)$	$F\left(0,\dfrac{p}{2}\right)$	$F\left(0,-\dfrac{p}{2}\right)$
离心率	$e=1$			
准线	$x=-\dfrac{p}{2}$	$x=\dfrac{p}{2}$	$y=-\dfrac{p}{2}$	$y=\dfrac{p}{2}$

理解:(1) 根据抛物线的开口方向或焦点 F 的坐标写出标准方程,或根据抛物线的标准方程确定开口方向和焦点 F 的坐标.

(2) 如果抛物线的顶点不在坐标原点,可以先通过向量平移公式,将顶点平移到坐标原点,此时抛物线的焦点坐标和准线方程随之平移.求出抛物线的标准方程,然后再通过反平移还原为原抛物线方程.

【典例解析】

考点一 求抛物线的焦点坐标和准线方程

例 1 已知抛物线的标准方程是 $y^2=6x$,求它的焦点坐标和准线方程.

理解与分析:题设给出的抛物线的标准方程是 $y^2=6x$,可知顶点在坐标原点,开口向右,$2p=6$,$p=3$,$\dfrac{p}{2}=\dfrac{3}{2}$,从而得到焦点坐标是 $\left(\dfrac{3}{2},0\right)$,准线方程是 $x=-\dfrac{3}{2}$.

解:由抛物线方程是 $y^2=6x$ 知,顶点在坐标原点,开口向右,$2p=6$,$p=3$,$\dfrac{p}{2}=\dfrac{3}{2}$,

∴ 抛物线的焦点坐标是 $\left(\dfrac{3}{2},0\right)$,准线方程是 $x=-\dfrac{3}{2}$.

点评:标准方程是 $y^2=2px(p>0)$ 的抛物线,顶点在坐标原点,开口向右,焦点为 $F\left(\dfrac{p}{2},0\right)$,准线方程为 $x=-\dfrac{p}{2}$.

例 2 求抛物线 $y=4x^2$ 的焦点坐标和准线方程.

理解与分析:先把题设给出的抛物线 $y=4x^2$,改写成标准方程,是 $x^2=\dfrac{1}{4}y$,可知抛物线的顶点在坐标原点,开口向上.由 $2p=\frac{1}{4}$,$p=\frac{1}{8}$,$\frac{p}{2}=\frac{1}{16}$,得到焦点坐标是 $\left(0,\frac{1}{16}\right)$,准线方程是 $y=-\frac{1}{16}$.

解:把抛物线 $y=4x^2$ 改写成标准方程,得 $x^2=\frac{1}{4}y$,可知顶点在坐标原点,开口向上,$2p=\frac{1}{4}$,$p=\frac{1}{8}$,$\frac{p}{2}=\frac{1}{16}$.

∴抛物线 $y=4x^2$ 的焦点坐标是 $\left(0,\frac{1}{16}\right)$,准线方程是 $y=-\frac{1}{16}$.

点评:如果题设中抛物线方程不是标准方程,那么先改写成标准方程,再求解问题.

考点二 求抛物线的标准方程

例3 已知抛物线的顶点在坐标原点,焦点 $F(0,-2)$,求它的标准方程.

理解与分析:题设给出了抛物线的焦点 $F(0,-2)$,可知抛物线开口向下.设所求抛物线的标准方程是 $x^2=-2py(p>0)$,得到 $-\frac{p}{2}=-2$,即 $p=4$,代入抛物线的标准方程即可求解.

解:由抛物线的焦点坐标是 $F(0,-2)$ 知,它的开口向下.

设所求抛物线的标准方程是 $x^2=-2py(p>0)$,则 $-\frac{p}{2}=-2$,$p=4$,

∴所求抛物线的标准方程是 $x^2=-8y$.

点评:标准方程是 $x^2=-2py(p>0)$ 的抛物线,顶点在坐标原点,开口向下,焦点为 $F\left(0,-\frac{p}{2}\right)$,准线方程为 $y=\frac{p}{2}$.

例4 已知抛物线关于 x 轴对称,顶点在坐标原点,且经过点 $M(2,-2\sqrt{2})$,求它的标准方程.

理解与分析:由抛物线关于 x 轴对称,顶点在坐标原点,并且经过点 $M(2,-2\sqrt{2})$ 得到抛物线开口向右.设抛物线的标准方程为 $y^2=2px(p>0)$,将点 $M(2,-2\sqrt{2})$ 代入求出 p 的值,即可求出抛物线的标准方程.

解:由抛物线关于 x 轴对称,顶点在坐标原点,且经过点 $M(2,-2\sqrt{2})$ 知,抛物线开口向右.

设抛物线的标准方程为 $y^2=2px(p>0)$,将点 $M(2,-2\sqrt{2})$ 代入,得 $(-2\sqrt{2})^2=2p\times 2$,$p=2$,

∴抛物线的标准方程是 $y^2=4x$.

点评:标准方程是 $y^2=2px(p>0)$ 的抛物线,图象位于第一和第四象限.

考点三 直线与抛物线相交

例5 过抛物线 $y^2=2px(p>0)$ 的焦点 F 作斜率分别为 $\frac{1}{2}$ 和 -2 的直线,分别交抛物线的准线于点 A,B.若 $\triangle FAB$ 的面积是 5,求抛物线的标准方程.

理解与分析:抛物线 $y^2=2px(p>0)$ 的顶点在坐标原点,开口向右,焦点为 $F\left(\frac{p}{2},0\right)$,

准线方程为 $x=-\frac{p}{2}$，焦点 F 到准线 l 的距离等于 p．下面确定点 A,B 的坐标，设过 F 所作的斜率为 $\frac{1}{2}$ 的直线是 $y=\frac{1}{2}\left(x-\frac{p}{2}\right)$，将 $x=-\frac{p}{2}$ 代入，得到 $y=-\frac{p}{2}$，则点 A 的坐标为 $\left(-\frac{p}{2},-\frac{p}{2}\right)$．同理求得 B 的坐标为 $\left(-\frac{p}{2},2p\right)$，如图 9-12．由 $\triangle FAB$ 的面积是 5，得 $\frac{1}{2}\times\left|-\frac{p}{2}-2p\right|\times p=5$，求得 $p=2$，因此抛物线的标准方程是 $y^2=4x$．

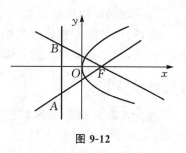

图 9-12

解：抛物线 $y^2=2px(p>0)$ 的顶点在坐标原点，开口向右，焦点为 $F\left(\frac{p}{2},0\right)$，准线方程为 $x=-\frac{p}{2}$，焦点 F 到准线 l 的距离等于 p．

设过 F 所作的斜率为 $\frac{1}{2}$ 的直线是 $y=\frac{1}{2}\left(x-\frac{p}{2}\right)$，将 $x=-\frac{p}{2}$ 代入，得 $y=-\frac{p}{2}$．

所以点 A 的坐标为 $\left(-\frac{p}{2},-\frac{p}{2}\right)$．

设过 F 所作的斜率为 -2 的直线是 $y=-2\left(x-\frac{p}{2}\right)$，将 $x=-\frac{p}{2}$ 代入，得 $y=2p$．

所以点 B 的坐标为 $\left(-\frac{p}{2},2p\right)$．

由 $\triangle FAB$ 的面积是 5，得 $\frac{1}{2}\times\left|-\frac{p}{2}-2p\right|\times p=5$，求得 $p=2$．

因此，抛物线的标准方程是 $y^2=4x$．

点评：要求抛物线的标准方程，必须确定 p 的值．根据题设 $\triangle FAB$ 的面积是 5，求 p 的值．

例 6 斜率为 1 的直线经过抛物线 $y^2=4x$ 的焦点，与抛物线相交于两点 A 和 B，求线段 AB 的长度．

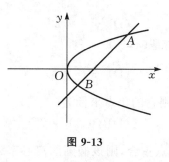

图 9-13

理解与分析：题设抛物线 $y^2=4x$ 的焦点坐标为 $(1,0)$，写出斜率为 1，过焦点 $(1,0)$ 的直线方程为 $y=x-1$，代入抛物线方程 $y^2=4x$，得 $(x-1)^2=4x$，化简后，$x^2-6x+1=0$，得到 $x_1+x_2=6$，$x_1x_2=1$，求出 $(x_1-x_2)^2=(x_1+x_2)^2-4x_1x_2=32$，进而求出 $(y_1-y_2)^2=[(x_1-1)-(x_2-1)]^2=(x_1-x_2)^2=32$，最后利用两点间的距离公式求出线段 AB 长，如图 9-13．

解：抛物线 $y^2=4x$ 的焦点坐标为 $(1,0)$，则斜率为 1，过焦点 $(1,0)$ 的直线方程为 $y=x-1$，代入 $y^2=4x$，得 $(x-1)^2=4x$，整理，得 $x^2-6x+1=0$．

设 $A(x_1,y_1)$，$B(x_2,y_2)$，则 $x_1+x_2=6$，$x_1x_2=1$，

∴ $(x_1-x_2)^2=(x_1+x_2)^2-4x_1x_2=6^2-4\times1=32$，

$(y_1-y_2)^2=[(x_1-1)-(x_2-1)]^2=(x_1-x_2)^2=32$，

由两点间的距离公式，得 $|AB|=\sqrt{(x_1-x_2)^2+(y_1-y_2)^2}=\sqrt{32+32}=\sqrt{64}=8$．

∴线段 AB 的长度是 8.

点评:将直线方程代入抛物线方程得到一元二次方程,利用根与系数的关系和两点间的距离公式,求出线段 AB 的长度.

【归纳总结】

抛物线与方程有三个考点:一是求抛物线的焦点坐标和准线方程;二是求抛物线的标准方程;三是直线与抛物线相交.

要求抛物线的标准方程,必须确定 p 的值.

如果已知条件的抛物线不是标准方程,那么先改写成标准方程,再求焦点坐标和准线方程.

分析求解直线与抛物线相交问题,一定注意画图分析,找到求解问题的几何意义.

【能力测试】

水平能力测试三

一、选择题

1. 顶点在原点,准线方程为 $x=2$ 的抛物线方程为( ).

(A) $y^2=-8x$ (B) $y^2=8x$
(C) $y^2=-4x$ (D) $y^2=4x$

2. 抛物线 $x^2=-\dfrac{1}{4}y$ 的焦点坐标为( ).

(A) $\left(0,-\dfrac{1}{8}\right)$ (B) $\left(0,-\dfrac{1}{16}\right)$ (C) $\left(0,\dfrac{1}{8}\right)$ (D) $\left(0,\dfrac{1}{16}\right)$

3. 抛物线 $y^2=ax(a<0)$ 的焦点到准线的距离是( ).

(A) $\dfrac{a}{4}$ (B) $\dfrac{a}{2}$ (C) $-\dfrac{a}{4}$ (D) $-\dfrac{a}{2}$

4. 如果抛物线的顶点是双曲线 $16x^2-9y^2=144$ 的中心,而焦点是双曲线的左焦点,那么抛物线的方程为( ).

(A) $y^2=16x$ (B) $y^2=-16x$ (C) $y^2=20x$ (D) $y^2=-20x$

5. 抛物线 $y^2=8x$ 上的点到直线 $2x-y+4=0$ 的最短距离是( ).

(A) $3\sqrt{3}$ (B) $\sqrt{15}$ (C) $\dfrac{1}{3}\sqrt{15}$ (D) $\dfrac{3}{5}\sqrt{5}$

6. 已知抛物线 $y^2=-2px(p>0)$ 的准线经过点 $(1,-1)$,则它的焦点坐标为( ).

(A) $(-1,0)$ (B) $(1,0)$ (C) $(0,-1)$ (D) $(0,1)$

7. 已知抛物线 $y^2=8x$ 的焦点与椭圆 $\dfrac{x^2}{a^2}+y^2=1$ 的一个焦点重合,则该椭圆的离心率为( ).

(A) $\dfrac{\sqrt{5}}{5}$ (B) $\dfrac{1}{2}$ (C) $\dfrac{2\sqrt{3}}{3}$ (D) $\dfrac{2\sqrt{5}}{5}$

8. 已知抛物线 $y^2=4x$ 的准线过椭圆 $\dfrac{x^2}{a^2}+\dfrac{y^2}{b^2}=1(a>b>0)$ 的左焦点,且准线与椭圆交

于 A,B 两点，$\triangle AOB$ 的面积是 $\frac{3}{2}$，则椭圆的离心率为（　　）.

(A) $\frac{2}{3}$　　　　(B) $\frac{1}{2}$　　　　(C) $\frac{1}{3}$　　　　(D) $\frac{1}{4}$

9.抛物线 $y^2=2px$ 过点 $(1,2)$，则该抛物线的准线方程是（　　）.

(A) $x=-1$　　(B) $x=1$　　(C) $y=-1$　　(D) $y=1$

10.已知抛物线 $C：x^2=4y$ 的焦点 F，过 F 作 C 的对称轴的垂线，与 C 交于 A,B 两点，则 $|AB|=$（　　）.

(A) 8　　　　(B) 4　　　　(C) 2　　　　(D) 1

二、填空题

1.抛物线 $x^2=-6y$ 的焦点坐标为_____.

2.顶点在原点，焦点坐标为 $(0,4)$ 的抛物线方程为_____.

3.若抛物线的顶点坐标为 $(0,2)$，准线方程为 $y=-1$，则这条抛物线的焦点坐标为_____.

4.抛物线 $y=2x^2$ 的准线方程为_____.

5.已知抛物线的焦点坐标是 $F(0,-2)$，则它的标准方程是_____.

6.若抛物线 $y^2=2px$ 的准线方程是 $x=-3$，则 $p=$_____.

7.将抛物线 $y^2=4x$ 绕焦点逆时针方向旋转 $90°$ 后，所得抛物线的方程是_____.

8.从抛物线 $y^2=4x$ 上一点 P 引抛物线准线的垂线，垂足为 M，且 $|PM|=5$，设抛物线的焦点为 F，则 $\triangle MPF$ 的面积为_____.

9.已知直线 $x-8y+96=0$ 与抛物线 $y^2=2px$ 只有一个公共点，则抛物线的标准方程是_____.

10.已知正三角形 OAB 的一个顶点 O 位于坐标原点，另外两个顶点在抛物线 $y^2=4x$ 上，则正三角形 OAB 的面积是_____.

三、解答题

1.已知抛物线 C 的顶点在坐标原点，经过点 $A(2,2)$，焦点 F 在 x 轴上.

(1) 求抛物线 C 的标准方程；

(2) 求过点 F，且与直线 OA 垂直的直线方程.

2.直线 l_1 与 l_2 是过原点的任意两条互相垂直的直线，除原点外，分别交抛物线 $y^2=x$ 于点 A,B 两点.

(1) 证明：AB 交 x 轴于定点 P；

(2) 求 $S_{\triangle OAB}$ 的最小值.

3.已知抛物线 $C：y^2=2px(p>0)$，直线 l 过 C 的焦点 F 且倾斜角为 α，设直线 l 与 C 交于 A,B 两点，A 与坐标原点连线交 C 的准线于点 D.

(1) 证明：BD 垂直于 y 轴；

(2) 分析 α 分别取什么范围的值时，$\overrightarrow{OA}$ 与 $\overrightarrow{OB}$ 的夹角为锐角、直角、钝角.

4.已知抛物线 $C：x^2=4y$，直线 $l：x+y-m=0$.

(1) 证明：C 与 l 有两个交点的充分必要条件是 $m>-1$；

(2) 设 $m<1$，C 与 l 有两个交点 A,B，线段 AB 的垂直平分线交 y 轴于点 G，求 $\triangle GAB$ 面积的取值范围.

第十章 三角函数

第一节 三角函数的概念

【考纲点击】

1. 能够用弧度制与角度制表示任意角；
2. 能正确地进行角度制与弧度制的换算；
3. 理解任意角的正弦、余弦、正切的定义；
4. 熟练掌握特殊角的三角函数及三角函数的正、负性与象限的关系；
5. 熟练掌握同角三角函数的基本关系式.

【命题走向】

在体育单招考试中,三角函数的概念是每年必考基础知识.考查内容包括判断象限角,三角函数的定义,三角函数的正、负性与象限的关系,同角三角函数的基本关系式,特殊角的三角函数;题型是选择题或填空题,或与其他知识点组成综合性的解答题.

【知识梳理】

一、角的推广

(1) 角的定义:平面内一条射线由原来的位置绕着它的端点按逆时针或顺时针方向旋转到另一个位置所成的图形.旋转开始位置的射线称为角的始边,旋转终止位置的射线称为角的终边,端点称为角的顶点.

(2) 角的分类:按逆时针方向旋转形成的角叫作正角;按顺时针方向旋转形成的角叫作负角;没有作任何旋转的角叫作零角.

二、终边相同的角

所有与角 α 终边相同的角,连同角 α 在内,可表为
$$\beta = \alpha + k \cdot 360°, k \in \mathbf{Z}.$$
例如:与 $-120°$ 终边相同的角表为 $\beta = -120° + k \cdot 360°, k \in \mathbf{Z}$.
理解:与角 α 终边相同的角 β,都可以表示为角 α 与周角整数倍的和.

三、象限角

(1) 定义:角的顶点与原点重合,角的始边与 x 轴的正半轴重合,角的终边落在第几象

限,这个角就是第几象限角.

理解:如果角的终边落在坐标轴上,那么这个角就不是象限角.

(2)象限角的分类见表 10-1.

表 10-1

象限角	集合表示
第一象限角	$\{\alpha\mid k\cdot 360°<\alpha<90°+k\cdot 360°,k\in \mathbf{Z}\}$
第二象限角	$\{\alpha\mid 90°+k\cdot 360°<\alpha<180°+k\cdot 360°,k\in \mathbf{Z}\}$
第三象限角	$\{\alpha\mid 180°+k\cdot 360°<\alpha<270°+k\cdot 360°,k\in \mathbf{Z}\}$
第四象限角	$\{\alpha\mid 270°+k\cdot 360°<\alpha<360°+k\cdot 360°,k\in \mathbf{Z}\}$

理解:分两部分表示象限角,先表示主干部分,即 $0°\sim 360°$ 之间的角,再加上终边相同的角,即 $360°$ 的整数倍 $k\cdot 360°,k\in \mathbf{Z}$,并用集合或开区间表示.

四、角度制与弧度制的换算

$$180°=\pi;360°=2\pi.$$

五、三角函数的定义

设 α 是一个任意角,α 的终边上任意一点 P 的坐标为 (x,y),它到原点的距离是 $r(r=\sqrt{x^2+y^2}>0)$,如图 10-1,则

(1)正弦:比值 $\dfrac{y}{r}$ 叫作 α 的正弦,记作 $\sin\alpha$,即 $\sin\alpha=\dfrac{y}{r}$;

(2)余弦:比值 $\dfrac{x}{r}$ 叫作 α 的余弦,记作 $\cos\alpha$,即 $\cos\alpha=\dfrac{x}{r}$;

(3)正切:比值 $\dfrac{y}{x}$ 叫作 α 的正切,记作 $\tan\alpha$,即 $\tan\alpha=\dfrac{y}{x}$.

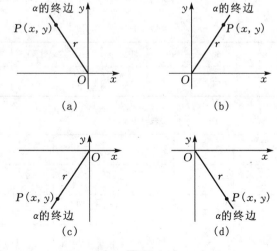

图 10-1

理解：三角函数的值只与 α 的终边有关，也就是说终边相同的角三角函数值相等.

六、三角函数值与象限角的关系

三角函数值的正、负性与象限角的关系如图 10-2.

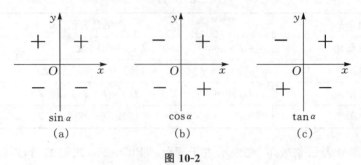

图 10-2

理解：(1) 正弦值在第一、二象限内取正数，在第三、四象限内取负数.

(2) 余弦值在第一、四象限内取正数，在第二、三象限内取负数.

(3) 正切值在第一、三象限内取正数，在第二、四象限内取负数.

七、同角三角函数的基本关系式

(1) 平方和关系：$\sin^2\alpha + \cos^2\alpha = 1$.

理解：平方和关系还可表为 $\sin\alpha = \pm\sqrt{1-\cos^2\alpha}$，$\cos\alpha = \pm\sqrt{1-\sin^2\alpha}$，其中根号前面的"±"由被求三角函数 α 的象限决定.

(2) 商关系：$\tan\alpha = \dfrac{\sin\alpha}{\cos\alpha}$.

理解：商关系表明正弦、余弦、正切的"函数名"之间的转换，其变式可表为 $\sin\alpha = \cos\alpha\tan\alpha$.

附：特殊角的度数与弧度数的对应表见表 10-2，特殊角的三角函数的值见表 10-3.

表 10-2

角度	0°	30°	45°	60°	90°	120°	135°	150°	180°	270°	360°
弧度	0	$\dfrac{\pi}{6}$	$\dfrac{\pi}{4}$	$\dfrac{\pi}{3}$	$\dfrac{\pi}{2}$	$\dfrac{2\pi}{3}$	$\dfrac{3\pi}{4}$	$\dfrac{5\pi}{6}$	π	$\dfrac{3\pi}{2}$	2π

表 10-3

α	$\dfrac{\pi}{6}$	$\dfrac{\pi}{4}$	$\dfrac{\pi}{3}$	$\dfrac{\pi}{2}$	$\dfrac{2\pi}{3}$	$\dfrac{3\pi}{4}$	$\dfrac{5\pi}{6}$	π
$\sin\alpha$	$\dfrac{1}{2}$	$\dfrac{\sqrt{2}}{2}$	$\dfrac{\sqrt{3}}{2}$	1	$\dfrac{\sqrt{3}}{2}$	$\dfrac{\sqrt{2}}{2}$	$\dfrac{1}{2}$	0
$\cos\alpha$	$\dfrac{\sqrt{3}}{2}$	$\dfrac{\sqrt{2}}{2}$	$\dfrac{1}{2}$	0	$-\dfrac{1}{2}$	$-\dfrac{\sqrt{2}}{2}$	$-\dfrac{\sqrt{3}}{2}$	-1
$\tan\alpha$	$\dfrac{\sqrt{3}}{3}$	1	$\sqrt{3}$	/	$-\sqrt{3}$	-1	$-\dfrac{\sqrt{3}}{3}$	0

第十章 三角函数

【典例解析】

考点一　判断象限角

例1　当 α 是第二象限角时，求 $\dfrac{\alpha}{2}$ 是第几象限角.

理解与分析：先用不等式表示第二象限角 α，再每边除以 2 后表示 $\dfrac{\alpha}{2}$，最后分类讨论 k 的取值，得到 $\dfrac{\alpha}{2}$ 是第几象限角.

解：$\because \alpha$ 是第二象限角，

$\therefore 90°+k\cdot 360°<\alpha<180°+k\cdot 360°, k\in \mathbf{Z}$，

两边同时除以 2，得 $45°+k\cdot 180°<\dfrac{\alpha}{2}<90°+k\cdot 180°, k\in \mathbf{Z}$，

主干部分 $45°<\dfrac{\alpha}{2}<90°$，$\dfrac{\alpha}{2}$ 的终边在 $45°\sim 90°$ 之间，是第一象限角，

$45°+k\cdot 180°<\dfrac{\alpha}{2}<90°+k\cdot 180°, k\in \mathbf{Z}$，表示 $\dfrac{\alpha}{2}$ 的终边在 $45°\sim 90°$ 基础上旋转周角一半的整数倍 $k\cdot 180°$，即它的终边在 $45°\sim 90°$ 或 $225°\sim 270°$ 之间，α 是第一或三象限角.

$\therefore \dfrac{\alpha}{2}$ 是第一或三象限角.

点评：不等式 $45°+k\cdot 180°<\dfrac{\alpha}{2}<90°+k\cdot 180°, k\in \mathbf{Z}$，主干部分 $45°<\dfrac{\alpha}{2}<90°$，$\dfrac{\alpha}{2}$ 的终边在 $45°\sim 90°$ 之间，是第一象限角，$k\cdot 180°$ 表示 $\dfrac{\alpha}{2}$ 的终边在 $45°\sim 90°$ 基础上旋转周角一半的整数倍.

考点二　定义法求三角函数值

例2　已知 α 的终边通过点 $P(-3,4)$，求 $\sin\alpha+\cos\alpha+\tan\alpha$ 的值.

理解与分析：题设条件 α 的终边通过点 $P(-3,4)$，根据三角函数的定义，得到 $x=-3, y=4$，则 $r=\sqrt{(-3)^2+4^2}=5$. 分别求出 $\sin\alpha, \cos\alpha, \tan\alpha$ 的值，代入 $\sin\alpha+\cos\alpha+\tan\alpha$ 即可求解.

解：$\because P(-3,4)$，

$\therefore x=-3, y=4, r=\sqrt{(-3)^2+4^2}=5$，

$\therefore \sin\alpha=\dfrac{y}{r}=\dfrac{4}{5}, \cos\alpha=\dfrac{x}{r}=-\dfrac{3}{5}, \tan\alpha=\dfrac{y}{x}=-\dfrac{4}{3}$，

$\therefore \sin\alpha+\cos\alpha+\tan\alpha=\dfrac{4}{5}+\left(-\dfrac{3}{5}\right)+\left(-\dfrac{4}{3}\right)=-\dfrac{17}{15}$.

点评：设在 α 的终边上任意一点 P 的坐标为 (x,y)，则它到原点的距离是 $r(r=\sqrt{x^2+y^2}>0)$，因此 $\sin\alpha=\dfrac{y}{r}, \cos\alpha=\dfrac{x}{r}, \tan\alpha=\dfrac{y}{x}$.

考点三　由同角三角函数的基本关系式求值

例 3　已知 $\sin\alpha=\dfrac{3}{5}$，且 α 是第二象限角，求 $\cos\alpha$ 的值.

理解与分析：α 是第二象限角，$\cos\alpha<0$，根据同角三角函数的平方和关系，$\cos\alpha=-\sqrt{1-\sin^2\alpha}=-\sqrt{1-\left(\dfrac{3}{5}\right)^2}=-\dfrac{4}{5}$.

解：由 α 是第二象限角，得 $\cos\alpha<0$.

由同角三角函数的平方和关系，得 $\cos\alpha=-\sqrt{1-\sin^2\alpha}=-\sqrt{1-\left(\dfrac{3}{5}\right)^2}=-\sqrt{1-\dfrac{9}{25}}=-\sqrt{\dfrac{16}{25}}=-\dfrac{4}{5}$.

点评：在应用同角三角函数的平方和关系之前要先确定角所在的象限，然后求解.

例 4　已知 $\tan\alpha=3$，求 $\dfrac{\sin\alpha+\cos\alpha}{\sin\alpha-\cos\alpha}$ 的值.

理解与分析：由所求三角函数式可知，必须将正弦函数、余弦函数用正切函数表示. 方法是先用余弦函数和正切函数表示正弦函数，即 $\sin\alpha=\cos\alpha\cdot\tan\alpha$，这样将原式化简后用正切函数表示. 再将 $\tan\alpha=3$ 代入，即可求解.

解：由 $\sin\alpha=\cos\alpha\tan\alpha$，得

$$\begin{aligned}\dfrac{\sin\alpha+\cos\alpha}{\sin\alpha-\cos\alpha}&=\dfrac{\cos\alpha\tan\alpha+\cos\alpha}{\cos\alpha\tan\alpha-\cos\alpha}\\&=\dfrac{\cos\alpha(\tan\alpha+1)}{\cos\alpha(\tan\alpha-1)}\\&=\dfrac{\tan\alpha+1}{\tan\alpha-1}\\&=\dfrac{3+1}{3-1}\\&=2.\end{aligned}$$

点评：根据同角三角函数的商关系公式，用余弦函数和正切函数表示正弦函数，将原式化简为用正切函数表示，再求解问题.

【归纳总结】

角的推广与三角函数的概念有三个考点：一是判断象限角；二是定义法求三角函数值；三是由同角三角函数的基本关系式求值.

如果 β 与 α 终边相同，那么 β 可表为 $\beta=\alpha+k\cdot 360°,k\in\mathbf{Z}$，而且 β 与 α 的同名三角函数相等，即 $\sin\beta=\sin\alpha,\cos\beta=\cos\alpha,\tan\beta=\tan\alpha$，也就是说，如果两个角的终边相同，那么它们的同名三角函数值相等.

判断 $\dfrac{\alpha}{2}$ 所在的象限，分两种情况讨论.

设在 α 的终边上任意一点 P 的坐标为 (x,y),则它到原点的距离是 $r(r=\sqrt{x^2+y^2}>0)$,因此 $\sin\alpha=\dfrac{y}{r}$, $\cos\alpha=\dfrac{x}{r}$, $\tan\alpha=\dfrac{y}{x}$.

已知一个三角函数,求其他的三角函数的方法是根据三角函数的定义或同角三角函数基本关系式求解问题.

在应用同角三角函数的基本关系式之前要先确定角所在的象限,再求解问题.如果象限角由两个或两个以上条件确定,那么取满足全部条件的交集,再求解问题.

已知正切函数值,求含正弦函数和余弦函数的分式三角函数时,根据同角三角函数的商关系公式,用余弦函数和正切函数表示正弦函数,将原式化简为用正切函数表示,再求解问题.

最后要求读者熟记特殊角的三角函数值.

【能力测试】

水平能力测试一

一、选择题

1. $-840°$ 是( ).
(A) 第一象限角 (B) 第二象限角
(C) 第三象限角 (D) 第四象限角

2. 与 $-36°$ 终边相同的角是( ).
(A) $-754°$ (B) $-684°$ (C) $754°$ (D) $684°$

3. $\dfrac{11\pi}{3}$ 是( ).
(A) 第一象限角 (B) 第二象限角
(C) 第三象限角 (D) 第四象限角

4. 设 $\alpha=\dfrac{20\pi}{3}$,则( ).
(A) $\sin\alpha>0,\cos\alpha>0$ (B) $\sin\alpha>0,\cos\alpha<0$
(C) $\sin\alpha<0,\cos\alpha>0$ (D) $\sin\alpha<0,\cos\alpha<0$

5. $\cos\dfrac{\pi}{2}+\tan\pi+\sin\dfrac{3\pi}{2}=$( ).
(A) 1 (B) -1 (C) 2 (D) -2

6. 已知 α 的终边通过点 $P(-4,3)$,则 $\sin\alpha+\cos\alpha+\tan\alpha$ 等于( ).
(A) $\dfrac{17}{15}$ (B) $-\dfrac{17}{15}$ (C) $\dfrac{19}{20}$ (D) $-\dfrac{19}{20}$

7. 当 α 是第三象限角时,$\dfrac{\alpha}{2}$ 是( ).
(A) 第一或二象限角 (B) 第一或三象限角
(C) 第二或三象限角 (D) 第二或四象限角

8. 已知 $\sin\alpha \cdot \tan\alpha > 0$，那么 α 的终边在（　　）．
(A) 第一或二象限角　　　　　　　(B) 第二或三象限角
(C) 第三或四象限角　　　　　　　(D) 第一或四象限角

9. 下列各式中正确的是（　　）．
(A) $\sin 160° \cdot \cos 110° > 0$　　　　(B) $\sin 140° \cdot \tan 130° > 0$
(C) $\cos 160° \cdot \tan 110° > 0$　　　　(D) $\sin 260° \cdot \tan 210° > 0$

10. 已知 $\alpha \in (0, \pi), \tan\alpha = -2$，则 $\sin\alpha + \cos\alpha = ($　　$)$．
(A) $-\dfrac{3\sqrt{5}}{5}$　　　　(B) $\dfrac{3\sqrt{5}}{5}$　　　　(C) $-\dfrac{\sqrt{5}}{5}$　　　　(D) $\dfrac{\sqrt{5}}{5}$

二、填空题

1. 已知 $\sin\alpha = \dfrac{5}{13}, \alpha \in \left(\dfrac{\pi}{2}, \pi\right)$，则 $\tan\alpha = $ ＿＿＿＿．

2. 已知 $\sin\alpha = \dfrac{4}{5}$，且 α 是第二象限角，则 $\cos\alpha = $ ＿＿＿＿．

3. 已知 α 终边上一点 $P(-5, 4)$，则 $\cos\alpha = $ ＿＿＿＿．

4. 已知 $\cos\alpha \cdot \tan\alpha < 0$，则 α 是第＿＿＿＿象限角．

5. 已知 $\tan\alpha = \sqrt{3}$，且 $\pi < \alpha < \dfrac{3}{2}\pi$，则 $\cos\alpha - \sin\alpha = $ ＿＿＿＿．

6. 已知 $\cos\alpha = \dfrac{4}{5}$，且 $\alpha \in \left(-\dfrac{\pi}{2}, 0\right)$，则 $\sin\alpha + \tan\alpha = $ ＿＿＿＿．

7. 已知 $\tan\alpha = -2$，则 $\dfrac{\sin\alpha + \cos\alpha}{\sin\alpha - \cos\alpha} = $ ＿＿＿＿．

8. 已知 $\tan\alpha = 3$，求 $\sin^2\alpha - \cos^2\alpha = $ ＿＿＿＿．

9. $\sin(-1020°) = $ ＿＿＿＿．

10. $\cos(-1380°) = $ ＿＿＿＿．

第二节　诱导公式

【考纲点击】

1. 熟练掌握正弦、余弦的诱导公式，并灵活应用诱导公式；
2. 熟练掌握两角和或差为余角的正弦和余弦诱导公式；
3. 能够运用公式求任意角的三角函数的值或化简．

【命题走向】

在体育单招考试中，诱导公式是每年必考基础知识．考查内容包括由诱导公式求任意角的三角函数值或化简，正弦和余弦诱导公式；题型是选择题或填空题，或与其他知识点组成综合性的解答题．

第十章 三角函数

【知识梳理】

一、诱导公式

公式一 化负角三角函数为正角三角函数($\alpha>0$).
$$\sin(-\alpha)=-\sin\alpha;$$
$$\cos(-\alpha)=\cos\alpha;$$
$$\tan(-\alpha)=-\tan\alpha.$$

公式二 化大于 2π 或小于 -2π 三角函数为 $0\sim 2\pi$ 三角函数.
$$\sin(2k\pi+\alpha)=\sin\alpha, k\in \mathbf{Z},(0<\alpha<\frac{\pi}{2},\text{以下同});$$
$$\cos(2k\pi+\alpha)=\cos\alpha, k\in \mathbf{Z};$$
$$\tan(2k\pi+\alpha)=\tan\alpha, k\in \mathbf{Z}.$$

公式三 化 $\frac{3}{2}\pi\sim 2\pi$ 三角函数为 $0\sim \frac{\pi}{2}$ 三角函数.
$$\sin(2\pi-\alpha)=-\sin\alpha;$$
$$\cos(2\pi-\alpha)=\cos\alpha;$$
$$\tan(2\pi-\alpha)=-\tan\alpha.$$

公式四 化 $\pi\sim \frac{3}{2}\pi$ 三角函数为 $0\sim \frac{\pi}{2}$ 三角函数.
$$\sin(\pi+\alpha)=-\sin\alpha;$$
$$\cos(\pi+\alpha)=-\cos\alpha;$$
$$\tan(\pi+\alpha)=\tan\alpha.$$

公式五 化 $\frac{\pi}{2}\sim \pi$ 三角函数为 $0\sim \frac{\pi}{2}$ 三角函数.
$$\sin(\pi-\alpha)=\sin\alpha;$$
$$\cos(\pi-\alpha)=-\cos\alpha;$$
$$\tan(\pi-\alpha)=-\tan\alpha.$$

理解:诱导公式的目的是把任意角三角函数最终化为 $0\sim \frac{\pi}{2}$ 的同名三角函数求值.

二、和或差为余角的正弦和余弦诱导公式

公式六 α 的正弦等于它的余角的余弦;α 的余弦等于它的余角的正弦.
$$\sin\alpha=\cos\left(\frac{\pi}{2}-\alpha\right);$$
$$\cos\alpha=\sin\left(\frac{\pi}{2}-\alpha\right).$$

公式七 两个角的差为余角,则 $\frac{\pi}{2}+\alpha$ 的正弦等于 α 的余弦,反之也成立,正、负号由 $\frac{\pi}{2}+\alpha$ 所在的象限决定.

$$\sin\left(\frac{\pi}{2}+\alpha\right)=\cos\alpha;$$

$$\cos\left(\frac{\pi}{2}+\alpha\right)=-\sin\alpha.$$

【典例解析】

考点一　根据诱导公式化简或求值

例 1　化简 $\dfrac{\sin(2\pi-\alpha)\cos(\pi+\alpha)}{\cos(\pi-\alpha)\sin(3\pi-\alpha)\sin(-\alpha-\pi)}$.

理解与分析：应用诱导公式一即 $\sin(-\alpha-\pi)=-\sin(\alpha+\pi)$，诱导公式二即 $\sin(3\pi-\alpha)=\sin(\pi-\alpha)$，诱导公式三即 $\sin(2\pi-\alpha)=-\sin\alpha$，诱导公式四即 $\sin(\pi+\alpha)=-\sin\alpha$，$\cos(\pi+\alpha)=-\cos\alpha$，诱导公式五即 $\sin(\pi-\alpha)=\sin\alpha$，$\cos(\pi-\alpha)=-\cos\alpha$，即可求解.

解：$\because \sin(-\alpha-\pi)=\sin[-(\alpha+\pi)]=-\sin(\alpha+\pi)=\sin\alpha$，

$\sin(3\pi-\alpha)=\sin[2\pi+(\pi-\alpha)]=\sin(\pi-\alpha)=\sin\alpha$，

$\sin(2\pi-\alpha)=\sin(-\alpha)=-\sin\alpha$，

$\cos(\pi+\alpha)=-\cos\alpha$，

$\cos(\pi-\alpha)=-\cos\alpha$，

$\therefore \dfrac{\sin(2\pi-\alpha)\cos(\pi+\alpha)}{\cos(\pi-\alpha)\sin(3\pi-\alpha)\sin(-\alpha-\pi)}=\dfrac{(-\sin\alpha)(-\cos\alpha)}{(-\cos\alpha)\sin\alpha\sin\alpha}=-\dfrac{1}{\sin\alpha}$.

点评：熟记 5 项诱导公式是求解本例的关键.

例 2　计算：$\sin\dfrac{25\pi}{3}$.

理解与分析：应用诱导公式二，在 $0\sim 2\pi$ 内找到与 $\dfrac{25\pi}{3}$ 终边相同的角，由 $\dfrac{25\pi}{3}=4\times 2\pi+\dfrac{\pi}{3}$，得 $\dfrac{25\pi}{3}$ 与 $\dfrac{\pi}{3}$ 终边相同，$\sin\dfrac{25}{3}\pi=\sin\dfrac{\pi}{3}=\dfrac{\sqrt{3}}{2}$.

解：由诱导公式二，得 $\sin\dfrac{25}{3}\pi=\sin\left(4\times 2\pi+\dfrac{\pi}{3}\right)=\sin\dfrac{\pi}{3}=\dfrac{\sqrt{3}}{2}$.

点评：先应用诱导公式二在 $0\sim 2\pi$ 之间找到与所求角终边相同的角，再求解.

例 3　计算：$\cos\left(-\dfrac{31\pi}{6}\right)$.

理解与分析：应用诱导公式二，在 $0\sim 2\pi$ 内找到与 $-\dfrac{31\pi}{6}$ 终边相同的角，由 $-\dfrac{31\pi}{6}=-3\times 2\pi+\dfrac{5}{6}\pi$，得 $-\dfrac{31\pi}{6}$ 与 $\dfrac{5}{6}\pi$ 终边相同，$\cos\left(-\dfrac{31\pi}{6}\right)=\cos\dfrac{5\pi}{6}=-\dfrac{\sqrt{3}}{2}$.

解：由诱导公式二，得

$$\cos\left(-\dfrac{31}{6}\pi\right)=\cos\left(-3\times 2\pi+\dfrac{5\pi}{6}\right)=\cos\dfrac{5\pi}{6}=-\dfrac{\sqrt{3}}{2}.$$

点评：先应用诱导公式二在 $0\sim2\pi$ 之间找到与所求角终边相同的角,再求解.

考点二　由正弦和余弦诱导公式求值

例4　已知 α 是第二象限角,$\sin\left(\alpha+\dfrac{\pi}{2}\right)=-\dfrac{3}{5}$,求 $\sin\alpha$.

理解与分析：根据两角差为余角的正弦和余弦诱导公式有 $\sin\left(\dfrac{\pi}{2}+\alpha\right)=\cos\alpha=-\dfrac{3}{5}$,由于 α 是第二象限角,再根据同角三角函数基本关系式,得 $\sin\alpha=\sqrt{1-\cos^2\alpha}=\sqrt{1-\left(\dfrac{3}{5}\right)^2}=\dfrac{4}{5}$.

解：由两角差为余角的正弦和余弦诱导公式,得 $\sin\left(\dfrac{\pi}{2}+\alpha\right)=\cos\alpha=-\dfrac{3}{5}$.

∵ α 是第二象限角,

∴由同角三角函数正弦和余弦关系式,得

$$\sin\alpha=\sqrt{1-\cos^2\alpha}=\sqrt{1-\left(\dfrac{3}{5}\right)^2}=\dfrac{4}{5}.$$

点评：掌握两角差为余角的正弦和余弦诱导公式 $\sin\left(\dfrac{\pi}{2}+\alpha\right)=\cos\alpha$ 和同角三角函数基本关系式 $\sin^2\alpha+\cos^2\alpha=1$ 是求解问题的关键.

【归纳总结】

诱导公式有两个考点：一是根据诱导公式化简或求值；二是由正弦和余弦诱导公式求值.

求任意角的三角函数时,先应用诱导公式二在 $0\sim2\pi$ 之间找到与所求角终边相同的角,再应用其他诱导公式或直接求解.

要求读者熟记五项诱导公式、两角和或差为余角的正弦和余弦诱导公式.

【能力测试】

水平能力测试二

一、选择题

1.已知 $\sin\alpha=-\dfrac{5}{13}$,$\alpha\in\left(\dfrac{3\pi}{2},2\pi\right)$,则 $\tan\alpha=(\qquad)$.

(A) $\dfrac{5}{12}$　　　　(B) $-\dfrac{5}{12}$　　　　(C) $\dfrac{12}{5}$　　　　(D) $-\dfrac{12}{5}$

2.已知 $\sin\alpha=-\dfrac{\sqrt{3}}{2}$,且 $0<\alpha<2\pi$,则 $\alpha=(\qquad)$.

(A) $\dfrac{4\pi}{3}$ 或 $\dfrac{2\pi}{3}$　　(B) $\dfrac{5\pi}{3}$ 或 $\dfrac{2\pi}{3}$　　(C) $-\dfrac{\pi}{3}$ 或 $-\dfrac{2\pi}{3}$　　(D) $\dfrac{4\pi}{3}$ 或 $\dfrac{5\pi}{3}$

3. 已知 $\vec{a}=(\sin\theta,-2)$ 与 $\vec{b}=(1,\cos\theta)$ 相互垂直，$\theta\in\left(0,\dfrac{\pi}{2}\right)$，则 $\tan\theta=$（   ）.

(A) $\dfrac{1}{2}$　　　　(B) 2　　　　(C) $-\dfrac{1}{2}$　　　　(D) -2

4. 已知 $\tan\theta=2$，则 $\sin^2\theta-\cos^2\theta=$（   ）.

(A) $\dfrac{4}{5}$　　　　(B) $-\dfrac{4}{5}$　　　　(C) $\dfrac{3}{5}$　　　　(D) $-\dfrac{3}{5}$

5. 已知 $\tan\alpha=2$，则 $\dfrac{\sin\alpha-\cos\alpha}{2\sin\alpha+\cos\alpha}=$（   ）.

(A) $\dfrac{1}{3}$　　　　(B) $\dfrac{1}{5}$　　　　(C) 3　　　　(D) -2

6. 已知 $\cos\alpha=-\dfrac{3}{5}$，又 $90°<\alpha<180°$，则 $\sin(90°+\alpha)=$（   ）.

(A) $\dfrac{4}{5}$　　　　(B) $-\dfrac{4}{5}$　　　　(C) $\dfrac{3}{5}$　　　　(D) $-\dfrac{3}{5}$

7. 已知 α 是第四象限角，且 $\sin(\pi-\alpha)=-\dfrac{\sqrt{3}}{2}$，则 $\cos\alpha=$（   ）.

(A) $\dfrac{\sqrt{2}}{2}$　　　　(B) $\dfrac{1}{2}$　　　　(C) $-\dfrac{1}{2}$　　　　(D) $-\dfrac{\sqrt{2}}{2}$

8. 计算 $\cos\dfrac{31}{6}\pi=$（   ）.

(A) $\dfrac{1}{2}$　　　　(B) $\dfrac{\sqrt{3}}{2}$　　　　(C) $-\dfrac{1}{2}$　　　　(D) $-\dfrac{\sqrt{3}}{2}$

9. 若 $\sin\alpha=\dfrac{1}{3}$，则 $\cos\left(\dfrac{\pi}{2}+\alpha\right)=$（   ）.

(A) $\dfrac{1}{3}$　　　　(B) $-\dfrac{1}{3}$　　　　(C) $\dfrac{2\sqrt{2}}{3}$　　　　(D) $-\dfrac{2\sqrt{2}}{3}$

10. 下列四个函数中，奇函数是（   ）.

$f_1(x)=2^{x-1}+2^{-x-1}$，$f_2(x)=x^2\sin x+x$，$f_3(x)=x^2\cos x+x$，$f_4(x)=\ln\dfrac{2x+1}{2x-1}$.

(A) $f_1(x), f_3(x)$　　　　(B) $f_1(x), f_4(x)$
(C) $f_2(x), f_3(x)$　　　　(D) $f_2(x), f_4(x)$

二、填空题

1. 计算 $\sin 1020°=$ _____.

2. 已知 $\cos\alpha=-\dfrac{3}{5}$，则 $\sin(90°+\alpha)=$ _____.

3. 化简 $\dfrac{\sin\left(\dfrac{\pi}{2}+\alpha\right)\cos(\pi-\alpha)\sin(3\pi+\alpha)}{\cos\left(\dfrac{3\pi}{2}-\alpha\right)\cos(\pi+\alpha)\cos(2\pi-\alpha)}=$ _____.

4. 计算 $\sin 120°+\cos 120°=$ _____.

5. 已知 $\sin\theta = \dfrac{1}{3}$，且 $\tan\theta < 0$，则 $\cos\alpha =$ _____.

6. 如果 $\sqrt{1-\sin^2\alpha} = -\cos\alpha$，且 α 的终边不在坐标轴上，则 α 是第 _____ 象限角.

7. 已知 $\tan\alpha = 4$，则 $\dfrac{\sin\alpha + \cos\alpha}{\sin\alpha - \cos\alpha} =$ _____.

8. 计算 $\sin\left(-\dfrac{35}{6}\pi\right) =$ _____.

9. 计算 $\cos(-1800°) =$ _____.

10. 已知 $\cos\alpha = -\dfrac{1}{3}$，则 $\sin\left(\dfrac{\pi}{2} - \alpha\right) =$ _____.

第三节　三角恒等变换（一）

【考纲点击】

1. 熟练掌握两角和与差的正弦、余弦、正切公式及逆运用；
2. 熟练掌握三角函数式 $a\sin x \pm b\cos x$ 化三角函数；
3. 能够正确应用两角和与差的正弦、余弦、正切公式求值或化简.

【命题走向】

在体育单招考试中，两角和与差的三角函数是每年必考知识点. 考查内容包括两角和与差的正弦、余弦、正切公式及逆运用，角的分解，三角函数式 $a\sin x \pm b\cos x$ 化三角函数；题型是选择题或填空题，或与其他知识点组成综合性的解答题.

【知识梳理】

一、两角和与差的正弦公式

（1）两角和的正弦公式：$\sin(\alpha+\beta) = \sin\alpha\cos\beta + \cos\alpha\sin\beta$；
（2）两角差的正弦公式：$\sin(\alpha-\beta) = \sin\alpha\cos\beta - \cos\alpha\sin\beta$.
理解：两角和或差的正弦公式等于正弦乘以余弦加或减余弦乘以正弦.

二、两角和与差的余弦公式

（1）两角和的余弦公式：$\cos(\alpha+\beta) = \cos\alpha\cos\beta - \sin\alpha\sin\beta$；
（2）两角差的余弦公式：$\cos(\alpha-\beta) = \cos\alpha\cos\beta + \sin\alpha\sin\beta$.
理解：两角和或差的余弦公式等于余弦乘以余弦减或加正弦乘以正弦.

三、两角和与差的正切公式

（1）两角和的正切公式：$\tan(\alpha+\beta) = \dfrac{\tan\alpha + \tan\beta}{1 - \tan\alpha\tan\beta}$；

(2) 两角差的正切公式：$\tan(\alpha-\beta)=\dfrac{\tan\alpha-\tan\beta}{1+\tan\alpha\tan\beta}$.

四、三角函数式 $a\sin x \pm b\cos x$ 化正弦函数

$a\sin x\pm b\cos x=\sqrt{a^2+b^2}\sin(x\pm\alpha)$，这里 $\cos\alpha=\dfrac{a}{\sqrt{a^2+b^2}}$，$\sin\alpha=\dfrac{b}{\sqrt{a^2+b^2}}$.

五、角的分解

(1) $\alpha=(\alpha+\beta)-\beta$；
(2) $2\alpha=(\alpha+\beta)+(\alpha-\beta)$；
……

【典例解析】

考点一 求两角和与差的三角函数

例1 已知 $\sin\alpha=\dfrac{3}{5}$，$\alpha\in\left(\dfrac{\pi}{2},\pi\right)$，$\cos\beta=-\dfrac{5}{13}$，$\beta\in\left(\pi,\dfrac{3\pi}{2}\right)$. 求 $\sin(\alpha-\beta)$，$\cos(\alpha+\beta)$，$\tan(\alpha+\beta)$.

理解与分析：根据 α，β 所在的象限和条件 $\sin\alpha=\dfrac{3}{5}$，$\cos\beta=-\dfrac{5}{13}$，应用同角三角函数的平方和关系式，求出 $\cos\alpha$ 和 $\sin\beta$，得到 $\cos\alpha=-\dfrac{4}{5}$，$\sin\beta=-\dfrac{12}{13}$，再利用两角和与差的正弦、余弦公式求解问题.

解：∵ $\alpha\in\left(\dfrac{\pi}{2},\pi\right)$，

∴ $\cos\alpha=-\sqrt{1-\sin^2\alpha}=-\sqrt{1-\left(\dfrac{3}{5}\right)^2}=-\dfrac{4}{5}$.

∵ $\beta\in\left(\pi,\dfrac{3\pi}{2}\right)$，

∴ $\sin\beta=-\sqrt{1-\cos^2\beta}=-\sqrt{1-\left(-\dfrac{5}{13}\right)^2}=-\dfrac{12}{13}$，

∴ $\sin(\alpha-\beta)=\sin\alpha\cos\beta-\cos\alpha\sin\beta=\dfrac{3}{5}\times\left(-\dfrac{5}{13}\right)-\left(-\dfrac{4}{5}\right)\times\left(-\dfrac{12}{13}\right)=-\dfrac{63}{65}$；

$\cos(\alpha+\beta)=\cos\alpha\cos\beta-\sin\alpha\sin\beta=\left(-\dfrac{4}{5}\right)\times\left(-\dfrac{5}{13}\right)-\dfrac{3}{5}\times\left(-\dfrac{12}{13}\right)=\dfrac{56}{65}$.

点评：求两角和与差的三角函数时，先确定角所在的象限，再应用两角和与差的三角函数公式求解问题.

考点二 角的分解与求两角和与差的三角函数

例2 求 $\sin 75°$ 的值.

理解与分析：先将 $75°$ 改写成两个特殊角的和，即 $75°=45°+30°$. 再运用两角和的正弦公

式,即可求解.

解：$\sin 75° = \sin(45° + 30°) = \sin 45° \cos 30° + \cos 45° \sin 30°$
$= \dfrac{\sqrt{2}}{2} \times \dfrac{\sqrt{3}}{2} + \dfrac{\sqrt{2}}{2} \times \dfrac{1}{2} = \dfrac{\sqrt{6} + \sqrt{2}}{4}.$

点评：先将75°改写成两个特殊角的和,再应用两角和的正弦公式求解.

例3 已知 $\cos(\alpha - \beta) = -\dfrac{4}{5}$, $\cos(\alpha + \beta) = \dfrac{4}{5}$, 且 $(\alpha - \beta) \in \left(\dfrac{\pi}{2}, \pi\right)$, $(\alpha + \beta) \in \left(\dfrac{3\pi}{2}, 2\pi\right)$, 求 $\cos 2\alpha$ 的值.

理解与分析：先将 2α 分解为 $\alpha - \beta$ 与 $\alpha + \beta$ 的运算关系, 即 $2\alpha = (\alpha - \beta) + (\alpha + \beta)$, 由 $(\alpha - \beta) \in \left(\dfrac{\pi}{2}, \pi\right)$, $(\alpha + \beta) \in \left(\dfrac{3\pi}{2}, 2\pi\right)$, 求得 $\sin(\alpha - \beta) = \dfrac{3}{5}$, $\sin(\alpha + \beta) = -\dfrac{3}{5}$, 最后求 $\cos 2\alpha$ 的值.

解：$\because (\alpha - \beta) \in \left(\dfrac{\pi}{2}, \pi\right)$,

$\therefore \sin(\alpha - \beta) = \sqrt{1 - \cos^2(\alpha - \beta)} = \sqrt{1 - \left(\dfrac{4}{5}\right)^2} = \dfrac{3}{5}.$

$\because (\alpha + \beta) \in \left(\dfrac{3\pi}{2}, 2\pi\right),$

$\therefore \sin(\alpha + \beta) = -\sqrt{1 - \cos^2(\alpha + \beta)} = -\sqrt{1 - \left(\dfrac{4}{5}\right)^2} = -\dfrac{3}{5},$

$\therefore \cos 2\alpha = \cos[(\alpha - \beta) + (\alpha + \beta)]$
$= \cos(\alpha - \beta)\cos(\alpha + \beta) - \sin(\alpha - \beta)\sin(\alpha + \beta)$
$= \left(-\dfrac{4}{5}\right) \times \dfrac{4}{5} - \dfrac{3}{5} \times \left(-\dfrac{3}{5}\right)$
$= -\dfrac{7}{25}.$

点评：先将 2α 分解为 $2\alpha = (\alpha - \beta) + (\alpha + \beta)$ 是求解问题的关键.

考点三 两角和与差的三角函数公式的逆运用

例4 求 $\cos 39° \cos 96° - \sin 39° \sin 96°$ 的值.

理解与分析：题设中的两个角分别是39°和96°.题设所求式子的运算顺序是余弦乘以余弦减正弦乘以正弦,正好符合两角和的余弦公式.因此,应用两角和的余弦公式的逆运算求解问题.

解：$\cos 39° \cos 96° - \sin 39° \sin 96° = \cos(39° + 96°) = \cos 135° = -\dfrac{\sqrt{2}}{2}.$

点评：不仅要熟练记住两角和与差的三角函数公式,还要熟练掌握两角和与差的三角函数公式的逆运用.

考点四 三角函数式 $a\sin\alpha \pm b\cos\alpha$ 化三角函数

例5 把 $\sin x - \cos x$ 化为正弦三角函数.

理解与分析：题设所求式子属于"$a\sin x - b\cos x$"型三角函数式. $a\sin x - b\cos x =$

$\sqrt{a^2+b^2}\left(\dfrac{a}{\sqrt{a^2+b^2}}\sin x-\dfrac{b}{\sqrt{a^2+b^2}}\cos x\right)$,将 $a=b=1$,$\sqrt{a^2+b^2}=\sqrt{2}$ 代入,改写为正弦函数,即可求解.

解:$\sin x-\cos x=\sqrt{2}\left(\dfrac{1}{\sqrt{2}}\sin x-\dfrac{1}{\sqrt{2}}\cos x\right)$

$=\sqrt{2}\left(\dfrac{\sqrt{2}}{2}\sin x-\dfrac{\sqrt{2}}{2}\cos x\right)$

$=\sqrt{2}\left(\sin x\cos\dfrac{\pi}{4}-\cos x\sin\dfrac{\pi}{4}\right)$

$=\sqrt{2}\sin\left(x-\dfrac{\pi}{4}\right).$

点评:三角函数式 $a\sin x-b\cos x$ 化正弦函数的方法是 $a\sin x-b\cos x=\sqrt{a^2+b^2}\left(\dfrac{a}{\sqrt{a^2+b^2}}\sin x-\dfrac{b}{\sqrt{a^2+b^2}}\cos x\right)=\sqrt{a^2+b^2}\sin(x-\alpha)$,其中 $\cos\alpha=\dfrac{a}{\sqrt{a^2+b^2}}$,$\sin\alpha=\dfrac{b}{\sqrt{a^2+b^2}}$.

例 6 把 $\sqrt{3}\cos x+\sin x$ 化为余弦三角函数.

理解与分析:题设所求式子属于"$a\cos x+b\sin x$"型三角函数式. $a\cos x+b\sin x=\sqrt{a^2+b^2}\left(\dfrac{a}{\sqrt{a^2+b^2}}\cos x+\dfrac{b}{\sqrt{a^2+b^2}}\sin x\right)$,将 $a=\sqrt{3}$,$b=1$,$\sqrt{a^2+b^2}=2$ 代入,改写为余弦函数,即可求解.

解:$\sqrt{3}\cos x+\sin x=2\left(\dfrac{\sqrt{3}}{2}\cos x+\dfrac{1}{2}\sin x\right)$

$=2\left(\cos x\cos\dfrac{\pi}{6}+\sin x\sin\dfrac{\pi}{6}\right)$

$=\sqrt{2}\cos\left(x-\dfrac{\pi}{6}\right).$

点评:三角函数式 $a\sin x+b\cos x$ 化余弦函数的方法是 $a\cos x+b\sin x=\sqrt{a^2+b^2}\left(\dfrac{a}{\sqrt{a^2+b^2}}\cos x+\dfrac{b}{\sqrt{a^2+b^2}}\sin x\right)=\sqrt{a^2+b^2}\cos(x-\alpha)$,其中 $\cos\alpha=\dfrac{a}{\sqrt{a^2+b^2}}$,$\sin\alpha=\dfrac{b}{\sqrt{a^2+b^2}}$.

【归纳总结】

两角和与差的三角函数有四个考点:一是求两角和与差的三角函数;二是角的分解与求两角和与差的三角函数;三是两角和与差的三角函数公式的逆运用;四是三角函数式 $a\sin x\pm b\cos x$ 化三角函数.

求两角和与差的三角函数时,先确定角所在的象限,再应用两角和与差的三角函数公式求解问题.

特别注意角的分解,如$75°=30°+45°$,$2\alpha=(\alpha-\beta)+(\alpha+\beta)$等.

不仅要熟练记住两角和与差的三角函数公式,还要熟练掌握两角和与差的三角函数公式的逆运用.

【能力测试】

水平能力测试三

一、选择题

1. 已知 $\sin\alpha=-\dfrac{1}{2}$,$\alpha\in\left(\pi,\dfrac{3\pi}{2}\right)$,$\cos\beta=-\dfrac{\sqrt{3}}{2}$,$\beta\in\left(\dfrac{\pi}{2},\pi\right)$,则 $\sin(\alpha-\beta)=($ $)$.

(A) $-\dfrac{1}{2}$ (B) $\dfrac{1}{2}$ (C) $-\dfrac{\sqrt{3}}{2}$ (D) $\dfrac{\sqrt{3}}{2}$

2. 已知 α 是第四象限的角,且 $\sin(\pi-\alpha)=-\dfrac{\sqrt{3}}{2}$,则 $\cos(\pi+\alpha)=($ $)$.

(A) $-\dfrac{1}{2}$ (B) $\dfrac{1}{2}$ (C) $-\dfrac{\sqrt{2}}{2}$ (D) $\dfrac{\sqrt{2}}{2}$

3. 已知 $\tan\alpha=2$,则 $\tan\left(\alpha-\dfrac{\pi}{6}\right)=($ $)$.

(A) $8-5\sqrt{3}$ (B) $6-5\sqrt{3}$
(C) $5\sqrt{3}-8$ (D) $5\sqrt{3}-6$

4. $\cos 45°\cos 15°-\sin 45°\sin 15°=($ $)$.

(A) $-\dfrac{1}{2}$ (B) $\dfrac{1}{2}$ (C) $-\dfrac{\sqrt{3}}{2}$ (D) $\dfrac{\sqrt{3}}{2}$

5. $\cos 75°-\cos 15°$ 的值是($\quad$).

(A) $-\dfrac{\sqrt{3}}{2}$ (B) $\dfrac{\sqrt{3}}{2}$ (C) $-\dfrac{\sqrt{2}}{2}$ (D) $\dfrac{\sqrt{2}}{2}$

6. $\sin 15°+\cos 15°=($ $)$.

(A) $\dfrac{2\sqrt{3}}{3}$ (B) $\dfrac{\sqrt{6}}{2}$ (C) $\sqrt{3}$ (D) $\dfrac{3\sqrt{6}}{4}$

7. 已知 $\alpha=2k\pi+\dfrac{\pi}{2}(k\in\mathbf{Z})$,则 $\tan\dfrac{\alpha}{2}=($ $)$.

(A) -1 (B) $-\dfrac{\sqrt{2}}{2}$ (C) $\dfrac{\sqrt{2}}{2}$ (D) 1

8. 已知 $\sin\theta+\cos\theta=\sqrt{2}$,则 $\sin(\theta+45°)=($ $)$.

(A) $\dfrac{1}{2}$ (B) 1 (C) $\sqrt{2}$ (D) $\dfrac{\sqrt{2}}{2}$

9. 在 $\triangle ABC$ 中,已知 $\cos A=-\dfrac{1}{2}$,$\cos B=\dfrac{\sqrt{3}}{2}$,则 $\cos C=($ $)$.

(A) 0　　　　(B) 1　　　　(C) $\dfrac{\sqrt{2}}{2}$　　　　(D) $\dfrac{\sqrt{3}}{2}$

10. 已知 $\cos\alpha=\dfrac{3}{5}$，$\cos(\alpha+\beta)=-\dfrac{5}{13}$，且 α,β 都是锐角，则 $\cos\beta=(\quad)$.

(A) $\dfrac{23}{65}$　　　(B) $\dfrac{33}{65}$　　　(C) $\dfrac{43}{65}$　　　(D) $\dfrac{53}{65}$

二、填空题

1. 计算 $\cos 105°=$ _____ .

2. 若 $\tan\left(\theta+\dfrac{\pi}{4}\right)=\sqrt{2}$，则 $\tan\left(\theta-\dfrac{\pi}{4}\right)=$ _____ .

3. 计算 $\sin 43°\cos 13°-\cos 43°\sin 13°=$ _____ .

4. 已知 $\tan\alpha=4$，$\tan\beta=3$，则 $\tan(\alpha+\beta)=$ _____ .

5. 把 $\sin x+\cos x$ 化为正弦三角函数是 _____ .

6. 把 $\sin x+\sqrt{3}\cos x$ 化为余弦三角函数是 _____ .

7. 若 $\cos(\alpha+\beta)=\dfrac{1}{5}$，$\cos(\alpha-\beta)=\dfrac{3}{5}$，则 $\tan\alpha\tan\beta=$ _____ .

8. 计算 $\dfrac{1+\tan 75°}{1-\tan 75°}=$ _____ .

9. 已知 $\tan(\alpha+\beta)=\dfrac{1}{3}$，$\tan\beta=\dfrac{1}{4}$，则 $\tan\alpha=$ _____ .

10. 设 α 是第二象限角，且 $\sin\left(\alpha+\dfrac{\pi}{4}\right)=-\dfrac{1}{\sqrt{5}}$，则 $\cos\alpha=$ _____ .

第四节　三角恒等变换(二)

【考纲点击】

1. 熟练掌握二倍角的正弦、余弦、正切公式及逆运用；
2. 能正确运用二倍角的正弦、余弦、正切公式进行简单三角函数式的求值或化简.

【命题走向】

在体育单招考试中，二倍角的三角函数是每年必考知识点．考查内容包括二倍角的正弦公式及逆运用、二倍角的余弦公式及逆运用、二倍角的正切公式及逆运用；题型是选择题或填空题，或与其他知识点组成综合性的解答题.

【知识梳理】

一、二倍角的正弦公式

$$\sin 2\alpha=2\sin\alpha\cos\alpha.$$

理解：在逆运用二倍角的正弦时,必须满足其结构形式.

二、二倍角的余弦公式

(1) $\cos2\alpha = \cos^2\alpha - \sin^2\alpha$；

理解：用正弦名和余弦名表示,逆运用此公式时,必须满足其结构形式.

(2) $\cos2\alpha = 2\cos^2\alpha - 1$；

理解：用余弦名表示,逆运用此公式时,必须满足其结构形式.

变式：$\cos\alpha = \pm\sqrt{\dfrac{1+\cos2\alpha}{2}}$,正负号由 α 所在的象限确定.

(3) $\cos2\alpha = 1 - 2\sin^2\alpha$.

理解：用正弦名表示,逆运用此公式时,必须满足其结构形式.

变式：$\sin\alpha = \pm\sqrt{\dfrac{1-\cos2\alpha}{2}}$,正负号由 α 所在的象限确定.

三、二倍角的正切

(1) $\tan2\alpha = \dfrac{2\tan\alpha}{1-\tan^2\alpha}$；

(2) $\tan2\alpha = \dfrac{\sin2\alpha}{\cos2\alpha}$.

理解：公式(2)是用同角的商关系表示.

【典例解析】

考点一　求二倍角的三角函数

例 1　已知 $\sin\alpha = \dfrac{5}{13}, \alpha \in \left(\dfrac{\pi}{2}, \pi\right)$,求 $\sin2\alpha, \cos2\alpha, \tan2\alpha$ 的值.

理解与分析：题设给出了 $\sin\alpha = \dfrac{5}{13}, \alpha \in \left(\dfrac{\pi}{2}, \pi\right)$.根据同角三角函数的平方和关系式 $\sin^2\alpha + \cos^2\alpha = 1$,求出 $\cos\alpha = -\dfrac{12}{13}$.再运用二倍角的正弦、余弦、正切公式,即可求解.

解：$\because \alpha \in \left(\dfrac{\pi}{2}, \pi\right), \sin\alpha = \dfrac{5}{13}$,

$\therefore \cos\alpha = -\sqrt{1-\sin^2\alpha} = -\sqrt{1-\left(\dfrac{5}{13}\right)^2} = -\dfrac{12}{13}$.

$\therefore \sin2\alpha = 2\sin\alpha\cos\alpha = 2 \times \dfrac{5}{13} \times \left(-\dfrac{12}{13}\right) = -\dfrac{120}{169}$；

$\cos2\alpha = 2\cos^2\alpha - 1 = 2 \times \left(-\dfrac{12}{13}\right)^2 - 1 = \dfrac{119}{169}$；

$\tan2\alpha = \dfrac{\sin2\alpha}{\cos2\alpha} = -\dfrac{120}{169} \div \dfrac{119}{169} = -\dfrac{120}{119}$.

点评：根据象限角求出 α 的余弦，再应用二倍角的正弦、余弦、正切公式求解问题．

考点二　二倍角公式的逆运用

例 2　求下列各式的值．

(1) $2\sin 67.5°\cos 67.5°$；　　　　(2) $\cos^2\dfrac{\pi}{8}-\sin^2\dfrac{\pi}{8}$；

(3) $2\cos^2\dfrac{\pi}{12}-1$；　　　　(4) $\dfrac{2\tan 22.5°}{1-\tan^2 22.5°}$．

理解与分析：利用二倍角的正弦、余弦、正切公式右端的结构形式，逆运用二倍角的正弦、余弦、正切公式，即可求解．

解：(1) 由于满足二倍角的正弦公式右端的结构形式，因此

$$2\sin 67.5°\cos 67.5°=\sin 135°=\dfrac{\sqrt{2}}{2}.$$

(2) 由于满足二倍角的余弦公式右端第一种的结构形式，因此

$$\cos^2\dfrac{\pi}{8}-\sin^2\dfrac{\pi}{8}=\cos\dfrac{\pi}{4}=\dfrac{\sqrt{2}}{2}.$$

(3) 由于满足二倍角的余弦公式右端第二种的结构形式，因此

$$2\cos^2\dfrac{\pi}{12}-1=\cos\dfrac{\pi}{6}=\dfrac{\sqrt{3}}{2}.$$

(4) 由于满足二倍角的正切公式右端第一种的结构形式，因此

$$\dfrac{2\tan 22.5°}{1-\tan^2 22.5°}=\tan 45°=1.$$

点评：逆运用二倍角公式时，必须满足其结构形式．

考点三　三角函数（式）的求值

例 3　已知 $\sin\theta-\cos\theta=\dfrac{1}{5}$，$\theta\in(0,\pi)$，求 $\sin 2\theta$ 的值．

理解与分析：由条件 $\sin\theta-\cos\theta=\dfrac{1}{5}$ 两边平方，得到 $1-2\sin\theta\cos\theta=\dfrac{1}{25}$，即 $2\sin\theta\cos\theta=\dfrac{24}{25}$，再逆应用二倍角公式，即可求解．

解：将 $\sin\theta-\cos\theta=\dfrac{1}{5}$ 两边平方，得

$$\sin^2\theta+\cos^2\theta-2\sin\theta\cos\theta=\dfrac{1}{25},$$

$$1-2\sin\theta\cos\theta=\dfrac{1}{25},$$

$$2\sin\theta\cos\theta=\dfrac{24}{25},$$

即 $\sin 2\theta=\dfrac{24}{25}$．

点评：将等式两边平方后得到二倍角的正弦结构形式是求解问题的关键．

例 4 已知 $\sin\theta-\cos\theta=\dfrac{1}{2}$，$\theta\in\left(\dfrac{\pi}{4},\dfrac{\pi}{2}\right)$，求 $\cos2\theta$ 的值．

理解与分析：按照例 3 的方法先求出 $\sin2\theta=\dfrac{3}{4}$，再确定 2θ 所在的象限，最后应用同角三角函数平方和公式求出 $\cos2\theta$ 的值．

解：将 $\sin\theta-\cos\theta=\dfrac{1}{2}$ 两边平方，得

$$1-2\sin\theta\cos\theta=\dfrac{1}{4}, \sin2\theta=\dfrac{3}{4}.$$

由 $\theta\in\left(\dfrac{\pi}{4},\dfrac{\pi}{2}\right)$，得 $2\theta\in\left(\dfrac{\pi}{2},\pi\right)$，

$\therefore \cos2\theta=-\sqrt{1-\sin^2 2\theta}=-\sqrt{1-\left(\dfrac{3}{4}\right)^2}=-\dfrac{\sqrt{7}}{4}.$

点评：先求出二倍角的正弦值，再确定角所在的象限，求解问题．

例 5 已知 $\dfrac{\sin\left(\alpha+\dfrac{\pi}{3}\right)}{\sin\alpha}=1$．

(1) 求 $\tan\alpha$ 的值．

理解与分析：应用两角和的正弦公式将已知条件的左端的分子展开，得到 $\dfrac{\sin\left(\alpha+\dfrac{\pi}{3}\right)}{\sin\alpha}=\dfrac{\dfrac{1}{2}\sin\alpha+\dfrac{\sqrt{3}}{2}\cos\alpha}{\sin\alpha}$，化为正切函数表示，即将分子、分母同时除以 $\cos\alpha$，得到 $\dfrac{\dfrac{1}{2}\sin\alpha+\dfrac{\sqrt{3}}{2}\cos\alpha}{\sin\alpha}=\dfrac{1}{2}+\dfrac{\sqrt{3}}{2\tan\alpha}=1$，解得 $\tan\alpha=\sqrt{3}$．

解：$\dfrac{\sin\left(\alpha+\dfrac{\pi}{3}\right)}{\sin\alpha}=\dfrac{\dfrac{1}{2}\sin\alpha+\dfrac{\sqrt{3}}{2}\cos\alpha}{\sin\alpha}=\dfrac{1}{2}+\dfrac{\sqrt{3}}{2\tan\alpha}$，

$\therefore \dfrac{1}{2}+\dfrac{\sqrt{3}}{2\tan\alpha}=1$，

解得 $\tan\alpha=\sqrt{3}$．

点评：先将左端的分子展开，再化为正切函数表示，解方程求解．

(2) 求 $\dfrac{2\cos2\alpha+\sin2\alpha}{1-\sin2\alpha}$ 的值．

理解与分析：先应用二倍角的正弦、余弦公式将所求式子化为含正弦和余弦的函数，再化为正切函数表示，将 $\tan\alpha=\sqrt{3}$ 代入，即可求解．

解：$\dfrac{2\cos2\alpha+\sin2\alpha}{1-\sin2\alpha}=\dfrac{2\cos^2\alpha-2\sin^2\alpha+2\sin\alpha\cos\alpha}{\sin^2\alpha+\cos^2\alpha-2\sin\alpha\cos\alpha}$

$$= \frac{(2\cos^2\alpha - 2\sin^2\alpha + 2\sin\alpha\cos\alpha) \div \cos^2\alpha}{(\sin^2\alpha + \cos^2\alpha - 2\sin\alpha\cos\alpha) \div \cos^2\alpha}$$

$$= \frac{2 - 2\tan^2\alpha + 2\tan\alpha}{\tan^2\alpha + 1 - 2\tan\alpha}$$

$$= \frac{2 - 2\times(\sqrt{3})^2 + 2\sqrt{3}}{(\sqrt{3})^2 + 1 - 2\sqrt{3}}$$

$$= \frac{-(4 - 2\sqrt{3})}{4 - 2\sqrt{3}}$$

$$= -1.$$

点评:将分子、分母化为正切函数表示是求解问题的关键.

【归纳总结】

二倍角的三角函数有三个考点:一是求二倍角的三角函数;二是二倍角公式的逆运用;三是三角函数(式)的求值.

应用二倍角的正弦、余弦、正切公式之前,必须根据角所在的象限求出三角函数的余弦或正弦,再求解问题.

逆运用二倍角公式时,必须满足其结构形式.

【能力测试】

水平能力测试四

一、选择题

1. 已知 $\sin\alpha = -\frac{\sqrt{3}}{3}$, $270° < \alpha < 360°$, 那么 $\sin2\alpha$ 的值是(   ).

(A) $-\frac{2\sqrt{2}}{3}$ (B) $\frac{2\sqrt{2}}{3}$ (C) $-\frac{\sqrt{3}}{8}$ (D) $\frac{\sqrt{3}}{8}$

2. $\frac{3\tan 105°}{1 - \tan^2 75°} = ($ $)$.

(A) $\frac{\sqrt{3}}{2}$ (B) $-\frac{\sqrt{3}}{2}$ (C) $\frac{\sqrt{3}}{6}$ (D) $-\frac{\sqrt{3}}{6}$

3. 设 $\alpha = \frac{\pi}{12}$, 则 $\cos^4\alpha - \sin^4\alpha = ($ $)$.

(A) 0 (B) $\frac{1}{2}$ (C) $\frac{\sqrt{2}}{2}$ (D) $\frac{\sqrt{3}}{2}$

4. 设 $\sin\frac{\alpha}{2} + \cos\frac{\alpha}{2} = \frac{\sqrt{5}}{2}$, 则 $\sin\alpha = ($ $)$.

(A) $-\frac{\sqrt{3}}{2}$ (B) $\frac{1}{2}$ (C) $\frac{1}{3}$ (D) $\frac{1}{4}$

5. 已知 $\lg\sin\theta=a$, $\lg\cos\theta=b$, 则 $\sin2\theta=($ $)$.

(A) $\dfrac{a+b}{2}$ (B) $2(a+b)$ (C) $10^{\frac{a+b}{2}}$ (D) $2\times10^{a+b}$

6. 已知 $\tan\alpha=-\dfrac{1}{2}$, 则 $\dfrac{(\sin\alpha-\cos\alpha)^2}{\cos2\alpha}=($ $)$.

(A) 2 (B) -2 (C) 3 (D) -3

7. 已知 $\cos x=\dfrac{4}{5}$, $x\in\left(-\dfrac{\pi}{2},0\right)$, 则 $\tan2x=($ $)$.

(A) $\dfrac{7}{24}$ (B) $-\dfrac{7}{24}$ (C) $\dfrac{24}{7}$ (D) $-\dfrac{24}{7}$

8. 已知 $\tan\dfrac{\alpha}{2}=3$, 则 $\dfrac{\sin\alpha+2\cos\alpha}{2\sin\alpha+\cos\alpha}=($ $)$.

(A) $\dfrac{5}{2}$ (B) $-\dfrac{5}{2}$ (C) 5 (D) -5

9. 若 $\sin A+\cos A=\dfrac{1}{5}$, 则 $\sin2A=($ $)$.

(A) $-\dfrac{1}{25}$ (B) $-\dfrac{24}{25}$ (C) $\dfrac{1}{25}$ (D) $\dfrac{12}{25}$

10. $\sin15°+\cos15°=($ $)$.

(A) $\dfrac{\sqrt{3}}{2}$ (B) 1 (C) $\dfrac{\sqrt{6}}{2}$ (D) 2

二、填空题

1. 已知 $\cos\alpha=-\dfrac{4}{5}$, 则 $\cos2\alpha=$ _____.

2. $\dfrac{2\tan75°}{1-\tan^275°}=$ _____.

3. $\sin37.5°\cos37.5°\cos75°=$ _____.

4. 已知 $\tan\alpha=2$, 则 $\dfrac{1+\sin2\alpha-\cos2\alpha}{1+\sin2\alpha+\cos2\alpha}=$ _____.

5. 已知 $\cos\left(\alpha+\dfrac{\pi}{4}\right)=\dfrac{4}{5}$, 则 $\sin2\alpha=$ _____.

6. 已知 $\cos\alpha=\dfrac{1}{3}$, 则 $\sin\left(\dfrac{\pi}{2}+2\alpha\right)=$ _____.

7. 已知 $\sin\dfrac{\alpha}{2}=\dfrac{2}{3}$, 则 $\cos(\pi-\alpha)=$ _____.

8. 设 α 是第二象限角, 且 $\sin\left(\alpha+\dfrac{\pi}{4}\right)=-\dfrac{1}{\sqrt{5}}$, 则 $\sin2\alpha=$ _____.

9. 已知 $\tan\alpha=2$, 则 $\dfrac{\sin2\alpha}{\sin^2\alpha+\sin\alpha\cos\alpha-\cos2\alpha-1}=$ _____.

10. 已知 $\sin\theta+\cos\theta=\dfrac{1}{5}$, $\theta\in\left(\dfrac{\pi}{2},\pi\right)$, 则 $\sin\theta-\cos\theta=$ _____.

第五节　三角函数的图象和性质

【考纲点击】

1. 能够画正弦函数 $y=\sin x$ 和余弦函数 $y=\cos x$ 在一个周期内的图象；
2. 熟练掌握正弦函数、余弦函数的性质；
3. 掌握一般正弦函数、余弦函数的变换方法.

【命题走向】

在体育单招考试中，三角函数的图象和性质是每年必考知识点. 考查内容包括正弦函数、余弦函数的图象和性质，一般正弦函数、余弦函数的变换；题型是选择题或填空题，或与其他知识点组成综合性的解答题.

【知识梳理】

一、正弦函数 $y=\sin x$ 的图象

(1) 如图 10-3，正弦函数 $y=\sin x$ 在区间 $[0,2\pi]$ 内的图象.

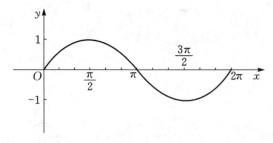

图 10-3

(2) 如图 10-4，正弦函数 $y=\sin x$ 在区间 $(-\infty,+\infty)$ 内的图象.

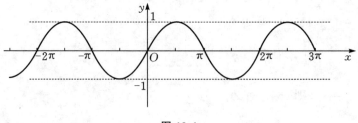

图 10-4

二、正弦函数 $y=\sin x$ 的性质

(1) 定义域：$x \in \mathbf{R}$；

(2) 值域：$-1 \leqslant y \leqslant 1$，当 $x=2k\pi-\dfrac{\pi}{2}(k\in\mathbf{Z})$ 时，取得最小值 $y=-1$；当 $x=2k\pi+\dfrac{\pi}{2}$ $(k\in\mathbf{Z})$ 时，取得最大值 $y=1$.

理解：当角的终边在 y 轴的负半轴时，取最小值 -1；当角的终边在 y 轴的正半轴时，取最大值 1.

(3) 周期性：$T=2k\pi,k\in\mathbf{Z}$，且 $k\neq 0$，最小正周期是 $T=2\pi$.

理解：没有特别说明时，正弦函数的周期指最小正周期，即 $T=2\pi$；含绝对值的正弦函数 $y=|\sin x|$ 的最小正周期为 π，即 $T=\pi$，且它为偶函数.

(4) 对称轴：$x=k\pi+\dfrac{\pi}{2},k\in\mathbf{Z}$.

理解：$x=\dfrac{\pi}{2}$ 是正弦函数 $y=\sin x$ 的一条对称轴，即正弦函数 $y=\sin x$ 是轴对称图形，图象沿直线 $x=\dfrac{\pi}{2}$ 对折后左右两部分完全重合.

(5) 奇偶性：奇函数.

理解：正弦函数 $y=\sin x$ 图象上任意一点关于原点的对称点仍然在这个图象上.

(6) 单调性：在区间 $\left[-\dfrac{\pi}{2}+2k\pi,\dfrac{\pi}{2}+2k\pi\right]$ $(k\in\mathbf{Z})$ 内是增函数，在区间 $\left[\dfrac{\pi}{2}+2k\pi,\dfrac{3\pi}{2}+2k\pi\right]$ $(k\in\mathbf{Z})$ 内是减函数.

理解：正弦函数 $y=\sin x$ 从第四象限穿过 x 轴到第一象限时，y 随 x 的增加而增加，即为增函数；从第二象限穿过 x 轴到第三象限时，y 随 x 的增加反而减小，即为减函数.

三、余弦函数 $y=\cos x$ 的图象

(1) 如图 10-5，余弦函数 $y=\cos x$ 在区间 $[0,2\pi]$ 内的图象.

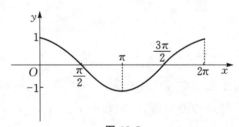

图 10-5

(2) 如图 10-6，余弦函数 $y=\cos x$ 在区间 $(-\infty,+\infty)$ 内的图象.

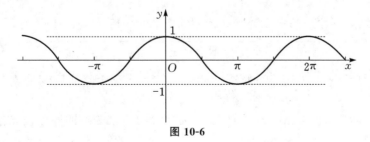

图 10-6

四、余弦函数 $y=\cos x$ 的性质

(1) 定义域：$x \in \mathbf{R}$.

(2) 值域：$-1 \leqslant y \leqslant 1$，当 $x=2k\pi+\pi(k\in\mathbf{Z})$ 时，取得最小值 $y=-1$；当 $x=2k\pi(k\in\mathbf{Z})$ 时，取得最大值 $y=1$.

理解：当角的终边在 x 轴的负半轴时，取最小值 -1；当角的终边在 x 轴的正半轴时，取最大值 1.

(3) 周期性：$T=2k\pi,k\in\mathbf{Z}$，且 $\mathbf{Z}\neq 0$，最小正周期是 $T=2\pi$.

理解：没有特别说明时，余弦函数的周期指最小正周期，即 $T=2\pi$；含绝对值的余弦函数 $y=|\cos x|$ 的最小正周期为 π，即 $T=\pi$.

(4) 对称轴：$x=k\pi,k\in\mathbf{Z}$.

理解：y 轴是余弦函数 $y=\cos x$ 的一条对称轴，即余弦函数 $y=\cos x$ 是轴对称图形，图象沿 y 轴对折后左右两部分完全重合.

(5) 奇偶性：偶函数.

理解：余弦函数 $y=\cos x$ 图象上任意一点关于 y 轴的对称点仍然在这个图象上.

(6) 单调性：在区间 $[-\pi+2k\pi,2k\pi](k\in\mathbf{Z})$ 内是增函数，在区间 $[2k\pi,\pi+2k\pi](k\in\mathbf{Z})$ 内是减函数.

理解：余弦函数 $y=\cos x$ 从第三象限穿过 y 轴到第四象限时，y 随 x 的增加而增加，即为增函数；从第一象限穿过 y 轴到第二象限时，y 随 x 的增加反而减小，即为减函数.

五、一般形式的三角函数的图象

以一般形式的正弦函数 $y=A\sin(\omega x+\varphi)$ 为例.

(1) 含义：A 表示振幅，ω 描述周期，即 $T=\dfrac{2\pi}{|\omega|}$，φ 表示初相，$\omega x+\varphi$ 表示相位.

(2) 变换：一般形式的正弦函数 $y=A\sin(\omega x+\varphi)(A>0,\omega>0)$ 的图象，可以由正弦函数 $y=\sin x$ 图象通过平移、伸长或缩短得到，步骤如下：

$$y=\sin x \xrightarrow[\varphi<0 \text{ 把图象向右平移}|\varphi|\text{个单位}]{\varphi>0 \text{ 把图象向左平移}|\varphi|\text{个单位}} y=\sin(x+\varphi)$$

$$\xrightarrow[\text{纵坐标不变}]{\text{横坐标缩短到原来的}\frac{1}{\omega}(\omega>1)\text{或伸长到原来的}\frac{1}{\omega}\text{倍}(0<\omega<1)} y=\sin(\omega x+\varphi)$$

$$\xrightarrow[\text{横坐标不变}]{\text{纵坐标缩短到原来的}A\text{分之一的倒数}(0<A<1)\text{或伸长到原来的}A\text{倍}(A>1)} y=A\sin(\omega x+\varphi)$$

理解：正弦函数 $y=A\sin(\omega x+\varphi)(A>0,\omega>0)$ 的图象变换的顺序是先左（右）平移，再上下伸长（缩短）；一般形式的余弦函数 $y=A\cos(\omega x+\varphi)$ 的变换方法与正弦函数相同.

【典例解析】

考点一　求三角函数的周期

例1　求下列函数的周期.

(1) $y=3\cos\left(2x-\dfrac{\pi}{5}\right)$；　(2) $y=\sin\dfrac{1}{3}x$；　(3) $y=|\sin x|$.

理解与分析：(1)、(2)、(3)小题分别是求余弦函数、正弦函数、含绝对值的正弦函数的周期,利用所对应的周期公式,即可求解.

解：(1) $\because \omega=2$,

$\therefore T=\dfrac{2\pi}{|\omega|}=\dfrac{2\pi}{2}=\pi$.

(2) $\because \omega=\dfrac{1}{3}$,

$\therefore T=\dfrac{2\pi}{|\omega|}=2\pi\div\dfrac{1}{3}=6\pi$.

(3) $\because y=|\sin x|$ 是含绝对值的正弦函数,且 $\omega=1$,

$\therefore T=\dfrac{\pi}{|\omega|}=\dfrac{\pi}{1}=\pi$.

点评：三角函数的周期只与 x 项的系数 ω 有关,而与 A,φ 无关,正弦函数、余弦函数的周期 $T=\dfrac{2\pi}{|\omega|}$；如果含有绝对值,那么周期 $T=\dfrac{\pi}{|\omega|}$.

例2　求函数 $y=\sin^4 x-\cos^4 x$ 的周期.

理解与分析：函数 $y=\sin^4 x-\cos^4 x$ 化为三角函数,即 $y=\sin^4 x-\cos^4 x=(\sin^2 x+\cos^2 x)(\sin^2 x-\cos^2 x)=-\cos 2x$,再求其周期.

解：$\because y=\sin^4 x-\cos^4 x$

$=(\sin^2 x)^2-(\cos^2 x)^2$

$=(\sin^2 x+\cos^2 x)(\sin^2 x-\cos^2 x)$

$=-(\cos^2 x-\sin^2 x)$

$=-\cos 2x$,

$\therefore T=\dfrac{2\pi}{|\omega|}=\dfrac{2\pi}{2}=\pi$.

点评：先化为三角函数,再求周期.

考点二　三角函数的单调性

例3　求函数 $y=3\cos\left(2x-\dfrac{\pi}{5}\right)$ 的单调递增区间.

理解与分析：记 $u=2x-\dfrac{\pi}{5}$,则函数 $y=3\cos\left(2x-\dfrac{\pi}{5}\right)$ 表为 $y=3\cos u$,单调递增区间是 $[-\pi+2k\pi,2k\pi](k\in\mathbf{Z})$,即 $-\pi+2k\pi\leqslant u\leqslant 2k\pi(k\in\mathbf{Z})$,将 $u=2x-\dfrac{\pi}{5}$ 代入,得 $-\pi+2k\pi\leqslant$

$2x - \frac{\pi}{5} \leq 2k\pi$,每边加 $\frac{\pi}{5}$ 得 $-\frac{4\pi}{5} + 2k\pi \leq 2x \leq \frac{\pi}{5} + 2k\pi$,每边除以 2 得 $-\frac{2\pi}{5} + k\pi \leq x \leq \frac{\pi}{10} + k\pi$,即单调递增区间是 $\left[-\frac{2\pi}{5} + k\pi, \frac{\pi}{10} + k\pi\right] (k \in \mathbf{Z})$.

解:记 $u = 2x - \frac{\pi}{5}$,则原函数表为 $y = 3\cos u$,

单调递增区间是 $[-\pi + 2k\pi, 2k\pi](k \in \mathbf{Z})$,即 $-\pi + 2k\pi \leq u \leq 2k\pi (k \in \mathbf{Z})$,

将 $u = 2x - \frac{\pi}{5}$ 代入,得 $-\pi + 2k\pi \leq 2x - \frac{\pi}{5} \leq 2k\pi$,

每边加 $\frac{\pi}{5}$,得 $-\frac{4\pi}{5} + 2k\pi \leq 2x \leq \frac{\pi}{5} + 2k\pi$,

每边除以 2,得 $-\frac{2\pi}{5} + k\pi \leq x \leq \frac{\pi}{10} + k\pi$,

∴ 函数 $y = 3\cos\left(2x - \frac{\pi}{5}\right)$ 的单调递增区间是 $\left[-\frac{2\pi}{5} + k\pi, \frac{\pi}{10} + k\pi\right](k \in \mathbf{Z})$.

点评:记 $u = 2x - \frac{\pi}{5}$,得到 $y = 3\cos u$ 后先确定递增区间,再回代解双向不等式求原函数的递增区间.

例 4 已知函数 $f(x) = \frac{1}{2}\cos\frac{x}{2} + \frac{\sqrt{3}}{2}\sin\frac{x}{2}$,求 $f(x)$ 的单调区间.

理解与分析:题设函数是"$f(x) = a\sin x + b\cos x$"型. 先化为正弦三角函数,再讨论 $f(x)$ 的单调区间.

解:$f(x) = \frac{1}{2}\cos\frac{x}{2} + \frac{\sqrt{3}}{2}\sin\frac{x}{2}$

$= \sin\frac{\pi}{6}\cos\frac{x}{2} + \cos\frac{\pi}{6}\sin\frac{x}{2}$

$= \sin\left(\frac{\pi}{6} + \frac{x}{2}\right)$

$= \sin\left(\frac{x}{2} + \frac{\pi}{6}\right)$.

当 $2k\pi - \frac{\pi}{2} \leq \frac{x}{2} + \frac{\pi}{6} \leq 2k\pi + \frac{\pi}{2} (k \in \mathbf{Z})$,即 $4k\pi - \frac{4\pi}{3} \leq x \leq 4k\pi + \frac{2\pi}{3}$ 时,$f(x)$ 是增函数;

当 $2k\pi + \frac{\pi}{2} \leq \frac{x}{2} + \frac{\pi}{6} \leq 2k\pi + \frac{3\pi}{2}(k \in \mathbf{Z})$,即 $4k\pi + \frac{2\pi}{3} \leq x \leq 4k\pi + \frac{8\pi}{3}$ 时,$f(x)$ 是减函数.

点评:求函数的单调性之前,先将函数化简为三角函数.

考点三 三角函数图象的变换

例 5 将函数 $y = \sin x$ 的图象如何变换得到函数 $y = \cos\left(2x - \frac{\pi}{4}\right)$ 的图象?

理解与分析:题设三角函数是正弦函数,而变换后的三角函数是余弦函数,变换之前必须将这两个三角函数中的一个改写成与另一个同名的三角函数. 根据诱导公式将余弦名化为正弦名,即 $y=\cos\left(2x-\dfrac{\pi}{4}\right)=\sin\left[\dfrac{\pi}{2}+\left(2x-\dfrac{\pi}{4}\right)\right]=\sin\left(2x+\dfrac{\pi}{4}\right)$. 再由一般正弦函数的变换方法,即可求解.

解: $\because y=\cos\left(2x-\dfrac{\pi}{4}\right)=\sin\left[\dfrac{\pi}{2}+\left(2x-\dfrac{\pi}{4}\right)\right]=\sin\left(2x+\dfrac{\pi}{4}\right)$,

$\therefore$ 将函数 $y=\sin x$ 的图象通过变换得到函数 $y=\cos\left(2x-\dfrac{\pi}{4}\right)$ 的图象等价于将函数 $y=\sin x$ 的图象通过变换得到函数 $y=\sin\left(2x+\dfrac{\pi}{4}\right)$ 的图象.

$y=\sin x \xrightarrow{\text{把图象向左平移}\dfrac{\pi}{4}\text{个单位}} y=\sin\left(x+\dfrac{\pi}{4}\right)$,

$\xrightarrow[\text{纵坐标不变}]{\text{横坐标缩短到原来的}\dfrac{1}{2}} y=\sin\left(2x+\dfrac{\pi}{4}\right)$.

点评: 将一个三角函数通过变换得到另一个三角函数时,必须使这两个三角函数是同名三角函数,否则需要将变换后的三角函数改写成与变换前的三角函数同名.

考点四 求三角函数(式)的最值问题

例6 求函数 $y=2-\dfrac{4}{3}\sin x-\cos^2 x$ 的最大值和最小值.

理解与分析: 现将原函数式化为同名三角函数式,由 $\cos^2 x=1-\sin^2 x$,得原函数为 $y=\sin^2 x-\dfrac{4}{3}\sin x+1=\left(\sin x-\dfrac{2}{3}\right)^2+\dfrac{5}{9}$, 当 $\sin x=-1$ 时, y 有最大值 $\dfrac{10}{3}$; 当 $\sin x=\dfrac{2}{3}$ 时, y 有最小值 $\dfrac{5}{9}$.

解: $y=2-\dfrac{4}{3}\sin x-\cos^2 x$

$=2-\dfrac{4}{3}\sin x-(1-\sin^2 x)$

$=\sin^2 x-\dfrac{4}{3}\sin x+1$

$=\sin^2 x-\dfrac{4}{3}\sin x+\left(-\dfrac{2}{3}\right)^2-\left(-\dfrac{2}{3}\right)^2+1$

$=\left(\sin x-\dfrac{2}{3}\right)^2+\dfrac{5}{9}$.

$\therefore$ 当 $\sin x=-1$ 时, y 有最大值 $\dfrac{10}{3}$; 当 $\sin x=\dfrac{2}{3}$ 时, y 有最小值 $\dfrac{5}{9}$.

点评: 要求含三角函数的最值,必须将三角函数式化为同名三角函数式分析求解.

例7 已知函数 $y=\sin\left(4x+\dfrac{\pi}{3}\right)+\cos\left(4x-\dfrac{\pi}{6}\right)$.

(1)求该函数的最小正周期;

理解与分析：要求函数的最小正周期，必须将该函数化为同名三角函数. 把已知函数展开整理为同名三角函数后，即可求解.

解：$y = \sin\left(4x + \dfrac{\pi}{3}\right) + \cos\left(4x - \dfrac{\pi}{6}\right)$

$= \sin 4x \cos\dfrac{\pi}{3} + \cos 4x \sin\dfrac{\pi}{3} + \cos 4x \cos\dfrac{\pi}{6} + \sin 4x \sin\dfrac{\pi}{6}$

$= \dfrac{1}{2}\sin 4x + \dfrac{\sqrt{3}}{2}\cos 4x + \dfrac{\sqrt{3}}{2}\cos 4x + \dfrac{1}{2}\sin 4x$

$= \sin 4x + \sqrt{3}\cos 4x$

$= 2\left(\dfrac{1}{2}\sin 4x + \dfrac{\sqrt{3}}{2}\cos 4x\right)$

$= 2\sin\left(4x + \dfrac{\pi}{3}\right).$

$\therefore$ 最小正周期为 $T = \dfrac{2\pi}{4} = \dfrac{\pi}{2}$.

点评：要求题中函数的最小正周期，必须将该函数化为同名三角函数.

(2) 当 $x \in \left[-\dfrac{\pi}{16}, \dfrac{\pi}{8}\right]$ 时，求该函数的最大值.

理解与分析：由 $x \in \left[-\dfrac{\pi}{16}, \dfrac{\pi}{8}\right]$，确定 $4x + \dfrac{\pi}{3}$ 的取值范围，利用正弦函数的单调性，即可求出该函数的最大值.

解：由 $x \in \left[-\dfrac{\pi}{16}, \dfrac{\pi}{8}\right]$，得 $-\dfrac{\pi}{16} \leqslant x \leqslant \dfrac{\pi}{8}$，$-\dfrac{\pi}{4} \leqslant 4x \leqslant \dfrac{\pi}{2}$，$\dfrac{\pi}{12} \leqslant 4x + \dfrac{\pi}{3} \leqslant \dfrac{5\pi}{6}$，

$\therefore 4x + \dfrac{\pi}{3} = \dfrac{\pi}{2}$，即 $x = \dfrac{\pi}{24}$ 时，函数 $y = 2\sin\left(4x + \dfrac{\pi}{3}\right)$ 取得最大值 2.

点评：将题设 x 的取值范围转化为 $4x + \dfrac{\pi}{3}$ 的取值范围，利用正弦函数的单调性求出该函数的最大值.

例 8 已知函数 $f(x) = \sin^2 x + 2\sqrt{3}\sin x \cos x - \cos^2 x$.

(1) 求 $f(x)$ 的最小正周期和最小值；

理解与分析：要求函数的最小正周期，必须将该函数化为同名三角函数，将题设函数化为二倍角的正弦和余弦函数，再化为同名三角函数，即可求解，进而求出 $f(x)$ 的最小值.

解：$f(x) = \sin^2 x + 2\sqrt{3}\sin x \cos x - \cos^2 x$

$= 2\sqrt{3}\sin x \cos x - (\cos^2 x - \sin^2 x)$

$= \sqrt{3}\sin 2x - \cos 2x$

$= 2\left(\dfrac{\sqrt{3}}{2}\sin 2x - \dfrac{1}{2}\cos 2x\right)$

$= 2\left(\sin 2x \cos\dfrac{\pi}{6} - \cos 2x \sin\dfrac{\pi}{6}\right)$

$$=2\sin\left(2x-\frac{\pi}{6}\right).$$

∴最小正周期为 $T=\frac{2\pi}{2}=\pi$.

当 $2x-\frac{\pi}{6}=2k\pi+\frac{3\pi}{2}, k\in \mathbf{Z}$,即 $x=k\pi+\frac{5\pi}{6}$ 时,$f(x)$ 取得最小值 -2.

点评:将该函数化为同名三角函数是求解问题的关键.

(2) 若 $y=f(x)$ 图象的对称轴方程为 $x=a$,求 a 所有可能的取值;

理解与分析:题设函数 $f(x)=2\sin\left(2x-\frac{\pi}{6}\right)$ 是正弦函数,其对称轴是 $2x-\frac{\pi}{6}=k\pi+\frac{\pi}{2}, k\in \mathbf{Z}$,求出 x,即可得到 a 所有可能的取值.

解:函数 $f(x)=2\sin\left(2x-\frac{\pi}{6}\right)$ 的对称轴为 $2x-\frac{\pi}{6}=k\pi+\frac{\pi}{2}, k\in \mathbf{Z}$,则

$$x=\frac{k\pi}{2}+\frac{\pi}{3}, k\in \mathbf{Z},$$

∴所有可能的取值为 $\left\{a \mid a=\frac{k\pi}{2}+\frac{\pi}{3}, k\in \mathbf{Z}\right\}$.

点评:正弦函数 $y=\sin x$ 的对称轴是 $x=k\pi+\frac{\pi}{2}, k\in \mathbf{Z}$.

(3) 若 $f(x_0)=-\sqrt{2}, x_0\in\left(-\frac{5}{12}\pi, \frac{7}{12}\pi\right)$,求 x_0 的值.

理解与分析:先由 $x_0\in\left(-\frac{5}{12}\pi, \frac{7}{12}\pi\right)$,得到 $2x_0-\frac{\pi}{6}$ 的取值范围,再根据题设条件 $f(x_0)=-\sqrt{2}$,求出 x_0 的值.

解:由 $x_0\in\left(-\frac{5}{12}\pi, \frac{7}{12}\pi\right)$,得

$$-\frac{5}{12}\pi<x_0<\frac{7}{12}\pi, -\frac{5}{6}\pi<2x_0<\frac{7}{6}\pi, -\pi<2x_0-\frac{\pi}{6}<\pi.$$

由 $f(x_0)=-\sqrt{2}$,得 $2\sin\left(2x_0-\frac{\pi}{6}\right)=-\sqrt{2}$,

$$\sin\left(2x_0-\frac{\pi}{6}\right)=-\frac{\sqrt{2}}{2},$$

当 $2x_0-\frac{\pi}{6}=-\frac{3\pi}{4}$ 时,$x_0=-\frac{7\pi}{24}$;当 $2x_0-\frac{\pi}{6}=-\frac{\pi}{4}$ 时,$x_0=-\frac{\pi}{24}$.

∴$x_0=-\frac{7\pi}{24}$ 或 $-\frac{\pi}{24}$.

点评:将题设 x_0 的取值范围转化为 $2x_0-\frac{\pi}{6}$ 的取值范围,再根据题设条件求出 x_0 的值.

【归纳总结】

三角函数的图象和性质有四个考点:一是求三角函数的周期;二是求三角函数的单调

性;三是三角函数图象的变换;四是求三角函数(式)的最值问题.

三角函数的周期只与 x 项的系数 ω 有关,而与 A,φ 无关.正弦函数、余弦函数的周期 $T=\dfrac{2\pi}{|\omega|}$.如果含有绝对值,那么周期 $T=\dfrac{\pi}{|\omega|}$.如果是三角函数式,那么需要先化为三角函数,再求周期.

求三角函数的单调性时,要把 $\omega x+\varphi$ 看作整体,利用正弦或余弦函数的单调性,解不等式求出问题的单调性.

将一个三角函数通过平移得到另一个三角函数时,必须使这两个三角函数是同名三角函数,否则需要将平移后的三角函数改写成与平移前的三角函数同名.

求三角函数式最值时要先化为同名三角函数.

【能力测试】

水平能力测试五

一、选择题

1. $y=\left(\sin\dfrac{x}{3}+\cos\dfrac{x}{3}\right)^2$ 的最小正周期是( ).

(A) 2π (B) 3π (C) 4π (D) 5π

2. 函数 $y=\sin^4 x-\cos^4 x$ 是( ).

(A) 最小正周期为 π 的奇函数   (B) 最小正周期为 π 的偶函数

(C) 最小正周期为 2π 的奇函数   (D) 最小正周期为 2π 的偶函数

3. 函数 $f(x)=\sin\dfrac{\pi x}{2}$ 是( ).

(A) 最小正周期为 2 的周期函数,且为奇函数

(B) 最小正周期为 4 的周期函数,且为奇函数

(C) 最小正周期为 2 的周期函数,且为偶函数

(D) 最小正周期为 4 的周期函数,且为偶函数

4. 已知函数 $y=\sin\left(x+\dfrac{\pi}{6}\right)\cos\left(x+\dfrac{\pi}{6}\right)$,则其最小正周期和图象的一条对称轴方程分别为( ).

(A) $2\pi,x=\dfrac{\pi}{6}$ (B) $2\pi,x=\dfrac{\pi}{12}$

(C) $\pi,x=\dfrac{\pi}{6}$ (D) $\pi,x=\dfrac{\pi}{12}$

5. 函数 $y=\sin 2x+\cos 2x$ 图象的对称轴为( ).

(A) $x=\dfrac{k\pi}{2}+\dfrac{\pi}{8},k\in\mathbf{Z}$ (B) $x=\dfrac{k\pi}{2}-\dfrac{\pi}{8},k\in\mathbf{Z}$

(C) $x=k\pi+\dfrac{\pi}{4},k\in\mathbf{Z}$ (D) $x=k\pi-\dfrac{\pi}{4},k\in\mathbf{Z}$

6. 函数 $y=\cos\left(x-\dfrac{\pi}{4}\right)$ ( ).

(A) 在 $\left(-\dfrac{\pi}{4},\dfrac{3\pi}{4}\right)$ 上是增函数　　　　(B) 在 $\left(-\dfrac{3\pi}{4},\dfrac{\pi}{4}\right)$ 上是增函数

(C) 在 $\left(-\dfrac{\pi}{4},\dfrac{3\pi}{4}\right)$ 上是减函数　　　　(D) 在 $\left(-\dfrac{3\pi}{4},\dfrac{\pi}{4}\right)$ 上是减函数

7. 下列函数中最小正周期为 π，且图象关于直线 $x=\dfrac{\pi}{3}$ 对称的函数是（　　）．

(A) $y=2\sin\left(\dfrac{x}{2}+\dfrac{\pi}{3}\right)$　　　　(B) $y=2\sin\left(2x-\dfrac{\pi}{6}\right)$

(C) $y=2\sin\left(2x+\dfrac{\pi}{6}\right)$　　　　(D) $y=2\sin\left(\dfrac{x}{2}-\dfrac{\pi}{3}\right)$

8. 给出如下性质：(1) 最小正周期是 π；(2) 图象关于直线 $x=\dfrac{\pi}{3}$ 对称；(3) 在 $\left(-\dfrac{\pi}{6},\dfrac{\pi}{3}\right)$ 上是增函数. 同时具有上述性质的一个函数是（　　）．

(A) $y=\sin\left(2x+\dfrac{\pi}{6}\right)$　　　　(B) $y=\sin\left(\dfrac{x}{2}-\dfrac{\pi}{6}\right)$

(C) $y=\sin\left(2x-\dfrac{\pi}{6}\right)$　　　　(D) $y=\sin\left(2x+\dfrac{\pi}{3}\right)$

9. 函数 $y=\sqrt{3}\sin 4x-3\cos 4x+1$ 的最小正周期和最小值分别是（　　）．

(A) π 和 $1-\sqrt{3}$　　　　(B) π 和 $1-2\sqrt{3}$

(C) $\dfrac{\pi}{2}$ 和 $1-\sqrt{3}$　　　　(D) $\dfrac{\pi}{2}$ 和 $1-2\sqrt{3}$

10. 函数 $f(x)=\sin x\cos x+\cos^2 x$ 的最大值是（　　）．

(A) $\dfrac{\sqrt{2}}{2}$　　　　(B) $\dfrac{1+\sqrt{2}}{2}$　　　　(C) $\sqrt{2}$　　　　(D) $1+\sqrt{2}$

二、填空题

1. 函数 $y=|\sin 2x|$ 的最小正周期是_____．

2. 函数 $f(x)=1-3\sin^2 x$ 的最小正周期是_____．

3. 要得到函数 $y=2\sin\left(x+\dfrac{\pi}{6}\right), x\in\mathbf{R}$ 的图象，只需要把函数 $y=2\sin x, x\in\mathbf{R}$ 的图象_____．

4. 若函数 $f(x)=2\sin\left(\omega x+\dfrac{\pi}{3}\right)(\omega>0)$ 的图象与 x 轴相邻两个交点间的距离为 2，则实数 $\omega=$_____．

5. 函数 $f(x)=2\sin(\omega x+\varphi)\left(\omega>0,|\varphi|<\dfrac{\pi}{2}\right)$ 的最小正周期是 π，若其图象向右平移 $\dfrac{\pi}{3}$ 个单位后得到的函数为偶函数，则 $\varphi=$_____．

6. 若函数 $f(x)=\sin(2x+\varphi)(0<\varphi<\pi)$ 的图象关于 y 轴对称，则 $\varphi=$_____．

7. 函数 $y=2\sin\omega x(\omega>0)$ 在 $\left[-\dfrac{\pi}{3},\dfrac{\pi}{4}\right]$ 上的最大值是 $\sqrt{2}$，则 $\omega=$_____．

8. 函数 $f(x)=\sin\left(x+\dfrac{\pi}{4}\right)(x\in(0,2\pi))$ 的单调递减区间是_____．

9. 函数 $y = \sin\left(x - \dfrac{\pi}{4}\right)$ $(x \in (0, \pi))$ 的单调递增区间是_____.

10. 函数 $y = \dfrac{\lg(1 - 2\cos x)}{\sqrt{1 - 2\sin x}}$ 的定义域是_____.

三、解答题

1. 设函数 $f(x) = \sin x \cos x - \sqrt{3} \cos(x + \pi) \cos x$ $(x \in \mathbf{R})$.

   (1) 求函数 $f(x)$ 的最小正周期；

   (2) 当 $x \in \left[0, \dfrac{\pi}{4}\right]$ 时，求函数 $f(x)$ 的最大值.

2. 已知函数 $f(x) = 2\sqrt{3} \sin x \cos x + 2\cos^2 x - 1$ $(x \in \mathbf{R})$.

   (1) 求函数 $f(x)$ 的最小正周期；

   (2) 求函数 $f(x)$ 在区间 $\left[0, \dfrac{\pi}{2}\right]$ 上的最大值和最小值；

   (3) 若 $f(x_0) = \dfrac{6}{5}$, $x_0 \in \left[\dfrac{\pi}{4}, \dfrac{\pi}{2}\right]$, 求 $\cos 2x_0$ 的值.

3. 已知函数 $f(x) = 2\cos 2x + \sin^2 x - 4\cos x$.

   (1) 求 $f\left(\dfrac{\pi}{3}\right)$ 的值；

   (2) 求函数 $f(x)$ 的最大值和最小值.

4. 已知函数 $f(x) = \cos^2 \dfrac{x}{2} - \sin^2 \dfrac{x}{2} + \sin x$.

   (1) 求函数 $f(x)$ 的最小正周期；

   (2) 当 $x_0 \in \left(0, \dfrac{\pi}{4}\right)$ 且 $f(x_0) = \dfrac{4\sqrt{2}}{5}$ 时，求 $f\left(x_0 + \dfrac{\pi}{6}\right)$ 的值.

5. 已知函数 $f(x) = A\sin\left(\omega x + \dfrac{\pi}{4}\right)$ $(x \in \mathbf{R}, A > 0, \omega > 0)$ 的最大值为 2，最小正周期是 8π.

   (1) 求 $f(x)$ 的解析式；

   (2) 求 $f(x)$ 的单调区间.

6. 已知函数 $f(x) = 3\sin\left(\dfrac{x}{2} + \dfrac{\pi}{6}\right) + 1$.

   (1) 求函数 $f(x)$ 的最小正周期；

   (2) 求 $f(x)$ 的最值.

第六节　解斜三角形

【考纲点击】

1. 熟练掌握正弦定理、余弦定理及变式；
2. 应用正弦定理、余弦定理解斜三角形；
3. 熟练掌握求三角形面积的公式.

【命题走向】

在体育单招考试中,解斜三角形一般不会单独组题,但是它与三角函数、向量等知识组成每年必考知识点.考查内容包括正弦定理、余弦定理及变式;题型是选择题或填空题,或与其他知识点组成综合性的解答题.

【知识梳理】

一、正弦定理

(1) 定理:设 $\triangle ABC$ 的三个内角 A,B,C 的对边分别为 a,b,c,R 是 $\triangle ABC$ 的外接圆半径,则任一边与它所对角的正弦的比值相等,且比值等于三角形外接圆的直径,即

$$\frac{a}{\sin A}=\frac{b}{\sin B}=\frac{c}{\sin C}=2R.$$

(2) 变式:

① $a=2R\sin A, b=2R\sin B, c=2R\sin C$;

② $\sin A=\dfrac{a}{2R}, \sin B=\dfrac{b}{2R}, \sin C=\dfrac{c}{2R}$;

③ $a:b:c=\sin A:\sin B:\sin C$.

(3) 应用:

① 已知两角和任一边,求其他两边和一角.

② 已知两边和其中一边的对角,求另一边的对角(从而进一步求出其他的边和角).

二、余弦定理

(1) 定理:设 $\triangle ABC$ 的三个内角 A,B,C 的对边分别为 a,b,c,则三角形任意一边的平方等于另两边的平方和减去这两边与它们的夹角的余弦之积的 2 倍,即

① $a^2=b^2+c^2-2bc\cos A$;

② $b^2=a^2+c^2-2ac\cos B$;

③ $c^2=a^2+b^2-2ab\cos C$.

(2) 变式:

① $\cos A=\dfrac{b^2+c^2-a^2}{2bc}$;

② $\cos B=\dfrac{a^2+c^2-b^2}{2ac}$;

③ $\cos C=\dfrac{a^2+b^2-c^2}{2ab}$.

理解:用三角形的三边表示角的余弦.

(3) 应用:

① 已知三边,求三个角.

② 已知两边和它们的夹角,求第三边和其他两个角.

三、三角形常用的面积公式

(1) $S = \dfrac{1}{2} a \cdot h$（$h$ 表示 a 边上的高）；

(2) $S = \dfrac{1}{2} ab \sin C = \dfrac{1}{2} bc \sin A = \dfrac{1}{2} ca \sin B$.

理解：(2)式求三角形的面积的条件是已知两边长及它们的夹角.

【典例解析】

考点一　正弦定理

例1　在 $\triangle ABC$ 中，已知 $a = 10, A = 45°, C = 75°$，求 b 的值.

理解与分析：先求 b 的对角 B，即 $B = 180° - (A + C) = 180° - (45° + 75°) = 60°$，再代入正弦定理 $\dfrac{b}{\sin B} = \dfrac{a}{\sin A}$，即可求出 b 的值.

解：$B = 180° - (A + C) = 180° - (45° + 75°) = 60°$.

由正弦定理，得 $\dfrac{b}{\sin B} = \dfrac{a}{\sin A}$，即 $\dfrac{b}{\sin 60°} = \dfrac{10}{\sin 45°}$，则

$$b = \dfrac{10}{\sin 45°} \times \sin 60° = 10 \div \dfrac{\sqrt{2}}{2} \times \dfrac{\sqrt{3}}{2} = 5\sqrt{6}.$$

点评：在三角形中，已知两角和任一边，求其他边，用正弦定理求解.

例2　在 $\triangle ABC$ 中，已知三个内角的正弦比为 $4:5:7$，且三边的和为 128，求 $\triangle ABC$ 的三边的长.

理解与分析：由正弦定理的变式，得到 $a:b:c = \sin A : \sin B : \sin C$，即三边之比等于三个内角的正弦比 $4:5:7$，又三边的和为 128，故可求出 $\triangle ABC$ 的三边的长.

解：由正弦定理 $\dfrac{a}{\sin A} = \dfrac{b}{\sin B} = \dfrac{c}{\sin C} = 2R$，得

$a:b:c = \sin A : \sin B : \sin C = 4:5:7$,

$\therefore a = 128 \times \dfrac{4}{4+5+7} = 32$;

$b = 128 \times \dfrac{5}{4+5+7} = 40$;

$c = 128 \times \dfrac{7}{4+5+7} = 56$.

点评：三角形的三个内角正弦之比等于它们所对应的边长之比.

考点二　余弦定理

例3　若 $\triangle ABC$ 内角 A, B, C 的对边分别为 a, b, c，向量 $\vec{m} = (a+c, b-a), \vec{n} = (a-c, b)$，且 $\vec{m} \perp \vec{n}$，求角 C.

理解与分析：已知向量 $\vec{m}$ 与 $\vec{n}$ 的坐标，且 $\vec{m} \perp \vec{n}$，确定三边 a, b, c 的数量关系式. 由 $\vec{m} \perp$

第十章 三角函数

$\vec{n} \Leftrightarrow \vec{m} \cdot \vec{n} = 0$，得到 $(a+c, b-a) \cdot (a-c, b) = 0$，求得 $a^2+b^2-c^2=ab$，代入余弦定理的变式 $\cos C = \dfrac{a^2+b^2-c^2}{2ab}$，即可求出角 C.

解：由 $\vec{m} \perp \vec{n}$，得 $\vec{m} \cdot \vec{n} = 0$，

将 $\vec{m} = (a+c, b-a), \vec{n} = (a-c, b)$ 代入，得 $(a+c, b-a) \cdot (a-c, b) = 0$，

整理，得 $ab = a^2+b^2-c^2$，

由余弦定理，得 $\cos C = \dfrac{a^2+b^2-c^2}{2ab} = \dfrac{ab}{2ab} = \dfrac{1}{2}$，

$\therefore C = \dfrac{\pi}{3}$.

点评：依据向量 $\vec{m}$ 与 $\vec{n}$ 垂直，确定三边 a, b, c 的数量关系式，代入余弦定理的变式 $\cos C = \dfrac{a^2+b^2-c^2}{2ab}$，求出角 C.

例 4 在 $\triangle ABC$ 中，内角 $\angle A, \angle B, \angle C$ 的对边分别为 a, b, c，并且满足 $\dfrac{\cos C}{\cos A} = -\dfrac{3c}{3a+2\sqrt{3}b}$，求 $\angle C$ 的大小.

理解与分析：在条件 $\dfrac{\cos C}{\cos A} = -\dfrac{3c}{3a+2\sqrt{3}b}$ 中，左端用三角函数表示，右端用边长表示，则需要将右端改写为用三角函数表示. 由正弦定理得到 $a = 2R\sin A, b = 2R\sin B, c = 2R\sin C$，将 $\dfrac{\cos C}{\cos A} = -\dfrac{3c}{3a+2\sqrt{3}b}$ 的右端化为三角函数表示，即 $\dfrac{\cos C}{\cos A} = -\dfrac{3\sin C}{3\sin A+2\sqrt{3}\sin B}$，化简后，得到 $\cos C = -\dfrac{\sqrt{3}}{2}$，从而求出 $\angle C$ 的大小.

解：由正弦定理，得 $a = 2R\sin A, b = 2R\sin B, c = 2R\sin C$，则

$$-\dfrac{3c}{3a+2\sqrt{3}b} = -\dfrac{3 \times 2R\sin C}{3 \times 2R\sin A + 2\sqrt{3} \times 2R\sin B} = -\dfrac{3\sin C}{3\sin A + 2\sqrt{3}\sin B},$$

代入 $\dfrac{\cos C}{\cos A} = -\dfrac{3c}{3a+2\sqrt{3}b}$，得

$$\dfrac{\cos C}{\cos A} = -\dfrac{3\sin C}{3\sin A + 2\sqrt{3}\sin B},$$

$$3\sin A \cos C + 2\sqrt{3}\sin B \cos C = -3\cos A \sin C,$$

$$3\sin A \cos C + 3\cos A \sin C = -2\sqrt{3}\sin B \cos C,$$

$$3\sin(A+C) = -2\sqrt{3}\sin B \cos C,$$

将 $A+C = 180° - B$ 代入，得

$$3\sin(180°-B) = -2\sqrt{3}\sin B \cos C,$$

$$3\sin B = -2\sqrt{3}\sin B \cos C,$$

$$\cos C = -\dfrac{\sqrt{3}}{2},$$

$C = 120°$.

点评:将题设条件的等式右端改写为三角函数式,使等式只含三角函数,是分析求解问题的关键.求解过程中用到了正弦定理和两角和的正弦公式.

【归纳总结】

解斜三角形有两个考点:一是正弦定理;二是余弦定理.

在三角形中,已知两角和任一边,求其他边,用正弦定理求解.

三角形的三个内角正弦之比等于它们所对应的边长之比.

在三角形中,已知两边和它们的夹角,求第三边,用余弦定理.

求三角形的面积的条件是已知两边长及它们的夹角.

分析求解这些问题时,一定注意画图分析,找到应用正弦定理、余弦定理、三角形面积公式的条件.

题设条件的等式中,如果既含边长又含三角函数,那么一般利用正弦定理,用三角函数替换边长,再进行三角恒等变换.

【能力测试】

水平能力测试六

一、选择题

1. 在$\triangle ABC$中,$a=1$,$b=\sqrt{3}$,$A=30°$,则 $B=($ $)$.
   (A) $60°$ (B) $60°$或$120°$ (C) $30°$或$150°$ (D) $120°$

2. 已知$\triangle ABC$是钝角三角形,$A=30°$,$BC=4$,$AC=4\sqrt{3}$,则 $B=($ $)$.
   (A) $135°$ (B) $120°$ (C) $60°$ (D) $30°$

3. 在$\triangle ABC$中,内角 A,B,C 的对边分别为 a,b,c,则 $a\cos B + b\cos A = ($ $)$.
   (A) $\dfrac{\sin A}{c}$ (B) $c \cdot \cos A$ (C) $\dfrac{a+b}{2}$ (D) c

4. $\triangle ABC$的内角 A,B,C 的对边分别为 a,b,c,且 $\sqrt{3}a\cos C + \sqrt{3}c\cos A = -2b\cos C$,则 $C = ($ $)$.
   (A) $\dfrac{\pi}{3}$ (B) $\dfrac{\pi}{6}$ (C) $\dfrac{2\pi}{3}$ (D) $\dfrac{5\pi}{6}$

5. 在$\triangle ABC$中,角 A,B,C 的对边分别为 $a=3$,$b=4$,$c=5$,则 $bc\cos A + ca\cos B + ab\cos C$ 的值为($ $).
   (A) 23 (B) 24 (C) 25 (D) 26

6. $\triangle ABC$的内角 A,B,C 的对边分别为 a,b,c,若 $a^2 = b^2 + bc + c^2$,则 $A = ($ $)$.
   (A) $150°$ (B) $120°$ (C) $60°$ (D) $30°$

7. 设$\triangle ABC$的内角 A,B,C 的对边分别为 a,b,c. 若 $a=2$,$c=2\sqrt{3}$,$\cos A = \dfrac{\sqrt{3}}{2}$,且 $b<c$,则$b=($ $)$.

(A) 3　　　　　(B) $2\sqrt{2}$　　　　　(C) 2　　　　　(D) $\sqrt{3}$

8. 设 $\triangle ABC$ 的内角 A,B,C 的对边分别为 a,b,c. 若 a,b,c 成等比数列,且 $c=2a$,则 $\cos B=(\quad)$.

(A) $\dfrac{1}{4}$　　　(B) $\dfrac{3}{4}$　　　(C) $\dfrac{\sqrt{2}}{4}$　　　(D) $\dfrac{\sqrt{2}}{3}$

9. 钝角三角形 $\triangle ABC$ 的面积是 $\dfrac{1}{2}$,$AB=1$,$BC=\sqrt{2}$,则 $AC=(\quad)$.

(A) 5　　　(B) $\sqrt{5}$　　　(C) 2　　　(D) 1

10. 在 $\triangle ABC$ 中,$AB=\sqrt{3}$,$AC=1$,$B=\dfrac{\pi}{6}$,则 $\triangle ABC$ 的面积是 $(\quad)$.

(A) $\dfrac{\sqrt{3}}{2}$　　(B) $\dfrac{\sqrt{3}}{4}$　　(C) $\dfrac{\sqrt{3}}{2}$ 或 $\sqrt{3}$　　(D) $\dfrac{\sqrt{3}}{2}$ 或 $\dfrac{\sqrt{3}}{4}$

二、填空题

1. 在 $\triangle ABC$ 中,$a=3$,$b=\sqrt{6}$,$\angle A=\dfrac{2\pi}{3}$,则 $\angle B=$ _____.

2. 在 $\triangle ABC$ 中,已知 $b=2\sqrt{2}$,$A=105°$,$B=30°$,则 $c=$ _____.

3. 在 $\triangle ABC$ 中,$AC=1$,$BC=4$,$\cos A=-\dfrac{3}{5}$,则 $\cos B=$ _____.

4. $\triangle ABC$ 的内角 A,B,C 的对边分别为 a,b,c. 若 $a=\dfrac{\sqrt{5}}{2}b$,$A=2B$,则 $\cos B=$ _____.

5. 在 $\triangle ABC$ 中,若 $AB=3$,$\angle ABC=75°$,$\angle ACB=60°$,则 $BC=$ _____.

6. 在 $\triangle ABC$ 中,$AC=2$,$BC=3$,$AB=4$,则 $\cos\angle ACB=$ _____.

7. 在 $\triangle ABC$ 中,$a=4$,$b=5$,$c=6$,则 $\dfrac{\sin 2A}{\sin C}=$ _____.

8. $\triangle ABC$ 的内角 A,B,C 的对边分别为 a,b,c,向量 $\vec{m}=(a,\sqrt{3}b)$ 与 $\vec{n}=(\cos A,\sin B)$ 平行,则 $A=$ _____.

9. $\triangle ABC$ 内角 A,B,C 的对边分别为 a,b,c. 若 $a=2$,$\cos C=-\dfrac{1}{4}$,$3\sin A=2\sin B$,则 $c=$ _____.

10. 已知 a,b,c 分别是 $\triangle ABC$ 内角 A,B,C 的对边,$\sin^2 B=2\sin A\sin C$,若 $a=b$,则 $\cos B=$ _____.

三、解答题

1. 已知 a,b,c 分别是 $\triangle ABC$ 内角 A,B,C 的对边,$\sin^2 B=2\sin A\sin C$.

(1) 若 $a=b$,求 $\cos B$ 的值;

(2) 设 $B=90°$,且 $a=\sqrt{2}$,求 $\triangle ABC$ 的面积.

2. 设 $\triangle ABC$ 的内角 A,B,C 的对边分别为 a,b,c,且 $a=b\tan A$.

(1) 证明:$\sin B=\cos A$;

(2) 若 $\sin C-\sin A\cos B=\dfrac{3}{4}$,且 B 为钝角,求 A,B,C.

3. 设 $\triangle ABC$ 的内角 A,B,C 的对边分别为 a,b,c. 向量 $\vec{m}=(a,\sqrt{3}b)$ 与 $\vec{n}=(\cos A,\sin B)$ 平行.

(1) 求 A;

(2) 若 $a=\sqrt{7},b=2$,求 $\triangle ABC$ 的面积.

4. 在 $\triangle ABC$ 中,已知 $AB=2,AC=3,A=60°$.

(1) 求 BC 的长;

(2) 求 $\sin 2C$ 的值.

5. $\triangle ABC$ 的内角 A,B,C 的对边分别是 $a,b,c,B=30°,b=c+1$.

(1) 若 $c=2$,求 $\sin C$;

(2) 若 $\sin C=\dfrac{1}{4}$,求 $\triangle ABC$ 的面积.

6. 记 $\triangle ABC$ 的内角 A,B,C 的对边分别是 a,b,c,已知 $a=7,b=8,\cos B=\dfrac{1}{7}$.

(1) 求 C;

(2) 求 $\triangle ABC$ 的面积 S.

第十一章 立体几何

第一节 平面和空间直线

【考纲点击】

1. 理解平面的基本性质;
2. 理解空间中两条直线的位置关系;
3. 理解异面直线的定义;
4. 熟练掌握求两条异面直线所成的角以及它们的距离的方法.

【命题走向】

在体育单招考试中,平面和空间直线是每年必考基础知识.考查内容包括空间两条直线的位置关系、两条异面直线所成的角、两条异面直线的距离;题型是选择题或填空题,或与其他知识点组成综合性的解答题.

【知识梳理】

一、平面的基本性质

公理 1 如果一条直线上的两点在一个平面内,那么这条直线上的所有点都在这个平面内,如图 11-1.用数学语言表示为

∵ $A \in l, B \in l, A \in \alpha, B \in \alpha$,

∴ $l \subset \alpha$.

理解:公理 1 判断直线在平面内.

公理 2 如果两个平面有一个公共点,那么它们还有其他公共点,且所有这些公共点的集合是一条过这个公共点的直线,如图 11-2.用数学语言表示为

∵ $P \in \alpha \cap \beta$,

∴ $\alpha \cap \beta = l$ 且 $P \in l$.

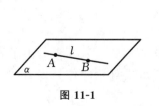

图 11-1

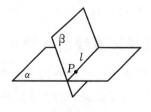

图 11-2

理解：公理 2 判断两个平面相交于一条直线.

公理 3 经过不在同一条直线上的三点,确定一个平面,如图 11-3.

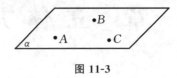

图 11-3

理解：公理 3 判断确定一个平面.

三个推论：

推论 1 经过一条直线和这条直线外的一点,确定一个平面,如图 11-4(1).

推论 2 经过两条相交直线,确定一个平面,如图 11-4(2).

推论 3 经过两条平行直线,确定一个平面,如图 11-4(3).

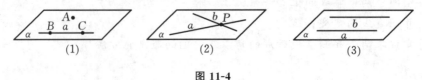

图 11-4

理解：三个推论分别判断确定一个平面.

二、空间两条直线的位置关系

空间两条直线的位置关系：平行直线,相交直线,异面直线.

（一）异面直线

不在同一个平面内的两条直线叫作异面直线,如图 11-5.

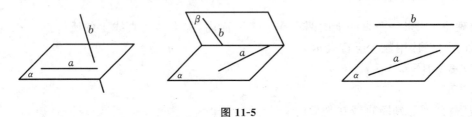

图 11-5

理解：两条异面直线既不平行,也不相交.

（二）平行公理

平行于同一条直线的两条直线相互平行.

理解：平行直线具有传递性.

三、两条异面直线所成的角

已知两条异面直线 a,b,经过空间任意一点 O 作直线 $a'//a,b'//b$,由于 a' 和 b' 所成角的大小与点 O 的选择无关,我们把 a' 和 b' 所成的锐角或直角叫作异面直线 a,b 所成的角（夹角）,如图 11-6.

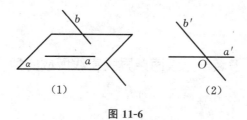

图 11-6

理解：求两条异面直线所成角的方法是作一条异面直线的平行线，使之与另一条异面直线相交，这两条相交直线所成的角就是两条异面直线所成的角.

四、两条异面直线间的距离

（一）公垂线

和两条异面直线都垂直相交的直线，叫作两条异面直线的公垂线. 如图 11-7，直线 $A'B'$ 是异面直线 AA' 和 $B'C'$ 的公垂线.

（二）公垂线段

两条异面直线的公垂线在这两条异面直线间的线段，叫作两条异面直线的公垂线段. 如图 11-7，线段 $A'B'$ 是异面直线 AA' 和 $B'C'$ 的公垂线段.

（三）两条异面直线的距离

两条异面直线的公垂线段的长度，叫作两条异面直线的距离. 如图 11-7，线段 $A'B'$ 的长度是异面直线 AA' 和 $B'C'$ 的距离.

理解：求两条异面直线距离的方法是先确定两条异面直线的公垂线，得到公垂线段，再求公垂线段的长度.

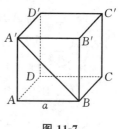

图 11-7

五、常见的几何体

（1）正方体：用六个完全相同的正方形围成的立体图形.

理解：正方体的侧面和底面均为正方形，12 条棱长都相等.

（2）长方体：底面是长方形的直棱柱.

理解：长方体是由六个面组成的，相对的面面积相等，有 8 个顶点、12 条棱，每个顶点连接 3 条棱，3 条棱分别称为长方体的长、宽、高.

（3）正三棱柱：底面是全等的正三角形，侧棱相等且垂直于两底面的棱柱.

理解：上下底面的中心连线与底面垂直.

（4）直三棱柱：底面是全等的三角形，侧棱相等且垂直于两底面的棱柱.

理解：上下两个三角形是全等三角形.

（5）正三棱锥：底面是正三角形，侧面是全等的等腰三角形的三棱锥.

理解：顶点在底面的射影是正三角形的重心（三条中线的交点）.

（6）正四棱锥：底面是正方形，侧面是全等的等腰三角形的四棱锥.

理解：顶点在底面的射影是正方形的中心（对角线的交点）.

【典例解析】

考点一　求两条异面直线所成的角

例 1　如图 11-8,在正三棱柱 $ABC\text{-}A'B'C'$ 中,$AB=1$,$AA'=2$,求异面直线 AB 与 $A'C$ 所成角的余弦值.

理解与分析:确定异面直线 AB 和 $A'C$ 所成的角,因为 $AB/\!/A'B'$,且直线 $A'B'$ 与 $A'C$ 相交于点 A',所以直线 $A'B'$ 和 $A'C$ 所成的角 $\angle CA'B'$ 就是异面直线 AB 和 $A'C$ 所成的角,连接 CB',构造 $\triangle CA'B'$,如图 11-9,应用余弦定理求 $\angle CA'B'$ 的余弦值,即得到异面直线 AB 与 $A'C$ 所成角的余弦值.

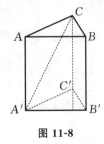

图 11-8

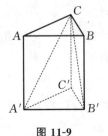

图 11-9

解:在正三棱柱 $ABC\text{-}A'B'C'$ 中,

$\because AB/\!/A'B'$,

$\therefore \angle CA'B'$ 就是异面直线 AB 和 $A'C$ 所成的角.

$\because CC'\perp$ 平面 $A'B'C'$,$C'A'=C'B'=A'B'=1$,

$\therefore CA'=\sqrt{CC'^2+A'C'^2}=\sqrt{2^2+1^2}=\sqrt{5}$.

连接 CB',则 $CB'=CA'=\sqrt{5}$.

在 $\triangle CA'B'$ 中,由余弦定理,得

$\cos\angle CA'B'=\dfrac{CA'^2+A'B'^2-CB'^2}{2CA'\times A'B'}=\dfrac{(\sqrt{5})^2+1^2-(\sqrt{5})^2}{2\sqrt{5}\times 1}=\dfrac{\sqrt{5}}{10}$,

$\therefore$ 异面直线 AB 与 $A'C$ 夹角的余弦值是 $\dfrac{\sqrt{5}}{10}$.

点评:求两条异面直线所成角的方法是作一条异面直线的平行线,使之与另一条异面直线相交,这两条相交直线所成的角就是两条异面直线所成的角.

例 2　如图 11-10,在正方体 $ABCD\text{-}A_1B_1C_1D_1$ 中.

(1) 求证:$AC\perp B_1D_1$;

理解与分析:要证明异面直线 AC 与 B_1D_1 垂直,就是作一条异面直线的平行线,使之与另一条异面直线相交,如果这两条相交直线垂直,那么异面直线 $AC\perp B_1D_1$,也就是连接 A_1C_1,如图 11-11,证明 $A_1C_1\perp B_1D_1$,再证明 $AC\perp B_1D_1$.

证明:在正方体 $ABCD\text{-}A_1B_1C_1D_1$ 中连接 A_1C_1,则 $A_1C_1/\!/AC$,$A_1C_1\perp B_1D_1$,

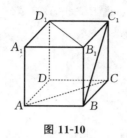

图 11-10

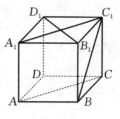

图 11-11

∴$AC \perp B_1D_1$.

点评:证明两条异面直线垂直的方法是作一条异面直线的平行线,使之与另一条异面直线相交,如果这两条相交直线垂直,那么两条异面直线就垂直.

(2) 求 BC_1 和 B_1D_1 所成的角.

理解与分析:确定异面直线 BC_1 和 B_1D_1 所成的角,必须先将一条异面直线平移到与另一条异面直线相交,然后构成三角形.连接 BD, C_1D,构成 $\triangle C_1BD$,如图 11-12,所以 $\angle DBC_1$ 就是异面直线 BC_1 和 B_1D_1 所成的角.

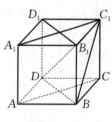

图 11-12

解:在正方体 $ABCD-A_1B_1C_1D_1$ 中连接 BD,则 $BD \parallel B_1D_1$,

∴$\angle DBC_1$ 就是异面直线 BC_1 和 B_1D_1 所成的角.

连接 C_1D,则 $\triangle BDC_1$ 是等边三角形.

∴$\angle DBC_1 = 60°$,

∴异面直线 BC_1 和 B_1D_1 所成的角是 $60°$.

点评:先确定两条异面直线所成的角,再构造三角形,求角的大小.

考点二 求两条异面直线间的距离

例 3 已知正方体 $ABCD-A'B'C'D'$ 的棱长为 a,如图 11-13.

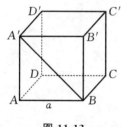

图 11-13

(1) 求异面直线 BA' 和 CC' 所成角的大小;

理解与分析:确定异面直线 BA' 和 CC' 所成的角.因为 $BB' \parallel CC'$,且直线 BA' 与 BB' 相交于点 B,所以直线 BA' 与 BB' 所成的角 $\angle A'BB'$ 就是异面直线 BA' 和 CC' 所成的角.

解:在正方体 $ABCD-A'B'C'D'$ 中,

∵$BB' \parallel CC'$,

∴$\angle A'BB'$ 就是异面直线 BA' 和 CC' 所成的角.

∵$\triangle A'B'B$ 是等腰直角三角形,

∴$\angle A'BB' = 45°$,

∴异面直线 BA' 和 CC' 所成的角是 $45°$.

点评:如果一条直线与一条异面直线平行,那么这条直线与另一条异面直线所成的角就是两条异面直线所成的角.

(2) 求异面直线 BC 和 AA' 的距离.

理解与分析:要求异面直线 BC 和 AA' 的距离,必须确定异面直线 BC 和 AA' 的公垂线段.因为 $AB \perp AA'$,$AB \perp BC$,所以线段 AB 就是异面直线 BC 和 AA' 的公垂线段.线段 AB 的长度即为所求.

解:在正方体 $ABCD\text{-}A'B'C'D'$ 中,

∵ $AB \perp AA'$,$AB \perp BC$,

∴ 线段 AB 就是异面直线 BC 和 AA' 的公垂线段.

∵ $AB=a$,

∴ 异面直线 BC 和 AA' 的距离是 a.

点评:求两条异面直线距离的方法是先确定两条异面直线的公垂线段,再求公垂线段的长度.

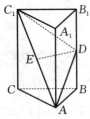

图 11-14

例 4 如图 11-14,在直三棱柱 $ABC\text{-}A_1B_1C_1$ 中,已知 $AB=BC=B_1B=a$,$\angle ABC=90°$,D,E 分别为 BB_1,AC_1 的中点,连接 DA,DC_1,DE.

(1) 求异面直线 BB_1 与 AC_1 所成角的正切值;

理解与分析:确定异面直线 BB_1 与 AC_1 所成的角.因为 $AA_1 \parallel BB_1$,且直线 AA_1 与 AC_1 相交于点 A,所以直线 AA_1 与 AC_1 所成的角 $\angle C_1AA_1$ 就是异面直线 BB_1 与 AC_1 所成的角.然后在直角三角形 AA_1C_1 中,求出异面直线 BB_1 与 AC_1 所成角的正切值.

解:在直三棱柱 $ABC\text{-}A_1B_1C_1$ 中,

∵ $AA_1 \parallel BB_1$,

∴ $\angle C_1AA_1$ 就是异面直线 BB_1 与 AC_1 所成的角.

在直角三角形 ABC 中,

∵ $AB=BC=a$,$\angle ABC=90°$,

∴ $AC=\sqrt{AB^2+BC^2}=\sqrt{a^2+a^2}=\sqrt{2}a$,

∴ $A_1C_1=AC=\sqrt{2}a$.

在直角三角形 AA_1C_1 中,

∵ $AA_1=a$,$A_1C_1=\sqrt{2}a$,

∴ $\tan\angle C_1AA_1=\dfrac{A_1C_1}{A_1A}=\dfrac{\sqrt{2}a}{a}=\sqrt{2}$,

∴ 异面直线 BB_1 与 AC_1 所成角的正切值是 $\sqrt{2}$.

点评:先确定两条异面直线所成的角,然后再构造三角形,求角的正切值.

(2) 求异面直线 BB_1 与 AC_1 的距离.

理解与分析:确定异面直线 BB_1 与 AC_1 的公垂线段.易证 $DA=DC_1$,且点 E 为 AC_1 的中点,得 $DE \perp AC_1$.作 $BM \perp AC$,$B_1M_1 \perp A_1C_1$,垂足分别为 M,M_1.连接 M,M_1,如图 11-15,则点 M,M_1 分别为 AC,A_1C_1 的中点.易证,四边形 BB_1M_1M 为矩形,于是 $DE \perp BB_1$,所以线段 DE 是异面直线 BB_1 与 AC_1 的公垂线段.DE 的长度即为所求.

解:在直三棱柱 $ABC\text{-}A_1B_1C_1$ 中,$AB=BC=A_1B_1=B_1C_1$.

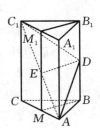

图 11-15

∵ D 为 BB_1 的中点,即 $BD=DB_1$,

∴ $DA=DC_1$.

∵ E 为 AC_1 的中点,

∴ $DE \perp AC_1$.

作 $BM \perp AC$,$B_1M_1 \perp A_1C_1$,垂足分别为 M 和 M_1,则点 M,M_1 分别为 AC,A_1C_1 的中点.连接 M 与 M_1,则 E 为 MM_1 的中点,且四边形 BB_1M_1M 为矩形,

∴ $DE \perp BB_1$,$DE = MB$,

∴ 线段 DE 是异面直线 BB_1 与 AC_1 的公垂线段.

在等腰直角三角形 ABC 中,

$\angle ABC = 90°$,M 为 AC 的中点,

∴ $BM = \frac{1}{2}AC = \frac{1}{2}\sqrt{AB^2+BC^2} = \frac{1}{2}\sqrt{a^2+a^2} = \frac{\sqrt{2}}{2}a$,

∴ $DE = MB = \frac{\sqrt{2}}{2}a$,

∴ 异面直线 BB_1 与 AC_1 的距离是 $\frac{\sqrt{2}}{2}a$.

点评:根据题设中点和直三棱柱的底面是等腰直角三角形的条件,判断 DE 可能为异面直线 BB_1 与 AC_1 的公垂线段.先证明 $DE \perp AC_1$,再证明 $DE \perp BB_1$,得到异面直线 BB_1 与 AC_1 的公垂线段.最后求出 DE 的长度,即为所求.

【归纳总结】

平面和空间直线有两个考点:一是求两条异面直线所成的角;二是求两条异面直线的距离.

求两条异面直线所成角的方法是作(找)一条异面直线的平行线,使之与另一条异面直线相交,这两条相交直线所成的角就是两条异面直线所成的角.

求两条异面直线距离的方法是先确定两条异面直线的公垂线,得到公垂线段,再求公垂线段的长度.

分析求解这些问题时,一定注意几何体的结构,在平面几何中寻求问题的几何意义,如构造三角形求两条异面直线所成的角,利用题设中含中点的条件构造三角形、矩形等.

【能力测试】

水平能力测试一

一、选择题

1. 设 AA_1 是长方体的一条棱,这个长方体中与 AA_1 平行的棱共有( ).

 (A) 1 条 　　(B) 2 条 　　(C) 3 条 　　(D) 4 条

2. 设直线 a,b 分别是长方体的相邻两个面的对角线所在的直线,则 a 与 b( ).

 (A) 平行 　　　　　　　　　(B) 相交

 (C) 是异面直线 　　　　　　(D) 可能相交,也可能是异面直线

3. 如果 $OA // O'A'$, $OB // O'B'$, 那么 $\angle AOB$ 和 $\angle A'O'B'$ (　　).
   (A) 相等
   (B) 互补
   (C) 可能相等,也可能互补
   (D) 大小无关

4. 已知 a,b 是两条直线, $a \cap b = \varnothing$, 那么 a 与 b (　　).
   (A) 共面
   (B) 平行
   (C) 是异面直线
   (D) 可能平行,也可能是异面直线

5. 设 a,b,c 是空间中的三条直线,下面给出四个命题:
   (1) 若 $a \perp b$, $b \perp c$, 则 $a // c$;
   (2) 若 a,b 是异面直线, b,c 是异面直线,则 a,c 也是异面直线;
   (3) 若 a 和 b 相交, b 和 c 相交,则 a 和 c 也相交;
   (4) 若 a 和 b 共面, b 和 c 共面,则 a 和 c 也共面.
   其中真命题的个数是(　　)个.
   (A) 0　　　(B) 1　　　(C) 2　　　(D) 3

6. 下列说法正确的是(　　).
   (A) 互相垂直的两条直线的直观图一定是互相垂直两条直线
   (B) 梯形的直观图可能是平行四边形
   (C) 矩形的直观图可能是梯形
   (D) 正方形的直观图可能是平行四边形

7. 下列几种说法正确的个数是(　　)个.
   ①相等的角在直观图中对应的角仍然相等;
   ②相等的线段在直观图中对应的线段仍然相等;
   ③平行的线段在直观图中对应的线段仍然平行;
   ④线段的中点在直观图中仍然是线段的中点.
   (A) 1　　　(B) 2　　　(C) 3　　　(D) 4

8. 说出下列三视图表示的几何体是(　　).

   正视图　　　侧视图　　　俯视图

   (A) 正六棱柱　　(B) 正六棱锥　　(C) 正六棱台　　(D) 正六边形

9. 下列关于平面的说法,错误的是(　　).
   (A) 平面是处处平直的面
   (B) 平面是有边界的面
   (C) 平面是无限延展的
   (D) 平面一般用希腊字母 $\alpha, \beta, \gamma \cdots$ 来命名,如平面 $\alpha \cdots$

10. 下面的平面图形能构成正方体的是(　　).

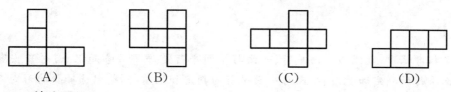

(A) (B) (C) (D)

二、填空题

1. 已知正方体 $ABCD\text{-}A_1B_1C_1D_1$ 中,E 为 C_1D_1 的中点,则异面直线 AE 与 BC 所成角的余弦值为_____.

2. 已知正方体 $ABCD\text{-}A_1B_1C_1D_1$ 的棱长是 3,点 M,N 分别是棱 AB,AA_1 的中点,则异面直线 MN 与 BC_1 所成的角是_____.

3. 在直三棱柱 $ABC\text{-}A_1B_1C_1$ 中,$\angle BCA=90°$,M,N 分别是棱 A_1B_1,A_1C_1 的中点,$BC=CA=CC_1$,则 BM 与 AN 所成角的余弦值是_____.

4. 在长方体 $ABCD\text{-}A_1B_1C_1D_1$ 的棱所在直线中,与直线 AB 异面的条数为____.

5. "直线 AB 与平面 α 相交于点 P"用数学语言表示为_____.

6. 在正方体 $ABCD\text{-}A_1B_1C_1D_1$ 中,E,F 分别是 AB,C_1D_1 的中点,在正方体的 12 条棱中,与 EF 成 $45°$ 角的棱有_____条.

7. 如图 11-16,已知长方体的长和宽都是 $2\sqrt{3}$ cm,高是 2 cm,则 BC 和 $A'C'$ 所成的角是_____.

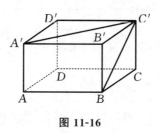

图 11-16

8. 已知棱长为 a 的正方体 $ABCD\text{-}A_1B_1C_1D_1$ 中,E 是 BC 的中点,F 为 A_1B_1 的中点,则异面直线 AC_1 与 DE 所成角的余弦值是_____.

9. 在正方体 $ABCD\text{-}A_1B_1C_1D_1$ 中,E,F 分别为 AB,AD 的中点,则 A_1C_1 与 EF 所成的角是_____.

10. 在正方体 $ABCD\text{-}A_1B_1C_1D_1$ 中,E,F 分别是 A_1B_1,B_1C_1 的中点,则异面直线 AD_1 与 EF 所成的角是_____.

第二节 直线与平面平行、平面与平面平行

【考纲点击】

1. 熟练掌握直线与平面平行的判定和性质定理;
2. 熟练掌握两个平面平行的判定和性质定理.

【命题走向】

在体育单招考试中,直线与平面平行、平面与平面平行是每年必考知识点.考查内容包括直线与平面平行的判定和性质、平面与平面平行的判定和性质.一般以选择题的形式考查线面、面面的位置关系,以解答题的形式考查证明直线与平面平行、平面与平面平行.

【知识梳理】

一、直线与平面平行

(一)定义

如果一条直线和一个平面没有公共点,那么这条直线和这个平面平行.

理解: 一条直线和一个平面的位置关系:直线在平面内,直线和平面相交,直线和平面平行.

(二)判定定理

如果平面外一条直线和这个平面内的一条直线平行,那么这条直线和这个平面平行,如图 11-17.

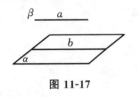

图 11-17

用数学语言表示为

$\because a \not\subset \alpha, b \subset \alpha, a // b,$

$\therefore a // \alpha.$

理解: 通过证明平面外的直线与平面内的直线平行判断直线与平面平行.

(三)性质定理

如果一条直线和一个平面平行,经过这条直线的平面和这个平面相交,那么这条直线和交线平行,如图 11-18.

用数学语言表示为

$\because a // \alpha, a \subset \beta, \alpha \cap \beta = b,$

$\therefore a // b.$

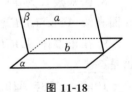

图 11-18

二、平面与平面平行

(一)定义

如果两个平面没有公共点,那么这两个平面平行.

理解: (1) 两个平面的位置关系:平面和平面相交,平面和平面平行.

(2) 平行平面具有传递性.

(二)判定定理

如果一个平面内有两条相交直线都平行于另一个平面,那么这两个平面平行,如图 11-19.

用数学语言表示为

$\because a \subset \beta, b \subset \beta, a \cap b \neq \varnothing, a // \alpha, b // \alpha,$

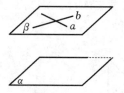

图 11-19

∴ α∥β.

理解：通过证明两条相交直线与同一个平面平行判断这两个平面平行.

（三）性质定理

如果两个平行平面同时和第三个平面相交，那么它们的交线平行，如图 11-20.

用数学语言表示为

∵ $\alpha \parallel \beta, \alpha \cap \gamma = a, \beta \cap \gamma = b$,

∴ $a \parallel b$.

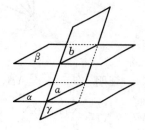

图 11-20

【典例解析】

考点一　证明直线与平面平行

例 1　如图 11-21，已知 ABC-$A_1B_1C_1$ 为正三棱柱，D 是 BC 的中点，求证：$A_1B \parallel$ 平面 ADC_1.

理解与分析：要证 $A_1B \parallel$ 平面 ADC_1，根据直线与平面平行的判定定理，必须先证明 A_1B 与平面 ADC_1 内的一条直线平行，如图 11-22，连接 A_1C 交 AC_1 于点 O，得到的 O 是 A_1C 的中点，连接 OD，则 OD 是 △CA_1B 的中位线，所以 $OD \parallel A_1B$. 所以，$A_1B \parallel$ 平面 ADC_1.

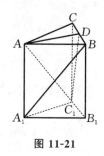

图 11-21

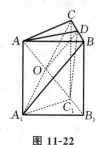

图 11-22

证明：在正三棱柱 ABC-$A_1B_1C_1$ 中连接 A_1C 交 AC_1 于点 O，则 O 是 A_1C 的中点，连接 OD.

∵ D 是 BC 的中点，

∴ OD 是 △CA_1B 的中位线，

∴ $OD \parallel A_1B$.

∵ $OD \subset$ 平面 ADC_1，$A_1B \not\subset$ 平面 ADC_1，

∴ $A_1B \parallel$ 平面 ADC_1.

点评：证明一条直线与平面平行的一种方法是构造三角形的中位线，证明这条直线与平面内的一条直线平行.

例 2　如图 11-23，两个全等的正方形 $ABCD$ 和 $ABEF$ 所在的平面交于 AB，且 $AM=FN$. 求证：$MN \parallel$ 平面 BCE.

理解与分析：要证 $MN \parallel$ 平面 BCE，根据直线与平面平行的判定定理，必须先证明 MN 与平面 BCE 内的一条直线平行，如图 11-24，在平面 $ABCD$ 内作 $MG \parallel AB$，交 BC 于点 G，

在平面 $ABEF$ 内作 $NH/\!/AB$，交 BE 于点 H，则 $MG/\!/NH$，连接 GH，易证 $MG=NH$，从而四边形 $MGHN$ 为平行四边形，于是 $MN/\!/GH$，所以 $MN/\!/$ 平面 BCE．

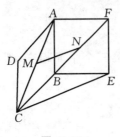

图 11-23

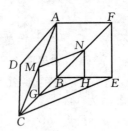

图 11-24

证明：作 $MG/\!/AB$，交 BC 于点 G，则 $\dfrac{MG}{AB}=\dfrac{CM}{AC}$，作 $NH/\!/AB$，交 BE 于点 H，则 $MG/\!/NH$，$\dfrac{NH}{FE}=\dfrac{BN}{BF}$．

∵ 正方形 $ABCD$ 和 $ABEF$ 全等，

∴ $AB=FE,CA=BF$．

∵ $AM=FN$，

∴ $CM=BN$，

∴ $MG=NH$，

∴ 四边形 $MGHN$ 为平行四边形，

∴ $MN/\!/GH$．

∵ $GH \subset$ 平面 BCE，$MN \not\subset$ 平面 BCE，

∴ $MN/\!/$ 平面 BCE．

点评：证明一条直线与平面平行的另一种方法是构造平行四边形，证明这条直线与平面内的一条直线平行．

例 3 如图 11-25，在正三棱柱 ABC-$A_1B_1C_1$ 中，点 E,F 分别是棱 CC_1,BB_1 上的点，点 M 是线段 AC 上的中点，$EC=2FB$．

求证：$MB/\!/$ 平面 AEF．

理解与分析：要证明 $MB/\!/$ 平面 AEF，根据直线与平面平行的判定定理，必须先证明 MB 与平面 AEF 内的一条直线平行．如图 11-26，作 $MN/\!/CE$，交 AE 于点 N，则 N 是 AE 的中点，MN 是 $\triangle ACE$ 的中位线，$MN/\!/CE$ 且 $MN=\dfrac{1}{2}CE$．连接 NF，由 $BF/\!/CE$，$BF=\dfrac{1}{2}CE$，得到 $MN/\!/BF$ 且 $MN=BF$，于是四边形 $MBFN$ 为平行四边形，$MB/\!/NF$，所以 $MB/\!/$ 平面 AEF．

证明：在正三棱柱 ABC-$A_1B_1C_1$ 中作 $MN/\!/CE$，交 AE 于点 N，则 N 是 AE 的中点，MN 是 $\triangle ACE$ 的中位线，$MN/\!/CE$ 且 $MN=\dfrac{1}{2}CE$．连接 NF．

∵ $BF/\!/CE,BF=\dfrac{1}{2}CE$，

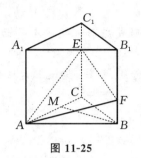

图 11-25

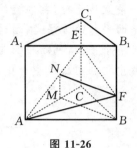

图 11-26

∴$MN \parallel BF$ 且 $MN = BF$,

∴四边形 $MBFN$ 为平行四边形,

∴$MB \parallel NF$.

∵$NF \subset$ 平面 AEF,$MB \not\subset$ 平面 AEF,

∴$MB \parallel$ 平面 AEF.

点评:本例在证明直线与平面内一条直线平行时,既要构造三角形的中位线,又要构造平行四边形.

考点二　证明平面与平面平行

例 4　如图 11-27,在正方体 $ABCD\text{-}A_1B_1C_1D_1$ 中.

求证:平面 $A_1BD \parallel$ 平面 CD_1B_1.

理解与分析:要证明两个平面平行,根据平面与平面平行的判定定理,必须在一个平面内确定两条相交直线都平行于另一个平面.连接 BD,B_1D_1,则四边形 BDD_1B_1 是矩形,得到 $BD \parallel B_1D_1$,所以 $BD \parallel$ 平面 CD_1B_1.连接 A_1D,B_1C,同理得到 $A_1D \parallel$ 平面 CD_1B_1,所以平面 $A_1BD \parallel$ 平面 CD_1B_1.

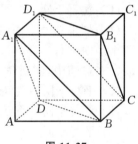

图 11-27

证明:在正方体 $ABCD\text{-}A_1B_1C_1D_1$ 中连接 BD,B_1D_1,则四边形 BDD_1B_1 是矩形,得 $BD \parallel B_1D_1$.

∵$B_1D_1 \subset$ 平面 CD_1B_1,$BD \not\subset$ 平面 CD_1B_1,

∴$BD \parallel$ 平面 CD_1B_1.

连接 A_1D,B_1C,

同理可证 $A_1D \parallel$ 平面 CD_1B_1.

又 $A_1D \cap BD = D$,

∴平面 $A_1BD \parallel$ 平面 CD_1B_1.

点评:证明两个平面平行的方法是通过构造平行四边形或矩形证明一个平面内的两条相交直线都平行于另一个平面.

【归纳总结】

直线与平面平行、平面与平面平行有两个考点:一是证明直线与平面平行;二是证明平面与平面平行.

证明直线与平面平行的方法是:通过构造三角形的中位线或者平行四边形证明这条直

线与平面内的一条直线平行,判断直线与平面平行.

证明两个平面平行的方法是:通过构造平行四边形或矩形证明一个平面内的两条相交直线都平行于另一个平面,判断平面与平面平行.

在分析过程中要利用题设中含中点的条件,作平行线、垂线,构造三角形的中位线、平行四边形、矩形.

【能力测试】

水平能力测试二

一、选择题

1. 在空间中,下列命题正确的是(　　).
(A) 如果两条直线和同一个平面平行,那么这两条直线平行
(B) 如果两条直线在同一平面内的射影平行,那么这两条直线平行
(C) 和两条异面直线都平行的平面有无数个
(D) 和任意两条异面直线都垂直的平面只有一个

2. 在空间中,下列命题正确的是(　　).
(A) 如果一个平面内有两条直线分别平行于另一个平面内的两条直线,那么这两个平面平行
(B) 平行于同一条直线的两个平面平行
(C) 垂直于同一个平面的两个平面平行
(D) 如果一个平面内有两条相交直线分别平行于另一个平面内的两条相交直线,那么这两个平面平行

3. 在空间中,下列命题正确的是(　　).
(1) 平行于同一直线的两条直线互相平行;
(2) 垂直于同一直线的两条直线互相平行;
(3) 平行于同一平面的两条直线互相平行;
(4) 垂直于同一平面的两条直线互相平行.
(A) (1)(2)(3)　　(B) (1)(4)　　(C) (1)　　(D) (1)(2)(3)(4)

4. 下列命题正确的个数为(　　)个.
(1) 直线 $a // $ 平面 $\alpha, b \subset \alpha$,则 $a // b$;
(2) 直线 $a //$ 直线 b,直线 $a //$ 平面 α,则直线 $b //$ 平面 α;
(3) 直线 $m //$ 平面 α,直线 $n \perp$ 平面 β,且平面 $\alpha \perp$ 平面 β,则 $m // n$.
(A) 0　　　　(B) 1　　　　(C) 2　　　　(D) 3

5. 下列命题正确的个数为(　　)个.
(1) 如果 a, b 是两条直线,且 $a // b$,那么 a 平行于经过 b 的任何平面;
(2) 如果直线 $a //$ 平面 α,那么 a 与平面 α 内的任何直线平行;
(3) 如果直线 a, b 和平面 α 满足 $a // \alpha, b // \alpha$,那么 $a // b$;
(4) 如果直线 a, b 和平面 α 满足 $a // b, a // \alpha, b \not\subset \alpha$,那么 $b // \alpha$.
(A) 0　　　　(B) 1　　　　(C) 2　　　　(D) 3

6. 在空间中,两两相交的三条直线最多可以确定的平面的个数有(　　).
(A) 1个　　　　(B) 2个　　　　(C) 3个　　　　(D) 4个

7. 若 P 为异面直线 a,b 外一点,则过 P 且与 a,b 都平行的平面(　　).
(A) 必有一个　　　　　　　　(B) 有且只有一个
(C) 有无穷多个　　　　　　　(D) 有可能不存在

8. 已知平面 $\alpha \cap \beta = m$,直线 $n /\!/ \alpha, n /\!/ \beta$,则直线 m,n 的位置关系是(　　).
(A) 平行　　　(B) 相交　　　(C) 异面　　　(D) 以上均有可能

9. 平行于同一个平面的两条直线的位置关系是(　　).
(A) 平行　　　(B) 相交　　　(C) 异面　　　(D) 以上均有可能

10. 若 a 与 b 是两条异面直线,那么在经过 b 的所有平面中(　　).
(A) 有且只有一个平面与 a 平行　　(B) 有无数个平面与 a 平行
(C) 没有平面与 a 平行　　　　　　(D) 有且只有二个平面与 a 平行

二、解答题

1. 如图 11-28,正方体 $ABCD\text{-}A_1B_1C_1D_1$ 中,E 为 DD_1 的中点.
求证:$BD_1 /\!/$ 平面 ACE.

2. 如图 11-29,在正三棱柱 $ABC\text{-}A_1B_1C_1$ 中,D 是 CC_1 的中点,AB_1 与 A_1B 相交于点 O,连接 OD.
求证:$OD /\!/$ 平面 ABC.

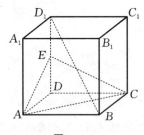

图 11-28

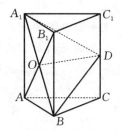

图 11-29

3. 如图 11-30,在棱长为 2 的正方体 $ABCD\text{-}A_1B_1C_1D_1$ 中,E,F 分别为 A_1D_1,CC_1 的中点.
(1) 求证:$EF /\!/$ 平面 ACD_1;
(2) 求异面直线 EF 与 AB 所成角的余弦值.

4. 如图 11-31,已知在正方体 $ABCD\text{-}A'B'C'D'$ 中,AB',BC' 上各有一点 E,F,且 $B'E=C'F$.
(1) 求证:$EF /\!/$ 平面 $ABCD$;
(2) 求证:平面 $ACD' /\!/$ 平面 $A'BC'$.

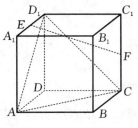

图 11-30

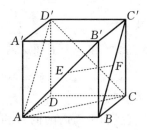

图 11-31

5. 如图 11-32,四棱锥 $P\text{-}ABCD$ 的底面是边长为 2 的正方形,侧面 $PAD \perp$ 底面 $ABCD$,E,F 分别为 PC,BD 的中点.

证明:$EF /\!/$ 平面 PAD.

6. 如图 11-33,在正方体 $ABCD\text{-}A_1B_1C_1D_1$ 中,E 是 AA_1 的中点.

证明:$AC_1 /\!/$ 平面 B_1D_1E.

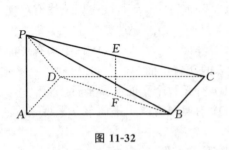

图 11-32

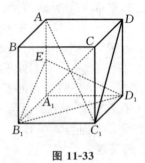

图 11-33

第三节　直线与平面垂直

【考纲点击】

1. 掌握直线与平面垂直的判定定理和性质定理;
2. 理解斜线在平面上的射影的概念;
3. 理解斜线与平面所成的角的概念.

【命题走向】

在体育单招考试中,直线与平面垂直、直线与平面所成的角是每年必考知识点.考查内容包括直线与平面垂直的判断和性质、两条异面直线垂直、直线与平面所成的角.一般以选择题的形式考查线面的位置关系,以解答题的形式考查证明直线与平面垂直及其他相关问题.

【知识梳理】

一、直线与平面垂直

(一)定义

如果一条直线 l 和一个平面 α 内的任意一条直线都垂直,那么直线 l 和平面 α 垂直,记作 $l \perp \alpha$.

(二)判定定理

如果一条直线和平面内的两条相交直线都垂直,那么这条直线垂直于这个平面,如图 11-34.

用数学语言表示为

∵$l⊥a, l⊥b, a∩b≠\emptyset, a⊂α, b⊂α$,

∴$l⊥α$.

理解：通过证明平面外的直线与平面内的两条相交直线垂直判断直线与平面垂直.

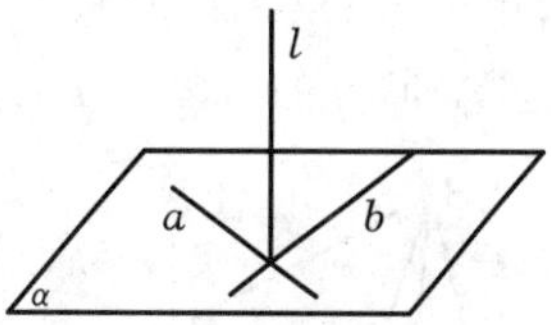

图 11-34

（三）性质定理

如果两条直线垂直于同一个平面，那么这两条直线平行，如图 11-35.

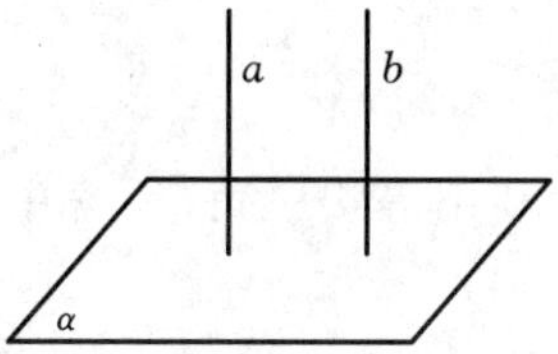

用数学语言表示为

∵$a⊥α, b⊥α$,

∴$a//b$.

二、直线与平面所成的角

图 11-35

（一）点在平面内的射影

过一点向平面引垂线，垂足叫作这点在这个平面内的射影.这点与垂足间的线段叫作这点到这个平面的垂线段.

（二）斜线在平面内的射影

从斜线上平面外一点向平面分别引一条斜线和一条垂线，过垂足与斜足的直线叫作斜线在这个平面内的射影，垂足与斜足间的线段叫作这点到平面的斜线段在这个平面内的射影.

如图 11-36，线段 AC 是斜线段，线段 AB 是垂线段，点 C, B 分别是斜足和垂足，则线段 BC 是斜线段 AC 在平面 $α$ 内的射影.

（三）直线与平面所成的角

平面的一条斜线和它在这个平面内的射影所成的角，叫作这条直线与平面所成的角.如图 11-36，$∠ACB$ 是斜线 AC 与平面 $α$ 所成的角；$∠ABC$ 是垂线 AB 与平面 $α$ 所成的角，即 $∠ABC$ 为直角.

理解：斜线与射影所成的角就是直线与平面所成的角.

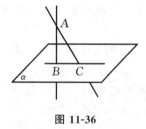

图 11-36

[典例解析]

考点一　证明直线与平面垂直

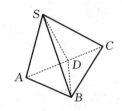

图 11-37

例 1　如图 11-37，△ABC 为直角三角形，$∠ABC=90°$，S 是平面 ABC 外一点，且 $SA=SB=SC$，D 为 AC 的中点.

（1）求证：$SD⊥$ 平面 ABC；

理解与分析：要证 $SD⊥$ 平面 ABC，根据直线与平面垂直的判定定理，必须证明 SD 与平面 ABC 内的两条相交直线都垂直.由 $SA=SC$，D 为 AC 的中点，得到 $SD⊥AC$.再证明 $AB⊥SD$，这时必须构造新的平面 SDE，转化为证明 $AB⊥$ 平面 SDE.如图 11-38，作 $SE⊥AB$，垂足为

E,由于 $SA=SB$,因此 E 为 AB 的中点.连接 DE,则 $DE \parallel BC$,由于 $\triangle ABC$ 是直角三角形,且 $\angle ABC=90°$,因此 $DE \perp AB$.所以 $AB \perp$ 平面 SDE,得 $AB \perp SD$,从而 $SD \perp$ 平面 ABC.

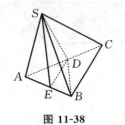

图 11-38

证明:作 $SE \perp AB$,垂足为 E,由于 $SA=SB$,因此 E 为 AB 的中点.连接 DE,则 DE 是 $\triangle ABC$ 的中位线,$DE \parallel BC$.

∵ $\triangle ABC$ 是直角三角形,且 $\angle ABC=90°$,

∴ $DE \perp AB$,

∴ $AB \perp$ 平面 SDE,

∴ $AB \perp SD$.

∵ $SA=SC$,D 为 AC 的中点,

∴ $SD \perp AC$,

∴ $SD \perp$ 平面 ABC.

点评:证明线面垂直的基本思想是转化为证明线线垂直.注意利用等腰三角形、含中点的条件构造平面.

(2) 若 $BA=BC$,求证:$BD \perp$ 平面 SAC.

理解与分析:由(1)知,$SD \perp$ 平面 ABC,得到 $SD \perp BD$.由 $BA=BC$,D 为 AC 的中点,得到 $BD \perp AC$.根据直线与平面垂直的判定定理,$BD \perp$ 平面 SAC.

证明:∵ $BA=BC$,D 为 AC 的中点,

∴ $BD \perp AC$.

∵ $SD \perp$ 平面 ABC,

∴ $SD \perp BD$,

∴ $BD \perp$ 平面 SAC.

点评:利用等腰直角三角形的条件作斜边上的高是解答问题的关键.

例 2 如图 11-39,直三棱柱 ABC-$A_1B_1C_1$ 的所有棱长都相等,D 为 CC_1 的中点,AB_1 与 A_1B 相交于点 O,连接 OD.

求证:$AB_1 \perp$ 平面 A_1BD.

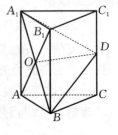

图 11-39

理解与分析:要证 $AB_1 \perp$ 平面 A_1BD,必须证明 AB_1 与平面 A_1BD 内的两条相交直线都垂直.由直三棱柱 ABC-$A_1B_1C_1$ 的所有棱长都相等,得到 ABB_1A_1 是正方形,则 $AB_1 \perp A_1B$.由 D 为 CC_1 的中点,可知 $DC=DC_1$,于是 $DA_1=DA=DB=DB_1$,得到 D-ABB_1A_1 是正四棱锥,则 $DO \perp$ 平面 ABB_1A_1,从而 $OD \perp AB_1$.根据直线与平面垂直的判定定理,$AB_1 \perp$ 平面 A_1BD.

证明:由直三棱柱 ABC-$A_1B_1C_1$ 的所有棱长都相等,得四边形 ABB_1A_1 为正方形,

∴ $AB_1 \perp A_1B$.

∵ D 为 CC_1 的中点,即 $DC=DC_1$,

∴ 根据勾股定理,得

$DA_1=DA=DB=DB_1$,

∴ D-ABB_1A_1 是正四棱锥,$DO \perp$ 平面 ABB_1A_1,

∴ $OD \perp AB_1$,

∴ $AB_1 \perp$ 平面 A_1BD.

点评:利用几何体的结构,构造正四棱锥证明 $OD \perp AB_1$ 是解答问题的关键.

考点二 证明两条异面直线垂直

例3 如图 11-40,沿矩形 $ABCD$ 的对角线 BD 把 $\triangle ABD$ 折起,使点 A 移到 A_1 点,且 A_1 在平面 BCD 上的射影 O 恰好在 CD 上.求证:$BC \perp A_1D$.

理解与分析:要证明异面直线 $BC \perp A_1D$,必须先证明 $BC \perp$ 平面 A_1CD,由矩形 $ABCD$ 得到 $BC \perp DC$,即 $BC \perp DO$,由 A_1 在平面 BCD 上的射影 O 恰好在 CD 上,得到 $A_1O \perp$ 平面 $ABCD$,即 $A_1O \perp BC$,所以 $BC \perp$ 平面 A_1CD,$BC \perp A_1D$.

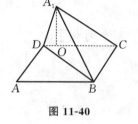

图 11-40

证明:在矩形 $ABCD$ 中,$BC \perp DC$,即 $BC \perp DO$.

∵ 点 A_1 在平面 BCD 上的射影 O 恰好在 CD 上,

∴ $A_1O \perp$ 平面 $ABCD$,

∴ $A_1O \perp BC$,

∴ $BC \perp$ 平面 A_1CD,

∴ $BC \perp A_1D$.

点评:要证明异面直线 $BC \perp A_1D$,必须先证明 $BC \perp$ 平面 A_1CD.

例4 如图 11-41,在正四棱柱 $ABCD\text{-}A_1B_1C_1D_1$ 中,AC,BD 为底面 $ABCD$ 的对角线,E 为 D_1D 的中点.

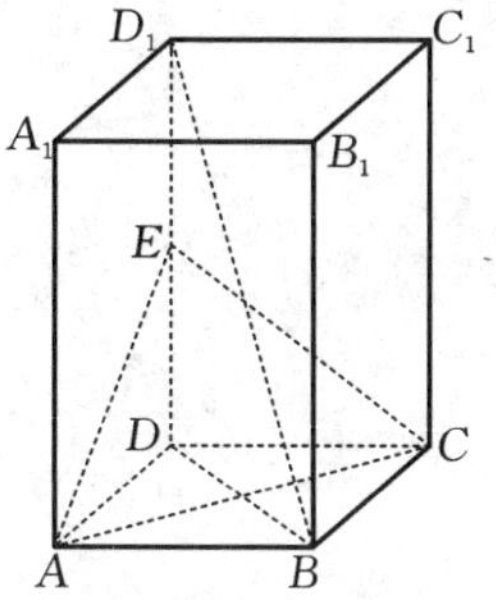

(1) 求证:$D_1B \perp AC$;

理解与分析:要证明异面直线 $D_1B \perp AC$,必须先证明 $AC \perp$ 平面 D_1BD.在正四棱柱 $ABCD\text{-}A_1B_1C_1D_1$ 中,$AC \perp BD$,由 $D_1D \perp$ 平面 $ABCD$,得到 $AC \perp D_1D$,于是 $AC \perp$ 平面 D_1BD,得到 $D_1B \perp AC$.

证明:在正四棱柱 $ABCD\text{-}A_1B_1C_1D_1$ 中,$AC \perp BD$,$D_1D \perp$ 平面 $ABCD$,

∴ $AC \perp D_1D$,

∴ $AC \perp$ 平面 D_1BD,

∴ $D_1B \perp AC$.

图 11-41

点评:证明异面直线垂直的方法是转化为证明线面垂直.

(2) 如果该正四棱柱的底面边长为 $3\sqrt{2}$,侧棱长为 6,求三棱锥 $E\text{-}ACD$ 的体积.

理解与分析:$V_{E\text{-}ACD} = \dfrac{1}{3} S_{\triangle ACD} \times ED$.求出 $\triangle ACD$ 的面积及 ED 的长度,即可求解问题.

解:在正四棱柱 $ABCD\text{-}A_1B_1C_1D_1$ 中,底面边长为 $3\sqrt{2}$,则

$S_{\triangle ACD} = \dfrac{1}{2} S_{\triangle ABCD} = \dfrac{1}{2} \times (3\sqrt{2})^2 = 9$,又 E 为 D_1D 的中点,侧棱长为 6,

∴ $ED = 6 \times \dfrac{1}{2} = 3$,

∴ $V_{E\text{-}ACD} = \dfrac{1}{3} S_{\triangle ACD} \times ED = \dfrac{1}{3} \times 9 \times 3 = 9$.

点评:棱锥的体积 $V_{锥} = \dfrac{1}{3} \times$ 底面积 $\times$ 高,利用几何体的结构特点分别求出底面积和高.

【归纳总结】

直线与平面垂直有两个考点:一是证明直线与平面垂直;二是证明两条异面直线垂直.

证明直线与平面垂直的方法是通过平面外的直线与平面内的两条相交直线垂直证明线面垂直.

证明两条异面直线垂直的方法是通过线面垂直证明线线垂直.

【能力测试】

水平能力测试三

一、选择题

1. 关于空间中的平面 α 和直线 m,n,l,有下列四个命题:

$p_1: m\perp l, n\perp l \Rightarrow m // n$;　　　　$p_2: m // \alpha, n // \alpha \Rightarrow m // n$;

$p_3: m // l, l\perp \alpha \Rightarrow m\perp \alpha$;　　　　$p_4: l\perp \alpha, m$ 与 l 相交 $\Rightarrow m\perp \alpha$.

其中的真命题是(　　).

(A) p_1, p_3　　　(B) p_2, p_4　　　(C) p_3　　　(C) p_4

2. 已知直线 $l\perp$ 平面 α,直线 $m\subset$ 平面 β,有下列四个命题:

(1) $\alpha // \beta \Rightarrow l\perp m$;　　　　(2) $\alpha\perp \beta \Rightarrow l // m$;

(3) $l // m \Rightarrow \alpha\perp \beta$;　　　　(4) $l\perp m \Rightarrow \alpha // \beta$.

其中的真命题是(　　).

(A) (1)(2)　　　(B) (3)(4)　　　(C) (2)(4)　　　(D) (1)(3)

3. 下列命题中正确的是(　　).

(A) 垂直于同一条直线的两条直线平行

(B) 若一条直线垂直于两条平行线中的一条,则它垂直于另一条

(C) 若一条直线与两条平行线中的一条相交,则它与另一条相交

(D) 一条直线至多与两条异面直线中一条相交

4. 设直线 m 与平面 α 相交但不垂直,则下列说法中正确的是(　　).

(A) 在平面 α 内有且只有一条直线与直线 m 垂直

(B) 过直线 m 有且只有一个平面与平面 α 垂直

(C) 与直线 m 垂直的直线不可能与平面 α 平行

(D) 与直线 m 平行的平面不可能与平面 α 垂直

5. 已知 m,l 是异面直线,给出下列命题:

(1) 一定存在平面 α 过 m 且与 l 平行;　　(2) 一定存在平面 α 与 m,l 都垂直;

(3) 一定存在平面 α 过 m 且与 l 垂直;　　(4) 一定存在平面 α 与 m,l 的距离都相等.

其中的真命题是(　　).

(A) (1)(3)　　　(B) (1)(4)　　　(C) (2)(4)　　　(D) (2)(3)

6. 设 m,n 是两条不同的直线,α,β 是两个不同的平面,则下列说法中正确的是(　　).

(A) 若 $m \perp n, n // \alpha$,则 $m \perp \alpha$

(B) 若 $m // \beta, \beta \perp \alpha$,则 $m \perp \alpha$

(C) 若 $m \perp \beta, n \perp \beta (m // n), n \perp \alpha$,则 $m \perp \alpha$

(D) 若 $m \perp n, n \perp \beta, \beta \perp \alpha$,则 $m \perp \alpha$

7. 若平面 α, β, γ 满足 $\alpha \perp \gamma, \alpha \cap \gamma = a, \beta \perp \gamma, \beta \cap \gamma = b$,有下列四个判断:

① $\alpha // \beta$;   ② 当 $\alpha // \beta$ 时, $a // b$;

③ $\alpha \perp \beta$;   ④ 当 $\alpha \cap \beta = c$ 时, $c \perp \gamma$.

其中,正确的结论是( ).

(A) ①②　　(B) ①③　　(C) ②④　　(D) ③④

8. 已知 m, n 为两条直线, α, β 为两个平面, $m \subset \alpha$,有下面四个命题:

① 若 $n // \alpha$,则 $m // n$;   ② 若 $n \perp \alpha$,则 $m \perp n$;

③ 若 $m // \beta$,则 $\alpha // \beta$;   ④ 若 $m \perp \beta$,则 $\alpha \perp \beta$.

其中正确的命题是( ).

(A) ①②　　(B) ①③　　(C) ②④　　(D) ③④

二、解答题

1. 如图 11-42, $ABCD-A_1B_1C_1D_1$ 是棱长为 1 的正方体, E 是 AA_1 的中点.

(1) 证明: $AC_1 \perp$ 平面 B_1D_1C;

(2) 求四面体 B_1D_1CE 的体积.

2. 如图 11-43,四面体 $P-ABC$ 中, $PA \perp BC, D$ 在棱 BC 上, $AD \perp BC, AD = 2, PA = 1$, $\angle PAD = 60°$.

(1) 证明: $PA \perp$ 平面 PBC;

(2) 若 $BC = 2$,求四面体 $P-ABC$ 的体积.

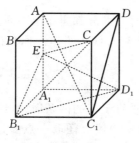

图 11-42

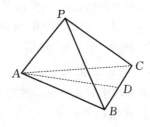

图 11-43

3. 如图 11-44,正三棱柱 $ABC-A_1B_1C_1$ 中, D 是 BC 的中点.

(1) 求证: $A_1B //$ 平面 ADC_1;

(2) 若 $AA_1 = \sqrt{2}AB$,求 AC_1 与平面 BB_1C_1C 所成角的大小.

4. 如图 11-45,已知正方体 $ABCD-A_1B_1C_1D_1$ 的棱长为 1, M 是 B_1D_1 的中点.

(1) 证明 $BM \perp AC$;

(2) 求异面直线 MB 与 CD_1 的夹角;

(3) 求点 B 到平面 AB_1M 的距离.

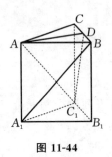
图 11-44

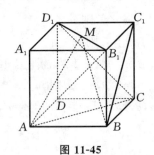
图 11-45

第四节　二面角、平面与平面垂直

【考纲点击】

1. 理解二面角的概念；
2. 掌握求二面角的平面角的方法；
3. 掌握平面与平面垂直的判定定理和性质定理．

【命题走向】

在体育单招考试中，二面角、平面与平面垂直是每年必考知识点．考查内容包括两个平面的二面角、平面与平面垂直的判断和性质．一般以选择题的形式考查面面的位置关系，以解答题的形式考查求二面角、证明面面垂直．

【知识梳理】

一、二面角

（一）定义

平面内的一条直线把这个平面分成两部分，其中的每一部分都叫作半平面，从一条直线出发的两个半平面所组成的图形叫作二面角，如图 11-46．直线 l 叫作二面角的棱，半平面 α,β 的二面角记作 $\alpha\text{-}l\text{-}\beta$，二面角的大小范围为 $0°\sim180°$．

（二）二面角的平面角

在二面角的棱上任取一点，在两个半平面内分别作垂直于棱的两条射线，这两条射线所成的角叫作二面角的平面角，如图 11-47．在二面角 $\alpha\text{-}l\text{-}\beta$ 的棱上任取一点 O，以点 O 为垂足，在半平面 α,β 内分别作垂直于棱 l 的射线 OA 和 OB，则 $\angle AOB$ 是二面角 $\alpha\text{-}l\text{-}\beta$ 的平面角；同理，$\angle A'O'B'$ 也是二面角 $\alpha\text{-}l\text{-}\beta$ 的平面角．

理解：二面角的大小等于二面角的平面角的大小，二面角的平面角的大小与在二面角的棱上选的点的位置无关．

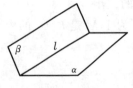
图 11-46

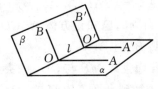
图 11-47

(三) 求二面角的平面角的方法

在棱上任取一点,过这点在两个半平面内分别引棱的垂线,这两条射线所成的角就是二面角的平面角.

二、平面与平面垂直

(一) 定义

如果两个平面所成的二面角是直角,那么这两个平面互相垂直.

(二) 判定定理

如果一个平面经过另一个平面的一条垂线,那么这两个平面互相垂直,如图 11-48.
用数学语言表示为
∵ $AB \perp \beta, AB \subset \alpha$,
∴ $\alpha \perp \beta$.

理解:通过证明线面垂直证明面面垂直.

(三) 性质定理

性质定理:如果两个平面垂直,那么在一个平面内垂直于它们交线的直线垂直于另一个平面,如图 11-49.
用数学语言表示为
∵ $\alpha \perp \beta, AB \perp CD, AB \subset \alpha, \alpha \cap \beta = CD$,
∴ $AB \perp \beta$.

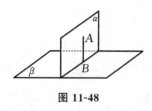

图 11-48

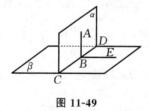

图 11-49

【典例解析】

考点一 求二面角

例 1 如图 11-50,在直三棱柱 $ABC\text{-}A_1B_1C_1$ 中,$AC=\sqrt{3}$,$BC=AA_1=1$,$AC \perp BC$,$CD \perp AB$.

(1) 求二面角 $A\text{-}CC_1\text{-}D$ 的大小;

理解与分析:要求二面角 $A\text{-}CC_1\text{-}D$ 的大小,先确定二面角 $A\text{-}CC_1\text{-}D$ 的平面角. 公共棱为 CC_1,在直三棱柱 $ABC\text{-}A_1B_1C_1$ 中,$AC \perp CC_1$,$CD \perp CC_1$. 由求二面角的平面角的定义法,得到 $\angle ACD$ 是二面角 $A\text{-}CC_1\text{-}D$ 的平面角,从而求解.

解:在直三棱柱 $ABC\text{-}A_1B_1C_1$ 中,$AC \perp CC_1$,$CD \perp CC_1$,则 $\angle ACD$ 是二面角 $A\text{-}CC_1\text{-}D$ 的平面角.

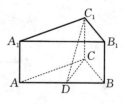

图 11-50

在 $\triangle ABC$ 中,$AC \perp BC$,$AC=\sqrt{3}$,$BC=1$,

∴ $AB=\sqrt{(\sqrt{3})^2+1^2}=2$.

∵ $CD \perp AB$,

∴ $S_{\triangle ABC}=\frac{1}{2}AB \cdot CD=\frac{1}{2}AC \cdot BC$,

∴ $\frac{1}{2} \times 2 \times CD=\frac{1}{2} \times \sqrt{3} \times 1$,求得 $CD=\frac{\sqrt{3}}{2}$,

∴ $\cos \angle ACD=\frac{CD}{AC}=\frac{\sqrt{3}}{2} \div \sqrt{3}=\frac{1}{2}$,得到 $\angle ACD=60°$,

∴ 二面角 $A\text{-}CC_1\text{-}D$ 的大小是 $60°$.

点评:求二面角的大小的方法是先确定二面角的平面角,通过求二面角的平面角得到二面角的大小.

(2) 连接 A_1B,如图 11-51,求异面直线 A_1B 与 CD 的距离.

理解与分析:先确定异面直线 A_1B 与 CD 的公垂线段.由于 $CD \perp AB$,且 $CD \perp A_1A$,因此 $CD \perp$ 平面 ABA_1.作 $DE \perp A_1B$,垂足为 E,如图 11-52,那么 $DE \perp CD$,得到线段 DE 是异面直线 A_1B 与 CD 的公垂线段,求出 DE 的长度即得到异面直线 A_1B 与 CD 的距离.

解:∵ $CD \perp AB$,$CD \perp A_1A$.

∴ $CD \perp$ 平面 ABA_1.

作 $DE \perp A_1B$,垂足为 E,则 $CD \perp DE$.

∴ 线段 DE 是异面直线 A_1B 与 CD 的公垂线段.

在直角 $\triangle ABA_1$ 中,$AB=2$,$AA_1=1$,则

$A_1B=\sqrt{5}$,$\sin \angle A_1BA=\frac{A_1A}{A_1B}=\frac{1}{\sqrt{5}}$.

在直角 $\triangle BCD$ 中,$\angle BDC=90°$,$BC=1$,$CD=\frac{\sqrt{3}}{2}$,求得 $BD=\frac{1}{2}$.

在直角 $\triangle BDE$ 中,$\angle BED=90°$,则 $\sin \angle EBD=\frac{DE}{BD}$,即 $\sin \angle A_1BA=\frac{DE}{BD}$.

∴ $DE=BD \cdot \sin \angle A_1BA=\frac{1}{2} \times \frac{1}{\sqrt{5}}=\frac{\sqrt{5}}{10}$,

∴ 异面直线 A_1B 与 CD 的距离是 $\frac{\sqrt{5}}{10}$.

点评:求两条异面直线距离的方法是先确定两条异面直线的公垂线,得到公垂线段.

图 11-51　　　　　　　图 11-52

例 2 如图 11-53,在四棱锥 $P\text{-}ABCD$ 中,底面 $ABCD$ 是矩形,$AB=3$,$AD=4$,$PA \perp$ 平

面 $ABCD$,$PA=\dfrac{4\sqrt{3}}{5}$,求二面角 A-BD-P 的大小.

理解与分析:要求二面角 A-BD-P 的大小,先确定二面角 A-BD-P 的平面角.作 $PE\perp BD$,垂足是 E,连接 AE,如图 11-54,由 $PA\perp$ 平面 $ABCD$ 得 $PA\perp BD$,则 $BD\perp$ 平面 PAE,$BD\perp AE$,得到 $\angle PEA$ 是二面角 A-BD-P 的平面角,从而求解.

解:作 $PE\perp BD$,垂足是 E,连接 AE.
$\because PA\perp$ 平面 $ABCD$,
$\therefore PA\perp BD$,
$\therefore BD\perp$ 平面 PAE,
$\therefore BD\perp AE$,
$\therefore \angle PEA$ 是二面角 A-BD-P 的平面角.
在矩形 $ABCD$ 中,$AB=3$,$AD=4$,求得 $BD=5$.
$\because S_{\triangle ABD}=\dfrac{1}{2}BD\cdot AE=\dfrac{1}{2}AB\cdot AD$,
$\therefore$ 求得 $\dfrac{1}{2}\times 5\times AE=\dfrac{1}{2}\times 3\times 4$,求得 $AE=\dfrac{12}{5}$,
$\therefore \tan\angle PEA=\dfrac{PA}{AE}=\dfrac{4\sqrt{3}}{5}\div\dfrac{12}{5}=\dfrac{\sqrt{3}}{3}$,求得 $\angle PEA=30°$.
$\therefore$ 二面角 A-BD-P 的大小是 $30°$.

点评:在确定二面角的平面角时,依据题设条件和几何体的结构,作垂线,构造直角三角形.

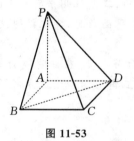

图 11-53　　　　　　　　图 11-54

考点二　证明平面与平面垂直

例 3　如图 11-55,长方体 $ABCD$-$A'B'C'D'$ 中,$AA'=AD$,M,O 分别是 AB,$A'C$ 的中点.求证:平面 $A'MC\perp$ 平面 $A'CD$.

理解与分析:要证明平面 $A'MC\perp$ 平面 $A'CD$,只要证明 $MO\perp$ 平面 $A'CD$ 即可.由 $AA'=AD=BC$,M 是 AB 的中点得到 $MA'=MC$,又 O 是 $A'C$ 的中点,得到 $MO\perp A'C$.再证 $MO\perp DC$,即 $MO\perp AB$,反过来先证明 AB 与经过 MO 的平面垂直,于是需要构造平面,如图 11-56,连接 BD,BD',则 BD 和 $A'C$ 相交于 O,作 $OE\parallel D'D$ 交 BD 于 E,则 E 是 BD 的中点,连接 ME,容易证明 $AB\perp$ 平面 OME,得到 $MO\perp AB$,$MO\perp DC$,于是 $MO\perp$ 平面 $A'CD$,根据两个平面垂直的判定定理,平面 $A'MC\perp$ 平面 $A'CD$.

证明:长方体 $ABCD$-$A'B'C'D'$ 中,
$\because AA'=AD=BC$,M 是 AB 的中点,
$\therefore$ 由勾股定理求得 $MA'=MC$.
连接 BD,BD',则 BD' 和 $A'C$ 相交于 O.

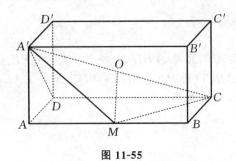 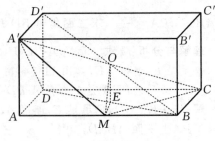

图 11-55　　　　　　　　　　　　图 11-56

作 $OE/\!/D'D$ 交 BD 于 E,则 E 是 BD 的中点,$OE\perp$ 平面 $ABCD$,
$\therefore OE\perp AB$.
连接 ME,则 $ME/\!/AD$,$ME\perp AB$,
$\therefore AB\perp$ 平面 OME,
$\therefore MO\perp AB$,$MO\perp DC$,
$\therefore MO\perp$ 平面 $A'CD$,
$\therefore$ 平面 $A'MC\perp$ 平面 $A'CD$.
点评:构造直角三角形 OME,证明 $AB\perp$ 平面 OME,$MO\perp AB$,$MO\perp CD$ 是证明问题的关键.

【归纳总结】

　　二面角、平面与平面垂直有两个考点:一是求二面角;二是证明平面与平面垂直.
　　求二面角的基本思想是先确定二面角的平面角.求平面角时,要依据题设条件和几何体的结构,作垂线构造直角三角形.
　　证明两个平面垂直,可以通过证明线面垂直证明面面垂直.在证明线面垂直时,依据含中点的条件和几何体的结构,作平行线、垂线构造直角三角形、矩形、正方形等.

【能力测试】

水平能力测试四

一、选择题

1.下面关于三个不同平面 α,β,γ 的四个命题:
$p_1:\alpha\perp\gamma,\beta\perp\gamma\Rightarrow\alpha/\!/\beta$;　　　　　$p_2:\alpha/\!/\gamma,\beta/\!/\gamma\Rightarrow\alpha/\!/\beta$;
$p_3:\alpha\perp\gamma,\beta/\!/\gamma\Rightarrow\alpha\perp\beta$;　　　　　$p_4:\alpha\perp\gamma,\beta/\!/\gamma\Rightarrow\alpha\perp\beta$.
其中的真命题是(　　).
　(A) p_1,p_2　　　(B) p_3,p_4　　　(C) p_1,p_3　　　(D) p_2,p_4

2.若四面体的棱长都相等且它的体积为 $9a^3$,则此四面体的棱长为(　　).
　(A) $\sqrt[3]{2}a$　　　(B) $\sqrt{2}a$　　　(C) $3\sqrt{2}a$　　　(D) $2\sqrt[3]{9}a$

3.下面关于两条直线 m,n 和两个平面 $\alpha,\beta(m,n$ 均不在 α,β 上)的四个命题:
$p_1:m/\!/\alpha,n/\!/\alpha\Rightarrow m/\!/n$;　　　　　$p_2:m/\!/\alpha,\alpha/\!/\beta\Rightarrow m/\!/\beta$;
$p_3:m/\!/\alpha,n/\!/\beta,\alpha/\!/\beta\Rightarrow m/\!/n$;　　　$p_4:m/\!/n,n\perp\beta,m\perp\alpha\Rightarrow\alpha/\!/\beta$.
其中的假命题是(　　).

(A) p_1,p_3　　　　(B) p_1,p_4　　　　(C) p_2,p_3　　　　(D) p_2,p_4

4. 已知 m,n 是两条不同的直线，α,β 是两个不同的平面，则下列命题正确的是（　　）.

(A) 若 α,β 垂直于同一平面，则 α 与 β 平行

(B) 若 m,n 平行于同一平面，则 m 与 n 平行

(C) 若 α,β 不平行，则在 α 内不存在与 β 平行的直线

(D) 若 m,n 不平行，则 m 与 n 不可能垂直于同一平面

5. 设 α,β 是两个不同的平面，l,m 是两条不同的直线，且 $l\subset\alpha,m\subset\beta$，则下列命题正确的是（　　）.

(A) 若 $l\perp\beta$，则 $\alpha\perp\beta$　　　　(B) 若 $\alpha\perp\beta$，则 $l\perp m$

(C) 若 $l/\!/\beta$，则 $\alpha/\!/\beta$　　　　(D) 若 $\alpha/\!/\beta$，则 $l/\!/m$

6. 已知 α,β 是两个不同的平面，m,n 是两条不同的直线，则下列命题不正确的是（　　）.

(A) 若 $m/\!/n,m\perp\alpha$，则 $n\perp\alpha$　　　　(B) 若 $m\perp\alpha,m\subset\beta$，则 $\alpha\perp\beta$

(C) 若 $m\perp\alpha,m\perp\beta$，则 $\alpha/\!/\beta$　　　　(D) 若 $m/\!/\alpha,\alpha\cap\beta=n$，则 $m/\!/n$

7. 设直线 l,m，平面 α,β，有 4 个命题：

① 若 $l\perp\alpha,m\perp\alpha$，则 $l/\!/m$；　　　　② 若 $l/\!/\beta,m/\!/\beta$，则 $l/\!/m$；

③ 若 $l\perp\alpha,l\perp\beta$，则 $\alpha/\!/\beta$；　　　　④ 若 $m/\!/\alpha,m/\!/\beta$，则 $\alpha/\!/\beta$.

其中，真命题是（　　）.

(A) ①③　　　　(B) ②③　　　　(C) ①④　　　　(D) ②④

8. 关于空间中的平面 α 和直线 m,n,l，有下列四个命题：

$p_1: m\perp l,n\perp l\Rightarrow m/\!/n$；　　　　$p_2: m/\!/\alpha,n/\!/\alpha\Rightarrow m/\!/n$；

$p_3: m/\!/l,l\perp\alpha\Rightarrow m\perp\alpha$；　　　　$p_4: l\perp\alpha,m$ 与 l 相交 $\Rightarrow m\perp\alpha$.

其中，真命题是（　　）.

(A) p_1,p_3　　　　(B) p_2,p_4　　　　(C) p_3　　　　(D) p_4

二、解答题

1. 如图 11-57，四棱锥 P-$ABCD$ 的底面是边长为 2 的正方形，侧面 $PAD\perp$ 底面 $ABCD$，且 $PA=PD=\sqrt{2}$，E,F 分别为 BD,PC 的中点.

(1) 证明：$EF/\!/$ 平面 PAD；

(2) 求二面角 P-DB-A 的正切值.

2. 如图 11-58，在四棱锥 P-$ABCD$ 中，底面 $ABCD$ 为正方形，$PD\perp$ 平面 $ABCD$ 且 $PD=AB=2$，E 是 PB 的中点，F 是 AD 的中点.

(1) 求证：$EF\perp$ 平面 PBC；

(2) 求二面角 F-PC-B 的余弦值.

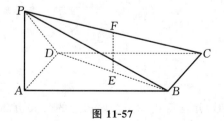

图 11-57

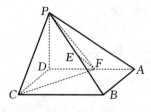

图 11-58

3. 如图 11-59，已知四边形 $ABCD$ 是正方形，$PD\perp$ 平面 $ABCD$，$PD/\!/EA$，F,G,H 分别是 PB,BE,PC 的中点．

(1) 求证：$GH/\!/$ 平面 $PDAE$；

(2) 求证：平面 $FGH\perp$ 平面 PCD．

4. 如图 11-60，正方体 $ABCD$-$A'B'C'D'$ 中，P 是线段 AB 上的点，$AP=1$，$PB=3$．

(1) 求异面直线 PB' 与 BD 的夹角的余弦值；

(2) 求二面角 B-PC-B' 的大小；

(3) 求点 B 到平面 PCB' 的距离．

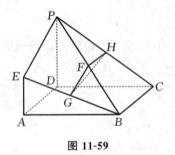

图 11-59

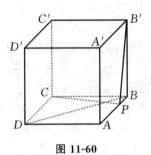

图 11-60

第五节　棱柱、棱锥和球

【考纲点击】

1. 掌握直棱柱的性质和体积公式；
2. 掌握正棱锥的性质和体积公式；
3. 掌握球的性质、表面积公式和体积公式；
4. 能够正确判断空间几何体的三视图．

【命题走向】

在体育单招考试中，棱柱、棱锥、球是每年必考知识点．考查内容包括棱柱和棱锥的体积、球的表面积和体积、空间几何体的三视图．分析求解这些问题时，要利用题设中空间几何体的结构特点画图，结合空间几何体的线线、线面以及面面的关系分析．题型是：一般以选择题、填空题的形式进行考查；解答题主要求棱柱、棱锥的体积，点到平面的距离．

【知识梳理】

一、棱柱

（一）定义

有两个面互相平行，其余各面都是平行四边形，并且每相邻两个四边形的公共边都互相平行，这些面围成的几何体叫作棱柱．例如三棱柱、四棱柱等．

理解：在体育单招考试中，棱柱主要指直三棱柱、正三棱柱、长方体、正方体．

（二）直棱柱的性质

(1) 侧棱都相等且垂直于底面；

(2) 侧面是矩形；

(3) 两个底面与平行于底面的截面都是全等的多边形．

（三）体积公式

$V_{柱体}=Sh$，其中 S 是柱体的底面积，h 是柱体的高．

二、棱锥

（一）定义

有一个面是多边形，其余各面是有一个公共顶点的三角形，这些面围成的几何体叫作棱锥．例如三棱锥、四棱锥等．

理解：在体育单招考试中，棱锥主要指正三棱锥、正四棱锥、圆锥．

（二）正棱锥的性质

(1) 各侧棱相等；

(2) 各侧面都是全等的等腰三角形；

(3) 棱锥的高、斜高和斜高在底面内的射影组成一个直角三角形．

（三）体积公式

$V_{锥体}=\dfrac{1}{3}Sh$，其中 S 是锥体的底面积，h 是锥体的高．

三、球体

（一）定义

半圆以它的直径为旋转轴，旋转所成的曲面叫作球面．球面所围成的几何体叫作球体，简称球．半圆的圆心叫作球心，连接球心和球面上任意一点的线段叫作球的半径．连接球面上两点并且经过球心的线段叫作球的直径．如图 11-61，O 点是球心，线段 OC 是球的半径，线段 AB 是球的直径．

（二）性质

球心和截面圆心的连线垂直于截面，如图 11-62，球心到截面的距离 d 与球的半径 R 及截面的半径 r 有下面的关系：$r^2+d^2=R^2$．

（三）表面积公式

$$S_{球}=4\pi R^2.$$

（四）体积公式

$$V_{球}=\dfrac{4}{3}\pi R^3.$$

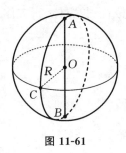 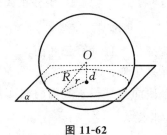

图 11-61　　　　　　　　　　图 11-62

【典例解析】

考点一　球的表面积和体积

例 1　已知三个球的表面积之比为 1∶2∶4，求它们的体积之比.

理解与分析：根据球的表面积公式，由已知条件三个球的表面积之比为 1∶2∶4，先求出它们的半径之比，然后再根据球的体积公式，求出这三个球的体积之比.

解：设三个球的半径分别为 R_1, R_2, R_3，则

$$S_1 : S_2 : S_3 = 4\pi R_1^2 : 4\pi R_2^2 : 4\pi R_3^2 = 1:2:4,$$

$$R_1 : R_2 : R_3 = 1 : \sqrt{2} : 2.$$

不妨取 $R_1 = 1, R_2 = \sqrt{2}, R_3 = 2$，则

$$\begin{aligned}V_1 : V_2 : V_3 &= \frac{4}{3}\pi R_1^3 : \frac{4}{3}\pi R_2^3 : \frac{4}{3}\pi R_3^3 \\ &= R_1^3 : R_2^3 : R_3^3 \\ &= 1^3 : (\sqrt{2})^3 : 2^3 \\ &= 1 : 2\sqrt{2} : 8.\end{aligned}$$

点评：将题设球的表面积之比转化为半径之比，再转化为体积之比.

例 2　已知球面上的三点 A, B, C，且 $AB = 6, BC = 8, AC = 10$，球的半径 $R = 15$. 求球心到平面 ABC 的距离.

理解与分析：由于 6,8,10 是一组勾股数，因此 △ABC 是直角三角形，∠$B = 90°$. 作球心到平面 ABC 的垂线段，垂足正好在斜边 AC 的中点上. 利用勾股定理，即可求出球心到平面 ABC 的距离.

解：在 $AB = 6, BC = 8, AC = 10$ 中因为 6,8,10 是一组勾股数，$AB^2 + BC^2 = AC^2$，则 △ABC 是直角三角形，∠$B = 90°$.

作球心到平面 ABC 的垂线段，则垂足正好在斜边 AC 的中点上.

所以球心到平面 ABC 的距离为 $\sqrt{15^2 - 5^2} = 10\sqrt{2}$.

点评：截面三角形是直角三角形时，球心到截面的垂线段的垂足在斜边的中点上.

考点二　求锥体的体积

例 3　已知正三棱锥的高为 1，底面边长为 $2\sqrt{6}$. 求正三棱锥的体积.

理解与分析：要求正三棱锥的体积，必须确定底面积和高. 题设给出了正三棱锥的高为

1,因此先求底面积.正三棱锥的底面是正三角形,底面边长为 $2\sqrt{6}$,则 $S_{底}=\frac{1}{2}\times 2\sqrt{6}\times 2\sqrt{6}\sin 60°=6\sqrt{3}$.再求出正三棱锥的体积.

解:∵正三棱锥的底面是正三角形,且底面边长为 $2\sqrt{6}$,

∴ $S_{底}=\frac{1}{2}\times 2\sqrt{6}\times 2\sqrt{6}\sin 60°=6\sqrt{3}$,

∴正三棱锥的体积为 $V=\frac{1}{3}\times 6\sqrt{3}\times 1=2\sqrt{3}$.

点评:求正三棱锥的体积,必须确定底面积和高,正三棱锥的底面是正三角形,正三角形面积为 $S=\frac{1}{2}\times 边长^2\times\sin 60°$.

例 4 如图 11-63,在底面是直角梯形的四棱锥 S-$ABCD$ 中,$\angle ABC=90°$,$SA\perp$ 平面 $ABCD$,$SA=AB=BC=1$,$AD=\frac{1}{2}$.

(1)求四棱锥 S-$ABCD$ 的体积;

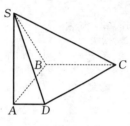

图 11-63

理解与分析:要求四棱锥 S-$ABCD$ 的体积,必须确定底面积和高.由 $SA\perp$ 平面 $ABCD$,知高是 $SA=1$.再求底面积.由于底面是直角梯形,因此 $S_{ABCD}=\frac{1}{2}(AD+BC)\times AB=\frac{1}{2}\times\left(\frac{1}{2}+1\right)\times 1=\frac{3}{4}$.代入锥体的体积公式,即可求解.

解:在底面是直角梯形的四棱锥 S-$ABCD$ 中,$\angle ABC=90°$,$AB=BC=1$,$AD=\frac{1}{2}$,

∴ $S_{ABCD}=\frac{1}{2}(AD+BC)\times AB=\frac{1}{2}\times\left(\frac{1}{2}+1\right)\times 1=\frac{3}{4}$.

∵ $SA\perp$ 平面 $ABCD$,

∴四棱锥 S-$ABCD$ 的高是 $SA=1$,

∴四棱锥 S-$ABCD$ 的体积为 $V_{S\text{-}ABCD}=\frac{1}{3}S_{ABCD}\times SA=\frac{1}{3}\times\frac{3}{4}\times 1=\frac{1}{4}$.

点评:要求四棱锥的体积,必须确定底面积和高.底面是直角梯形,利用梯形面积公式求得面积.

(2)求 SC 与底面 $ABCD$ 所成角的正切值.

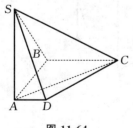

图 11-64

理解与分析:要求 SC 与底面 $ABCD$ 所成角的正切值,必须确定斜线 SC 在底面 $ABCD$ 上的射影.如图 11-64,连接 AC,因为 $SA\perp$ 平面 $ABCD$,线段 AC 是斜线 SC 在底面 $ABCD$ 上的射影,所以 $\angle SCA$ 就是 SC 与底面 $ABCD$ 所成的角.求出 AC,即可求解问题.

解:连接 AC,因为 $SA\perp$ 平面 $ABCD$,则线段 AC 是斜线 SC 在底面 $ABCD$ 上的射影,所以 $\angle SCA$ 就是 SC 与底面 $ABCD$ 所成的角.

在直角三角形 ABC 中,$AC=\sqrt{AB^2+BC^2}=\sqrt{1^2+1^2}=\sqrt{2}$,

$\therefore \tan\angle SCA = \dfrac{SA}{AC} = \dfrac{1}{\sqrt{2}} = \dfrac{\sqrt{2}}{2}$,

$\therefore SC$ 与底面 $ABCD$ 所成角的正切值是 $\dfrac{\sqrt{2}}{2}$.

点评：确定斜线在平面上的射影，得到斜线与平面所成的角是求解问题的关键．

考点三　求柱体的体积

例 5　如图 11-65，正三棱柱 $ABC\text{-}A_1B_1C_1$ 的底面是边长为 2 的正三角形，E,F 分别是 BC,CC_1 的中点，直线 A_1C 与平面 A_1ABB_1 所成的角是 $45°$．求三棱锥 $F\text{-}AEC$ 的体积．

理解与分析：要求三棱锥 $F\text{-}AEC$ 的体积，必须确定底面积和高．底面积是 $\triangle ABC$ 面积的一半，即 $S_{\triangle ACE} = \dfrac{1}{2}S_{\triangle ABC} = \dfrac{1}{2}\times\dfrac{1}{2}\times 2^2\times\sin 60° = \dfrac{\sqrt{3}}{2}$．下面求高 FC．如图 11-66，作 $CG\perp AB$，垂足是 G，则 $CG\perp$ 平面 A_1ABB_1．连接 A_1G，由直线 A_1C 与平面 A_1ABB_1 所成的角是 $45°$，得到 $\angle CA_1G = 45°$，于是 $A_1C = \sqrt{2}CG = \sqrt{6}$，所以 $FC = \dfrac{1}{2}C_1C = \dfrac{1}{2}\sqrt{A_1C^2 - A_1C_1^2} = \dfrac{1}{2}\sqrt{(\sqrt{6})^2 - 2^2} = \dfrac{\sqrt{2}}{2}$．代入锥体的体积公式，即可求解．

解：作 $CG\perp AB$，垂足是 G，则 $CG\perp$ 平面 A_1ABB_1，$CG = \sqrt{3}$，连接 A_1G，由直线 A_1C 与平面 A_1ABB_1 所成的角是 $45°$，得 $\angle CA_1G = 45°$，$A_1C = \sqrt{2}CG = \sqrt{2}\times\sqrt{3} = \sqrt{6}$，

$\therefore FC = \dfrac{1}{2}C_1C = \dfrac{1}{2}\sqrt{A_1C^2 - A_1C_1^2} = \dfrac{1}{2}\sqrt{(\sqrt{6})^2 - 2^2} = \dfrac{\sqrt{2}}{2}$，

$\because S_{\triangle ACE} = \dfrac{1}{2}S_{\triangle ABC} = \dfrac{1}{2}\times\dfrac{1}{2}\times 2^2\times\sin 60° = \dfrac{\sqrt{3}}{2}$，

$\therefore V_{F\text{-}AEC} = \dfrac{1}{3}S_{\triangle ACE}\cdot FC = \dfrac{1}{3}\times\dfrac{\sqrt{3}}{2}\times\dfrac{\sqrt{2}}{2} = \dfrac{\sqrt{6}}{12}$.

点评：本题考查几何体的体积的求法，考查空间想象能力以及计算能力．

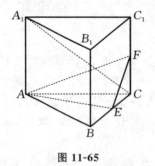

图 11-65

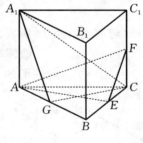

图 11-66

考点四　空间几何体的三视图

例 6　一几何体的直观图，如图 11-67．

(1) 画出该几何体的三视图.

理解与分析:几何体的上面是一个圆柱,下面是一个四棱柱,由此能作出它的三视图.

解:几何体的上面是一个圆柱,下面是一个四棱柱,它的三视图如图 11-68.

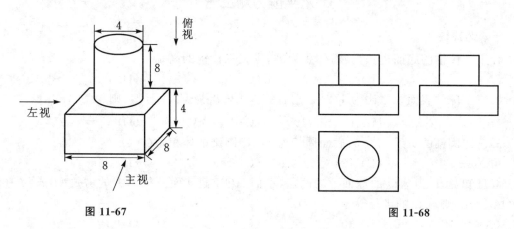

图 11-67　　　　　　　　　　　　图 11-68

点评:画三视图要注意主俯一样长、主左一样高、俯左一样宽的原则,分别作出主视图、俯视图、左视图.

(2) 求该几何体的表面积和体积.

理解与分析:几何体的表面积指圆柱的侧面积与长方体的表面积之和.体积指圆柱体的体积与长方体的体积之和.

解:表面积 $S=2\times(8\times8+8\times4+8\times4)+4\pi\times8=32\pi+256$;

体积 $V=8\times8\times4+\pi\times2^2\times8=32\pi+256$.

点评:几何体的表面积指组成几何体的所有面的面积之和.几何体的体积指组成几何体的柱体、锥体、球体的体积之和.

【归纳总结】

棱柱、棱锥和球有四个考点:一是球的表面积和体积;二是求锥体的体积;三是求柱体的体积;四是空间几何体的三视图.

如果球的截面三角形是直角三角形,那么球心到截面圆的垂线段的垂足在斜边的中点上.

棱锥的体积公式为 $V_{锥体}=\dfrac{1}{3}Sh$.求棱锥的体积,必须确定底面积和高.正三棱锥的底面是正三角形,正三角形的面积为 $S=\dfrac{1}{2}\times 边长^2\times\sin 60°$.

棱柱的体积公式为 $V_{柱体}=Sh$.求棱柱的体积,必须确定底面积和高.

画三视图要注意主俯一样长、主左一样高、俯左一样宽的原则,分别作出主视图、俯视图、左视图.

分析求解这些问题时,要利用题设中空间几何体的结构特点画图,结合空间几何体的线线、线面以及面面的关系进行分析.

【能力测试】

水平能力测试五

一、选择题

1. 正三棱锥的底面边长为 $\sqrt{2}$,体积为 $\sqrt{3}$,则正三棱锥的高是( ).
   (A) 2　　　　　(B) 3　　　　　(C) 4　　　　　(D) 6

2. 三个球的表面积之比为 $1:2:4$,它们的体积依次为 V_1,V_2,V_3,则( ).
   (A) $V_2=4V_1$　　(B) $V_3=2\sqrt{2}V_1$　　(C) $V_3=4V_2$　　(D) $V_3=2\sqrt{2}V_2$

3. 已知圆锥的母线长为 5,底面周长为 6π,则圆锥的体积是( ).
   (A) 6π　　　　(B) 12π　　　　(C) 18π　　　　(D) 36π

4. 已知 A,B 为球 O 的球面上的两点,平面 AOB 截球面所得圆上的劣弧 $\overset{\frown}{AB}$ 长为 10π,且 $OA \perp OB$,则球 O 的半径等于( ).
   (A) 40　　　　(B) 30　　　　(C) 20　　　　(D) 10

5. 在一个几何体的三视图中,正视图和俯视图如图 11-69,则相应的侧视图可以为( ).

主视图　　俯视图

图 11-69

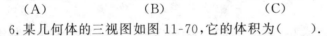

(A)　　　　(B)　　　　(C)　　　　(D)

6. 某几何体的三视图如图 11-70,它的体积为( ).

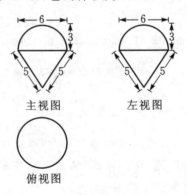

图 11-70

(A) 72π　　　　(B) 48π　　　　(C) 30π　　　　(D) 24π

7. 一个锥体的主视图和左视图如图 11-71,下面选项中,不可能是该锥体的俯视图的是( ).

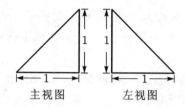

图 11-71

(A)　　　　　　(B)　　　　　　(C)　　　　　　(D)

8. 长方体的一个顶点上的三条棱长分别为 3,4,5,且它的八个顶点都在一个球面上,这个球的表面积是( ).

(A) $20\sqrt{2}\pi$　　(B) $25\sqrt{2}\pi$　　(C) 50π　　(D) 200π

9. 正三棱柱 ABC-$A_1B_1C_1$ 的底面边长为 2,侧棱长为 $\sqrt{3}$,D 为 BC 的中点,则三棱锥 A-B_1DC_1 的体积为( ).

(A) 3　　(B) $\dfrac{3}{2}$　　(C) 1　　(D) $\dfrac{\sqrt{3}}{2}$

10. 若一个正四棱锥的左视图是一个边长为 2 的正三角形,如图 11-72,则该正四棱锥的体积是( ).

图 11-72

(A) 1　　(B) $\sqrt{3}$　　(C) $\dfrac{4\sqrt{3}}{3}$　　(D) $2\sqrt{3}$

二、填空题

1. 一个直角三角形的两条直角边的长分别为 3 cm 和 4 cm,以这个直角三角形的斜边为轴旋转一周,所得旋转体的体积为_____.

2. 正方体的全面积为 a^2,它的八个顶点都在一个球面上,则这个球的表面积为_____.

3. 一个正方体的各顶点均在同一球的球面上,若该球的体积为 $4\sqrt{3}\pi$,则该正方体的表面积为_____.

4. 表面积为 180π 的球面上有三点 A,B,C,且 $AB=6$,$BC=8$,$AC=10$,则球心到平面 ABC 的距离为_____.

5.长方体 $ABCD\text{-}A_1B_1C_1D_1$ 的8个顶点在同一个球面上,且 $AB=2,AD=\sqrt{3},AA_1=1$,则顶点 A,B 间的球面距离为_____.

6.设正三棱锥 $V\text{-}ABC$ 的底边长为 $2\sqrt{3}$,高为2,则侧棱与底面所成角的大小为_____.

7.已知圆锥的母线长为13,底面周长为 10π,则该圆锥侧面展开图的圆心角的弧度数为_____.

8.已知圆锥的侧面积是底面积的3倍,高是 4 cm,则圆锥的体积是_____.

9.如图 11-73,网格纸上小正方形的边长为1,粗线画出的是某几何体的三视图,则此几何体的体积为_____.

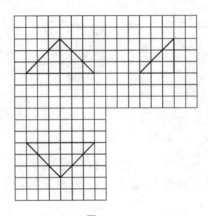

图 11-73

10.已知正三棱锥的底面边长为1,高为 $\dfrac{\sqrt{6}}{6}$,则侧面面积是_____.

三、解答题

1.如图 11-74,在三棱锥 $V\text{-}ABC$ 中,平面 $VAB\perp$ 平面 ABC,△VAB 是等边三角形,$AC\perp BC,AC=BC=\sqrt{2}$,$O,M$ 分别是 AB,VA 的中点.

(1)求证:$VB\parallel$ 平面 MOC;

(2)求证:平面 $MOC\perp$ 平面 VAB;

(3)求三棱锥 $V\text{-}ABC$ 的体积.

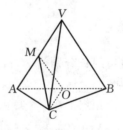

图 11-74

2.如图 11-75,在三棱柱 $ABC\text{-}A_1B_1C_1$ 中,$AA_1\perp$ 底面 ABC,且△ABC 为正三角形,$AA_1=AB=6,D$ 为 AC 的中点.

(1)求证:直线 $AB_1\parallel$ 平面 BC_1D;

(2) 求证：平面 $BC_1D \perp$ 平面 ACC_1A_1；

(3) 求三棱锥 C-BC_1D 的体积.

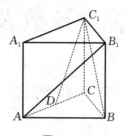

图 11-75

3. 如图 11-76，正四面体 $ABCD$-$A_1B_1C_1D_1$ 的底面边长为 1，异面直线 AD 与 BC_1 所成角的大小为 $60°$.

(1) 求线段 A_1B_1 到底面 $ABCD$ 的距离；

(2) 求三棱锥 B_1-ABC_1 的体积.

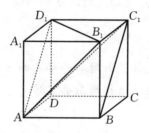

图 11-76

4. 如图 11-77，四面体 P-ABC 中，$PA \perp BC$，D 在棱 BC 上，$AD \perp BC$，$AD=2$，$PA=1$，$\angle PAD=60°$.

(1) 证明：$PA \perp$ 平面 PBC；

(2) 若 $BC=2$，求四面体 P-ABC 的体积.

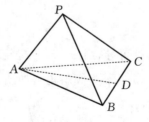

图 11-77

第十二章 导数及其应用

第一节 导数与运算

【考纲点击】

1. 理解导数的概念和导数的几何意义;
2. 熟练掌握两个函数的和、差、商的求导法则;
3. 熟练掌握函数 $f(x)=x^n$ 和 $f(x)=C$(C 为常数)的求导公式;
4. 能够应用导数求曲线在某点处切线的斜率和切线方程.

【命题走向】

在体育单招考试中,导数与运算是新增加的考点知识. 考查内容主要是求函数的导数、求曲线在某点处的切线方程,题型是选择题或填空题.

【知识梳理】

一、导数的概念

如果函数 $y=f(x)$ 在开区间 (a,b) 内每点处处都可导,那么对于每一个 $x\in(a,b)$,都对应一个确定的新函数 $y'=f'(x)$,称这个函数为 $y=f(x)$ 在开区间 (a,b) 内的导函数,简称导数,记为 y' 或 $f'(x)$.

二、导数的几何意义

设函数 $y=f(x)$ 在点 (x_0,y_0) 处可导,当 $x=x_0$ 时,导数值 $y'|_{x=x_0}=f'(x_0)$ 是过点 (x_0,y_0) 处切线的斜率,即 $k=\tan\alpha=f'(x_0)$(α 为倾斜角),如图 12-1.

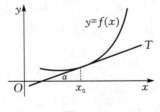

图 12-1

三、求导公式

（1）常数的导数等于0，即若 $f(x)=C$（C 为常数），则 $f'(x)=0$.
（2）幂函数的导数等于指数乘以低一阶的幂函数，即若 $f(x)=x^n$，则 $f'(x)=nx^{n-1}$.
理解：若 $f(x)=Cx^n$（C 为常数），则 $f'(x)=Cnx^{n-1}$.

四、求导法则

（1）和（差）的导数等于每个函数导数的和（差），即
$$[f(x)\pm g(x)]'=f'(x)\pm g'(x);$$
（2）分式的导数等于分子的导数乘以分母减去分子乘以分母的导数再除以分母的平方，即
$$\left[\frac{f(x)}{g(x)}\right]'=\frac{f'(x)g(x)-f(x)g'(x)}{[g(x)]^2}.$$

【典例解析】

考点一　求函数的导数

例1　求函数 $y=2x^2-x^3$ 的导数.
理解与分析：利用差的求导法则与幂函数求导公式求解问题.
解：$y'=(2x^2-x^3)'=(2x^2)'-(x^3)'=4x-3x^2$.
点评：求解问题的关键是熟练掌握差的求导法则与幂函数求导公式.

例2　求函数 $f(x)=x^2(x^2-4)+7$ 的导数.
理解与分析：先将原函数展开得到 $f(x)=x^4-4x^2+7$，再利用和差的求导法则与幂函数和常数求导公式求解问题.
解：$f(x)=x^2(x^2-4)+7=x^4-4x^2+7$，
$\therefore f'(x)=(x^4-4x^2+7)'=(x^4)'-(4x^2)'+(7)'=4x^3-8x$.
点评：本例的求解方法是先将原函数展开化简后再求导.

例3　求函数 $f(x)=\dfrac{x^2}{x-1}$ 的导数.
理解与分析：利用分式的求导法则求解问题.
解：$f'(x)=\left(\dfrac{x^2}{x-1}\right)'=\dfrac{(x^2)'(x-1)-x^2(x-1)'}{(x-1)^2}=\dfrac{2x(x-1)-x^2}{(x-1)^2}=\dfrac{x^2-2x}{(x-1)^2}$.
点评：分式的导数等于分子的导数乘以分母减去分子乘以分母的导数再除以分母的平方.

考点二　求曲线在某点处的切线方程

例4　求函数 $y=2x^2-x^3$ 在点$(2,0)$处的切线方程.
理解与分析：先求函数 $y=2x^2-x^3$ 的导数 $y'=4x-3x^2$，再求在点$(2,0)$处的导数值得到切线的斜率 $k=y'|_{x=2}=4\times2-3\times2^2=-4$，代入点斜式方程求切线方程，得 $y-0=-4(x-2)$，化为一般式方程，得 $4x+y-8=0$.

解: $\because y' = (2x^2 - x^3)' = 4x - 3x^2$,

$\therefore$ 在点$(2,0)$处的切线斜率为 $k = y'|_{x=2} = 4 \times 2 - 3 \times 2^2 = -4$,

代入点斜式方程,得 $y - 0 = -4(x - 2)$,

化一般式方程,得切线方程为 $4x + y - 8 = 0$.

点评: 分3步求切线方程:(1)求原函数的导数;(2)导函数在点$(2,0)$处的导数值就是切线的斜率;(3)代入点斜式方程求切线方程,并化为一般式方程.

例5 求曲线 $f(x) = \dfrac{x}{x+2}$ 在点$(-1,-1)$处的切线方程.

理解与分析: 先求曲线 $f(x) = \dfrac{x}{x+2}$ 的导数 $f'(x) = \dfrac{(x+2)-x}{(x+2)^2} = \dfrac{2}{(x+2)^2}$,再求在点$(-1,-1)$处的导数值得到切线的斜率 $k = f'(-1) = \dfrac{2}{(-1+2)^2} = 2$,代入点斜式方程求切线方程,得 $y - (-1) = 2[x - (-1)]$,化为一般式方程,得 $2x - y + 1 = 0$.

解: $f'(x) = \dfrac{(x+2)-x}{(x+2)^2} = \dfrac{2}{(x+2)^2}$,

在点$(-1,-1)$处切线的斜率为 $k = f'(-1) = \dfrac{2}{(-1+2)^2} = 2$,

代入点斜式方程,得 $y - (-1) = 2[x - (-1)]$,

化为一般式方程,得切线方程为 $2x - y + 1 = 0$.

点评: 本例求切线方程过程与例4完全一样.

【归纳总结】

导数与运算有两个考点:一是求函数的导数;二是求曲线在某点处的切线方程.

求函数的导数需要熟练掌握求导公式和求导法则,求导过程要严格按照求导公式和求导法则进行运算.

求曲线在某点处的切线方程的方法是,首先求原函数的导数,再求导数在该点处的导数值即切线的斜率,最后代入点斜式方程求切线方程,并化为一般式方程.

【能力测试】

水平能力测试一

一、选择题

1. 函数 $y = x^3 - 2x + 3$ 的导数是( ).
   (A) $y' = x^2 - 2x + 3$
   (B) $y' = 3x^2 - 2x + 3$
   (C) $y' = 3x^2 + 1$
   (D) $y' = 3x^2 - 2$

2. 函数 $y = (2x+3)^2$ 的导数是( ).
   (A) $y' = 4x + 3$
   (B) $y' = 8x + 3$
   (C) $y' = 8x + 12$
   (D) $y' = 8x + 6$

3. 函数 $f(x) = \dfrac{x^2}{x+1}$ 的导数是( ).

(A) $f'(x)=\dfrac{3x^2+2x}{(x+1)^2}$ (B) $f'(x)=\dfrac{x^2+2x}{(x+1)^2}$

(C) $f'(x)=\dfrac{3x^2-2x}{(x+1)^2}$ (D) $f'(x)=\dfrac{x^2-2x}{(x+1)^2}$

4. 已知函数 $f(x)=13-8x+\sqrt{2}x^2$,且 $f'(x_0)=4$,则 $x_0=$(   ).

(A) $-3\sqrt{2}$ (B) $3\sqrt{2}$ (C) $-4\sqrt{2}$ (D) $4\sqrt{2}$

5. 函数 $f(x)=\dfrac{x}{x+2}$ 在点 $(-1,-1)$ 处的切线斜率是(   ).

(A) -2 (B) -1 (C) 1 (D) 2

6. 曲线 $y=x^3-2x+1$ 在点 $(1,0)$ 处的切线方程为(   ).

(A) $y=x-1$ (B) $y=-x+1$

(C) $y=2x-2$ (D) $y=-2x+2$

7. 曲线 $y=\dfrac{x}{2x-1}$ 在点 $(1,1)$ 处的切线方程为(   ).

(A) $x-y-2=0$ (B) $x+y-2=0$

(C) $x+4y-5=0$ (D) $x-4y-5=0$

8. 曲线 $y=x^3-x$ 在点 $x=0$ 处的切线方程为(   ).

(A) $y=0$ (B) $y=2x$

(C) $y=3x$ (D) $y=-x$

9. 若函数 $f(x)=ax^4+bx^2+c$ 满足 $f'(1)=2$,则 $f'(-1)=$(   ).

(A) -1 (B) -2 (C) 1 (D) 2

10. 曲线 $y=\dfrac{1}{3}x^3+x$ 在点 $\left(1,\dfrac{4}{3}\right)$ 处的切线与坐标轴围成的三角形面积为(   ).

(A) $\dfrac{1}{9}$ (B) $\dfrac{2}{9}$ (C) $\dfrac{1}{3}$ (D) $\dfrac{2}{3}$

二、填空题

1. 函数 $y=2x^4-2x^3+3x$ 的导数是_____.

2. 函数 $f(x)=\dfrac{x}{x^2+1}$ 的导数是_____.

3. 函数 $y=3x^2-\sqrt{x}+1$ 的导数是_____.

4. 函数 $f(x)=x+\dfrac{1}{x}$ 的导数是_____.

5. 曲线 $y=x^4-3x^2+6$ 在点 $x=1$ 处的切线方程为_____.

6. 函数 $y=\dfrac{x+1}{x-1}$ 在点 $(2,3)$ 处的切线方程为_____.

7. 若函数 $f(x)=\dfrac{1}{3}x^3-f'(-1)x^2+x+5$,则 $f'(1)=$ _____.

8. 若函数 $f(x)=ax^3+bx+c$ 满足 $f'(1)=1$,则 $f'(-1)=$ _____.

9. 已知曲线 $y=x^2-1$ 与 $y=x^3+1$ 在 $x=x_0$ 处的切线相互垂直,则 $x_0=$ _____.

10. 若函数 $f(x)=x^4-x$ 在点 P 处的切线与直线 $3x-y=0$ 平行,则点 P 的坐标为_____.

第二节 导数的应用

【考纲点击】

1. 理解可导函数的单调性与其导数的关系,能利用导数确定函数的单调性;
2. 理解函数的极大(小)值的定义,掌握导数求函数的极大(小)值的方法;
3. 理解函数的最大(小)值的定义,掌握导数求函数的最大(小)值的方法.

【命题走向】

在体育单招考试中,导数的应用是新增加的知识考点.考查内容主要是求函数的单调性、函数的极值、函数的最值,题型是选择题、填空题或解答题.

【知识梳理】

一、函数的单调性与导数的符号关系(在某个区间内)

函数的单调性与导数的符号关系(在某个区间内)见表 12-1.

表 12-1

导数 $f'(x)$ 的符号	函数 $f(x)$ 的单调性
$f'(x) > 0$	在该区间内是增函数
$f'(x) < 0$	在该区间内是减函数
$f'(x) = 0$	常函数

理解:常函数是指函数 $f(x)$ 图象中平行于 x 轴的直线.

二、函数的极值

设函数 $f(x)$ 在 $x = x_0$ 附近有定义,导数值 $f'(x_0) = 0$,如果

(1) 在 x_0 附近所有点都有 $f(x) < f(x_0)$,则 $f(x_0)$ 是函数 $f(x)$ 的极大值;

(2) 在 x_0 附近所有点都有 $f(x) > f(x_0)$,则 $f(x_0)$ 是函数 $f(x)$ 的极小值.

理解:(1) 在 x_0 附近所有点都有 $f(x) < f(x_0)$ 的含义是在 x_0 附近的左侧单调递增($f'(x) > 0$)、右侧单调递减($f'(x) < 0$);

(2) 在 x_0 附近所有点都有 $f(x) > f(x_0)$ 的含义是在 x_0 附近的左侧单调递减($f'(x) < 0$)、右侧单调递增($f'(x) > 0$).

在开区间 (a, b) 内求极值的方法是:

(1) 求导数 $f'(x)$;

(2) 求方程 $f'(x) = 0$ 的全部实数根;

(3) 检验 $f'(x)$ 在方程 $f'(x) = 0$ 的根左右两边值的正负性.如果左正右负,那么函数 $f(x)$ 在 $x = x_0$ 处取得极大值 $f(x_0)$;如果左负右正,那么函数 $f(x)$ 在 $x = x_0$ 处取得极小值 $f(x_0)$.

三、函数的最值

在闭区间$[a,b]$上连续函数$f(x)$必有最大值和最小值.
求最值的方法是:
(1) 求导数$f'(x)$;
(2) 求方程$f'(x)=0$的全部实数根;
(3) 求出函数$f(x)$在开区间(a,b)内的全部极值;
(4) 将$f(x)$的各极值与$f(a)$,$f(b)$比较,其中最大的一个是最大值,最小的一个是最小值.

附:函数极值与函数最值的区别是:函数的极值是比较极值点附近函数值得出的,是局部性概念;而最值是比较整个定义区间的函数值得出的,是对整个定义域而言的.

【典例解析】

考点一　求函数的单调性

例1　求函数$y=2x^2-x+1$的单调区间.

理解与分析:函数$y=2x^2-x+1$的定义域为$(-\infty,+\infty)$,求导数得$y'=4x-1$,再求方程$y'=4x-1=0$的根得$x=\frac{1}{4}$,列表检验,当$x<\frac{1}{4}$时,$y'<0$,$y=2x^2-x+1$在$\left(-\infty,\frac{1}{4}\right)$内单调递减;当$x>\frac{1}{4}$时,$y'>0$,$y=2x^2-x+1$在$\left(\frac{1}{4},+\infty\right)$内单调递增.

解:函数$y=2x^2-x+1$的定义域为$(-\infty,+\infty)$,$y'=(2x^2-x+1)'=4x-1$,

解方程$y'=4x-1=0$,得$x=\frac{1}{4}$,

∴分成2个开区间$\left(-\infty,\frac{1}{4}\right)$,$\left(\frac{1}{4},+\infty\right)$,

当x变化时,y'的变化情况如表12-2:

表 12-2

x	$\left(-\infty,\frac{1}{4}\right)$	$\frac{1}{4}$	$\left(\frac{1}{4},+\infty\right)$
y'	$-$	0	$+$

∴函数$y=2x^2-x+1$在$\left(-\infty,\frac{1}{4}\right)$内单调递减,在$\left(\frac{1}{4},+\infty\right)$内单调递增.

点评:求函数$y=f(x)$的单调区间(性)的方法是:(1)确定函数的区间或定义域;(2)求导数$f'(x)$;(3)求方程$f'(x)=0$的根;(4)列表检验$f'(x)$在方程$f'(x)=0$的根左右两边值的正负性.如果$f'(x)<0$,那么$y=f(x)$在这个区间内单调递减(减函数);如果$f'(x)>0$,那么$y=f(x)$在这个区间内单调递增(增函数).

例2　求函数$f(x)=\dfrac{x^2}{x-1}$的单调性.

理解与分析：$f(x)=\dfrac{x^2}{x-1}$ 的定义域为 $(-\infty,1)\cup(1,+\infty)$，导数为 $f'(x)=\dfrac{x^2-2x}{(x-1)^2}$，由方程 $\dfrac{x^2-2x}{(x-1)^2}=0$ 得 $x^2-2x=0$，提公因式 $x(x-2)=0$，解得 $x_1=0,x_2=2$，得到 4 个开区间 $(-\infty,0),(0,1),(1,2),(2,+\infty)$，列表检验每一个开区间内 $f'(x)$ 的正负性得到函数 $f(x)=\dfrac{x^2}{x-1}$ 的单调性.

解：函数 $f(x)=\dfrac{x^2}{x-1}$ 的定义域为 $(-\infty,1)\cup(1,+\infty)$，导数为 $f'(x)=\left(\dfrac{x^2}{x-1}\right)'=\dfrac{x^2-2x}{(x-1)^2}$，

由方程 $\dfrac{x^2-2x}{(x-1)^2}=0$，得 $x^2-2x=0$，

解方程，得 $x_1=0,x_2=2$，

∴分成 4 个开区间 $(-\infty,0),(0,1),(1,2),(2,+\infty)$，

当 x 变化时，$f'(x)$ 的变化情况如表 12-3：

表 12-3

x	$(-\infty,0)$	0	$(0,1)$	$(1,2)$	2	$(2,+\infty)$
$f'(x)$	+	0	−	−	0	+

∴函数 $f(x)=\dfrac{x^2}{x-1}$ 在 $(-\infty,0),(2,+\infty)$ 内是增函数；在 $(0,1),(1,2)$ 内是减函数.

点评：求方程 $f'(x)=0$ 的根，列表得 $y=f(x)$ 的开区间，确定 $f'(x)$ 在每一个区间的正负性是求解问题的关键.

考点二 求函数的极值

例 3 求函数 $f(x)=2x^2-x^3$ 的极值.

理解与分析：函数 $f(x)=2x^2-x^3$ 的定义域为 $(-\infty,+\infty)$，导数为 $f'(x)=4x-3x^2$，解方程 $4x-3x^2=0$，得 $x_1=0,x_2=\dfrac{4}{3}$，列表检验每一个区间内 $f'(x)$ 的正负性求得函数 $f(x)=2x^2-x^3$ 的极值.

解：函数 $f(x)=2x^2-x^3$ 的定义域为 $(-\infty,+\infty)$，导数为 $f'(x)=4x-3x^2$，

解方程 $4x-3x^2=0$，得 $x_1=0,x_2=\dfrac{4}{3}$，

∴分成 3 个开区间 $(-\infty,0),\left(0,\dfrac{4}{3}\right),\left(\dfrac{4}{3},+\infty\right)$，

当 x 变化时，$f'(x),f(x)$ 的变化情况如表 12-4：

表 12-4

x	$(-\infty,0)$	0	$\left(0,\dfrac{4}{3}\right)$	$\dfrac{4}{3}$	$(2,+\infty)$
$f'(x)$	−	0	+	0	−
$f(x)$	↘	极小值	↗	极大值	↘

∴当 $x=0$ 时,$f(x)$ 有极小值,并且极小值为 $f(0)=0$;当 $x=\dfrac{4}{3}$ 时,$f(x)$ 有极大值,并且极大值为 $f\left(\dfrac{4}{3}\right)=\dfrac{32}{27}$.

点评:求极值的方法是:(1)确定函数的区间或定义域;(2)求导数 $f'(x)$;(3)求方程 $f'(x)=0$ 的全部实数根;(4)列表检验 $f'(x)$ 在方程 $f'(x)=0$ 的根左右两边值的正负性.如果左正右负,那么函数 $f(x)$ 在 $x=x_0$ 处取得极大值 $f(x_0)$;如果左负右正,那么函数 $f(x)$ 在 $x=x_0$ 处取得极小值 $f(x_0)$.

考点三　求函数的最值

例4　求函数 $f(x)=\dfrac{1}{3}x^3+x^2-8x+4$ 在闭区间 $[-5,3]$ 上的最值.

理解与分析:导数为 $f'(x)=x^2+2x-8$,解方程 $x^2+2x-8=0$,得 $x_1=-4,x_2=2$,列表检验每一个区间内 $f'(x)$ 的正负性求函数 $f(x)=\dfrac{1}{3}x^3+x^2-8x+4$ 的极值,再分别求出 $f(-3)$ 和 $f(5)$ 的值,最后将 $f(x)$ 的各极值与 $f(-3),f(5)$ 比较,其中最大的一个是最大值,最小的一个是最小值.

解:∵ $f'(x)=x^2+2x-8$,

解方程 $x^2+2x-8=0$,得 $x_1=-4,x_2=2$,

∴分成 3 个开区间 $(-5,-4),(-4,2),(2,3)$,

当 x 变化时,$f'(x),f(x)$ 的变化情况如表 12-5:

表 12-5

x	$(-5,-4)$	-4	$(-4,2)$	2	$(2,3)$
$f'(x)$	$+$	0	$-$	0	$+$
$f(x)$	↗	极大值	↘	极小值	↗

∴当 $x=-4$ 时,$f(x)$ 有极大值,并且极大值为 $f(-4)=\dfrac{92}{3}$;当 $x=2$ 时,$f(x)$ 有极小值,并且极小值为 $f(2)=-\dfrac{16}{3}$.

又∵ $f(-5)=\dfrac{82}{3},f(3)=-2$,

∴函数 $f(x)=\dfrac{1}{3}x^3+x^2-8x+4$ 在闭区间 $[-5,3]$ 上的最大值是 $\dfrac{92}{3}$,最小值是 $-\dfrac{16}{3}$.

点评:在闭区间 $[a,b]$ 上求连续函数 $f(x)$ 的最值的方法是:(1)求导数 $f'(x)$;(2)求方程 $f'(x)=0$ 的全部实数根;(3)求出函数 $f(x)$ 在开区间 (a,b) 内的全部极值;(4)将 $f(x)$ 的各极值与 $f(a),f(b)$ 比较,其中最大的一个是最大值,最小的一个是最小值.

【归纳总结】

导数的应用有三个考点:一是求函数的单调性;二是求函数的极值;三是求函数的最值.

求函数 $y=f(x)$ 单调区间（性）的方法是：(1) 确定函数的区间或定义域；(2) 求导数 $f'(x)$；(3) 求方程 $f'(x)=0$ 的根；(4) 列表检验 $f'(x)$ 在方程 $f'(x)=0$ 的根左右两边值的正负性. 如果 $f'(x)<0$，那么 $y=f(x)$ 在这个区间内单调递减（减函数）；如果 $f'(x)>0$，那么 $y=f(x)$ 在这个区间内单调递增（增函数）.

求极值的方法是：(1) 确定函数的区间或定义域；(2) 求导数 $f'(x)$；(3) 求方程 $f'(x)=0$ 的全部实数根；(4) 列表检验 $f'(x)$ 在方程 $f'(x)=0$ 的根左右两边值的正负性. 如果左正右负，那么函数 $f(x)$ 在 $x=x_0$ 处取得极大值 $f(x_0)$；如果左负右正，那么函数 $f(x)$ 在 $x=x_0$ 处取得极小值 $f(x_0)$.

在闭区间 $[a,b]$ 上求连续函数 $f(x)$ 的最值的方法是：(1) 求导数 $f'(x)$；(2) 求方程 $f'(x)=0$ 的全部实数根；(3) 求出函数 $f(x)$ 在开区间 (a,b) 内的全部极值；(4) 将 $f(x)$ 的各极值与 $f(a),f(b)$ 比较，其中最大的一个是最大值，最小的一个是最小值.

【能力测试】

水平能力测试二

一、选择题

1. 函数 $y=x^2-2x-3$ 的单调递增区间是（　　）.
   (A) $(-\infty,1)$　　(B) $(1,+\infty)$　　(C) $(-\infty,2)$　　(D) $(2,+\infty)$

2. 函数 $f(x)=x^3-x^2-x$ 的单调递减区间是（　　）.
   (A) $\left(-1,\dfrac{1}{3}\right)$　　(B) $\left(-\dfrac{1}{3},1\right)$　　(C) $(-\infty,1)$　　(D) $(1,+\infty)$

3. 函数 $f(x)=x^3-15x^2-33x+6$ 的单调递减区间是（　　）.
   (A) $(-\infty,-1)\cup(11,+\infty)$　　(B) $(-1,0)\cup(2,+\infty)$
   (C) $(-1,11)$　　(D) $(-1,0)\cup(0,2)$

4. 函数 $f(x)=\dfrac{x^2}{x-1}$ 的单调递增区间是（　　）.
   (A) $(-\infty,0)\cup(2,+\infty)$　　(B) $(-\infty,1)\cup(1,+\infty)$
   (C) $(-\infty,0)\cup(1,+\infty)$　　(D) $(-\infty,1)\cup(2,+\infty)$

5. 若函数 $y=x^2-ax+3$ 在 $(3,+\infty)$ 内是增函数，则实数 a 的取值范围是（　　）.
   (A) $(-\infty,6]$　　(B) $[-6,+\infty)$　　(C) $[3,+\infty)$　　(D) $(-\infty,-3]$

6. 若函数 $f(x)=x^3-3x^2$ 在 $[a,+\infty)$ 上是增函数，则实数 a 的取值范围是（　　）.
   (A) $[0,+\infty)$　　(B) $[2,+\infty)$　　(C) $[0,2)$　　(D) $(2,+\infty)$

7. 若函数 $f(x)$ 是偶函数，在 $(0,+\infty)$ 内 $f'(x)>0$，在 $(-\infty,0)$ 内 $f(x)$ 是（　　）.
   (A) 增函数　　(B) 减函数　　(C) 先增后减　　(D) 先减后增

8. 某三次函数，当 $x=1$ 时有极大值 4，当 $x=3$ 时有极小值 0，且函数图象经过原点，则此函数为（　　）.
   (A) $y=x^3+6x^2+9x$　　(B) $y=x^3-6x^2-9x$
   (C) $y=x^3-6x^2+9x$　　(D) $y=x^3+6x^2-9x$

9. 已知函数 $f(x)$ 的定义域为 **R**，$f(x)$ 的导函数 $f'(x)$ 的图象如图 12-2，则（   ）.

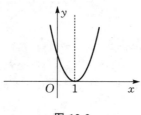

图 12-2

(A) $f(x)$ 在 $x=1$ 处取得极小值

(B) $f(x)$ 在 $x=1$ 处取得极大值

(C) $f(x)$ 在 **R** 上是增函数

(D) $f(x)$ 在 $(-\infty,1)$ 内是减函数，在 $(1,+\infty)$ 内是增函数

10. 如果函数 $f(x)$ 的图象如图 12-3，那么导函数的图象可能是（   ）.

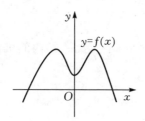

图 12-3

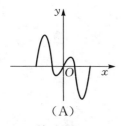   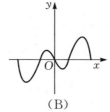   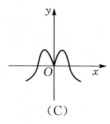   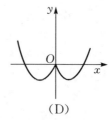

(A)   (B)   (C)   (D)

二、填空题

1. 函数 $y=x^2-x+3$ 的单调递增区间是_____.

2. 函数 $f(x)=x^3+x^2-x+2$ 的单调递减区间是_____.

3. 函数 $f(x)=x^3-3x$ 的单调递减区间是_____.

4. 函数 $f(x)=x^2+2x-5$ 在区间 $[-3,3]$ 上的最大值是 M，最小值是 m，则 $M-m=$_____.

5. 若函数 $y=x^2+ax+1$ 在 $(2,+\infty)$ 内是增函数，则实数 a 的取值范围是_____.

6. 若函数 $y=x^2-ax+3$ 在 $(-\infty,3)$ 内是减函数，则实数 a 的取值范围是_____.

7. 若函数 $y=x^3-3x^2$ 在 $[a,+\infty)$ 上单调递增，则实数 a 的取值范围是_____.

8. 函数 $f(x)=x^4-8x^2+2$ 在 $[-1,3]$ 上的最大值是_____.

9. 函数 $y=2x^3-3x^2-12x+5$ 在 $[0,3]$ 上的最大值是_____，最小值是_____.

10. 函数 $f(x)=x^3+3x^2-9x+1$ 的极大值是_____，极小值是_____.

三、解答题

1. 已知函数 $f(x)=\dfrac{x^2}{x-1}$.

(1) 若 $f(x)>0$,求 x 的取值范围;

(2) 求 $f(x)$ 的极小值.

2. 设 $x=1$ 和 $x=2$ 是函数 $f(x)=x^3+ax^2+bx+1$ 的两个极值点.

(1) 求 a 和 b 的值;

(2) 求 $f(x)$ 的单调区间.

3. 已知函数 $f(x)=\dfrac{1}{2}x^3-bx^2+2x+1$,$x=2$ 是 $f(x)$ 的一个极值点.

(1) 求 $f(x)$;

(2) 当 $x\in[-1,3]$ 时,求 $f(x)$ 的最大值和最小值.

4. 已知函数 $f(x)=x^3+mx^2+nx-2$ 的图象过点 $(-1,-6)$,且函数 $g(x)=f'(x)+6x$ 的图象关于 y 轴对称.

(1) 求 m 和 n 的值;

(2) 若 $a>0$,求函数 $f(x)$ 在区间 $(a-1,a+1)$ 内的极值.

参 考 答 案

第一章 排列、组合与二项式定理

水平能力测试一

一、选择题

1.C, 2.D, 3.C, 4.D, 5.C, 6.A, 7.D, 8.C, 9.A, 10.C.

二、填空题

1.10, 2.12, 3.125, 4.4536, 5.216, 6.400, 7.120, 8.64, 9.10, 10.15.

水平能力测试二

一、选择题

1.D, 2.B, 3.B, 4.C, 5.C, 6.C, 7.D, 8.D, 9.D, 10.C.

二、填空题

1.420, 2.48, 3.125, 4.448, 5.90, 6.5760, 7.96, 8.200, 9.4, 10.6.

水平能力测试三

一、选择题

1.A, 2.C, 3.C, 4.B, 5.C, 6.C, 7.C, 8.B, 9.A, 10.C.

二、填空题

1.$10x^3$, 2.60, 3.365, 4.-56, 5.-160, 6.-4, 7.$\dfrac{5}{2}$, 8.240, 9.-32, 10.84.

第二章 概 率

水平能力测试一

一、选择题

1.B, 2.D, 3.A, 4.C, 5.D, 6.B, 7.B, 8.D.

二、填空题

1.$\dfrac{3}{5}$, 2.$\dfrac{4}{5}$, 3.$\dfrac{2}{3}$, 4.$\dfrac{2}{5}$, 5.$\dfrac{7}{25}$, 6.$\dfrac{5}{6}$, 7.$\dfrac{10}{21}$, 8.$\dfrac{41}{42}$.

三、解答题

1.解：(1) "取到的球是黄球"是不可能事件,概率为0.

(2) "取到的球是白球"是随机事件,概率为$\dfrac{6}{12}=\dfrac{1}{2}$.

(3) "取到的球是白球或黑球"是必然事件,概率为1.

2.解：(1) 记取出的4个球均为红球的事件为A,则A是等可能性事件,

$\therefore P(A) = \dfrac{C_5^4}{C_8^4} = \dfrac{1}{14}.$

(2) 取出的 4 个球中至少有 1 个红球的事件记为 B,则 B 是必然事件,

$\therefore P(B) = 1.$

3. 解:(1) 抽取的 3 件产品全部是一级品的事件记为 A,则 A 是等可能性事件,

$\therefore P(A) = \dfrac{C_{10}^3}{C_{15}^3} = \dfrac{24}{91}.$

(2) 抽取的 3 件产品中至多有 1 件是二级品的事件记为 B,则 B 是等可能性事件,

$\therefore P(B) = \dfrac{C_{10}^3}{C_{15}^3} + \dfrac{C_{10}^2 C_5^1}{C_{15}^3} = \dfrac{24}{91} + \dfrac{45}{91} = \dfrac{69}{91}.$

4. 解:(1) 2 件都是合格品的事件记为 A,则 A 是等可能性事件,

$\therefore P(A) = \dfrac{C_{95}^2}{C_{100}^2} = \dfrac{893}{990}.$

(2) 2 件都是次品的事件记为 B,则 B 是等可能性事件,

$\therefore P(B) = \dfrac{C_5^2}{C_{100}^2} = \dfrac{1}{495}.$

水平能力测试二

一、选择题

1. A,**2.** C,**3.** C,**4.** B,**5.** D,**6.** D,**7.** B,**8.** B.

二、填空题

1. 0.09,**2.** $\dfrac{3}{4}$,**3.** 0.6561,**4.** $\dfrac{5}{6}$,**5.** $\dfrac{1}{15}$,**6.** 0.94,**7.** 0.44,**8.** 0.22.

三、解答题

1. 解:$\dfrac{4}{5} \times \dfrac{3}{5} \times \dfrac{2}{5} \times \left(1 - \dfrac{1}{5}\right) = \dfrac{96}{625}.$

2. 解:(1) 三名运动员各射击一次,至少有一人命中靶心的对立事件是三人都没命中靶心,则概率为 $1 - (1-0.9) \times (1-0.8) \times (1-0.7) = 0.994.$

(2) 三名运动员各射击一次,恰好有一人命中靶心的事件组成集合{甲中乙和丙未中,乙中甲和丙未中,丙中甲和乙未中},它们是互斥事件,所以概率为 $0.9 \times 0.2 \times 0.3 + 0.1 \times 0.8 \times 0.3 + 0.1 \times 0.2 \times 0.7 = 0.092.$

3. 解:(1) 甲抽到田赛题目,且乙抽到径赛题目的概率是 $\dfrac{4}{10} \times \dfrac{6}{9} = \dfrac{4}{15}.$

(2) 因为甲、乙两人至少有 1 人抽到田赛题目的对立事件是甲、乙两人都抽到径赛题目,所以概率为 $1 - \dfrac{6}{10} \times \dfrac{5}{9} = \dfrac{2}{3}.$

4. 解:(1) 电话在响前 2 声内被接的事件包括响第 1 声被接、响第 2 声被接,它们是互斥事件,所以概率为 $0.1 + (1-0.1) \times 0.3 = 0.37.$

(2) 电话在响前 4 声内被接的事件包括响第 1 声被接、响第 2 声被接、响第 3 声被接、响第 4 声被接,它们是互斥事件,所以概率为 $0.1 + (1-0.1) \times 0.3 + (1-0.1) \times (1-0.3) \times 0.4 + (1-0.1) \times (1-0.3) \times (1-0.4) \times 0.1 = 0.1 + 0.27 + 0.252 + 0.0378 = 0.6598.$

水平能力测试三

1. 解:在两次罚球中至多命中一次的事件组成集合{两次罚球都命中,两次罚球只有一次命中},它们是互斥事件,所以概率为 $(1-0.6)^2 + C_2^1 \times 0.6^1 \times (1-0.6)^1 = 0.64$.

2. 解:红队至少两名队员获胜的事件组成集合{甲和乙胜丙负,甲和丙胜乙负,乙和丙胜甲负,甲、乙和丙胜},它们是互斥事件,所以概率为 $0.6 \times 0.5 \times (1-0.5) + 0.6 \times 0.5 \times (1-0.5) + 0.5 \times 0.5 \times (1-0.6) + 0.6 \times 0.5 \times 0.5 = 0.15 + 0.15 + 0.1 + 0.15 = 0.55$.

3. 解:(1) 从甲、乙两个盒内各任取 2 个球是相互独立事件,所以概率为 $\dfrac{C_3^2}{C_7^2} \times \dfrac{C_5^2}{C_8^2} = \dfrac{5}{98}$.

(2) 取出的 4 个球中恰有 1 个红球的事件组成集合{甲 1 红 1 黑乙 2 黑,甲 2 黑、乙 1 红 1 黑},它们是互斥事件,所以概率为 $\dfrac{C_3^1 \cdot C_4^1}{C_7^2} \times \dfrac{C_3^2}{C_8^2} + \dfrac{C_4^2}{C_7^2} \times \dfrac{C_5^1 \cdot C_3^1}{C_8^2} = \dfrac{3}{49} + \dfrac{15}{98} = \dfrac{3}{14}$.

4. 解:(1) 对每一道单项选择题任意选定一个答案,正确的概率是 $\dfrac{1}{4}$;对 4 道选择题中的每一道都任意选定一个答案,恰有两道题答对是独立重复事件,所以概率为 $P_4(2) = C_4^2 \times \left(\dfrac{1}{4}\right)^2 \times \left(1-\dfrac{1}{4}\right)^{4-2} = \dfrac{27}{128}$.

(2) 4 道单项选择题中至少答对一道题的对立事件是 4 道选择题都答错,它们是相互独立事件,则概率为 $1 - \left(1-\dfrac{1}{4}\right)^4 = \dfrac{175}{256}$.

5. 解:(1) 一轮比赛中甲击中的环数多于乙击中的环数的事件组成集合{甲 10 乙 9,甲 10 乙 8,甲 9 乙 8},它们是互斥事件,所以概率为 $0.1 \times 0.4 + 0.1 \times 0.4 + 0.3 \times 0.4 = 0.2$.

(2) 每一轮比赛中甲击中的环数多于乙击中的环数的概率是 0.2,在独立的三轮比赛中,至少有两轮甲击中的环数多于乙击中的环数的事件组成集合{甲只有两轮击中的环数多于乙击中的环数,甲有三轮击中的环数多于乙击中的环数},它们是互斥事件,所以概率为 $C_3^2 \times 0.2^2 \times (1-0.2)^{3-1} + 0.2^3 = 0.104$.

6. 解:(1) 甲每次射击的命中率是 $\dfrac{2}{3}$,连续射击 4 次恰好第四次击中目标是相互独立事件,所以概率为 $\left(1-\dfrac{2}{3}\right)^3 \times \dfrac{2}{3} = \dfrac{2}{81}$.

(2) 该小组在一次检测中荣获"先进和谐组"称号的事件组成集合{两人都只命中一次,两人都命中两次},它们是互斥事件,所以概率为 $C_2^1 \times \dfrac{2}{3} \times \left(1-\dfrac{2}{3}\right) \times C_2^1 \times \dfrac{1}{2} \times \left(1-\dfrac{1}{2}\right) + \left(\dfrac{2}{3}\right)^2 \times \left(\dfrac{1}{2}\right)^2 = \dfrac{1}{3}$.

7. 解:(1) 甲恰好有 3 次达标是独立重复事件,所以概率为 $P_4(3) = C_4^3 \times \left(\dfrac{3}{4}\right)^3 \times \left(1-\dfrac{3}{4}\right) = \dfrac{27}{64}$.

(2) 甲至少有 1 次不达标的事件记为 A,则 $\overline{A}$ 表示 4 次都达标,由 $P(A) + P(\overline{A}) = 1$,得

$P(A)=1-P(\overline{A})=1-\left(\dfrac{3}{4}\right)^4=\dfrac{175}{256}.$

8. 解：至少命中 2 次为测验合格的事件组成集合{2 次命中、1 次未中，3 次命中}，它们是互斥事件，所以概率为 $P_3(2)+P_3(3)=C_3^2\times 0.7^2\times(1-0.7)^{3-2}+0.7^3=3\times 0.7^2\times 0.3+0.7^3=0.441+0.343=0.784.$

第三章 不 等 式

水平能力测试一

一、选择题

1. D，**2.** B，**3.** B，**4.** A，**5.** C，**6.** C，**7.** D，**8.** C.

二、填空题

1. $(3,+\infty)$，**2.** $(-\infty,-11)$，**3.** $\varnothing$，**4.** $(-5,4]$，**5.** $\left(-\infty,-\dfrac{14}{3}\right]\cup\left[-\dfrac{10}{3},+\infty\right)$，

6. $\left(-\dfrac{5}{3},7\right)$，**7.** $\left(-\infty,-\dfrac{1}{2}\right]\cup[2,+\infty)$，**8.** $\left(-\infty,-\dfrac{7}{3}\right)\cup(3,+\infty).$

水平能力测试二

一、选择题

1. C，**2.** D，**3.** A，**4.** D，**5.** A，**6.** C，**7.** B，**8.** C.

二、填空题

1. $(-1,2)$，**2.** $\left(-\infty,-\dfrac{2}{5}\right)\cup(1,+\infty)$，**3.** $(-3,0)$，**4.** $\left(-\infty,\dfrac{1}{3}\right]\cup[1,+\infty)$，

5. $(-5,6)$，**6.** $\left(\dfrac{1}{2},2\right)$，**7.** $(-\infty,0]\cup[4,+\infty)$，**8.** $\left(a,\dfrac{1}{a}\right).$

水平能力测试三

一、选择题

1. C，**2.** B，**3.** A，**4.** B，**5.** A，**6.** B，**7.** D，**8.** A.

二、填空题

1. $(-\infty,-4)\cup(1,+\infty)$，**2.** $\left(\dfrac{1}{2},1\right)$，**3.** $(-2,-1)$，**4.** $(-2,1]$，**5.** $\left(-9,\dfrac{3}{2}\right)$，

6. $\left(-3,\dfrac{1}{2}\right)$，**7.** $\left[0,\dfrac{1}{2}\right)$，**8.** $\left(-1,\dfrac{2}{3}\right].$

水平能力测试四

一、选择题

1. D，**2.** D，**3.** B，**4.** C，**5.** A，**6.** C，**7.** D，**8.** D.

二、填空题

1. $2-4\sqrt{3}$，**2.** $\dfrac{1}{4}$，**3.** 8，**4.** $(16,+\infty)$，**5.** 9，**6.** 6，**7.** 2，**8.** 4.

第四章 集合与常用逻辑用语

水平能力测试一

一、选择题

1. A，**2.** B，**3.** D，**4.** A，**5.** C，**6.** A，**7.** C，**8.** C，**9.** C，**10.** B．

二、填空题

1. $\{x|0<x<1\}$，**2.** $\{2,3,5\}$，**3.** $\{x|5\leqslant x\leqslant 10\}$，**4.** 5，**5.** $\{1,3,5,8\}$，**6.** ①③④，
7. $\{2,4\}$，**8.** $\{1,3\}$，**9.** 3，**10.** $\{x|x>1\}$．

水平能力测试二

一、选择题

1. C，**2.** A，**3.** A，**4.** B，**5.** C，**6.** A，**7.** B，**8.** C，**9.** D，**10.** C．

二、填空题

1. $\not\Rightarrow$，**2.** $\Leftrightarrow$，**3.** $\Rightarrow$，**4.** $\Rightarrow$，**5.** $\Leftrightarrow$，**6.** $\not\Rightarrow$，**7.** $\not\Rightarrow$，**8.** $\Leftrightarrow$，**9.** $\Rightarrow$，**10.** $\not\Rightarrow$．

第五章 函 数

水平能力测试一

一、选择题

1. D，**2.** C，**3.** D，**4.** D，**5.** B，**6.** D，**7.** B，**8.** D，**9.** A，**10.** B．

二、填空题

1. $[-1,2)\cup(2,+\infty)$，**2.** $\left[-\dfrac{3}{2},2\right)$，**3.** $(-\infty,-1)\cup(-1,0)$，**4.** 7，
5. $(-\infty,1)\cup(1,+\infty)$，**6.** $(-\infty,2)\cup(2,+\infty)$，**7.** $[1,3]$，**8.** $[0,1]$，**9.** $[1,+\infty)$，
10. $[0,+\infty)$．

水平能力测试二

一、选择题

1. A，**2.** D，**3.** A，**4.** B，**5.** B，**6.** A，**7.** A，**8.** B，**9.** D，**10.** B．

二、填空题

1. 偶函数，**2.** 0，**3.** $\dfrac{1}{2}$，**4.** $(-\infty,1)$，**5.** $(-1,0]$，**6.** $[2,+\infty)$，**7.** $-x^2+3x$，**8.** 2，
9. 2，**10.** $\left(0,\dfrac{2}{3}\right]$．

水平能力测试三

一、选择题

1. C，**2.** A，**3.** A，**4.** B，**5.** A，**6.** B，**7.** D，**8.** A，**9.** D，**10.** B．

二、填空题

1. $(-\infty,1]$，**2.** $0.99^{4.5}<0.99^{3.3}$，**3.** $b<c<a$，**4.** $(-\infty,-3]\cup[2,+\infty)$，**5.** $(-2,1)$，
6. $\dfrac{5}{2}$，**7.** $[2,+\infty)$，**8.** $\left[-\dfrac{5}{3},1\right]$，**9.** $\left(0,\dfrac{1}{2}\right)$，**10.** 减．

水平能力测试四

一、选择题

1. D, 2. A, 3. A, 4. D, 5. D, 6. D, 7. C, 8. C, 9. D, 10. D.

二、填空题

1. $(-\sqrt{3}, \sqrt{3})$, 2. $(1,2) \cup (2,3)$, 3. $(2,4)$, 4. $f^{-1}(x)=4^x-1, x \in \mathbf{R}$,

5. $y=\sqrt{16-x^2}, x \in (0,4)$, 6. 4, 7. 1, 8. 2, 9. $\left(\dfrac{1}{3}, \dfrac{1}{2}\right)$, 10. $\dfrac{1}{4}$.

第六章 数 列

水平能力测试一

一、选择题

1. D, 2. C, 3. C, 4. C, 5. B, 6. B, 7. B, 8. C, 9. B, 10. C.

二、填空题

1. 56, 2. $2n$, 3. 17, 4. 180, 5. 10, 6. 90, 7. 235, 8. 45, 9. 22, 10. 70.

三、解答题

1. 解:(1) 在等差数列$\{a_n\}$中,由$a_2+a_4=14, S_7=70$,得方程组$\begin{cases} 2a_1+4d=14, \\ 7a_1+21d=70, \end{cases}$

解这个方程组,得$a_1=1, d=3$,

∴ 等差数列$\{a_n\}$的通项公式为$a_n=1+(n-1)\times 3$,即$a_n=3n-2$.

(2) 在等差数列$\{a_n\}$中,由$a_1=1, d=3$,得

$S_n=n\times 1+\dfrac{1}{2}n(n-1)\times 3$,即$S_n=\dfrac{3}{2}n^2-\dfrac{1}{2}n$,

$b_n=\dfrac{2S_n+48}{n}=\dfrac{3n^2-n+48}{n}=3n+\dfrac{48}{n}-1 \geqslant 2\sqrt{3n \cdot \dfrac{48}{n}}-1=23$,当$3n=\dfrac{48}{n}$,即$n=4$时,取"$=$",

∴ 数列$\{b_n\}$的最小项是第4项,且$b_4=23$.

2. 解:(1) 由公差$d<0$,得等差数列$\{a_n\}$是递减数列.

将$a_2=6, a_4=2$代入$a_2 \cdot a_4=12, a_2+a_4=8$,得$\begin{cases} a_1+d=6, \\ a_1+3d=2, \end{cases}$

解这个方程组,得$a_1=8, d=-2$.

(2) 在等差数列$\{a_n\}$中,由$a_1=8, d=-2$,得

$S_{10}=10\times 8+\dfrac{1}{2}\times 10\times(10-1)\times(-2)=-10$.

3. 解:(1) 在等差数列$\{a_n\}$中,由$a_1+a_3=8, a_2+a_4=12$,得方程组$\begin{cases} 2a_1+2d=8, \\ 2a_1+4d=12, \end{cases}$

解这个方程组,得$a_1=2, d=2$,

∴ 等差数列$\{a_n\}$的通项公式为$a_n=2+(n-1)\times 2$,即$a_n=2n$.

(2) 在等差数列$\{a_n\}$中,由$a_1=2, d=2$,得$a_3=6, a_{k+1}=2(k+1), S_k=k(k+1)$.

∵ a_3, a_{k+1}, S_k 成等差数列,

∴ $4(k+1)=6+k(k+1)$,

整理,得 $k^2-3k+2=0$,

解得 $k_1=1, k_2=2$,即正整数 k 的值为 1 或 2.

4. 解:(1) 在等差数列 $\{a_n\}$ 中,由 $a_2+a_4=6, a_6=S_3$,得方程组 $\begin{cases} 2a_1+4d=6, \\ a_1+5d=3a_1+3d, \end{cases}$

解这个方程组,得 $a_1=1, d=1$,

∴ 等差数列 $\{a_n\}$ 的通项公式为 $a_n=1+(n-1)\times 1$,即 $a_n=n$.

(2) 在等差数列 $\{a_n\}$ 中,由 $a_1=1, d=1$,得 $a_k=k, a_{3k}=3k, S_{2k}=k(2k+1)$.

∵ a_k, a_{3k}, S_{2k} 成等差数列,

∴ $6k=k+k(2k+1)$,

整理,得 $k^2-2k=0$,由于 $k\in \mathbf{N}_+$,解得 $k=2$,即正整数 k 的值为 2.

水平能力测试二

一、选择题

1. B, **2.** C, **3.** A, **4.** C, **5.** D, **6.** D, **7.** C, **8.** A, **9.** A, **10.** C.

二、填空题

1. 16, **2.** 17, **3.** 25, **4.** $\dfrac{31}{2}$, **5.** $a_n=2^{4-n}$, **6.** 910, **7.** $\dfrac{3069}{4}$, **8.** 63, **9.** -2, **10.** 3.

三、解答题

1. (1) 证明:∵ $\{b_n\}$ 是等比数列,

∴ 公比 $q=\dfrac{b_n}{b_{n-1}}, n\geqslant 2, q$ 是常数.

∵ $a_n-a_{n-1}=\left(\log_2 b_n+\dfrac{3}{2}n\right)-\left[\log_2 b_{n-1}+\dfrac{3}{2}(n-1)\right]$

$=\log_2 b_n+\dfrac{3}{2}n-\log_2 b_{n-1}-\dfrac{3}{2}n+\dfrac{3}{2}$

$=\log_2 \dfrac{b_n}{b_{n-1}}+\dfrac{3}{2}$

$=\log_2 q+\dfrac{3}{2}$(常数),

∴ $\{a_n\}$ 是以 $d=\log_2 q+\dfrac{3}{2}$ 为公差的等差数列,且首项 $a_1=\log_2 b_1+\dfrac{3}{2}$,公差 $d=\log_2 q+\dfrac{3}{2}$.

(2) 解:在等比数列 $\{b_n\}$ 中,将 $b_2=1, b_4=\dfrac{1}{16}$ 代入 $b_4=b_2 q^2$,得 $q^2=\dfrac{1}{16}$,由于 $q>0$,得 $q=\dfrac{1}{4}$,

∴ $b_1=\dfrac{b_2}{q}=1\div \dfrac{1}{4}=4$,

$a_1=\log_2 b_1+\dfrac{3}{2}=\log_2 4+\dfrac{3}{2}=2+\dfrac{3}{2}=\dfrac{7}{2}$,

$$d = \log_2 b_1 + \frac{3}{2} = \log_2 \frac{1}{4} + \frac{3}{2} = -2 + \frac{3}{2} = -\frac{1}{2},$$

$$\therefore S_n = na_1 + \frac{1}{2}n(n-1)d$$

$$= \frac{7}{2}n + \frac{1}{2}n(n-1) \times \left(-\frac{1}{2}\right)$$

$$= -\frac{1}{4}n^2 + \frac{15}{4}n$$

$$= -\frac{1}{4}\left(n - \frac{15}{2}\right)^2 + \frac{225}{16},$$

$\because n \geq 1$,且 $n \in \mathbf{N}$,

$\therefore n = 7$ 或 8 时 S_n 有最大值,且最大值为 $S_7 = S_8 = -\frac{1}{4}\left(7 - \frac{15}{2}\right)^2 + \frac{225}{16} = 14.$

2. 解:(1) 数列 $\{a_n\}$ 的前 n 项和为 $S_n = 2n^2$,得 $a_1 = S_1 = 2$,

当 $n \geq 2$ 时,$a_n = S_n - S_{n-1} = 2n^2 - 2(n-1)^2 = 4n - 2$,满足条件 $a_1 = 2$,

$\therefore$ 数列 $\{a_n\}$ 的通项公式为 $a_n = 4n - 2.$

$\because a_1 = b_1, b_2(a_2 - a_1) = b_1,$

$\therefore b_1 = a_1 = 2, a_2 = 6, q = \frac{b_2}{b_1} = \frac{1}{a_2 - a_1} = \frac{1}{4},$

$\therefore \{b_n\}$ 的通项公式为 $b_n = 2 \times \left(\frac{1}{4}\right)^{n-1}.$

(2) $C_n = \frac{a_n}{b_n} = \frac{4n-2}{2 \times \left(\frac{1}{4}\right)^{n-1}} = (2n-1) \cdot 4^{n-1}$,则

$$T_n = 1 \times 4^0 + 3 \times 4^1 + 5 \times 4^2 + \cdots + (2n-1) \times 4^{n-1}. \qquad (1)$$

(1)式两边同时乘以 4,得

$$4T_n = 1 \times 4^1 + 3 \times 4^2 + 5 \times 4^3 + \cdots + (2n-1) \times 4^n. \qquad (2)$$

(2)$-$(1),得 $3T_n = (2n-1) \times 4^n - 2(4^1 + 4^2 + 4^3 + \cdots + 4^{n-1}) - 1$,

$\therefore T_n = \frac{4^n}{9}(6n-5) + \frac{5}{9}.$

3. (1)证明:将 $a_n = \frac{1}{2}a_{n-1} + 1$ 两边同时减 2,得 $a_n - 2 = \frac{1}{2}(a_{n-1} - 2)$,

将 $b_n = a_n - 2$ 代入,得 $b_n = \frac{1}{2}b_{n-1}, \frac{b_n}{b_{n-1}} = \frac{1}{2}(n \geq 2)$,

$\therefore \{b_n\}$ 是公比 $q = \frac{1}{2}$ 的等比数列.

(2) 解:由 $a_n - 2 = \frac{1}{2}(a_{n-1} - 2)$,得 $\frac{a_n - 2}{a_{n-1} - 2} = \frac{1}{2},$

$\therefore \{a_n - 1\}$ 是公比 $q = \frac{1}{2}$ 的等比数列,

$\therefore a_n - 1 = (-1) \times \left(\frac{1}{2}\right)^{n-1},$

∴数列$\{a_n\}$的通项公式为$a_n=(-1)\times\left(\frac{1}{2}\right)^{n-1}+2$.

4. 解:(1) 在等差数列$\{a_n\}$中,由$a_1=2, a_1+a_2+a_3=12$,求得$d=2$,

∴数列$\{a_n\}$的通项公式为$a_n=2n$.

(2) 由$b_n=a_n\cdot 3^n=2n\cdot 3^n$,得
$$S_n=2\times(1\times 3^1+2\times 3^2+3\times 3^3+\cdots+n\times 3^n).$$

记 $T_n=1\times 3^1+2\times 3^2+3\times 3^3+\cdots+n\times 3^n$, (1)

(1)$\times 3$,得
$$3T_n=1\times 3^2+2\times 3^3+3\times 3^4+\cdots+n\times 3^{n+1}.$$ (2)

(2)$-$(1),得

$2T_n=n\cdot 3^{n+1}-(3^1+3^2+3^3+\cdots+3^n)=\frac{1}{2}(2n-1)\cdot 3^{n+1}+\frac{3}{2}$,

$T_n=\frac{1}{4}(2n-1)\cdot 3^{n+1}+\frac{3}{4}$,

∴$S_n=2\times\left[\frac{1}{4}(2n-1)\cdot 3^{n+1}+\frac{3}{4}\right]=\frac{1}{2}(2n-1)\cdot 3^{n+1}+\frac{3}{2}$.

5. (1) 证明:∵$\{b_n\}$是等比数列,

∴$b_4=b_1 q^3, \frac{1}{16}=4q^3, q^3=\frac{1}{64}, q=\frac{1}{4}$,

∴$a_{n+1}-a_n=\log_2 b_{n+1}-\log_2 b_n=\log_2\frac{b_{n+1}}{b_n}=\log_2 q=\log_2\frac{1}{4}=\log_2 2^{-2}=-2$,

∴$\{a_n\}$是公差$d=-2$的等差数列.

(2) 解:$a_1=\log_2 b_1=\log_2 4=2$,

∴$S_n=na_1+\frac{1}{2}n(n-1)d$

$=2n+\frac{1}{2}n(n-1)\times(-2)$

$=2n-n(n-1)$

$=-n^2+3n$

$=-\left[n^2-3n+\left(-\frac{3}{2}\right)^2-\left(-\frac{3}{2}\right)^2\right]$

$=-\left[\left(n-\frac{3}{2}\right)^2-\frac{9}{4}\right]$

$=-\left(n-\frac{3}{2}\right)^2+\frac{9}{4}$.

∵$n\geqslant 1$,且$n\in\mathbf{N}$,

∴$n=1$ 或 2 时,有最大值 $S_1=S_2=2$.

6. 解:(1) ∵$\{a_n\}$是等差数列,

∴$a_3=1+2d, a_9=1+8d$.

∵a_1, a_3, a_9 成等比数列,

∴$a_3^2=a_1 a_9\Rightarrow(1+2d)^2=1\times(1+8d)$,

$1+4d+4d^2=1+8d$,

$4d^2-4d=0$,

$4d(d-1)=0$.

$\because d\neq 0$,

$\therefore d-1=0, d=1$,

$\therefore$ 等差数列的通项公式 $a_n=1+(n-1)\times 1=n$.

(2)解：$\because b_n=a_{2^n}=2^n$,

$\therefore \{b_n\}$ 是首项 $b_1=2$，公比 $q=\dfrac{2^{n+1}}{2^n}=2$ 的等比数列，

$\therefore S_n=\dfrac{2\times(1-2^n)}{1-2}=\dfrac{2\times(2^n-1)}{2-1}=2^{n+1}-2$.

第七章 平面向量

水平能力测试一

一、选择题

1. A，**2.** B，**3.** B，**4.** A，**5.** C，**6.** A，**7.** C，**8.** D，**9.** D，**10.** A.

二、填空题

1. $\overrightarrow{CA}$，**2.** $(-6,-19)$，**3.** $(7,-11)$，**4.** $(1,0)$，**5.** $5\sqrt{2}$，**6.** $\left(\dfrac{3}{\sqrt{10}},-\dfrac{1}{\sqrt{10}}\right)$，**7.** $(7,5)$，

8. -5，**9.** $-\dfrac{3}{4}$，**10.** 2.

水平能力测试二

一、选择题

1. A，**2.** A，**3.** A，**4.** D，**5.** A，**6.** D，**7.** C，**8.** B，**9.** A，**10.** A.

二、填空题

1. -13，**2.** $-\dfrac{1}{3}$，**3.** 5，**4.** $\sqrt{7}$，**5.** 2，**6.** $\sqrt{3}$，**7.** $(3,-4)$，**8.** 9，**9.** $2\sqrt{5}$，**10.** 2.

第八章 直线、圆与方程

水平能力测试一

一、选择题

1. C，**2.** C，**3.** B，**4.** A，**5.** C，**6.** A，**7.** D，**8.** A，**9.** D，**10.** B.

二、填空题

1. 0，**2.** $-\dfrac{3}{2}$，**3.** 1，**4.** 2，**5.** 4，**6.** $45°$ 或 $135°$，**7.** $4x+y-7=0$，**8.** $3x+2y-6=0$，

9. $x+y-1=0$，**10.** $\dfrac{3}{4}$.

参考答案

水平能力测试二

一、选择题

1. A, **2.** C, **3.** B, **4.** C, **5.** B, **6.** A, **7.** B, **8.** B, **9.** B, **10.** B.

二、填空题

1. $3x-y-6=0$, **2.** $\dfrac{\sqrt{5}}{5}$, **3.** $3x-y-4=0$, **4.** $7x-5y-15=0$, **5.** $(2,4)$,

6. $3x-4y-10=0$, **7.** $2x+3y-10=0$, **8.** $-\dfrac{8}{3}$, **9.** $x-3y+15=0$, **10.** $\dfrac{34}{5}$.

水平能力测试三

一、选择题

1. C, **2.** C, **3.** B, **4.** C, **5.** D, **6.** C, **7.** A, **8.** C, **9.** A, **10.** A.

二、填空题

1. $(x-5)^2+(y-1)^2=25$, **2.** $(x-1)^2+(y-3)^2=\dfrac{256}{25}$, **3.** $x-y+\sqrt{2}=0$ 或 $x+y-\sqrt{2}=0$,

4. $x+2y-5=0$, **5.** $(x-1)^2+(y-3)^2=9$ 或 $(x+1)^2+(y+3)^2=9$, **6.** $\left[0,\dfrac{4}{3}\right]$, **7.** -3,

8. 8, **9.** $(x-1)^2+y^2=\dfrac{4}{9}$, **10.** -4.

三、解答题

1. 解：圆 $x^2+y^2-6x-4y+5=0$ 化为标准方程，为 $(x-3)^2+(y-2)^2=(2\sqrt{2})^2$，可见圆心为 $(3,2)$，半径为 $r=2\sqrt{2}$，设所求直线方程为 $x+y+C=0$，则 $\dfrac{|3+2+C|}{\sqrt{1^2+1^2}}=2\sqrt{2}$，即 $|5+C|=4$，解得 $C_2=-9$，$C_2=-1$，

∴ 所求直线方程为 $x+y-9=0$ 和 $x+y-1=0$.

2. 解：记点 C 为圆心，则 $C(3,-2)$，$|AC|^2=(-1-3)^2+[2-(-2)]^2=32$，设 AB 是圆的切线，B 是切点，由圆的切割线定理，得 $|AB|^2=|AM|\cdot|AN|$，圆的半径长 $r=1$，由勾股定理，得 $|AB|^2=|AC|^2-r^2=32-1=31$，

∴ $|AM|\cdot|AN|=31$.

3. 解：$x^2-2x+y^2=0$ 化为标准方程，得 $(x-1)^2+y^2=1$，圆心为 $P(1,0)$，半径为 $r=1$，由于直线与圆相交于 A,B 两点，所以弦长 $|AB|$ 是 $\triangle PAB$ 的底，弦心距 d 是高.

弦心距 $d=\dfrac{|1+m|}{\sqrt{1^2+(-2)^2}}=\dfrac{1+m}{\sqrt{5}}(m>0)$.

由 $\triangle PAB$ 的面积是 $\dfrac{2}{5}$，得 $\dfrac{1}{2}|AB|\cdot\dfrac{1+m}{\sqrt{5}}=\dfrac{2}{5}$，$\dfrac{1}{2}|AB|=\dfrac{2\sqrt{5}}{5(1+m)}$.

由勾股定理，得 $\left(\dfrac{1}{2}|AB|\right)^2+d^2=r^2$，

$\left[\dfrac{2\sqrt{5}}{5(1+m)}\right]^2+\left(\dfrac{1+m}{\sqrt{5}}\right)^2=1^2$,

化简,得 $(1+m)^2 + \dfrac{4}{(1+m)^2} - 5 = 0$,

记 $(1+m)^2 = t(t>0)$,则 $t + \dfrac{4}{t} - 5 = 0$,

整理,得 $t^2 - 5t + 4 = 0$,

解得 $t=1$ 或 4,

当 $t=1$ 时,$(1+m)^2=1$,求得 $m=0$ 或 -2,不合题设条件 $m>0$,舍去;

当 $t=4$ 时,$(1+m)^2=4$,求得 $m=1$ 或 -3(负根舍去).

∴ m 的值是 1.

4. 解:(1) 圆的半径 $r=|CM|=\sqrt{(1-1)^2+(1-2)^2}=1$,则

圆 C 的标准方程为 $(x-1)^2+(y-1)^2=1$.

(2) 因为 $|CA|=|CB|=1$,所以 △ABC 是等腰直角三角形,得弦心距为 $\dfrac{\sqrt{2}}{2}$.

∴ 圆心 $C(1,1)$ 到直线 AB 的距离为 $\dfrac{|1+1+m|}{\sqrt{1^2+1^2}}=\dfrac{\sqrt{2}}{2}$,

化简,得 $|m+2|=1$,

解得 $m_1=-3, m_2=-1$,

∴ 实数 m 的值为 -3 或 -1.

5. 解:(1) 直线 l 的斜率 $k=\tan\dfrac{\pi}{4}=1$,又过点 $(1,1)$,代入点斜式方程,得直线 l 的方程为 $y-1=x-1$,

∴ $y=x$.

(2) $x^2+(y-1)^2=5$ 的圆心 $C(0,1)$,半径 $r=\sqrt{5}$.

由弦长 $|AB|=\sqrt{17}$,得

弦心距 $d=\sqrt{r^2-\left(\dfrac{1}{2}|AB|\right)^2}=\sqrt{(\sqrt{5})^2-\left(\dfrac{1}{2}\sqrt{17}\right)^2}=\dfrac{\sqrt{3}}{2}$,

设直线 l 的方程为 $y-1=k(x-1)$,即 $kx-y+1-k=0$,则 $\dfrac{|0-1+1-k|}{\sqrt{k^2+(-1)^2}}=\dfrac{\sqrt{3}}{2}$,

化简,得 $k^2=3, k=\pm\sqrt{3}$,

∴ 所求直线 l 的方程为 $y-1=\pm\sqrt{3}(x-1)$,

即 $\sqrt{3}x-y+1-\sqrt{3}=0$ 或 $\sqrt{3}x+y-1-\sqrt{3}=0$.

6. 解:(1) 设 $M(x,y), P(x_1,y_1)$,由点 M 为线段 PQ 的中点,得

$x=\dfrac{x_1+6}{2} \Rightarrow x_1=2x-6, y=\dfrac{y_1+0}{2} \Rightarrow y_1=2y$,

即 $P(2x-6,2y)$,代入 $x^2+y^2=16$,得

$(2x-6)^2+(2y)^2=16$,

$[2(x-3)]^2+(2y)^2=16$,

$4(x-3)^2+4y^2=16$,

$(x-3)^2+y^2=4$,

这就是点 M 的轨迹方程,圆心为 $(3,0)$,半径为 $r=2$.

(2) 由已知,得方程组

$$\begin{cases} x^2+y^2=16, & (1) \\ (x-3)^2+y^2=4. & (2) \end{cases}$$

由 (1)－(2),得

$[x^2-(x-3)^2]+(y^2-y^2)=16-4$,

$x^2-(x^2-6x+9)=12$,

$x^2-x^2+6x-9=12$,

解得 $x=\dfrac{7}{3}$,代入 (1),得 $\left(\dfrac{7}{3}\right)^2+y^2=16$,

解得 $y=\pm\dfrac{\sqrt{95}}{3}$,

∴两圆的交点坐标为 $\left(\dfrac{7}{3},\dfrac{\sqrt{95}}{3}\right)$ 和 $\left(\dfrac{7}{3},-\dfrac{\sqrt{95}}{3}\right)$,

由两点间的距离公式,得两圆的公共弦的长为

$d=\sqrt{\left(\dfrac{7}{3}-\dfrac{7}{3}\right)^2+\left[\dfrac{\sqrt{95}}{3}-\left(-\dfrac{\sqrt{95}}{3}\right)\right]^2}=\dfrac{2\sqrt{95}}{3}$.

第九章 圆锥曲线

水平能力测试一

一、选择题

1. B, **2.** C, **3.** C, **4.** B, **5.** C, **6.** B, **7.** D, **8.** A, **9.** B, **10.** C.

二、填空题

1. $\dfrac{x^2}{36}+\dfrac{y^2}{32}=1$, **2.** $\dfrac{y^2}{25}+\dfrac{x^2}{16}=1$, **3.** $\dfrac{x^2}{25}+\dfrac{y^2}{16}=1$, **4.** $\dfrac{x^2}{9}+\dfrac{y^2}{8}=1$, **5.** $\dfrac{\sqrt{3}}{2}$, **6.** $\dfrac{4}{5}$, **7.** $\dfrac{x^2}{36}+\dfrac{y^2}{20}=1$,

8. 18, **9.** $\dfrac{4\sqrt{6}}{5}$, **10.** $\left(-\dfrac{\sqrt{6}}{2},\dfrac{\sqrt{6}}{2}\right)$.

三、解答题

1. 解:(1) 由椭圆的离心率 $e=\dfrac{1}{2}$,左焦点 $F(-2,0)$,得 $a=4,b^2=a^2-c^2=4^2-2^2=12$,

∴椭圆的标准方程为 $\dfrac{x^2}{16}+\dfrac{y^2}{12}=1$.

(2) 将 $y=x+b$ 代入 $\dfrac{x^2}{16}+\dfrac{y^2}{12}=1$,整理,得 $7x^2+8bx+4b^2-48=0$.

∵直线 l 与椭圆 C 有两个交点,

∴$\Delta=(8b)^2-4\times 7\times(4b^2-48)>0$,

解得 $-2\sqrt{7}<b<2\sqrt{7}$,

∴ b 的取值范围是 $(-2\sqrt{7}, 2\sqrt{7})$.

2. 解:(1) 由 $2c=4, c=2$, 得到方程组 $\begin{cases} a^2-b^2=4, \\ \dfrac{2}{a^2}+\dfrac{3}{b^2}=1, \end{cases}$

解得 $a^2=8, b^2=4$,

∴ C 的方程为 $\dfrac{x^2}{8}+\dfrac{y^2}{4}=1$.

(2) 将 $y=k(x-4)$ 代入 $\dfrac{x^2}{8}+\dfrac{y^2}{4}=1$, 整理, 得 $(1+2k^2)x^2-16k^2x+32k^2-8=0$.

∵ 直线 l 与椭圆 C 有两个交点,

∴ $\Delta=(16k^2)^2-4(1+2k^2)((32k^2-8)>0$,

解得 $-\dfrac{\sqrt{2}}{2}<k<\dfrac{\sqrt{2}}{2}$,

当 $k=0$ 时, 直线 l 平行 x 轴, 显然与椭圆 C 有两个交点,

∴ k 的取值范围是 $\left(-\dfrac{\sqrt{2}}{2}, \dfrac{\sqrt{2}}{2}\right)$.

3. 解:(1) ∵ $c=1, e=\dfrac{c}{a}=\dfrac{1}{2}, a=2, a^2=4$,

∴ $b^2=a^2-c^2=2^2-1^2=4-1=3$.

∵ 焦点在 x 轴上,

∴ C 的方程为 $\dfrac{x^2}{4}+\dfrac{y^2}{3}=1$.

(2) 设 $P(x_0, y_0), Q(0, m)$, 则 $\overrightarrow{PQ}=(-x_0, m-y_0), \overrightarrow{PF_2}=(1-x_0, -y_0)$,

代入 $\overrightarrow{PQ}=4\overrightarrow{PF_2}$, 得

$(-x_0, m-y_0)=4(1-x_0, -y_0)$,

∴ $-x_0=4-4x_0, x_0=\dfrac{4}{3}$, 代入 $\dfrac{x^2}{4}+\dfrac{y^2}{3}=1$, 得 $\dfrac{\left(\dfrac{4}{3}\right)^2}{4}+\dfrac{y_0^2}{3}=1$, 解得 $y_0=\pm\dfrac{\sqrt{15}}{3}$.

当 P 的坐标为 $\left(\dfrac{4}{3}, \dfrac{\sqrt{15}}{3}\right)$ 时, 直线 l 的斜率 $k_1=\dfrac{\dfrac{\sqrt{15}}{3}}{\dfrac{4}{3}-1}=\sqrt{15}$, 代入点斜式方程, 得 $y-0=$

$\sqrt{15}(x-1)$, 化为一般式方程, 得 $\sqrt{15}x-y-\sqrt{15}=0$,

∴ 坐标原点到 l 的距离 $d=\dfrac{|\sqrt{15}\times 0-0-\sqrt{15}|}{\sqrt{(\sqrt{15})^2+(-1)^2}}=\dfrac{\sqrt{15}}{4}$.

同理, 当 P 的坐标为 $\left(\dfrac{4}{3}, -\dfrac{\sqrt{15}}{3}\right)$ 时, 坐标原点到 l 的距离为 $\dfrac{\sqrt{15}}{4}$,

∴ 坐标原点到 l 的距离为 $\dfrac{\sqrt{15}}{4}$.

4. 解:(1) ∵ $2c=4, c=2$,

∴ 离心率 $e=\dfrac{c}{a}=\dfrac{2}{a}=\dfrac{\sqrt{6}}{3}$,

∴ $\sqrt{6}a=6, a=\sqrt{6}, a^2=6, b^2=a^2-c^2=(\sqrt{6})^2-2^2=2$,

∴ C 的方程为 $\dfrac{x^2}{6}+\dfrac{y^2}{2}=1$.

(2) $AO \perp BO \Rightarrow \overrightarrow{OA} \perp \overrightarrow{OB} \Rightarrow \overrightarrow{OA} \cdot \overrightarrow{OB}=0$.

设 $A(x_1,y_1), B(x_2,y_2)$, 则 $\overrightarrow{OA}=(x_1,y_1), \overrightarrow{OB}=(x_2,y_2)$,

代入 $\overrightarrow{OA} \cdot \overrightarrow{OB}=0$, 得

$(x_1,y_1) \cdot (x_2,y_2)=0 \Rightarrow x_1 x_2+y_1 y_2=0$,

设直线 l 方程为 $y-0=k[x-(-3)] \Rightarrow y=kx+3k$,

代入 $\dfrac{x^2}{6}+\dfrac{y^2}{2}=1$, 得 $\dfrac{x^2}{6}+\dfrac{(kx+3k)^2}{2}=1$,

整理, 得 $(1+3k^2)x^2+18k^2 x+9k^2-6=0$,

∴ $x_1+x_2=-\dfrac{18k^2}{1+3k^2}, x_1 \cdot x_2=\dfrac{27k^2-6}{1+3k^2}$, 则

$y_1 y_2=(kx_1+3k)(kx_2+3k)$

$=k^2 x_1 x_2+3k^2(x_1+x_2)+9k^2$

$=k^2 \dfrac{27k^2-6}{1+3k^2}+3k^2\left(-\dfrac{18k^2}{1+3k^2}\right)+9k^2$,

$=\dfrac{27k^4-6k^2-54k^4+9k^2+27k^4}{1+3k^2}$

$=\dfrac{3k^2}{1+3k^2}$,

代入 $x_1 x_2+y_1 y_2=0$, 得 $\dfrac{27k^2-6}{1+3k^2}+\dfrac{3k^2}{1+3k^2}=0$,

解得 $k^2=\dfrac{1}{5}, k=\pm \dfrac{\sqrt{5}}{5}$.

5. 解:(1) 由离心率 $e=\dfrac{\sqrt{2}}{2}$, 得 $a=\sqrt{2}c, b=c$,

于是椭圆改写为 $\dfrac{x^2}{2c^2}+\dfrac{y^2}{c^2}=1$.

∵ $\overrightarrow{AF_2} \cdot \overrightarrow{F_1 F_2}=0 \Rightarrow \overrightarrow{AF_2} \perp \overrightarrow{F_1 F_2}$,

∴ 设 $A(c,y_1)(y_1>0)$, 代入 $\dfrac{x^2}{2c^2}+\dfrac{y^2}{c^2}=1$, 得 $\dfrac{c^2}{2c^2}+\dfrac{y_1^2}{c^2}=1$, 求得 $y_1=\dfrac{\sqrt{2}}{2}c$, 即 $A\left(c,\dfrac{\sqrt{2}}{2}c\right)$.

由 $\overrightarrow{OA}+\overrightarrow{OB}=\vec{0}$, 得 A,O,B 三点共线, 且点 A 和点 B 关于原点 O 对称,

∴ 直线 AB 的方程为 $y=\dfrac{\tfrac{\sqrt{2}}{2}c}{c}x$, 即 $y=\dfrac{\sqrt{2}}{2}x$.

(2) ∵ 点 A 和点 B 关于原点 O 对称,

$\therefore B\left(-c, -\dfrac{\sqrt{2}}{2}c\right).$

由 $\triangle ABF_2$ 的面积为 $4\sqrt{2}$，得 $\dfrac{1}{2}c\left|\dfrac{\sqrt{2}}{2}c-\left(-\dfrac{\sqrt{2}}{2}c\right)\right|=4\sqrt{2}$，求得 $c^2=8$，

$\therefore$ 椭圆的标准方程为 $\dfrac{x^2}{16}+\dfrac{y^2}{8}=1.$

6. 解：(1) 由离心率 $e=\dfrac{c}{a}=\dfrac{\sqrt{3}}{2}$，焦点坐标 $(-\sqrt{3},0),(\sqrt{3},0)$，得

$a=2, b^2=a^2-c^2=2^2-(\sqrt{3})^2=1$，

$\therefore$ 椭圆 C 的标准方程为 $\dfrac{x^2}{4}+y^2=1.$

(2) 存在直线 l，使 $\overrightarrow{OA}\cdot\overrightarrow{OB}=0.$ 理由如下：

将 $y=kx+1$ 代入 $\dfrac{x^2}{4}+y^2=1$，整理，得 $(4k^2+1)x^2+8kx=0$，则

$x_1+x_2=-\dfrac{8k}{4k^2+1}, x_1\cdot x_2=0$，

$\therefore y_1\cdot y_2=(kx_1+1)(kx_2+1)=k^2x_1x_2+k(x_1+x_2)+1=\dfrac{1-4k^2}{1+4k^2}$，

要使 $\overrightarrow{OA}\cdot\overrightarrow{OB}=0$，就是 $x_1x_2+y_1y_2=0$，即 $0+\dfrac{1-4k^2}{1+4k^2}=0$，

解得 $k=\pm\dfrac{1}{2}$，得到 $\overrightarrow{OA}\cdot\overrightarrow{OB}=0.$

水平能力测试二

一、选择题

1. B，**2.** A，**3.** C，**4.** B，**5.** A，**6.** B，**7.** C，**8.** A，**9.** C，**10.** B.

二、填空题

1. $\dfrac{x^2}{36}-\dfrac{y^2}{64}=1$，**2.** $\dfrac{x^2}{4}-\dfrac{y^2}{12}=1$，**3.** $\dfrac{x^2}{\frac{1}{9}}-\dfrac{y^2}{\frac{8}{9}}=1$，**4.** $\dfrac{x^2}{4}-\dfrac{y^2}{5}=1$，**5.** $\dfrac{x^2}{16}-\dfrac{y^2}{4}=1$，

6. $F_1(-\sqrt{7},0), F_2(\sqrt{7},0)$，**7.** $\dfrac{\sqrt{5}}{2}$，**8.** $y=\pm\dfrac{\sqrt{2}}{4}x$，**9.** 9，**10.** $\dfrac{x^2}{25}-\dfrac{y^2}{11}=1.$

三、解答题

1. 解：(1) 设焦点 $F(c,0)(c>0)$，由勾股定理，得

$\left(c-\dfrac{4}{3}\right)^2+\left[0-\left(-\dfrac{2\sqrt{5}}{3}\right)\right]^2+\left(\dfrac{4}{3}-0\right)^2+\left(-\dfrac{2\sqrt{5}}{3}-0\right)^2=c^2$，

解得 $c=3$，

将 $P\left(\dfrac{4}{3},-\dfrac{2\sqrt{5}}{3}\right)$ 代入渐近线方程 $y=-\dfrac{b}{a}x$，得 $y=-\dfrac{\sqrt{5}}{2}x$，

设 $a=2k, b=\sqrt{5}k(k>0)$，由 $a^2+b^2=c^2$，得

$(2k)^2+(\sqrt{5}k)^2=3^2$，

解得 $k=1, a=2, b=\sqrt{5}$,

∴所求双曲线方程为 $\dfrac{x^2}{4}-\dfrac{y^2}{5}=1$.

(2) 作 $PA \perp x$ 轴, 垂足是 A, 则 $|PA|=\left|-\dfrac{2\sqrt{5}}{3}\right|=\dfrac{2\sqrt{5}}{3}$.

∴所求 $\triangle POF$ 的面积为

$S_{\triangle POF}=\dfrac{1}{2}|OF|\times|PA|=\dfrac{1}{2}\times 3\times\dfrac{2\sqrt{5}}{3}=\sqrt{5}$.

2. 解:(1) 由双曲线 $\dfrac{x^2}{9}-\dfrac{y^2}{16}=1$, 得 $a=3, b=4, c=5$.

在 $\triangle MF_1F_2$ 中, 由余弦定理, 得

$|F_1F_2|^2=|MF_1|^2+|MF_2|^2-2|MF_1|\cdot|MF_2|\cos\angle F_1MF_2$,

$|F_1F_2|^2=(|MF_1|-|MF_2|)^2+2|MF_1|\cdot|MF_2|-2|MF_1|\cdot|MF_2|\cos 60°$,

$100=36+|MF_1|\cdot|MF_2|$,

$|MF_1|\cdot|MF_2|=64$,

∴$S_{\triangle MF_1F_2}=\dfrac{1}{2}|MF_1|\cdot|MF_2|\sin 60°=\dfrac{1}{2}\times 64\times\dfrac{\sqrt{3}}{2}=16\sqrt{3}$.

(2) 设点 M 的坐标为 (x_0,y_0), 由 $S_{\triangle MF_1F_2}=16\sqrt{3}$, 得

$\dfrac{1}{2}|F_1F_2|\cdot|y_0|=16\sqrt{3}$,

$\dfrac{1}{2}\times 10|y_0|=16\sqrt{3}$,

解得 $y_0=\pm\dfrac{16\sqrt{3}}{5}$,

代入 $\dfrac{x^2}{9}-\dfrac{y^2}{16}=1$, 求得 $x=\dfrac{3\sqrt{73}}{5}$,

∴点 M 的坐标为 $\left(\dfrac{3\sqrt{73}}{5},\dfrac{16\sqrt{3}}{5}\right)$ 或 $\left(\dfrac{3\sqrt{73}}{5},-\dfrac{16\sqrt{3}}{5}\right)$.

3. (1) 证明: 由双曲线 $x^2-\dfrac{y^2}{2}=1$, 得

$a^2=1, b^2=2, c=\sqrt{3}, F(\sqrt{3},0)$.

设直线 l 的方程为 $y=k(x-\sqrt{3})$,

代入 $x^2-\dfrac{y^2}{2}=1$, 整理, 得 $(2-k^2)x^2+2\sqrt{3}k^2x-(3k^2+2)=0$.

设 $P(x_1,y_1), Q(x_2,y_2)$, 则

$x_1+x_2=-\dfrac{2\sqrt{3}k^2}{2-k^2}, x_1x_2=-\dfrac{3k^2+2}{2-k^2}$.

$y_1y_2=k^2(x_1-\sqrt{3})(x_2-\sqrt{3})=k^2[x_1x_2-\sqrt{3}(x_1+x_2)+3]=\dfrac{4k^2}{2-k^2}$.

$\therefore \overrightarrow{OP} \cdot \overrightarrow{OQ} = (x_1, y_1)(x_2, y_2) = x_1 x_2 + y_1 y_2 = -\dfrac{3k^2+2}{2-k^2} + \dfrac{4k^2}{2-k^2} = -1.$

(2)解:直线 $y=k(x-\sqrt{3})$ 化一般式为 $kx-y-\sqrt{3}k=0$,则原点 $O(0,0)$ 到直线 l 的距离为 $\dfrac{|-\sqrt{3}k|}{\sqrt{k^2+(-1)^2}} = \dfrac{3}{\sqrt{2}}$,解得 $k^2=1$,

$x_1+x_2 = -\dfrac{2\sqrt{3}k^2}{2-k^2} = -2\sqrt{3}, x_1 x_2 = -\dfrac{3k^2+2}{2-k^2} = -5,$

$|x_1-x_2| = \sqrt{(x_1+x_2)^2 - 4x_1 x_2} = \sqrt{(-2\sqrt{3})^2 - 4\times(-5)} = 4\sqrt{2}.$

设直线 l 与 y 轴相交于点 M,则 $|OM|=\sqrt{3}$,

$\therefore \triangle OPQ$ 的面积为

$S_{\triangle OPQ} = \dfrac{1}{2}|OM|\times|x_1-x_2| = \dfrac{1}{2}\times\sqrt{3}\times 4\sqrt{2} = 2\sqrt{6}.$

4. (1) 证明:双曲线的右焦点 $F(c,0)$,右准线 $x=\dfrac{a^2}{c}$,渐近线 $y=\pm\dfrac{b}{a}x$,准线与两条渐近线的交点分别为 $M_1\left(\dfrac{a^2}{c}, \dfrac{ab}{c}\right)$, $M_2\left(\dfrac{a^2}{c}, -\dfrac{ab}{c}\right)$,则

$\overrightarrow{OM_1} = \left(\dfrac{a^2}{c}, \dfrac{ab}{c}\right), \overrightarrow{M_1 F} = \left(c-\dfrac{a^2}{c}, -\dfrac{ab}{c}\right) = \left(\dfrac{b^2}{c}, -\dfrac{ab}{c}\right),$

$\overrightarrow{OM_1} \cdot \overrightarrow{M_1 F} = \dfrac{a^2 b^2}{c^2} - \dfrac{a^2 b^2}{c^2} = 0,$

$\therefore |\overrightarrow{OM_1}| \perp |\overrightarrow{M_1 F}|, \angle OM_1 F = 90°,$

同理可证 $\angle OM_2 F = 90°,$

$\therefore O, M_1, M_2, F$ 四个点在以 OF 为直径的一个圆上.

(2)解:在 $\triangle OM_1 F$ 中,$\angle OM_1 F = 90°$,由 $|\overrightarrow{OM_1}| = |\overrightarrow{M_1 F}|$,得 $\angle M_1 OF = 45°$. 同理,$\angle M_2 OF = 45°$,即 $|\overrightarrow{OM_1}| \perp |\overrightarrow{OM_2}|$,得 $\overrightarrow{OM_1} \cdot \overrightarrow{OM_2} = 0,$

$\therefore \overrightarrow{OM_1} \cdot \overrightarrow{OM_2} = \dfrac{a^4}{c^2} - \dfrac{a^2 b^2}{c^2} = 0$,求得 $a=b.$

双曲线的离心率 $e = \dfrac{c}{a} = \dfrac{\sqrt{2}a}{a} = \sqrt{2}.$

(3)解:由 $\angle M_1 F M_2 = \dfrac{\pi}{3}$,得 $\angle M_1 OF = \dfrac{1}{2}\left(\pi - \dfrac{\pi}{3}\right) = \dfrac{\pi}{3},$

由 $M_1\left(\dfrac{a^2}{c}, \dfrac{ab}{c}\right)$,得 $\tan\angle M_1 OF = \dfrac{\frac{ab}{c}}{\frac{a^2}{c}} = \dfrac{b}{a} = \tan\dfrac{\pi}{3} = \sqrt{3}, b=\sqrt{3}a,$

由 $|\overrightarrow{OF}|=4$,得 $c=4$,求得 $a=2, b=2\sqrt{3},$

$\therefore$ 所求双曲线方程为 $\dfrac{x^2}{4} - \dfrac{y^2}{12} = 1.$

5. 解:(1)根据双曲线的定义,点 P 的轨迹 C 为双曲线,得

$c=2, 2a=2\sqrt{2}, a=\sqrt{2}, b=\sqrt{c^2-a^2}=\sqrt{2},$

∴所求双曲线 C 的方程为 $\dfrac{x^2}{2}-\dfrac{y^2}{2}=1$.

(2) ∵直线 AB 垂直 x 轴,且与曲线 C 相交于 A,B 两点,

∴点 A 和点 B 关于 x 轴对称.

设 $A(m,n)$,则 $B(m,-n)$,

代入 $\dfrac{x^2}{2}-\dfrac{y^2}{2}=1$,得 $\dfrac{m^2}{2}-\dfrac{n^2}{2}=1$,即 $m^2-n^2=2$,

∴ $\overrightarrow{OA} \cdot \overrightarrow{OB}=(m,n) \cdot (m,-n)=m^2-n^2=2$.

水平能力测试三

一、选择题

1. A,**2.** B,**3.** D,**4.** D,**5.** D,**6.** A,**7.** D,**8.** B,**9.** A,**10.** B.

二、填空题

1. $\left(0,-\dfrac{3}{2}\right)$,**2.** $x^2=16y$,**3.** $(0,5)$,**4.** $y=-\dfrac{1}{8}$,**5.** $x^2=-8y$,**6.** 6,**7.** $(x-1)^2=4(y+1)$,

8. 10,**9.** $y^2=6x$,**10.** $48\sqrt{3}$.

三、解答题

1. 解:(1) 由抛物线 C 的顶点在坐标原点,经过点 $A(2,2)$,知抛物线焦点在 x 轴上且开口向右.设抛物线 C 的标准方程为 $y^2=2px(p>0)$,将 $A(2,2)$ 代入,求得 $p=1$,

∴所求抛物线 C 的标准方程为 $y^2=2x$.

(2) 直线 OA 的斜率 $k_{OA}=\dfrac{2-0}{2-0}=1$.

∵所求直线与直线 OA 垂直,

∴所求直线的斜率 $k=-1$.

又这条直线过点 $F\left(\dfrac{1}{2},0\right)$,代入点斜式方程,得所求直线方程为 $y-\dfrac{1}{2}=-(x-0)$,即 $2x+2y-1=0$.

2. (1) 证明:设直线 l_1 与 l_2 的方程分别为

$$l_1: y=kx, \qquad (1)$$

$$l_2: y=-\dfrac{1}{k}x. \qquad (2)$$

将(1)代入 $y^2=x$,求得 $x=\dfrac{1}{k^2}$,$y=\dfrac{1}{k}$,即 $A\left(\dfrac{1}{k^2},\dfrac{1}{k}\right)$.

同理,求得 $B(k^2,-k)$.

直线 AB 的方程为 $y-\dfrac{1}{k}=\dfrac{-k-\dfrac{1}{k}}{k^2-\dfrac{1}{k^2}}\left(x-\dfrac{1}{k^2}\right)$,

将 $y=0$ 代入,得 $x=1$,

∴ AB 交 x 轴于定点 $P(1,0)$.

(2) 解：$|OA|=\sqrt{\dfrac{1}{k^4}+\dfrac{1}{k^2}}=\dfrac{1}{k}\sqrt{\dfrac{1}{k^2}+1}$,

$|OB|=\sqrt{k^4+k^2}=k\sqrt{k^2+1}$,

$S_{\triangle OAB}=\dfrac{1}{2}|OA\|OB|$

$=\dfrac{1}{2}\sqrt{\left(\dfrac{1}{k^2}+1\right)(k^2+1)}$

$=\dfrac{1}{2}\sqrt{2+k^2+\dfrac{1}{k^2}}$

$=\dfrac{1}{2}\left(k+\dfrac{1}{k}\right)$,

当 $k=1$ 时，$k+\dfrac{1}{k}$ 取最小值 2，即 $\triangle OAB$ 面积的最小值是 1.

3. (1) 证明：∵ 直线 l 与抛物线 C 有两个交点,

∴ $\alpha\neq 0, \alpha\in(0,\pi)$.

焦点 $F\left(\dfrac{p}{2},0\right)$，设 $A(x_1,y_1), B(x_2,y_2)$.

若 $\alpha\neq\dfrac{\pi}{2}$，直线 l 的斜率 $k\neq 0$.

由方程组 $\begin{cases} y^2=2px, \\ y=k\left(x-\dfrac{p}{2}\right), \end{cases}$ 得 $y^2-\dfrac{2p}{k}y-p^2=0$，则 $y_1y_2=-p^2$.

若 $\alpha=\dfrac{\pi}{2}, x_1=x_2=\dfrac{p}{2}$，则 $y_1y_2=p\cdot(-p)=-p^2$.

由题意，$x_1\neq 0$，直线 OA 的方程为 $y=\dfrac{y_1}{x_1}x$.

抛物线 C 的准线方程为 $x=-\dfrac{p}{2}, D\left(-\dfrac{p}{2},-\dfrac{py_1}{2x_1}\right), \overrightarrow{BD}=\left(-\dfrac{p}{2}-x_2,-\dfrac{py_1}{2x_1}-y_2\right)$.

∵ $-\dfrac{py_1}{2x_1}-y_2=-\dfrac{py_1}{\dfrac{y_1^2}{p}}-y_2=-\dfrac{p^2}{y_1}-y_2=\dfrac{-p^2-y_1y_2}{y_1}=\dfrac{-p^2-(-p^2)}{y_1}=0$，即 $\overrightarrow{BD}$ 的纵坐标为 0,

∴ BD 垂直于 y 轴.

(2) 解：$\overrightarrow{OA}\cdot\overrightarrow{OB}=x_1x_2+y_1y_2=\dfrac{y_1^2}{2p}\cdot\dfrac{y_2^2}{2p}+y_1y_2=\dfrac{(-p^2)^2}{4p^2}+(-p^2)=-\dfrac{3}{4}p^2<0$.

由向量的数量积公式，得

$\cos\langle\overrightarrow{OA},\overrightarrow{OB}\rangle=\dfrac{\overrightarrow{OA}\cdot\overrightarrow{OB}}{|\overrightarrow{OA}|\cdot|\overrightarrow{OB}|}<0$,

∴ 无论 α 取什么值，$\overrightarrow{OA}$ 与 $\overrightarrow{OB}$ 的夹角为钝角.

4. (1) 证明：C 与 l 的交点 (x,y) 满足

$$\begin{cases} x^2=4y, & (1) \\ x+y-m=0. & (2) \end{cases}$$

由(2)得 $y=m-x$,

代入(1)得 $x^2+4x-4m=0$,

判别式 $\Delta=4^2-4(-4m)=16+16m=16(1+m)$,

∴C 与 l 有两交点 $\Leftrightarrow \Delta>0 \Leftrightarrow m>-1$,故命题得证.

(2)解:设 C 与 l 的交点 $A(x_1,y_1)$ $B(x_2,y_2)$,

由 $x^2+4x-4m=0$,得 $x_1+x_2=-4$,$x_1 \cdot x_2=-4m$,

∴$(x_1-x_2)^2=(x_1+x_2)^2-4x_1x_2=16(m+1)$,

$(y_1-y_2)^2=[(-x_1+m)-(-x_2+m)]^2=(x_1-x_2)^2$,

∴$|AB|=\sqrt{(x_1-x_2)^2+(y_1-y_2)^2}=\sqrt{2}(x_1-x_2)^2=4\sqrt{2(m+1)}$.

∵$y_1+y_2=-(x_1+x_2)+2m=4+2m$,

∴AB 的中点 $Q\left(\dfrac{x_1+x_2}{2},\dfrac{y_1+y_2}{2}\right)$,即 $Q(-2,m+2)$,

过 Q 且与 AB 垂直的直线方程为 $x-y+m+4=0$,

它与 y 轴的交点 $G(0,m+4)$ 到直线 l 的距离为 $d=\dfrac{|0+m+4-m|}{\sqrt{2}}=2\sqrt{2}$,

∴△GAB 的面积 $S_{\triangle GAB}=\dfrac{1}{2}d \cdot |AB|=8\sqrt{m+1}$.

∵$-1<m<1$,

∴$0<S_{\triangle GAB}<8\sqrt{2}$,

∴$S_{\triangle GAB}$ 的取值范围是 $(0,8\sqrt{2})$.

第十章 三角函数

水平能力测试一

一、选择题

1. C,**2.** D,**3.** D,**4.** B,**5.** B,**6.** D,**7.** D,**8.** D,**9.** C,**10.** D.

二、填空题

1. $-\dfrac{5}{12}$,**2.** $-\dfrac{3}{5}$,**3.** $-\dfrac{5\sqrt{41}}{41}$,**4.** 三或四,**5.** $\dfrac{\sqrt{3}-1}{2}$,**6.** $-\dfrac{27}{20}$,**7.** $\dfrac{1}{3}$,**8.** $\dfrac{4}{5}$,**9.** $\dfrac{\sqrt{3}}{2}$,**10.** $\dfrac{1}{2}$.

水平能力测试二

一、选择题

1. B,**2.** D,**3.** B,**4.** C,**5.** B,**6.** D,**7.** B,**8.** D,**9.** B,**10.** D.

二、填空题

1. $-\dfrac{\sqrt{3}}{2}$,**2.** $-\dfrac{3}{5}$,**3.** 1,**4.** $\dfrac{\sqrt{3}-1}{2}$,**5.** $-\dfrac{2\sqrt{2}}{3}$,**6.** 二或三,**7.** $\dfrac{5}{3}$,**8.** $\dfrac{1}{2}$,**9.** 1,**10.** $-\dfrac{1}{3}$.

水平能力测试三

一、选择题

1. D,**2.** A,**3.** C,**4.** D,**5.** C,**6.** B,**7.** D,**8.** B,**9.** D,**10.** B.

二、填空题

1. $\dfrac{\sqrt{2}-\sqrt{6}}{4}$, 2. $-\dfrac{\sqrt{2}}{2}$, 3. $\dfrac{1}{2}$, 4. $-\dfrac{7}{11}$, 5. $\sqrt{2}\sin\left(x+\dfrac{\pi}{4}\right)$, 6. $2\cos\left(x-\dfrac{\pi}{6}\right)$, 7. $\dfrac{1}{2}$, 8. $-\sqrt{3}$, 9. $\dfrac{1}{13}$, 10. $-\dfrac{3\sqrt{10}}{10}$.

水平能力测试四

一、选择题

1. A, 2. A, 3. D, 4. D, 5. D, 6. C, 7. D, 8. B, 9. B, 10. C.

二、填空题

1. $\dfrac{7}{25}$, 2. $-\dfrac{\sqrt{3}}{3}$, 3. $\dfrac{1}{8}$, 4. 2, 5. $-\dfrac{7}{25}$, 6. $-\dfrac{7}{9}$, 7. $-\dfrac{1}{9}$, 8. $-\dfrac{3}{5}$, 9. 1, 10. $\dfrac{7}{5}$.

水平能力测试五

一、选择题

1. B, 2. B, 3. B, 4. D, 5. A, 6. B, 7. B, 8. C, 9. D, 10. B.

二、填空题

1. $T=\dfrac{\pi}{2}$, 2. $T=\pi$, 3. 向左平移 $\dfrac{\pi}{6}$ 个单位, 4. $\dfrac{\pi}{2}$, 5. $\dfrac{\pi}{6}$, 6. $\varphi=k\pi+\dfrac{\pi}{2},k\in\mathbf{Z}$, 7. $\omega=1$, 8. $\left(\dfrac{\pi}{4},\dfrac{5\pi}{4}\right)$, 9. $\left(0,\dfrac{3\pi}{4}\right)$, 10. $\left(2k\pi+\dfrac{5\pi}{6},2k\pi+\dfrac{5\pi}{3}\right),k\in\mathbf{Z}$.

三、解答题

1. 解:(1) $f(x)=\sin x\cos x+\sqrt{3}\cos^2 x$

$$=\dfrac{1}{2}\sin 2x+\dfrac{\sqrt{3}}{2}(\cos 2x+1)$$

$$=\sin 2x\cos\dfrac{\pi}{3}+\cos 2x\sin\dfrac{\pi}{3}+\dfrac{\sqrt{3}}{2}$$

$$=\sin\left(2x+\dfrac{\pi}{3}\right)+\dfrac{\sqrt{3}}{2},$$

∴函数 $f(x)$ 的最小正周期为 $T=\dfrac{2\pi}{2}=\pi$.

(2) 当 $x\in\left[0,\dfrac{\pi}{4}\right]$ 时,$2x+\dfrac{\pi}{3}\in\left[\dfrac{\pi}{3},\dfrac{5\pi}{6}\right]$,

∴当 $2x+\dfrac{\pi}{3}=\dfrac{\pi}{2}$,即 $x=\dfrac{\pi}{12}$ 时,函数 $f(x)$ 取得最大值,是 $f\left(\dfrac{\pi}{12}\right)=1+\dfrac{\sqrt{3}}{2}$.

2. 解:(1) $f(x)=\sqrt{3}\sin 2x+\cos 2x$

$$=2\left(\sin 2x\cos\dfrac{\pi}{6}+\cos 2x\sin\dfrac{\pi}{6}\right)$$

$$=2\sin\left(2x+\dfrac{\pi}{6}\right),$$

∴函数 $f(x)$ 的最小正周期为 $T=\dfrac{2\pi}{2}=\pi$.

(2) 当 $x \in \left[0, \frac{\pi}{2}\right]$ 时,$2x + \frac{\pi}{6} \in \left[\frac{\pi}{6}, \frac{7\pi}{6}\right]$,

当 $2x + \frac{\pi}{6} \in \left[\frac{\pi}{6}, \frac{\pi}{2}\right]$,即 $x \in \left[0, \frac{\pi}{6}\right]$ 时,函数 $f(x) = 2\sin\left(2x + \frac{\pi}{6}\right)$ 是增函数,$f(x)$ 的最大值是 $f\left(\frac{\pi}{6}\right) = 2$;

当 $2x + \frac{\pi}{6} \in \left[\frac{\pi}{2}, \frac{7\pi}{6}\right]$,即 $x \in \left[\frac{\pi}{6}, \frac{\pi}{2}\right]$ 时,函数 $f(x) = 2\sin\left(2x + \frac{\pi}{6}\right)$ 是减函数,$f(x)$ 的最小值是 $f\left(\frac{\pi}{2}\right) = -1$.

(3) 由 $f(x_0) = \frac{6}{5}$,得 $2\sin\left(2x_0 + \frac{\pi}{6}\right) = \frac{6}{5}$,$\sin\left(2x_0 + \frac{\pi}{6}\right) = \frac{3}{5}$.

由 $x_0 \in \left[\frac{\pi}{4}, \frac{\pi}{2}\right]$,得

$\frac{2\pi}{3} \leqslant 2x_0 + \frac{\pi}{6} \leqslant \frac{7\pi}{6}$,则

$\cos\left(2x_0 + \frac{\pi}{6}\right) = -\sqrt{1 - \sin^2\left(2x_0 + \frac{\pi}{6}\right)} = -\sqrt{1 - \left(\frac{3}{5}\right)^2} = -\frac{4}{5}$,

$\therefore \cos 2x_0 = \cos\left[\left(2x_0 + \frac{\pi}{6}\right) - \frac{\pi}{6}\right]$

$= \cos\left(2x_0 + \frac{\pi}{6}\right)\cos\frac{\pi}{6} + \sin\left(2x_0 + \frac{\pi}{6}\right)\sin\frac{\pi}{6}$

$= \left(-\frac{4}{5}\right) \times \frac{\sqrt{3}}{2} + \frac{3}{5} \times \frac{1}{2}$

$= \frac{3 - 4\sqrt{3}}{10}$.

3. 解:(1) $f\left(\frac{\pi}{3}\right) = 2\cos\frac{2\pi}{3} + \sin^2\frac{\pi}{3} - 4\cos\frac{\pi}{3}$

$= 2 \times \left(-\frac{1}{2}\right) + \left(\frac{\sqrt{3}}{2}\right)^2 - 4 \times \frac{1}{2}$

$= -\frac{9}{4}$.

(2) $f(x) = 2\cos 2x + \sin^2 x - 4\cos x$

$= 2(2\cos^2 x - 1) + (1 - \cos^2 x) - 4\cos x$

$= 3\cos^2 x - 4\cos x - 1$

$= 3\left(\cos x - \frac{2}{3}\right)^2 - \frac{7}{3}$.

$\because -1 \leqslant \cos x \leqslant 1$,

$\therefore$ 当 $\cos x = -1$ 时,$f(x)$ 取得最大值 6;当 $\cos x = \frac{2}{3}$ 时,$f(x)$ 取得最小值 $-\frac{7}{3}$.

4. 解:(1) $f(x) = \cos x + \sin x$

$$= \sqrt{2}\left(\frac{\sqrt{2}}{2}\cos x + \frac{\sqrt{2}}{2}\sin x\right)$$

$$= \sqrt{2}\sin\left(x+\frac{\pi}{4}\right),$$

∴函数 $f(x)$ 的最小正周期为 $T=\frac{2\pi}{1}=2\pi$.

(2) 由 $x_0 \in \left(0,\frac{\pi}{4}\right)$,得

$$\frac{\pi}{4} < x_0 + \frac{\pi}{4} < \frac{\pi}{2}.$$

又由 $f(x_0)=\sqrt{2}\sin\left(x_0+\frac{\pi}{4}\right)=\frac{4}{5}\sqrt{2}$,得

$$\sin\left(x_0+\frac{\pi}{4}\right)=\frac{4}{5},$$

$$\cos\left(x_0+\frac{\pi}{4}\right)=\sqrt{1-\sin^2\left(x_0+\frac{\pi}{4}\right)}=\frac{3}{5}.$$

$$\therefore f\left(x_0+\frac{\pi}{6}\right)=\sqrt{2}\sin\left(x_0+\frac{\pi}{6}+\frac{\pi}{4}\right)$$

$$=\sqrt{2}\sin\left[\left(x_0+\frac{\pi}{4}\right)+\frac{\pi}{6}\right]$$

$$=\sqrt{2}\left[\sin\left(x_0+\frac{\pi}{4}\right)\cos\frac{\pi}{6}+\cos\left(x_0+\frac{\pi}{4}\right)\sin\frac{\pi}{6}\right]$$

$$=\sqrt{2}\times\left(\frac{4}{5}\times\frac{\sqrt{3}}{2}+\frac{3}{5}\times\frac{1}{2}\right)$$

$$=\frac{4\sqrt{6}+3\sqrt{2}}{10}.$$

5. 解:(1) 由函数 $f(x)=A\sin\left(\omega x+\frac{\pi}{4}\right)$ 的最大值为 2,得 $A=2$,

由函数 $f(x)=A\sin\left(\omega x+\frac{\pi}{4}\right)$ 的最小正周期是 8,得 $\varphi=\frac{1}{4}$,

∴$f(x)=2\sin\left(\frac{1}{4}x+\frac{\pi}{4}\right)$.

(2) 当 $k\pi-\frac{\pi}{2}<\frac{1}{4}x+\frac{\pi}{4}<k\pi+\frac{\pi}{2},k\in\mathbf{Z}$,即 $4k\pi-3\pi<x<4k\pi+\pi$ 时,$f(x)$ 是增函数;

当 $k\pi+\frac{\pi}{2}<\frac{1}{4}x+\frac{\pi}{4}<k\pi+\frac{3\pi}{2},k\in\mathbf{Z}$,即 $4k\pi+\pi<x<4k\pi+5\pi$ 时,$f(x)$ 是减函数.

6. 解:(1) $f(x)$ 的最小正周期为 $T=2\pi\div\frac{1}{2}=4\pi$.

(2) 当 $\sin\left(\frac{x}{3}+\frac{\pi}{6}\right)=-1$,即 $x=6k\pi+4\pi,k\in\mathbf{Z}$ 时,$f(x)$ 有最小值 -2;

当 $\sin\left(\frac{x}{3}+\frac{\pi}{6}\right)=1$,即 $x=6k\pi+\pi,k\in\mathbf{Z}$ 时,$f(x)$ 有最大值 4.

水平能力测试六

一、选择题

1. B，**2.** B，**3.** D，**4.** D，**5.** C，**6.** B，**7.** C，**8.** B，**9.** B，**10.** D．

二、填空题

1. $\dfrac{\pi}{4}$，**2.** 4，**3.** $\dfrac{2\sqrt{6}}{5}$，**4.** $\dfrac{\sqrt{5}}{4}$，**5.** $\sqrt{6}$，**6.** $-\dfrac{1}{4}$，**7.** 1，**8.** $\dfrac{\pi}{3}$，**9.** 4，**10.** $\dfrac{1}{4}$．

三、解答题

1. 解：(1) 由正弦定理，得

$\sin A : \sin B : \sin C = a : b : c$，

由 $\sin^2 B = 2\sin A \sin C$，得 $b^2 = 2ac$，

将 $a = b$ 代入上式，得 $b = 2c$，

由余弦定理，得 $\cos B = \dfrac{a^2 + c^2 - b^2}{2ac} = \dfrac{b^2 + c^2 - b^2}{2bc} = \dfrac{c}{2b} = \dfrac{1}{4}$．

(2) 由 $B = 90°$，得 $\triangle ABC$ 是直角三角形，则 $b^2 = a^2 + c^2$，将 $b^2 = 2ac$ 代入，得 $2ac = a^2 + c^2$，$(a-c)^2 = 0$，$a = c$，

∴ $\triangle ABC$ 是等腰直角三角形，且 $a = c = \sqrt{2}$，

∴ 所求 $\triangle ABC$ 的面积为

$S_{\triangle ABC} = \dfrac{1}{2}ac = \dfrac{1}{2} \times \sqrt{2} \times \sqrt{2} = 1$．

2. (1) 证明：由正弦定理，得 $a : b = \sin A : \sin B$，$\dfrac{a}{b} = \dfrac{\sin A}{\sin B}$，

由 $a = b\tan A$，得 $\dfrac{a}{b} = \dfrac{\sin A}{\cos A}$，将 $\dfrac{a}{b} = \dfrac{\sin A}{\sin B}$ 代入，得 $\dfrac{\sin A}{\sin B} = \dfrac{\sin A}{\cos A}$，

∴ $\sin B = \cos A$．

(2) 解：在 $\triangle ABC$ 中，由 $\sin C - \sin A \cos B = \dfrac{3}{4}$，得

$\sin(A+B) - \sin A \cos B = \dfrac{3}{4}$，

$\sin A \cos B + \cos A \sin B - \sin A \cos B = \dfrac{3}{4}$，

$\cos A \sin B = \dfrac{3}{4}$，

将 $\sin B = \cos A$ 代入上式，得 $\cos^2 A = \dfrac{3}{4}$，

因为 B 为钝角，所以 A 是锐角，

∴ $\cos A = \dfrac{\sqrt{3}}{2}$，$A = 30°$，$B = 120°$，$C = 30°$．

3. 解：(1) 由 $\vec{m} = (a, \sqrt{3}b)$，$\vec{n} = (\cos A, \sin B)$，且 $\vec{m} \parallel \vec{n}$，得

$$\dfrac{a}{\cos A} = \dfrac{\sqrt{3}b}{\sin B}$$ (1)

由正弦定理,得 $\dfrac{b}{\sin B}=\dfrac{a}{\sin A}$,代入(1),得 $\dfrac{a}{\cos A}=\dfrac{\sqrt{3}a}{\sin A}$,

∴ $\tan A=\sqrt{3}$, $A=\dfrac{\pi}{3}$.

(2) 由余弦定理,得 $a^2=b^2+c^2-2bc\cos A$,将 $a=\sqrt{7},b=2,A=\dfrac{\pi}{3}$,得

$(\sqrt{7})^2=2^2+c^2-2\times 2c\cos 60°$,

整理,得 $c^2-2c-3=0$,

解得 $c=3$ 或 $c=-1$(不合题意,舍去),

∴ 所求 $\triangle ABC$ 的面积为

$S_{\triangle ABC}=\dfrac{1}{2}bc\sin A=\dfrac{1}{2}\times 2\times 3\times \sin\dfrac{\pi}{6}=\dfrac{1}{2}\times 2\times 3\times\dfrac{\sqrt{3}}{2}=\dfrac{3\sqrt{3}}{2}.$

4. 解:(1) 由余弦定理,得

$BC^2=AB^2+AC^2-2AB\times AC\times \cos A$

$=2^2+3^2-2\times 2\times 3\times \cos 60°$

$=4+9-2\times 2\times 3\times \dfrac{1}{2}$

$=7,$

∴ BC 的长为 $\sqrt{7}$.

(2) 由余弦定理,得 $\cos C=\dfrac{AC^2+BC^2-AB^2}{2AC\times BC}=\dfrac{3^2+7-2^2}{2\times 3\times \sqrt{7}}=\dfrac{2}{\sqrt{7}}$,

由正弦定理,得 $\dfrac{AB}{\sin C}=\dfrac{BC}{\sin A}$, $\dfrac{2}{\sin C}=\dfrac{\sqrt{7}}{\sin 60°}$,

解得 $\sin C=\dfrac{\sqrt{3}}{\sqrt{7}}$,

∴ $\sin 2C=2\sin C\cos C=2\times\dfrac{\sqrt{3}}{\sqrt{7}}\times\dfrac{2}{\sqrt{7}}=\dfrac{4\sqrt{3}}{7}.$

5. 解:(1) 由正弦定理,得 $\dfrac{b}{\sin B}=\dfrac{c}{\sin C}$.

将 $\sin B=\sin 30°=\dfrac{1}{2}$, $c=2$, $b=c+1=3$ 代入,得

$3\div\dfrac{1}{2}=\dfrac{2}{\sin C}$,

$\sin C=2\div 6=\dfrac{1}{3}.$

(2) 由正弦定理,得 $\dfrac{b}{\sin B}=\dfrac{c}{\sin C}$.

将 $\sin B=\sin 30°=\dfrac{1}{2}$, $\sin C=\dfrac{1}{4}$, $b=c+1$ 代入,得

$\dfrac{c+1}{\dfrac{1}{2}}=\dfrac{c}{\dfrac{1}{4}}$, $2(c+1)=4c$, $c=1$, $b=c+1=2$.

∵ 由题意知, $c<b$,

∴ C 是锐角, $\cos C=\sqrt{1-\sin^2 C}=\sqrt{1-\left(\dfrac{1}{4}\right)^2}=\dfrac{\sqrt{15}}{4}$,

∴ $\sin A=\sin[180°-(B+C)]$
$=\sin(B+C)$
$=\sin(30°+C)$
$=\sin 30°\cos C+\cos 30°\sin C$
$=\dfrac{1}{2}\times\dfrac{\sqrt{15}}{4}+\dfrac{\sqrt{3}}{2}\times\dfrac{1}{4}$
$=\dfrac{\sqrt{15}+\sqrt{3}}{8}$,

∴ △ABC 的面积为

$S_{\triangle ABC}=\dfrac{1}{2}bc\sin A$
$=\dfrac{1}{2}\times 2\times 1\times\dfrac{\sqrt{15}+\sqrt{3}}{8}$
$=\dfrac{\sqrt{15}+\sqrt{3}}{8}$.

6. 解:(1)由余弦定理, 得 $b^2=a^2+c^2-2ca\cos B$,

将 $a=7, b=8, \cos B=\dfrac{1}{7}$ 代入, 得 $8^2=7^2+c^2-2c\times 7\times\dfrac{1}{7}$,

化简, 得 $c^2-2c-15=0$,

∴ $c_1=5, c_2=-3$(不合题意, 舍去),

∴ $c=5$.

(2) $\sin B=\sqrt{1-\cos^2 B}=\sqrt{1-\left(\dfrac{1}{7}\right)^2}=\dfrac{4\sqrt{3}}{7}$,

∴ △ABC 的面积为

$S=\dfrac{1}{2}ac\sin B$
$=\dfrac{1}{2}\times 7\times 5\times\dfrac{4\sqrt{3}}{7}$
$=10\sqrt{3}$.

第十一章 立 体 几 何

水平能力测试一

一、选择题

1. C, **2.** D, **3.** C, **4.** D, **5.** A, **6.** D, **7.** B, **8.** A, **9.** B, **10.** C.

二、填空题

1. $\dfrac{2}{3}$，2. $\dfrac{\pi}{3}$，3. $\dfrac{\sqrt{30}}{10}$，4. 4，5. $AB \cap \alpha = P$，6. 8，7. $\dfrac{\pi}{4}$，8. $\dfrac{\sqrt{15}}{15}$，9. $\dfrac{\pi}{2}$，10. $\dfrac{\pi}{3}$.

水平能力测试二

一、选择题

1. C，2. D，3. B，4. A，5. B，6. C，7. C，8. A，9. D，10. A.

二、解答题

1. 证明：连接 BD，交 AC 于 O，则 O 是 BD 的中点，连接 OE.

$\because E$ 为 DD_1 的中点，

$\therefore OE$ 是 $\triangle DBD_1$ 的中位线，

$\therefore OE \parallel BD_1$，

$\therefore BD_1 \parallel$ 平面 ACE.

2. 证明：作 $OM \parallel B_1B$，交 AB 于 M，连接 MC.

在正三棱柱 ABC-$A_1B_1C_1$ 中，

$\because BB_1 \underline{\parallel} C_1C$，$O$ 是 AB_1 的中点.

$\therefore OM \parallel DC$，$M$ 是 AB 的中点，

$\therefore OM$ 是 $\triangle ABB_1$ 的中位线，$OM = \dfrac{1}{2}B_1B$.

$\because D$ 是 CC_1 的中点，即 $DC = \dfrac{1}{2}C_1C$，

$\therefore OM = DC$，

$\therefore$ 四边形 $OMCD$ 是矩形，

$\therefore OD \parallel MC$，

$\therefore OD \parallel$ 平面 ABC.

3. (1) 证明：连接 A_1D，交 AD_1 于 O，则 O 是 AD_1 的中点，

$\therefore OE$ 是 $\triangle D_1A_1A$ 的中位线，则 $OE \underline{\parallel} \dfrac{1}{2}AA_1$.

在正方体 $ABCD$-$A_1B_1C_1D_1$ 中，$AA_1 \underline{\parallel} CC_1$.

$\because F$ 为 CC_1 的中点，即 $CF = \dfrac{1}{2}CC_1 = \dfrac{1}{2}AA_1$，

$\therefore OE \underline{\parallel} CF$.

$\therefore$ 四边形 $OCFE$ 是平行四边形，

$\therefore EF \parallel OC$.

$\therefore EF \parallel$ 平面 ACD_1.

(2) 解：在正方体 $ABCD$-$A_1B_1C_1D_1$ 中，$AB \parallel DC$，

$\because EF \parallel OC$，

$\therefore \angle OCD$ 就是异面直线 EF 与 AB 所成的角，

∵ 正方体 $ABCD$-$A_1B_1C_1D_1$ 的棱长是 2,

∴ $DC=2$, $OD=\sqrt{2}$.

连接 EC_1, 则

$EF = \sqrt{C_1F^2 + C_1D_1^2 + D_1E^2} = \sqrt{1^2 + 2^2 + 1^2} = \sqrt{6}$, 即 $OC=\sqrt{6}$.

由余弦定理, 得

$\cos\angle OCD = \dfrac{DC^2 + OC^2 - OD^2}{2DC \times OC} = \dfrac{2^2 + (\sqrt{6})^2 - (\sqrt{2})^2}{2 \times 2 \times \sqrt{6}} = \dfrac{\sqrt{6}}{3}$.

∴ 异面直线 EF 与 AB 所成角的余弦值是 $\dfrac{\sqrt{6}}{3}$.

4. (1)证明: 作 $EM \parallel B'B$, $FN \parallel B'B$, 分别交 AB, BC 于 M, N, 则

$EM \parallel FN$, $\dfrac{EM}{B'B} = \dfrac{AE}{AB'}$, $\dfrac{FN}{C'C} = \dfrac{BF}{BC'}$.

正方体 $ABCD$-$A'B'C'D'$ 中, $B'B = C'C$, $AB' = BC'$.

∵ $B'E = C'F$,

∴ $AE = BF$,

∴ $EM = FN$,

∴ 四边形 $EMNF$ 是平行四边形,

∴ $EF \parallel MN$,

∴ $EF \parallel$ 平面 $ABCD$.

(2)证明: 正方体 $ABCD$-$A'B'C'D'$ 中,

$AC \parallel A'C'$, $AD' \parallel BC'$,

∴ $AC \parallel$ 平面 $A'BC'$, $AD' \parallel$ 平面 $A'BC'$,

∴ 平面 $ACD' \parallel$ 平面 $A'BC'$.

5. 证明: 在正方形 $ABCD$ 中,

连接 AC, E 为 BD 的中点,

∴ AC 与 BD 相交于点 E, 即 E 也为 AC 的中点,

∵ F 为 PC 的中点,

∴ EF 是 △PAC 的中位线,

∴ $EF \parallel PA$,

∵ $PA \subset$ 平面 PAD,

∴ $EF \parallel$ 平面 PAD.

6. 证明: 在正方体 $ABCD$-$A_1B_1C_1D_1$ 中,

连接 A_1C_1 交 B_1D_1 于点 O, 则 O 是 B_1D_1 的中点, 再连接 OE.

∵ E 是 AA_1 的中点,

∴ OE 是 △A_1C_1A 的中位线,

∴ $OE \parallel AC_1$,

∵ $OE \subset$ 平面 B_1D_1E, $AC_1 \not\subset$ 平面 B_1D_1E,

∴ $AC_1 \parallel$ 平面 B_1D_1E.

水平能力测试三

一、选择题

1. C, 2. D, 3. B, 4. B, 5. A, 6. C, 7. C, 8. C.

二、解答题

1.(1)证明:在正方体 $ABCD-A_1B_1C_1D_1$ 中,$AA_1 \perp$ 平面 $A_1B_1C_1D_1$,垂足是 A_1,AC_1 是平面 $A_1B_1C_1D_1$ 的斜线,斜足是 C_1,则 A_1C_1 是斜线 AC_1 在平面 $A_1B_1C_1D_1$ 内的射影.

$\because B_1D_1 \perp A_1C_1$,

$\therefore B_1D_1 \perp AC_1$,

连接 C_1D,

同理可证,$CD_1 \perp AC_1$,

$\therefore AC_1 \perp$ 平面 B_1D_1C.

(2)解:在正方体 $ABCD-A_1B_1C_1D_1$ 中,

$B_1D_1 = D_1C = CB_1 = \sqrt{1^2+1^2} = \sqrt{2}$,

$\therefore S_{\triangle B_1D_1C} = \frac{1}{2}B_1D_1 \times B_1C\sin 60° = \frac{1}{2} \times \sqrt{2} \times \sqrt{2} \times \frac{\sqrt{3}}{2} = \frac{\sqrt{3}}{2}$.

连接 A_1C_1,交 B_1D_1 于点 E,则 E 为 A_1C_1,B_1D_1 的中点.

$\because AC_1 \perp$ 平面 B_1D_1C,$OE // AC_1$,

$\therefore OE \perp$ 平面 B_1D_1C.

$\because OE = \frac{1}{2}AC_1 = \frac{1}{2}\sqrt{(\sqrt{2})^2+(\sqrt{2})^2} = 1$,

$\therefore V_{E-B_1D_1C} = \frac{1}{3}S_{\triangle B_1D_1C} \times OE = \frac{1}{3} \times \frac{\sqrt{3}}{2} \times 1 = \frac{\sqrt{3}}{6}$.

2.(1)证明:连接 PD,在 $\triangle PAD$ 中,由余弦定理,得

$PD^2 = AP^2 + AD^2 - 2AP \times AD \times \cos 60°$

$= 1^2 + 2^2 - 2 \times 1 \times 2 \times \frac{1}{2} = 3$.

$\because AP^2 = 1^2 = 1$,$AD^2 = 2^2 = 4$,

$\therefore PD^2 + AP^2 = AD^2$,

$\therefore \triangle PAD$ 是直角三角形,$\angle APD = 90°$,

$\therefore PA \perp PD$.

$\because PA \perp BC$,$PD \cap BC = D$,

$\therefore PA \perp$ 平面 PBC.

(2)解:$\because PA \perp BC$,$AD \perp BC$,

$\therefore BC \perp$ 平面 PAD,

$\therefore BC \perp AD$.

$\because PD^2 = 3$,$PD = \sqrt{3}$,

$\therefore V_{P-ABC} = V_{A-PBC} = \frac{1}{3} \times \frac{1}{2}BC \times PD \times AP = \frac{1}{3} \times \frac{1}{2} \times 2 \times \sqrt{3} \times 1 = \frac{\sqrt{3}}{3}$.

3. (1)证明:连接 A_1C 交 AC_1 于点 O,连接 OD,在正三棱柱 ABC-$A_1B_1C_1$ 中,AA_1CC_1 是矩形,则 O 是 A_1C 的中点.

∵ D 是 BC 的中点,

∴ OD 就是 △A_1BC 的中位线,OD // A_1B,

∴ A_1B // 平面 ADC_1.

(2)解:在正三棱柱 ABC-$A_1B_1C_1$ 中,得 $AD \perp BC$,$B_1B \perp$ 平面 ABC,

∴ $B_1B \perp AD$.

∵ $B_1B \cap BC = B$,

∴ $AD \perp$ 平面 BB_1C_1C,

∴ $\angle AC_1D$ 就是 AC_1 与平面 BB_1C_1C 所成的角.

设 $AB=2$,则 $AC=BC=AB=2$,$CD=\dfrac{1}{2}BC=1$,

∴ $AD=\sqrt{AC^2-CD^2}=\sqrt{2^2-1^2}=\sqrt{3}$.

∵ $AA_1=\sqrt{2}AB=2\sqrt{2}$,$A_1C_1=AB=2$,

∴ $AC_1=\sqrt{AA_1^2+A_1C_1^2}=\sqrt{(2\sqrt{2})^2+2^2}=\sqrt{12}=2\sqrt{3}$,

∴ $\sin\angle AC_1D=\dfrac{AD}{AC_1}=\dfrac{\sqrt{3}}{2\sqrt{3}}=\dfrac{1}{2}$,

∴ $\angle AC_1D=\dfrac{\pi}{6}$.

4. (1)证明:在正方体 $ABCD$-$A_1B_1C_1D_1$ 中连接 BD 交 AC 于 O,则 $AC \perp BD$,四边形 $DOMD_1$ 是矩形,

∴ MO // D_1D.

∵ $D_1D \perp$ 平面 $ABCD$,

∴ $D_1D \perp AC$,

∴ $AC \perp$ 平面 BB_1D_1D,

∴ $BM \perp AC$.

解:(2)连接 A_1B,则四边形 A_1BCD_1 是平行四边形,

∴ CD_1 // BA_1,

∴ $\angle MBA_1$ 就是异面直线 MB 与 CD_1 的夹角.

连接 A_1M.

∵ 正方形 $ABCD$-$A_1B_1C_1D_1$ 的棱长为 1,

∴ $A_1B=\sqrt{2}$,$A_1M=B_1M=\dfrac{\sqrt{2}}{2}$,$MB=\sqrt{BB_1^2+B_1M^2}=\sqrt{1^2+\left(\dfrac{\sqrt{2}}{2}\right)^2}=\dfrac{\sqrt{6}}{2}$.

在 △A_1BM 中,由余弦定理,得

$\cos\angle MBA_1=\dfrac{MB^2+A_1B^2-A_1M^2}{2MB\times A_1B}=\dfrac{\left(\dfrac{\sqrt{6}}{2}\right)^2+(\sqrt{2})^2-\left(\dfrac{\sqrt{2}}{2}\right)^2}{2\times\dfrac{\sqrt{6}}{2}\times\sqrt{2}}=\dfrac{\sqrt{3}}{2}$,

$\therefore \angle MBA_1 = \dfrac{\pi}{6}$,

$\therefore$ 异面直线 MB 与 CD_1 的夹角是 $\dfrac{\pi}{6}$.

(3) 由等积法知,$V_{B-AB_1M} = V_{A-BB_1M}$,

设点 B 到平面 AB_1M 的距离是 h,则 $\dfrac{1}{3} S_{\triangle AB_1M} \times h = \dfrac{1}{3} S_{\triangle BB_1M} \times AB$.

连接 AD_1,则 $AD_1 = AB_1$,

$\therefore \triangle AB_1D_1$ 是等腰三角形,

$\therefore AM \perp B_1D_1$,

$\therefore AM = \sqrt{AB_1^2 - B_1M^2} = \sqrt{(\sqrt{2})^2 - \left(\dfrac{\sqrt{2}}{2}\right)^2} = \dfrac{\sqrt{6}}{2}$,

$\therefore \dfrac{1}{3} \times \dfrac{\sqrt{6}}{2} \times \dfrac{\sqrt{2}}{2} \times \dfrac{1}{2} \times h = \dfrac{1}{3} \times \dfrac{\sqrt{2}}{2} \times 1 \times \dfrac{1}{2} \times 1$,

$\therefore h = \dfrac{\sqrt{6}}{3}$,即点 B 到平面 AB_1M 的距离是 $\dfrac{\sqrt{6}}{3}$.

水平能力测试四

一、选择题

1. D,**2.** C,**3.** A,**4.** D,**5.** A,**6.** D,**7.** A,**8.** C.

二、解答题

1.(1) 证明:在正方形 $ABCD$ 中连接 AC,

$\therefore AC$ 与 BD 相交于点 E,即 E 为 AC 的中点.

$\because F$ 为 PC 的中点,

$\therefore EF$ 是 $\triangle PAD$ 的中位线,

$\therefore EF \parallel PA$,

$\therefore EF \parallel$ 平面 PAD.

(2) 解:作 $PM \perp AD$ 交 AD 于 M.

$\because PA = PD$,

$\therefore M$ 是 AD 的中点.

作 $MN \parallel AE$ 交 DE 于 N,连接 PN.

$\because$ 侧面 $PAD \perp$ 底面 $ABCD$,

$\therefore PM \perp$ 平面 ADE.

在正方形 $ABCD$ 中,$AC \perp BD$.

$\because MN \parallel AE$,

$\therefore MN \perp DE$ 且平分 DE.

$\because PM$ 是平面 ADE 的垂线,PN 是平面 ADE 的斜线,MN 是斜线 PN 在平面 ADE 内的射影,由三垂线定理,得 $PN \perp DE$,

$\therefore \angle PNM$ 是二面角 $P-DB-A$ 的的平面角.

∵ 正方形 $ABCD$ 的边长为 2，$AC=BD=2\sqrt{2}$，

∴ $MN=\dfrac{1}{2}AE=\dfrac{1}{2}\times\dfrac{1}{2}AC=\dfrac{1}{2}\times\dfrac{1}{2}\times 2\sqrt{2}=\dfrac{\sqrt{2}}{2}$.

∵ $AM=\dfrac{1}{2}AD=\dfrac{1}{2}\times 2=1$，

∴ $PM=\sqrt{PA^2-AM^2}=\sqrt{(\sqrt{2})^2-1^2}=1$，

∴ $\tan\angle PNM=\dfrac{PM}{MN}=\dfrac{1}{\dfrac{\sqrt{2}}{2}}=1\div\dfrac{\sqrt{2}}{2}=1\times\dfrac{2}{\sqrt{2}}=1\times\dfrac{2\sqrt{2}}{\sqrt{2}\times\sqrt{2}}=1\times\dfrac{2\sqrt{2}}{2}=\sqrt{2}$，

∴ 二面角 $P\text{-}DB\text{-}A$ 的正切值是 $\sqrt{2}$.

2. (1) 证明：连接 FB，则 $FB=\sqrt{AB^2+AF^2}=\sqrt{2^2+1^2}=\sqrt{5}$.

∵ $FP=\sqrt{PD^2+DF^2}=\sqrt{2^2+1^2}=\sqrt{5}$，

∴ $FP=FB$.

又 E 是 PB 的中点，

∴ $FE\perp PB$.

作 $FG\perp PC$，垂足是 G，连接 EG.

∵ $FC=\sqrt{CD^2+DF^2}=\sqrt{2^2+1^2}=\sqrt{5}$，

∴ $FP=FC$，

∴ G 是 PC 的中点.

∴ EG 是 $\triangle PCB$ 的中位线，

∴ $EG=\dfrac{1}{2}CB=1$.

∵ $PC=\sqrt{PD^2+CD^2}=2\sqrt{2}$，$CG=\dfrac{1}{2}PC=\sqrt{2}$，

∴ $FG=\sqrt{FC^2-CG^2}=\sqrt{(\sqrt{5})^2-(\sqrt{2})^2}=\sqrt{3}$.

∵ $PB=\sqrt{BC^2+CD^2+PD^2}=2\sqrt{3}$，$PE=\dfrac{1}{2}PB=\sqrt{3}$，

∴ $EF=\sqrt{PF^2-PE^2}=\sqrt{(\sqrt{5})^2-(\sqrt{3})^2}=\sqrt{2}$.

∵ $1^2+(\sqrt{2})^2=(\sqrt{3})^2$，即 $EG^2+EF^2=FG^2$，

∴ $\triangle FEG$ 是直角三角形，$\angle FEG=90°$，即 $FE\perp EG$，

∴ $EF\perp$ 平面 PBC.

(2) 解：$PC=2\sqrt{2}$，$BC=2$，$PB=2\sqrt{3}$.

∵ $(2\sqrt{2})^2+2^2=(2\sqrt{3})^2$，即 $PC^2+BC^2=PB^2$，

∴ $\triangle PBC$ 是直角三角形，$\angle PCB=90°$，即 $BC\perp PC$.

∵ EG 是 $\triangle PCB$ 的中位线，

∴ $EG\parallel BC$，

∴ $EG\perp PC$.

又 $FE \perp EG$,

∴∠EGF 就是二面角 F-PC-B 的平面角,

∴$\cos \angle EGF = \dfrac{EG}{FG} = \dfrac{1}{\sqrt{3}} = \dfrac{\sqrt{3}}{3}$,

∴二面角 F-PC-B 的余弦值是 $\dfrac{\sqrt{3}}{3}$.

3. 证明:(1) ∵F,G,H 分别是 PB,BE,PC 的中点,

∴$FH \parallel BC, FG \parallel PE$,

∴$FG \parallel$ 平面 PDAE,

在正方形 ABCD 中,$BC \parallel AD$,

∴$FH \parallel AD$,

∴$FH \parallel$ 平面 PDAE,

又 $FH \cap FG = F$,

∴平面 FGH ∥ 平面 PDAE,

∴$GH \parallel$ 平面 PDAE.

(2) ∵$PD \perp$ 平面 $ABCD, BC \subset$ 平面 $ABCD$,

∴$PD \perp BC$.

∵$BC \perp DC$,

∴$BC \perp$ 平面 PCD.

∵$FH \parallel BC$,

∴$FH \perp$ 平面 PCD,

∴平面 FGH ⊥ 平面 PCD.

4. 解:(1) 在正方体 $ABCD\text{-}A'B'C'D'$ 中连接 $B'D'$,则 $BD \parallel B'D'$,

∴$\angle PB'D'$ 就是异面直线 PB' 与 BD 的夹角,连接 PD',在 $\triangle PB'D'$ 中,

$PB' = \sqrt{PB^2 + BB'^2} = \sqrt{3^2 + 4^2} = 5$,

$B'D' = \sqrt{A'B'^2 + A'D'^2} = \sqrt{4^2 + 4^2} = 4\sqrt{2}$,

$PD'^2 = \sqrt{AD^2 + AP^2 + DD'^2} = \sqrt{4^2 + 1^2 + 4^2} = \sqrt{33}$.

由余弦定理,得

$\cos \angle PB'D' = \dfrac{PB'^2 + D'B'^2 - PD'^2}{2PB' \cdot D'B'} = \dfrac{5^2 + (4\sqrt{2})^2 - (\sqrt{33})^2}{2 \times 5 \times 4\sqrt{2}} = \dfrac{3\sqrt{2}}{10}$,

∴异面直线 PB' 与 BD 的夹角的余弦值是 $\dfrac{3\sqrt{2}}{10}$.

(2) 作 $BE \perp PC$,垂足是 E,连接 $B'E$,

由三垂线定理,得 $PC \perp B'E$,

∴$\angle BEB'$ 是二面角 $B\text{-}PC\text{-}B'$ 的平面角,

由 $\dfrac{BE}{PB} = \dfrac{CB}{CP} \Rightarrow \dfrac{BE}{3} = \dfrac{4}{5}$,得 $BE = \dfrac{12}{5}$,

∴ $\tan\angle BEB' = \dfrac{BB'}{BE} = 4 \div \dfrac{12}{5} = \dfrac{5}{3}$,

∴ 二面角 $B\text{-}PC\text{-}B'$ 的正切值是 $\dfrac{5}{3}$.

(3) 由等积法知,$V_{B\text{-}PCB'} = V_{B'\text{-}PBC}$,设点 B 到平面 PCB' 的距离是 h,则

$\dfrac{1}{3}S_{\triangle PCB'} \times h = \dfrac{1}{3}S_{\triangle PBC} \times B'B$,

连接 $B'C$,则 $B'C = 4\sqrt{2}$.

∵ $PC = PB' = 5$,

∴ $\triangle PB'C$ 是等腰三角形,

作 $PF \perp B'C$,垂足是 F,则 F 是 $B'C$ 的中点,$CF = 2\sqrt{2}$,

∴ $PF = \sqrt{PC^2 - CF^2} = \sqrt{5^2 - (2\sqrt{2})^2} = \sqrt{17}$,

∴ $\dfrac{1}{3} \times 4\sqrt{2} \times \sqrt{17} \times \dfrac{1}{2} \times h = \dfrac{1}{3} \times 3 \times 4 \times 4 \times \dfrac{1}{2}$,

∴ $h = \dfrac{6\sqrt{34}}{17}$,即点 B 到平面 PCB' 的距离是 $\dfrac{6\sqrt{34}}{17}$.

水平能力测试五

一、选择题

1. D,**2.** D,**3.** B,**4.** C,**5.** D,**6.** C,**7.** C,**8.** C,**9.** C,**10.** C.

二、填空题

1. 9.6 cm³,**2.** $\dfrac{1}{2}\pi a^2$,**3.** 24,**4.** $2\sqrt{5}$,**5.** $\dfrac{\pi}{2}$ 或 $\dfrac{3\pi}{2}$,**6.** $\dfrac{\pi}{4}$,**7.** $\dfrac{10\pi}{13}$,**8.** $\dfrac{8\pi}{3}$ cm³,**9.** 9,**10.** $\dfrac{3}{4}$.

三、解答题

1. (1) 证明:在 $\triangle ABV$ 中,O,M 分别是 AB,VA 的中点,

∴ OM 是 $\triangle ABV$ 的中位线,则 $OM \parallel BV$,

∴ $VB \parallel$ 平面 MOC.

(2) 证明:∵ $AC \perp BC, AC = BC$,

∴ $\triangle ABC$ 是等腰直角三角形,$\angle ACB = 90°$.

又 O 是 AB 的中点,

∴ $CO \perp AB$.

∵ 平面 $VAB \perp$ 平面 ABC,

∴ $CO \perp$ 平面 VAB,

∴ 平面 $MOC \perp$ 平面 VAB.

(3) 解:连接 VO,则 $VO \perp AB$,

∴ $VO \perp$ 平面 ABC,VO 是三棱锥 $V\text{-}ABC$ 的高.

由 $AC = BC = \sqrt{2}$,$\triangle VAB$ 是等边三角形,得

$S_{\triangle ABC} = \dfrac{1}{2} \times AC \times BC = \dfrac{1}{2} \times \sqrt{2} \times \sqrt{2} = 1$,

$$VA = AB = \sqrt{AC^2 + BC^2} = \sqrt{(\sqrt{2})^2 + (\sqrt{2})^2} = 2,$$

$$VO = VA \times \sin 60° = 2 \times \frac{\sqrt{3}}{2} = \sqrt{3},$$

∴三棱锥 V-ABC 的体积为

$$V_{V\text{-}ABC} = \frac{1}{3} \times S_{\triangle ABC} \times VO = \frac{1}{3} \times 1 \times \sqrt{3} = \frac{\sqrt{3}}{3}.$$

2. (1) 证明:连接 B_1C,交 BC_1 于 O,则 O 是 B_1C 的中点. 连接 OD.

∵ D 为 AC 的中点,

∴ OD 是 $\triangle AB_1C$ 的中位线,则 $OD /\!/ AB_1$,

∴直线 $AB_1 /\!/$ 平面 BC_1D.

(2) 证明:连接 BD.

∵ $\triangle ABC$ 为正三角形,D 为 AC 的中点,

∴ $BD \perp AC$,

∵ $AA_1 \perp$ 底面 ABC,

∴ $AA_1 \perp BD$,

∴ $BD \perp$ 平面 ACC_1A_1,

∴平面 $BC_1D \perp$ 平面 ACC_1A_1.

(3) 解:由 $BD \perp$ 平面 ACC_1A_1,得线段 BD 是三棱锥 B-C_1DC 的高.

由 $\triangle ABC$ 为正三角形,$AA_1 = AB = 6$,得

$$S_{\triangle C_1DC} = \frac{1}{2} \times CD \times C_1C = \frac{1}{2} \times 3 \times 6 = 9,$$

$$BD = AB \times \sin 60° = 6 \times \frac{\sqrt{3}}{2} = 3\sqrt{3},$$

∴三棱锥 B-C_1DC 的体积为 $V_{B\text{-}C_1DC} = \frac{1}{3} \times S_{\triangle C_1DC} \times BD = \frac{1}{3} \times 9 \times 3\sqrt{3} = 9\sqrt{3}.$

∵三棱锥 C-BC_1D 的体积等于三棱锥 B-C_1DC 的体积,

∴三棱锥 C-BC_1D 的体积为 $9\sqrt{3}$.

3. 解:(1) 在正四面体 $ABCD$-$A_1B_1C_1D_1$ 中,$A_1A \perp$ 平面 $ABCD$,$AD /\!/ BC$,

∴ $\angle C_1BC$ 就是异面直线 AD 与 BC_1 所成的角,即 $\angle C_1BC = 60°$,

∴ $A_1A = C_1C = BC \times \tan \angle C_1BC = 1 \times \tan 60° = \sqrt{3}$.

∵ $A_1B_1 /\!/$ 平面 $ABCD$,

∴线段 A_1A 的长就是线段 A_1B_1 到底面 $ABCD$ 的距离,

∴线段 A_1B_1 到底面 $ABCD$ 的距离是 $\sqrt{3}$.

(2) 由 $AB \perp$ 平面 BCC_1B_1,得 AB 是三棱锥 A-BCB_1 的高.

由正四面体 $ABCD$-$A_1B_1C_1D_1$ 的底面边长为 1,得 $AB = 1$,

∴ $S_{\triangle BC_1B_1} = \frac{1}{2} \times BB_1 \times B_1C_1 = \frac{1}{2} \times CC_1 \times B_1C_1 = \frac{1}{2} \times \sqrt{3} \times 1 = \frac{\sqrt{3}}{2},$

∴三棱锥 A-BCB_1 的体积为

$V_{A-BCB_1}=\dfrac{1}{3}\times S_{\triangle BC_1B_1}\times AB=\dfrac{1}{3}\times\dfrac{\sqrt{3}}{2}\times 1=\dfrac{\sqrt{3}}{6}.$

∵三棱锥 B_1-ABC_1 的体积等于三棱锥 A-BCB_1 的体积,

∴三棱锥 B_1-ABC_1 的体积是 $\dfrac{\sqrt{3}}{6}$.

4. (1) 证明:连接 PD,在△PAD 中,由余弦定理,得

$PD^2=AP^2+AD^2-2AP\times AD\times\cos 60°=1^2+2^2-2\times 1\times 2\times\dfrac{1}{2}=3.$

∵$AP^2=1^2=1$,$AD^2=2^2=4$,

∴$PD^2+AP^2=AD^2$,

∴△PAD 是直角三角形,∠$APD=90°$,

∴$PA\perp PD$.

∵$PA\perp BC$,$PD\cap BC=D$,

∴$PA\perp$平面 PBC.

(2) 解:∵$PA\perp BC$,$AD\perp BC$,

∴$BC\perp$平面 PAD,

∴$BC\perp AD$.

∵$PD^2=3$,$PD=\sqrt{3}$,

∴$V_{P-ABC}=V_{A-PBC}=\dfrac{1}{3}S_{\triangle PBC}\times AP=\dfrac{1}{3}\times\dfrac{1}{2}BC\times PD\times AP=\dfrac{1}{3}\times\dfrac{1}{2}\times 2\times\sqrt{3}\times 1=\dfrac{\sqrt{3}}{3}.$

第十二章 导数及其应用

水平能力测试一

一、选择题

1. D, **2.** C, **3.** B, **4.** B, **5.** D, **6.** A, **7.** B, **8.** D, **9.** B, **10.** A.

二、填空题

1. $y'=8x^3-6x^2+3$, **2.** $f'(x)=\dfrac{1-x^2}{(x^2+1)^2}$, **3.** $y'=6x-\dfrac{1}{2\sqrt{x}}$, **4.** $f'(x)=1-\dfrac{1}{x^2}$,

5. $2x+y-6=0$, **6.** $2x+y-7=0$, **7.** 6, **8.** 1, **9.** $-\dfrac{\sqrt[3]{36}}{6}$, **10.** $(1,0)$.

水平能力测试二

一、选择题

1. B, **2.** B, **3.** C, **4.** A, **5.** A, **6.** B, **7.** B, **8.** C, **9.** C, **10.** A.

二、填空题

1. $\left(\dfrac{1}{2},+\infty\right)$, **2.** $\left(-1,\dfrac{1}{3}\right)$, **3.** $(-1,1)$, **4.** 16, **5.** $[-4,+\infty)$, **6.** $[6,+\infty)$, **7.** $[2,+\infty)$,

8. 11, **9.** 5,-15, **10.** 28,-4.

三、解答题

1. 解:(1) 由 $f(x)=\dfrac{x^2}{x-1}>0$,得 $x-1>0,x>1$,

∴ x 的取值范围是 $(1,+\infty)$.

(2) $f'(x)=\dfrac{x(x-2)}{(x-1)^2}$,

令 $f'(x)=\dfrac{x(x-2)}{(x-1)^2}=0$,得 $x(x-2)=0,x_1=0,x_2=2$,

∴ 分成 4 个开区间 $(-\infty,0),(0,1),(1,2),(2,+\infty)$,

当 x 变化时,$f'(x),f(x)$ 的变化情况如下表:

x	$(-\infty,0)$	0	$(0,1)$	1	$(1,2)$	2	$(2,+\infty)$
$f'(x)$	+	0	−	$-\infty$	−	0	+
$f(x)$	↗	极大值	↘	无极值	↘	极小值	↗

∴ 当 $x=2$ 时,$f(x)$ 有极小值,并且极小值为 $f(2)=4$.

2. 解:(1) 令 $f'(x)=3x^2+2ax+b=0$,

将 $x=1$ 和 $x=2$ 分别代入,得 $\begin{cases} 3+2a+b=0, \\ 12+4a+b=0, \end{cases}$

解得 $\begin{cases} a=-\dfrac{9}{2}, \\ b=6. \end{cases}$

∴ $a=-\dfrac{9}{2},b=6$.

(2) ∵ $x=1$ 和 $x=2$ 是函数 $f(x)=x^3-\dfrac{9}{2}x^2+6x+1$ 的两个极值点,

∴ 分成 3 个区间 $(-\infty,1),(1,2),(2,+\infty)$,

当 x 变化时,$f'(x)$ 的变化情况如下表:

x	$(-\infty,1)$	1	$(1,2)$	2	$(2,+\infty)$
$f'(x)$	+	0	−	0	+

∴ 函数 $f(x)=x^3-\dfrac{9}{2}x^2+6x+1$ 在 $(-\infty,1),(2,+\infty)$ 内是增函数;在 $(1,2)$ 内是减函数.

3. 解:(1) 令 $f'(x)=\dfrac{3}{2}x^2-2bx+2=0$,将 $x=2$ 代入,得 $\dfrac{3}{2}\times 2^2-2b\times 2+2=0$,$6-4b+2=0,b=2$,

∴ $f(x)=\dfrac{1}{2}x^3-2x^2+2x+1$.

(2) $\dfrac{3}{2}x^2-4x+2=0$,得 $x_1=\dfrac{2}{3},x_2=2$,

∴分3个区间 $\left(-1, \frac{2}{3}\right)$, $\left(\frac{2}{3}, 2\right)$, $(2, 3)$,

当 x 变化时, $f'(x)$, $f(x)$ 的变化情况如下表：

x	$\left(-1, \frac{2}{3}\right)$	$\frac{2}{3}$	$\left(\frac{2}{3}, 2\right)$	2	$(2, 3)$
$f'(x)$	+	0	−	0	+
$f(x)$	↗	极大值	↘	极小值	↗

∴当 $x = \frac{2}{3}$ 时, $f(x)$ 有极大值, 并且极大值为 $f\left(\frac{2}{3}\right) = \frac{43}{27}$; 当 $x = 2$ 时, $f(x)$ 有极小值, 并且极小值为 $f(2) = 1$.

又∵ $f(-1) = -\frac{7}{2}$, $f(3) = \frac{5}{2}$,

∴函数 $f(x) = \frac{1}{2}x^3 - 2x^2 + 2x + 1$ 在闭区间 $[-1, 3]$ 上的最大值是 $\frac{5}{2}$, 最小值是 $-\frac{7}{2}$.

4. 解: (1) 由函数 $f(x)$ 的图象过点 $(-1, -6)$, 得
$$m - n = -3 \tag{1}$$
$f'(x) = 3x^2 + 2mx + n$, 则 $g(x) = f'(x) + 6x = 3x^2 + (2m+6)x + n$.

∵ $g(x)$ 的图象关于 y 轴对称,

∴ $-\frac{2m+6}{2 \times 3} = 0$, $m = -3$, 代入 (1), 得 $-3 - n = -3$, $n = 0$,

∴ $m = -3$, $n = 0$.

(2) 令 $f'(x) = 3x^2 - 6x = 0$, 得 $x_1 = 0$, $x_2 = 2$,

∴分3个区间 $(-\infty, 0)$, $(0, 2)$, $(2, +\infty)$,

当 x 变化时, $f'(x)$, $f(x)$ 的变化情况如下表：

x	$(-\infty, 0)$	0	$(0, 2)$	2	$(2, +\infty)$
$f'(x)$	+	0	−	0	+
$f(x)$	↗	极大值	↘	极小值	↗

当 $0 < a < 1$ 时, $f(x)$ 在区间 $(a-1, a+1)$ 内有极大值, 并且极大值为 $f(0) = -2$, 无极小值;

当 $a = 1$ 时, $f(x)$ 在区间 $(a-1, a+1)$ 内无极值;

当 $1 < a < 3$ 时, $f(x)$ 在区间 $(a-1, a+1)$ 内有极小值, 并且极小值为 $f(2) = -6$, 无极大值;

当 $a \geqslant 3$ 时, $f(x)$ 在区间 $(a-1, a+1)$ 内无极值.